Economic Analysis: Theories and Practice

經濟分析

學理與實證

楊政學◎著

經 濟 統 計　　　　　　叢　書

序言

　　經濟分析一書撰述的主要動機，在於希望能將個人多年教學的經驗，配合不同議題之學理與實證的探討，來引領修課學生瞭解經濟分析的學理與應用，跳脫傳統對經濟理論的抽象認知。全書編撰架構的背後，係依市場中存在的消費者、生產者、要素提供者，引申至政府角色的討論，加以探討完全競爭市場特性，以及政府政策的介入與市場失靈的原因，最後再輔以核心模式的建構概念，來展開實證研究的操作模式與步驟，希望能提供讀者全面且有系統的思惟模式。

　　本書章節的安排，大抵劃分五個部分：第一部分爲總論篇，討論的議題有經濟分析概論（第一章）；需求理論與實證（第二章）；供給理論與實證（第三章）；供需均衡與價格管制（第四章）；彈性理論與實證（第五章）；彈性分析與應用（第六章）。

　　第二部分爲消費篇，討論的議題有序列效用與無異曲線（第七章）；計數效用與需求曲線（第八章）；消費者的選擇行爲（第九章）。第三部分爲廠商篇，討論的議題有生產理論與應用（第十章）；成本理論與應用（第十一章）；廠商的決策行爲（第十二章）。

　　第四部分爲市場篇，討論的議題有完全競爭市場（第十三章）；完全競爭與福利評估（第十四章）；生產要素市場（第十五章）。第五部分爲實證篇，討論的議題有核心模型學理與建構（第十六章）；需求體系建構與實證（第十七章）；供需模式建構與實證（第十八章）。

　　本書適合大專院校經濟、財金、商學與管理等相關科系，開設「經濟分析」、「應用經濟分析」課程使用外，亦可提供「經濟學」、「個體經濟學」、「經濟政策分析」與「管理經濟」

序言

等課程之輔助教材。全書架構所呈現的份量,可適合單一學期課程,乃至整個學年教學教材之選用。

本書因著許多緣份的成全始得以圓滿完成,首先,感謝家人及好友的支持,讓我能安心從事著書的工作。其次,本人服務的明新科技大學企業管理系(所)同仁與學生,亦給予系(所)務推行與教學分享的協助。再者,衷心感謝本書各章節所引用資料的所有作者或譯者,因著他們的成全才能有本書的完成。最後,本書承揚智文化出版機構所有同仁鼎力協助,終能順利付梓出版,個人特致萬分謝意!筆者學有不逮,才疏學淺,倘有掛漏之處,敬請各界賢達不吝指正,有以教之!

歇筆思索之際,憶起課堂上學生曾問過的問題:「人空空地來到人世間,最終亦將空空離開,那麼我們所有的努力是多或是少有何差別?為何要如此辛苦?如此拼命呢?」。我個人的體認是:目前我們所擁有的一切,都是我們自己換來的;遭遇的事情有多難,換來的能力就有多大;期許自己用盡全力去跟此生交換,找到及肯定自己存在的價值,這亦是從事教職工作的我,不斷在工作崗位上想呈現出來——最美的生命狀態。這本書最終的到來,亦是一份心力的交換結果。

楊政學 謹識

竹東寓所 2005年4月

經濟分析：學理與實證
Economic Analysis: Theories and Practice

目錄

第四篇　市場篇 331

Economic Analysis: Theories and Practice

第一篇　總論篇

用我們的對不足以承擔企業永續；
在別人的錯誤中看到自己的責任。

Chapter 1

經濟分析概論

本章節為經濟分析的概論，討論的議題有：經濟學意涵與內容、經濟學研究與思考、經濟活動的周流、經濟學的分析、公共部門的運作、政府部門的角色、以及知識經濟的時代。

 1.1 經濟學意涵與內容

一、經濟的意涵

經濟
economic
所謂「經濟」的概念，在我們日常生活中通常含有節省的意思。

　　所謂**經濟**（economic）的概念，在我們日常生活中通常含有**節省**（saving）的意思，如當我們說這件商品經濟又實惠，意指物超所值，在金錢支用上達到節省。因此，經濟是在可以達成相同成果下，對時間、金錢、人力、原料、物品等的節省。然為什麼要談經濟、談節省呢？主要是因為我們可使用的資源有限，但內心追求的欲望卻無窮，因而無法隨心所欲的使用所有的資源，來滿足人類的各種**欲望**（wants）與各項**需要**（needs），故我們都必須在稀少且有限的資源中，做完善而有效的運用。

二、經濟學的定義

經濟學
economics
經濟學的定義，並無一致的說法，是探索人類的各種經濟行為，研究其動機、選擇、結果，以及各種假設情況下的行為準則。

　　經濟學（economics）的定義，並無一致的說法，是探索人類的各種經濟行為，研究其動機、選擇、結果，以及各種假設情況下的行為準則。大致上的共通點是：經濟學為一門研究人類經濟行為的社會科學；而所謂社會科學，是研究與人類有關的社會現象，在人的世界裡社會現象是行為的表現、是行動的結果。所以經濟學是生活世界的學問，是研究在資源有限但慾望無窮時，人與社會的經濟行為，並進而評斷其結果得失。

經濟學的原始定義說明，經濟學是研究理性個人如何作決策或做選擇的社會科學（毛慶生等，2004）。另由以上討論可歸納得知，經濟學意謂：研究財貨與勞務的生產、交換、分配與消費的行為科學。或謂經濟學是一門行為社會科學，行為是一種選擇，主要是探討如何選擇與分配有限的資源，用來生產物品與服務，提供大眾目前與將來的消費，滿足人類無窮的慾望。換言之，經濟學就是研究如何在資源有限的多種用途上，做最適當的選擇，以達到人們最大的滿足。

三、資源稀少性與限制下選擇

經濟行為就是選擇的行為，任何一個社會或是個人無時無刻在做選擇，而經濟學就是要研究這些個人、社會與政府的各種選擇行為。在人類經濟活動中，不論生產或消費，工作或休閒，都與選擇有關，但為何必須選擇？為何做如此的選擇？甚至於做了如此的選擇後，對個人乃至於社會的影響為何？會更公平嗎？會更有效率嗎？以上均是經濟學所關心的課題。具體而言，經濟行為中無論生產、消費、工作、休閒、公共決策、投資、儲蓄等都涉及選擇，經濟學即是探討其決策形成的過程，而決策本身即是一種**選擇**（choice）。

然為何必須做選擇呢？此乃因為資源的**稀少性**（scarcity）。所謂的稀少或有限，並不是數量的概念，而是相對於人類的**欲求**（wants）而言的。若人類想要的數量低於資源的數量，那麼資源就是無限的；反之，則是有限的。資源有限與無限的區分，因時間、地域的不同而有所分別。例如，暫且不論水質優劣，靠近河流的人與住在沙漠的人，他們眼中的水資源，就分無限與有限了。記得很多場合都要求與會者帶環保杯，避免紙杯過度使用，意謂樹木相對水資源稀少；但先前缺水時期，很多廠商的餐廳又規定全面使用免洗餐具，避免水資源的過度使用呢？

> **稀少性**
> **scarcity**
>
> 然為何必須做選擇呢？此乃因為資源的稀少性。所謂的稀少或有限，並不是數量的概念，而是相對於人類的欲求而言的。

有限的資源就是必須付出代價才能取得的資源，必須付出代價才能取得者，稱之為**經濟資源**（economic resource），具稀少性的財貨稱之為**經濟財**（economic goods）；而無須付出代價即能取得之資源，謂之**免費資源**（free resource），對那些不具稀少性的財貨，我們稱之為**免費財**（free goods）。目前，幾乎已無免費資源了，就拿空氣來說吧，空氣本是取之不盡的，但現在要呼吸乾淨、清新的空氣，卻是要付出代價的。

此外，為何能做選擇呢？乃是因為資源的**多用途性**（alternative uses）。例如樹木，可用來做家具，也可用來做紙漿；可加以砍伐，或予以保護，用來維持水土，供下一代使用；亦可用來生柴取火，或是做成屏風擺飾。上述說明資源可以選擇：用來生產什麼、為誰生產、如何生產、由誰生產、生產多少、何處生產等。以上有關生產的問題之所以發生，是為解決如何消費、消費多少、何時消費、何人消費等經濟問題。

> **多用途性**
> alternative uses
>
> 說明資源可以選擇：用來生產什麼、為誰生產、如何生產、由誰生產、生產多少、何處生產等。

四、核心概念

一旦我們能掌握如下五個經濟學的**核心概念**（core concept），將有助於瞭解經濟學家對問題之看法及所提解決之道。此五個核心概念為：（1）抵換；（2）誘因；（3）交換；（4）資訊；（5）分配（王鳳生，2004）。

我們在面對選擇時有所得有所失，代表是一種**抵換**（trade-off）關係，也是在限制下所做出之最好選擇。雖不是最佳卻是**次佳**（second best）之選擇。在所得、時間及環境等限制條件下，你可以看兩場電影或吃一頓咖啡簡餐，或買三張CD，可是你無法同時看兩場電影、吃一頓咖啡簡餐，並買三張CD。在做選擇時，每一個人會針對存在之**誘因**（incentives）及所提供之誘因變化，做出行為上之改變。假如一張CD之價格下降，你可以在不變之電影票價及簡餐價格下，買到四張CD。

> **核心概念**
> core concept
>
> 五個核心概念為：抵換、誘因、交換、資訊、分配。

當我們與其他人進行互通有無之**交換**（exchange）時，我們會擴大選擇之可能性，但要做出理性及智慧之選擇，必須要善用相關的**資訊**（information）。此外，我們所做有關受教育多寡、選擇職業及購買財貨之選擇，也決定了我們整體社會的所得及財富之**分配**（distribution）。

五、部門與市場

市場經濟體制之運行是指**家計**（households）部門（或個人）向**廠商**（firms）部門購買財貨，與廠商向家計（或個人）取得生產要素，並轉換成為財貨販賣給家計部門，兩者之間的交換關係，而其運作之效率則端視**財產權**（property rights）之確立及**交易成本**（transaction cost）之大小而定。

在日常生活上，所謂的**市場**（market place），是指買賣雙方交易商品，如魚、肉、水果、蔬菜的地方；不過，在經濟學中**市場**（market）之意義，泛指任何有助於買賣雙方取得資訊，以及完成交易之安排與設計。如世界石油市場，指的是一個形成交易的**網路**（network），但其並沒有一個固定的交易**場所**（place）。

兩個部門之間的**互動**（interaction），是在三個主要的市場中進行，如（圖1-1）所示。其中，**商品**（commodity）或**勞務**（services）在家計與廠商兩部門之間或之內的交易是在**產品市場**（product market）進行；在生產要素面，廠商組合勞動及機器設備生產商品或勞務，其中勞動者服務是從**勞動市場**（labor market）中取得，而購買生產要素之資金取得，則是在**資本市場**（capital market）中進行。在傳統的農業經濟體系中，土地要素有其重要性，但在現代工業經濟體系下，土地之重要性不若以往。雖然，在新經濟的網路經濟體系內，市場的定義與過往有了實質及形式上的改變，出現虛擬而非實境的市場，以及數位化與虛擬化的商品。

市場 market

在經濟學中市場之意義，泛指任何有助於買賣雙方取得資訊，以及完成交易之安排與設計。

圖1-1 部門與市場的架構

六、財產與產權

　　當經濟學家說到資源配置時，實際上是指產權在經濟參與者之間的分配。財產通常若僅指商品本身，易導致人們概念上的誤解，認為財產是操縱一項事物的排他性權利。財產是一種權利，意味著財產是人與人之間的一種基本關係，而不是人與事物的關係。就產權本身而言，它可以是排他的，意味著兩個人不能同時擁有控制同一事物的權利。但權利並非可以無限的擴張，因為社會在賦予其成員權利時，仍會限制其行使的範圍。例如，一個人可能擁有一棟房子，另一個人可能擁有一塊草坪。但擁有房子的權利，絕不包括踐踏別人草坪的權利。

　　對於產權制度來說，完備的產權是多方面的，包含：使用權、受益權、決策權及讓渡權等。物質商品的交易，可以看成是這些物品所有者的一組權利的交換，此乃產權實際存在的理由（王鳳生，2004）。尤其對一個複雜的交換過程來說，產權意

味著權利的交換，是個複雜的交換過程；交換實際上可以分解成不同的人所擁有的不同權利間的交換。

交換是將財產權從一個人轉移到另一個人的過程，而許多交換是透過簽訂合約發生的，並透過法律來執行，過程中會產生**交易成本**（transaction cost）。交易成本是指交易價格之外，在契約形成時為取得資訊、進行談判與完成簽約之成本，以及在契約執行期間為降低風險與遵守律法之相關成本。但也有很多交換是兩個人之間商品的同時交換，並不需要契約之約束。如果個人之間的交換不是同時而是跨時進行，未來控制商品就可能會有其困難，如此契約的交易成本亦會隨之而增加。

市場是組織標準化財產契約交易的分工制度，市場理論的根本假設是每個商品在某一價格能購買到或賣掉。因此，市場之演化，如線上交易之進行與完成，從交易之雙方及政府的角度來看，均是在找尋降低交易成本之策略及規範設計（王鳳生，2004）。

1.2 經濟學研究與思考

凡涉及選擇的行為，如婚姻、教育、公共決策等，均可以試著運用經濟思維的方式加以探究，所以廣義的經濟學其涵蓋的範圍是很廣的，那麼如何區分其研究的內容呢？一般而言，我們可分別以研究對象與研究性質來加以區分：

一、研究對象

（一）個體經濟學（microeconomics）

以個別的經濟單位，如個人、家庭、廠商等為研究對象，

交易成本
transaction cost

交易成本是指交易價格之外，在契約形成時為取得資訊、進行談判與完成簽約之成本，以及在契約執行期間為降低風險與遵守律法之相關成本。

個體經濟學
microeconomics

以個別的經濟單位，如個人、家庭、廠商等為研究對象，研究其如何進行生產與消費，這其中包括在不同的市場結構下數量與價格的決定。

研究其如何進行生產與消費，這其中包括在不同的市場結構下數量與價格的決定。其基本假說為：在資源稀少下探討個體單位所追求目標的效用最大或利潤最大，或是成本的最小。個體經濟學探討的核心，是以價格機能為研究核心，故又可稱為**價格理論**（price theory）。

（二）總體經濟學（macroeconomics）

以總合的經濟群體，包括家計與廠商、政府、中央銀行為研究對象，討論國民生產、就業、物價、貨幣、匯率與利率之決定與其間之因果關係。其基本假說為：短期內社會有失業的現象，且國民福利是所追求的目標。總體經濟學探討的核心，是以所得水準為研究核心，故又可稱為**所得理論**（income theory）。

二、研究性質

（一）實證經濟學（positive economics）

又謂唯真經濟學，是以客觀的態度來研究實際的經濟現象，或對未來做預測，只就事情本身剖析事理的邏輯性，並不做是非好壞的主觀價值判斷。

（二）規範經濟學（normative economics）

又謂唯善經濟學，是以分析者主觀的價值標準，對任何經濟決策的選擇，尤其是針對公共政策討論其合理性與可行性，分析其利弊得失，旨在求其盡善。

實證與規範經濟學兩者的爭論，可謂圍繞著「效率」與「公平」孰輕孰重之抉擇，也是社會學者韋伯（M. Weber）所論及之「工具理性」與「目的理性」之迷思。

不論經濟學其範圍是屬於個體或總體，研究性質是偏向實

總體經濟學
macroeconomics
以總合的經濟群體，包括家計與廠商、政府、中央銀行為研究對象，討論國民生產、就業、物價、貨幣、匯率與利率之決定與其間之因果關係。

實證經濟學
positive economics
又謂唯真經濟學，是以客觀的態度來研究實際的經濟現象，或對未來做預測。

規範經濟學
normative economics
又謂唯善經濟學，是以分析者主觀的價值標準，對任何經濟決策的選擇。

證或規範，一個受過經濟學思考方式訓練的經濟人，他的思考邏輯必須具有一致性，其行為亦是出於理性的選擇。經濟學是一門社會科學，經濟學者針對公共政策所提出之建言或方案，可能會因為學者間對不同理論，基於觀察的角度及掌握的數據之異，而有科學判斷之別。另也可能是來自於價值觀之差異，不免會在某些議題上出現經濟學者間的大爭論，這自然會引起社會大眾的迷惑，質疑經濟學者的智能。其實理性的爭論有其正面的意義，透過公開的爭辯找出正確的立基，來說服百姓以避免社會付出不必要的長期成本。

三、經濟思考

實證經濟學嘗試瞭解經濟體系的行為運作，而不會去判斷結果的好壞。它是描述現存的事實，並解釋經濟體系如何運作。實證經濟學通常可以分成：描述經濟學及經濟理論兩種。

（一）描述經濟學（descriptive economics）

描述經濟學是將描述經濟現象與事實的資料彙編在一起；這類資料經常出現在行政院主計處出版的統計刊物中。如中華民國台灣地區國民所得統計，是描述台灣地區主要經濟指標（國內生產毛額、政府所得收支、國內資本形成毛額、對外經常收支等）的刊物。

描述經濟學
descriptive economics
描述經濟學是將描述經濟現象與事實的資料彙編在一起；這類資料經常出現在行政院主計處出版的統計刊物中。

（二）經濟理論（economic theory）

經濟理論是指一些因果關係的陳述；其嘗試釐清統計資料的因果關係，並解釋它們是如何發生的。我們會看到一個經濟理論—需求法則，是由馬歇爾（A. Marshall）在1890年提出。需求法則是指，當某商品價格上漲時，人們的購買數量會減少；當某商品價格下跌時，人們的購買數量會增加。

經濟理論
economic theory
經濟理論是指一些因果關係的陳述；其嘗試釐清統計資料的因果關係，並解釋它們是如何發生的。

1.3 經濟活動的周流

一、經濟單位

一般而言，經濟體系內大致可以分成四個**經濟單位**（economic units）：

（一）家計（households）

代表私人部門的消費單位，每一個人都是一個消費者，也必定屬於某一個家庭，不管此家庭的成員有多少。

（二）廠商（firms）

屬私人部門的生產單位，其支出代表私人部門的投資。

（三）政府（governments）

負責課稅、制定法規及維持經濟社會的秩序，其支出代表公共部門的消費或投資。

（四）國外部門（foreign sector）

將不同國家的經濟活動結合在一起，使國與國之間的經濟活動互有影響；而國外部門進出口情形，反映該國在國際市場上的競爭狀況，以及國際收支平衡或失衡的狀態。。

二、市場

經濟體系內的市場，在暫時不考慮**資本市場**（capital market）下，大致可分為兩類：

（一）產品市場（product market）

包括商品及**勞務市場**（goods and services market）。

（二）要素市場（factors market）

包括土地（land）、**勞動**（labor）、負債資金（debt capital）及**權益資金**（equity capital）等市場。

要素使用權的提供者可獲得**報酬**（payoff）；例如，提供土地者可獲得**地租**（rent），提供勞力者可獲得工資（wages），提供負債資金者可獲得**利息**（interest），而提供權益資金者可獲得**利潤**（profit）或報酬。

三、經濟體系

經濟體系的劃分，若以參與經濟單位的多寡，可區分封閉與開放兩種方式：

（一）封閉式經濟體系（closed economy）

只從事國內各部門間的經濟活動，亦即只包含家計、廠商及政府間的經濟活動，不包括國外部門的部分。

（二）開放式經濟體系（open economy）

包括前述四個經濟單位的所有經濟活動。

四、二部門經濟活動循環周流

假設一個經濟體系只包括兩個部門：**家計**（households）與**廠商**（firms）。家計部門將所擁有的生產要素（勞動、土地、資本），在要素市場上提供給廠商所需，以換取家計所得，並將所得用來購買產品市場上廠商所提供的財貨，以進行其消費。另

一方面，廠商從要素市場購買各種生產所需的要素，加以組合後將生產的商品供應至產品市場，販賣給家計的消費者，以獲取收益並賺取利潤。

由以上兩個單位，兩種市場所組成的經濟體系，即可達成簡單的經濟行為活動的循環運作，亦即可透過價格體系，使消費者可追求欲望的滿足，廠商追求利潤極大化的目標，如（圖1-2）所示，使資源的配置達到最佳的狀態。

（一）家計

個體經濟研究的對象，雖然可分為消費者、生產者、生產要素提供者，但是消費者也同時為生產要素的提供者。人類是社會性的動物，家庭則是社會的組成單位，兒童、家庭主婦或無工作能力，沒有財產的個人，其消費能力則來自家庭，故我們以家計來代表消費者與生產要素的提供者之結合體。

在家計中提供了經濟資源，如勞動、土地、資本、企業家精神等來獲取報酬，且大多是貨幣所得。有了貨幣所得，才能進行各種消費行為，購買各種的財貨與勞務，用來滿足家計單

圖1-2　二部門經濟活動的循環周流

位之一切所需。

（二）廠商

生產者以廠商來代表，其不是一個勞動的提供者，而是一個決策者。廠商為集合各種生產要素及經濟資源的單位，其運用生產技術將生產投入轉換成財貨及勞務，提供家計單位來購買。廠商有了收入，就可支付各種生產要素的報酬，剩餘的部分就是經營者的利潤，也是企業家經營、組織、決策，以及承擔風險之報酬。

（三）產品市場

消費者有商品的需求，廠商為滿足家計的需要，賺取利潤，而提供商品與勞務。因此，家計的消費支出，即代表廠商的貨幣收入，商品由廠商流向家計，貨幣則由家計流向廠商。整個由商品的需求者與供給者所構成之產品市場，由家計扮演需求者，廠商扮演供給者。

（四）要素市場

在生產要素市場中，廠商同家計僱用經濟資源及生產要素，如勞動、土地、資本、企業家精神。因此，由廠商的觀點，生產的成本支出，即為家計的貨幣所得，而生產要素市場中的需求者變成了廠商，供給者為家計，生產要素由家計流向廠商，貨幣則由廠商流向家計。

五、三部門經濟活動的循環周流

在現實的經濟環境中，除家計與廠商部門外，尚有一個政府部門，而政府在其中扮演資源配置決策者的角色尤甚前兩者。政府對市場的干預程度大小，衍生出另外兩個有別於自由

市場制度的中央計畫經濟與混合式經濟制度。

　　本章節我們暫不考慮國外部門，也不區別中央與地方政府在租稅收入及財政支出之異，但政府在產品市場中透過國營事業直接生產特定商品，或向廠商購買財貨與勞務、在勞動市場中雇用公務員、在資本市場上發行政府債券等角色扮演，主要是在強調政府在經濟活動中，對產品市場及要素市場之參與及干預，並基於公平原則向廠商及家計課稅或提供移轉性支付，其關係如（圖1-3）所示。

圖1-3　三部門經濟活動的循環周流

 1.4 經濟學的分析

一、研究假設

　　經濟成員的決策行為是非常錯綜複雜的，故我們在進行分析時，總希望能用一個相對較為簡單的架構來加以掌握，並進

一步釐清複雜的現象，以期能得出一個可信的經驗規則，具有
充分解釋複雜現象的能力，並對未來事物的演變做出較為準確
的預測。此一工作實有賴於**經濟模型**（economic models）的建
構，而所謂經濟模型是就複雜的經濟現象中，選擇重要的因
素，將其意義、性質與其間的因果關係，用具體的方式來加以
表示。

經濟模型
economic models

經濟模型是就複雜的經
濟現象中，選擇重要的
因素，將其意義、性質
與其間的因果關係，用
具體的方式來加以表
示。

　　建構經濟模型通常需要幾個基本**假設**（assumptions），因為
經濟模型所包含的經濟意義、性質與其間的因果關係，多在某
些條件之下始得成立，因而這些條件便以基本假設的型態出現
在模型之中。一般常見的基本假設有下列諸項要點：

（一）其他情況不變的假設

　　由於經濟模型是以相對簡單的關係，去企圖描述整個複雜
的經濟現實，故**其他情況不變的假設**（the ceteris paribus
assumption）就有其必要。以毛豬市場的模型為例，豬肉的價格
會受到養豬戶工資之影響，除此之外，其他可能的影響因子，
尚包括飼料價格、消費者所得等諸多因素（楊政學，1996d）。
因此，在建構模型時，若基於**簡化**（parsimony）之考量，我們
也可能把其他可能影響稻米價格的變項，例如毛豬的口蹄疫病
變，或肥料投入的價格，或消費者需求的偏好等項視為固定，
這就是其他情況不變的假設。然而，這並不意謂其他的變項不
會影響毛豬的價格，而是指在分析的過程中，這些其他的變項
都被設定為沒有變化。

（二）理性與最適化的假設

　　經濟模型常會假定人的經濟行為會合乎**理性**（rationality）；
每一個經濟成員會瞭解其自身的利益，並追求其自身利益的最
大，這也是**最適化**（optimization）的原則。換句話說，每一個
經濟成員應追求付出最少的資源或代價，而同時想取得自身最

17

大的滿足。在數學運算中，最適化的概念經常被普遍且廣泛地應用。

（三）獨立性、依賴性或相互依存性的假設

獨立性（independence）的假設，認為經濟成員的經濟行為不受其他經濟成員之影響，亦不會影響其他經濟成員。例如，我們常假定消費者之效用，僅決定於他本身所消費各種財貨之數量，而與其他消費者所消費的財貨量無關。**依賴性**（dependence）的假設，是一經濟成員的經濟行為會依附於其他經濟成員的經濟行為。比方說在**價格領導**（price leadership）下，被支配的廠商會以領導廠商所做的訂價為依歸。至於，**相互依存**（interdependence）的假設，是指經濟成員的決策均受到其他不同經濟成員的相互影響，**賽局理論**（game theory）對這種狀況有充分的討論，這也就是說把經濟成員間的互動看成是一種賽局。

（四）確定性或不確定性的假設

確定性（certainty）的假設，是指經濟成員對於相關的訊息，都能掌握並能充分地瞭解，對於其行為所產生的後果，亦能清楚地認知。因此，在這個假設下，經濟成員對一切事物有完全正確的訊息與預期的能力。但實際上，經濟現象錯綜複雜，經濟成員經常在有風險及**不確定**（uncertainty）的情況下做出決策；不同經濟成員所掌握的訊息，也具有**不對稱性**（asymmetry），像股市的投資人就是最好的例子。

二、推理謬誤

理論可以用來研究或驗證事實，觀察的現象方可以「直覺」來解釋，但是用直覺或經驗的法則來解釋先後發生的現象，常

容易產生推理上的謬誤。一般在經濟學上，常見的推理謬誤有三種：

（一）合成謬誤

所謂的**合成謬誤**（fallacy of composition），是誤將個體反應的現象，視之為整體亦屬必然。例如，一家廠商努力生產，或許其產量增加，在單價不變的情況下，因此而得較大的收益；但若所有廠商都增產，其結果是市場價格可能下降，甚至滯銷，結果反而使每一家廠商都受害。在台灣常見的例子有果農或養豬戶，盲目地一窩蜂式大量生產，雖然是大豐收，卻會造成所謂的「穀賤傷農」。同樣的，一個人節儉可以致富，但若大家都節約不消費，卻反而使經濟發展遲緩，最後共同承受經濟衰退之苦，此即著名的**節儉的矛盾**（paradox of thrift）。

（二）分割謬誤

所謂的**分割謬誤**（fallacy of division），是誤將整體方為正確的事，用之於解釋個體的行為現象。例如，國營事業的開放民營，會使國營事業更見活力，經營的效率也會提高，對國家整體而言是有利的，但對部分國營事業的員工而言，卻可能面臨單位裁撤被資遣的命運，故不見得會支持此政策。又如台灣在加入WTO後，總體經濟會因市場的開放而受益，但個別產業或部門，如農業或農產品部門，卻可能會因市場的開放而遭受損失，實有必要藉由政府的進口災害救助措施來協助（楊政學，1998; 1996f）。

（三）因果謬誤

所謂**因果謬誤**（fallacy of false course），是指當觀察到先後發生的現象，就以為兩者間存在一者為因，另一為果的印象。事實上，往往原因發生在前，結果發生在後。但是後發生的事

> **節儉的矛盾**
> **paradox of thrift**
>
> 一個人節儉可以致富，但若大家都節約不消費，卻反而使經濟發展遲緩，最後共同承受經濟衰退之苦，此即著名的節儉的矛盾。

件，並不必然是「前因」所造成的；或者說，不單純是先前的事件產生的必然結果。如同經濟學兩大著名的法則，**賽伊法則**（Say's Law）與**凱恩斯法則**（Keynes' Law）來說，一者認為「供給創造其本身的需求」，另一者認為「需求創造供給」，兩者之因果關係截然不同，端視其用以解釋的經濟現象而定。

以上的各種謬誤在直覺判斷上經常不能避免，在探討實際經濟問題時，又往往不易釐清，甚至在學術研究中亦有不慎誤蹈者。在從事經濟學的研習或解釋現象時，我們必須十分謹慎的界定標的與客觀環境，透過嚴謹的推論過程，才是建立正確理論思維的良方。

三、模型結構

經濟學家用模型來認識世界，模型可以幫助我們明瞭經濟體系如何運作，而模型是理論的正式陳述。經濟模型是有關經濟議題邏輯思考的描述，其通常是以文字、圖形、或數學符號，來表示兩個或兩個以上變數間關係。

經濟變數在經濟模型結構中所處的地位，可區分成：

（一）內生變數（endogenous variable）

是模型想要解釋的變數，通常內生變數的性質與數量由經濟模型所決定。

（二）外生變數（exogenous variable）

是模型以外給定的變數，通常外生變數的性質與數量，不由該經濟模型所決定。

不管內生變數或外生變數，我們都能以一定的方式將其表達出來，而構成模型的結構。經濟模型之目的是要說明外生變數的變動如何影響內生變數的數值。除了基本假設之外，建構

模型尚需一些**經濟變數**（economic variables），並將其展現的關係形成模型的結構。

經濟分析的模型結構，通常包括下列幾項：

（一）行為方程式

這種方程式主要在說明經濟成員的行為法則；例如，若要瞭解家計部門的個人消費行為，通常以消費者的偏好為出發點，進一步建構**需求函數**（demand function），這就是一種行為方程式，例如$P_d = 10\text{-}Q_d$，其中，P_d與Q_d分別代表需求的價格與數量。

（二）技術方程式

這種方程式主要在說明各經濟變數間的技術性關係；例如**生產函數**（production function）可以說明生產過程中，各種生產要素的投入量與商品的產出量之間的技術關係。以Cobb-Douglas生產函數來說，其方程式的型態可以表示為$Q = K^{1/2} L^{1/2}$，其中，Q為產量，K為資本的投入，L則為勞動的投入。

（三）定義式或恆等式

界定不同經濟變數間內在的關聯性；若具有意義相同之概念或關係，則可以用等號予以連繫，並得出定義式或恆等式。例如**利潤**（profit）為**總收入**（total revenue）減去**總成本**（total cost），也就是$\pi = TR - TC$。

（四）均衡條件

各個經濟變數通常在經濟現象達到均衡狀態時，才有特定的解，表示這種均衡的狀態就是**均衡條件**（equilibrium condition）。以市場的均衡條件來說，只有在市場的需求量等於市場的供給量時，市場價格才能穩定，市場便達成均衡。因此，要達成市場均衡的前提條件，也就是沒有**超額需求**（excess demand）與**超額供給**（excess supply）。

　　當模型的結構建構完成後，為引伸出結構中所隱含的經濟意義，則必須透過推理過程，依據一定的邏輯法則，並運用各種可用的分析方法，例如演繹、歸納，或數理統計等方法，以得出可信賴的結論，以期能有充分的解釋能力，並對尚未發生的經濟現象能有較高的預測能力。

　　個體經濟學的研究方法，非常依賴數理統計，由於個體經濟學重要課題之一，就是經濟行為的最適化，主要透過微積分與線性代數來進行。至於，**動態**（dynamic）的經濟分析，則以微分方程、差分方程做為不可缺少的分析工具。更高等的個體經濟學，則更網羅了集合論、實數分析、**拓撲學**（topology）及**測度論**（measure theory）等分析工具。

1.5 公共部門的運作

一、公共部門意涵

公共部門
public sector

公共部門是經濟體系中的一部分，是由整體社會所擁有，且其運作是以追求整體社會利益為目的。

　　公共部門（public sector）是經濟體系中的一部分，是由整體社會所擁有，且其運作是以追求整體社會利益為目的。公共部門包括政府之各組織（中央、省市、縣市與鄉鎮），以及公共機構。公共機構是由政府為滿足整體社會的慾望與需要，所設置為公共所擁有的組織，如法院與公立學校。此外，私人團體不僅包含追求極大利潤的廠商，同時也包含了許多不是追求極大利潤的組織，如教堂、醫院及私立大學等。在追求公共利益下，有助於經濟體系運作更為有效，是**準公共機構**（quasi-public institutions）。

　　政府（government）在**混合型經濟制度**（mixed economic

system）下扮演相當重要的角色；在日常生活中，舉凡國防、治安、教育、醫療保健、環保建設及其他公共服務等，無不與政府部門及公共機構的運作息息相關。因此，在混合型的市場經濟下，公部門與私部門是推動社會經濟繁榮與促進國家進步的兩大支柱力量。

世界上大部分國家在公部門與私部門之間，如何維持適當的平衡總是備受爭論，此問題在經濟制度不同的國家，可提供不同的答案。事實上，政府與私部門之間的平衡總是備受爭論，此問題與私部門之間的平衡，似乎隨著時間而搖擺不定，如在1930年到1970年之間，政府部門在大多的國家中所扮演的角色，呈現出成長的現象，因在此期間許多產業是國有的，或是政府接管且經營的（王鳳生，2004）。

自從1970年起，政府部門曾經被減縮一段時間，並且被重新評價其角色；對於共產國家像中國大陸以及前蘇聯，近年來已開始允許大幅度的私人企業存在，且其程度不亞於歐洲國家，這些國家有些已經將其政府企業出售給私人部門，這便是所謂的民營化，並且在許多像是航空、鐵路、貨運等產業，政府也大舉減少或降低了管制的程度。

二、公部門與私部門

公部門與私部門的差異之處，主要有如下幾點要項（王鳳生，2004）：

（一）目的與動機不同

公部門之運作，其主要目的與動機是在謀求社會的「公共利益」。私部門運作之目的與動機，則在追求「私人利益」，生產者所追求之利潤是現實的、有形的，且其行動是由自利心（self-interest）出發，來達到追求利潤之目標。

（二）獨占與競爭不同

公部門具有獨占性，政府處於法律所給予之獨特優越地位，得以遂行其公權力，可以做若干強制性措施，如訂定最低工資、農產品保證價格等。私人部門面對市場競爭，自願性地進行市場交易，沒有強制性。

（三）政治層次考量不同

公部門之各種措施必須受到民意代表及輿論的批評與監督，政治層面考量因素較重。相較之下，私部門比較不需考慮政治因素，只需在所建立之市場規則下追求利目標。

（四）管理重點不同

公部門管理的重點在於**法令規章**（legal system）的訂定、公共政策的制定、行政程序的運用，以達成為民服務目的。私部門管理重點在於透過財務操作、廣告行銷與品質控制等管理方式以追求利潤目標。

（五）效率與公平程度不同

公部門面臨著有限資源或預算來滿足社會大眾慾望的經濟問題，其間不但要顧及**效率**（efficiency），而且要兼顧公平（equity）。私部門在講求效率，追求利潤下，對公平的原則掌握與分配公平的處理，較欠重視。

（六）價格機能影響不同

公部門得以法律或命令去決定市場價格機能，形同由一隻**看得見的手**（a visible hand）在操弄著。私部門主要是依據市場供需，由市場價格機能決定資源配置與交易秩序，如同由一隻**看不見的手**（an invisible hand）在運行著。

1.6 政府部門的角色

市場經濟中的消費者，其目的在利用有限的所得去購買財貨與勞務，以使滿足程度達到最大；要素所有者是將他們的資源勞務提供給出價最高的買主；廠商則是利用資源來生產財貨與勞務，以期得到最大的利潤。換言之，消費者、廠商及要素供給者等私人部門的成員，個人的目的乃是基於本身的自利行為，期以最小的代價來獲取最大的效益。政府的存在可謂是基於對市場不滿意的反應，也就是當私部門市場無法達成既定的社會目標時，只好訴諸於公部門來解決，這就是為什麼公部門在市場經濟中是一個如此重要的部門。政府在經濟活動中所扮演的角色，主要的有增進經濟效率、追求社會公平與確立社會價值等三項（王鳳生，2004）。

一、降低市場失靈以增進經濟效率

效率（efficiency）在經濟學有著不同之定義，就技術效率而言，效率是指在最小可能成本生產既定量與質的財貨；就配置效率而言，效率是當他們支用貨幣時能得到最大的享受，使用他們的稀少資源以獲取最大的利益。經濟效率包含配置效率與技術效率兩者，唯有當資源之配置不能再以他人蒙受其害來改善自己之利益時，可說是達成了經濟效率，也就達成了**柏拉圖最適**（Pareto optimum）。

市場體系的經濟效率，是透過體系中參與的個人之自利行為而發生，效率並不是因為某些的專制君主控制了經濟社會，並且告訴人們什麼事能做，什麼事不能做，而是因為市場體系的個人行為帶來效率。在更高的利潤情況下，人們可依其企業才能而賺取更多的收入，為了賺取收入，企業家必須在最低可能成本之

> **柏拉圖最適**
> **Pareto optimum**
>
> 經濟效率包含配置效率與技術效率兩者，唯有當資源之配置不能再以他人蒙受其害來改善自己之利益時，可說是達成了經濟效率，也就達成了柏拉圖最適。

下，提供消費者想要的，以及能夠購買的財貨與勞務，此意謂著在他們運用資源時，必須將資源做最有價值的使用。

台灣雖然是市場經濟體系的國家，政府部門一直扮演著重要的角色。通常在社會主義經濟體系的政府部門，往往要比市場經濟體系中的政府角色來得重要，且其影響也更大。如果在市場經濟體系裡，個人的行為能導致最佳的社會結果，為什麼政府部門還要扮演著重要的角色呢？對於在市場經濟體系中政府的角色扮演，有特定的理由：其一是基於當市場無法達成經濟效率之情況時；其二是當人們不滿意市場結果時，人們可運用政府部門去改變結果，以降低**市場失靈**（market failure）之影響。

二、改變市場結果以追求社會公平

由於個人偏好與就業機會不同及工資的高低差異，造成所得分配不均，甚而產生貧窮問題。市場經濟之私人企業為了追求利潤，有能力者得以累積財富。在我們的社會裡私人所擁有的財產愈多，所得愈多，也愈有機會生產更多的財貨；但也有某些人不願或不能賺取足夠的所得，來支持自己或家人生活所需。政府是基於公平考慮對有工作之人的所得課稅，再將部分之課稅收入重新分配給無能力賺取所得者，這樣的作法雖然無法給予每一個人相同之所得，但可避免在我們的社會發生所得集中少數人手中，也企圖打破貧窮的惡性循環。

對於貧窮的改善方法，政府得採取補貼政策或訂定最低工資，或由政府直接雇用低所得之窮人。政府對低收入戶生活扶助項目包括：家庭生活補助、就學生活補助、以工代賑、節日慰問等。

雖然，政府重分配所得的作法有其公平性與必要性，且在某個程度內是有其正面意義，但如欲透過政府平等分配整體所得，對整體社會可能無益。為了大規模的重分配所得，就必須

透過法律的力量。在台灣每年透過聯合勸募或其他公益性或義賣活動，所獲得之善心捐款，相對於政府透過租稅及移轉支付所進行的所得重分配，仍是有限的。

三、規範財貨消費以確立社會價值

政府某些活動的進行既不在修補市場失靈，也不在進行所得重分配，而是政府在**父權主義**（paternalistic）心態下，基於所欲追求的「價值正確」提供某些財貨或服務給全體百姓或特定對象，以提升強迫集體消費的社會利益，企圖對個人賦予社會價值，強迫或鼓勵百姓對某些事項去做更多的付出或減少從事某些活動。例如，政府會試著提供誘因與資源，去鼓勵百姓**終身學習**（lifetime learning），而限制嗑藥搖頭，這些活動是**德政財**（merit goods），有別於**外部性**（externality）與公共財。

公共財（public goods）的特徵在於集體消費，然社會上有些產品或服務，並不具有集體消費的性質，但該財貨的社會價值，卻大大地超過其私人價值。例如，音樂會與藝術展覽等活動，由政府來提供，是基於個人可能不願意支付昂貴的花費，來支持舉辦活動之成本；如果產品或服務的提供歸由私人來進行，則可能有供給偏低的現象。

又如有社會保險性質之「全民健保」措施，固然社會保險的本身會使保險人得到利益，而保險之工作亦可由民間進行，但是顧及部分百姓的知識不足、或疏忽，而無法獲得足夠的保險，政府出於仁者的胸懷，提供該財貨讓社會成員共享。德政財的本質雖不具集體消費性，卻因深具社會的特殊價值，可由政府直接來提供或間接地給予鼓勵。

德政財的認定，不一定完全從經濟資源運用的角度來觀察，有些可能需就公平的立場來強調，例如國民住宅的提供；國民住宅並非集體消費的財貨，但政府為了照顧低所得戶，提供廉價住

德政財
merit goods

政府會試著提供誘因與資源，去鼓勵百姓終身學習，而限制嗑藥搖頭，這些活動是德政財，有別於外部性與公共財。

宅給低所得者，從社會的角度是具有提高社會福利的功能。

1.7 知識經濟的時代

一、知識經濟的興起

進入二十一世紀，已開發國家所面臨的共同問題，並不是缺少資金，而是缺少人才；不是缺乏最新的資訊，而是缺乏經過消化後的最新知識。唯有透過外在的教育與學習，以及內在的思考與篩選，才有可能將廣泛的資訊變成系統的知識。反觀，開發中國家，抑或是戰後的新興國家，均不難發現知識的累積，遠比資本的累積來得慢，知識份子受到得對待與所能發揮的功能，也遠比技術官僚來得少些。

在現今時空背景下，**知識**（knowledge）儼然變成一個國家是否進步的關鍵因素。我們思考的重點在於，如何把相關的知識有系統地運用到經濟活動或特定產業上，意即所謂的**知識經濟**（**knowledge-based economics**），或是所謂的**知識產業**（knowledge industry）。「知識」是個古老的生產因素，如同土地與勞力一樣。事實上，人類文明歷史本來就是一部人類知識累積的紀錄史。知識之所以會在此時，特別受到一些著名學者及媒體的重視，只不過是反映了人們對此議題的重視，其本身則是一直存在的古老智慧。

> **知識經濟**
> **knowledge-based economics**
>
> 所謂「知識經濟」將其定義為「以知識為本的經濟」，直接建立在知識與資訊的創造、流通與利用的經濟活動與體制上。知識經濟的重點不在知識本身，而是如何轉知識為利潤，故會「使用」知識遠比「擁有」知識更重要。

二、知識經濟的定義

所謂「知識經濟」係由**經濟合作發展組織**（Organization for Economic Cooperation and Development，OECD）於1996年提

出，將其定義為「以知識為本的經濟」，直接建立在知識與資訊的創造、流通與利用的經濟活動與體制上（OECD，1996）。知識經濟的重點不在知識本身，而是如何轉知識為利潤，故會「使用」知識遠比「擁有」知識更重要。知識經濟係充分應用知識於企業，以大幅提高企業附加價值及有效提升企業的競爭力。換言之，知識經濟乃是試圖以知識資源為重要之生產要素，以擺脫我國生產資源貧乏之限制，以知識報酬來對抗先進國家的資本報酬，並能符合WTO國際貿易規範，此亦說明台灣企業知識經濟開展的必要性與先期有利條件。

　　美國前總統柯林頓在1997年2月的一場公開演講中，也採用了「知識經濟」的概念；1998年世界銀行與聯合國也分別採用了「知識經濟」這個名詞。知識對新經濟的貢獻，在人類歷史上，誰能掌握資源，誰就能創造財富。根據世界銀行在2001年的一份報告指出，「知識經濟」泛指一個創造、學習並傳播知識的經濟：一個企業、機關、個人與社區都把知識作更有效運用，以促成經濟與社會作更進一步發展的經濟。「知識經濟」泛指以「知識」為「基礎」的**新經濟**（new economy）運作模式。「知識」需要獲取、累積、擴散、激盪、應用、修正；「新經濟」是指跨越傳統的思維及運作，以創新、科技、資訊、全球化、競爭力為其成長的動力，而這些因素的運作必須依賴「知識」的累積、應用與轉化。因此，所謂的「知識經濟」與「新經濟」難以完全分辨，甚至可以交換使用（楊政學，2004a）。

　　美國麻州理工學院（MIT）管理學院前院長梭羅（L. Thurow）指出，人類正經歷自蒸汽機發明以來的「第三次工業革命」，一個以「腦力」決定勝負的「知識經濟時代」已經來臨。在農業時代，土地就是資源，地主掌握土地，因此地主就能擁有財富；到了工業社會，能源就是資源，資本家掌握有能源，因此資本家就能創造財產。當世界進入了知識經濟的社

會，知識就是資源，誰擁有知識，誰就能創造財富、擁有財富。梭羅指出第三次工業革命是由微電子科技、生物科技、新人工材料科技、通訊、電腦科技、自動化機械技術等六大科技的發展與互動所帶動的。企業應密切注意並抓住這六大科技領域的脈動，才不至於跟未來的世界脫節。

三、新經濟的影響

許多人把「新經濟」掛在嘴上，但卻不知原意。要說明什麼是「新經濟」、**新典範**（the new paradigm），便得先瞭解「舊經濟」，它是指澳洲經濟學者Phillips所提出的物價上漲率、失業率間有一好沒兩好的關係，謂之**菲力普曲線**（Phillips' curve）。這是他研究英國一百年（1861～1957）的歷史，所得到的研究結論。一般而言，所謂新經濟係指在經濟全球化與資訊科技革命的推動下，以生命科學、新能源、新材料、環境、空間、海洋及管理技術等高科技產業為龍頭的經濟。

1994年以來，美國經濟呈現「高經濟成長（低失業率）、低物價上漲」，完全脫離魚與熊掌不能兼得的舊定律，故稱之為「新」經濟。雖然像印尼、菲律賓這樣高失業率（20%）、高物價上漲（100%），也是不符舊定律，但因其屬於「向下沉淪」，而非「向上提昇」，所以並不把其歸類於新經濟中（伍忠賢、王建彬，2001）。因此，新經濟具有低失業、低通貨膨脹、低財政赤字、高成長的特點。

新經濟的正面效果，其中包括有：經濟成長上升、失業率下降、物價穩定、財政赤字減少，甚至出現所謂的科技新貴族群。足見創新與科技的結合應用，再藉由資訊科技來提升長期經濟成長的上限，而締造出不同於傳統經濟的發展途徑（高希均等，2002）。

新經濟
new economy

1994年以來，美國經濟呈現「高經濟成長（低失業率）、低物價上漲」，完全脫離魚與熊掌不能兼得的舊定律，故稱之為「新」經濟。新經濟具有低失業、低通貨膨脹、低財政赤字、高成長的特點。

四、新經濟的特性

對於新經濟特性的討論，我們試圖討論其特色為何，以及新經濟所帶來的優點與缺點，茲列示說明如下（楊政學，2004a）：

在新經濟時代下，吾人可以發現如下特色：

（1）資訊科技突飛猛進。

（2）企業經營方式改變。

（3）網際網路應用趨商業化。

（4）新行銷概念產生。

（5）消費者的意識抬頭。

（6）知識經濟時代興起。

再者，新經濟所帶來的優點，有如下幾點要項：

（1）知識經濟時代來臨。

（2）資訊來源豐富即時。

（3）組織實體與虛擬並存。

（4）行銷策略活潑多樣。

（5）客戶服務方式更新。

（6）商業模式複製容易。

（7）網路市調即時反應。

（8）虛擬團隊專業分工。

此外，新經濟所帶來的缺點，則有如下幾點要項：

（1）新經濟存有太多變數。

（2）十倍速變化考驗經營者的判斷。

（3）速度太快致盲目前進。

（4）人才培育速度跟不上企業前進步伐。

（5）員工忠誠度明顯降低。

（6）競爭增加且多在暗處。

（7）成功模式容易被複製。

（8）經營模式需要不斷彈性調整。

五、知識經濟的特性

在知識經濟時代下，知識管理與網路經濟整合的經營模式，將成為未來企業策略管理最新研究議題（楊政學，2002）。企業從成本的競爭，品質的競爭，跨入另一個視知識為資本的新經濟時代。經濟的基礎亦由自然資源移轉到智慧資產，知識的維持與創新更將是獲取競爭優勢的重要來源。

網際網路的迅速發展，不但改變企業獲利的模式，也改變取得知識與自我成長的規則，讓知識與智慧資本能夠自由流動，不再被資深員工獨自控管。網際網路在企業內部，可透過網路簡化工作流程，提高員工的工作效率與服務品質；在企業外部，網際網路更是扮演溝通橋樑的角色，讓企業能確實掌握客戶需求。因此，網路改變了傳統客戶經營模式，未來將不只是被動的提供服務，更要能夠主動經營才能做到客戶滿意（楊政學，2003a）。

隨著網際網路與資訊科技的融入，使得知識管理真正有了可以實際驗證的機會。網路扮演著資料傳遞、溝通的角色，基本上沒有情感的互動，因此對業務員而言，並不是取代了他們的功能，而是使業務員可以有更多的時間與客戶做感情面的人性化互動，故網路是業務員和客戶間最佳的溝通工具，但不是溝通的全部（郭昭琪、李喬光，2001）。

網路科技改變了傳統的客戶經營模式，網路可以讓企業主動的去經營潛在客戶，也讓客戶能夠比較自在的選擇所需要的資訊。一般企業在初步進行知識管理時，較缺乏明確的實行流程及方法，加以知識與智慧資本具有無形、易變與非線性等特徵，增加了企業衡量與管理上的困難，以至於變成管理其外在的形體，而非內在的實質。不同性質的資源或是技術會產生不同的處理方法，而知識特質的不同，也會造成相異的管理方式

（楊政學，2004a）。

　　整體知識經濟所啟動的良性循環，如（圖1-4）所示，含括有：提供新機會、訂定新優先次序、創建更開放的社會、提升優質生活等四個關鍵因素（高希均等，2002）。首先，新的機會指的是，全球化與網際網路的影響，使得新的問題、機會與挑戰不斷發生，面對此種新的機會與挑戰，唯有加速調整，誠如比爾·蓋茲所言：二十一世紀的關鍵就在速度。其次，知識經濟中以創新、科技、知識、網路等為主流。政府與民間的投資要以此為優先考量；對義務教育的延長、研發能力的提升、終身學習的推行等都值得全力推動。

圖1-4 「知識經濟」啟動良性循環

資料來源：高希均等（2002）。

　　再者，創建台灣成為更為開放的社會，沒有開放的社會，就沒有新經濟。惟開放不是沒有秩序、沒有約束、沒有規範；相對地，其必須先要有公平的法治與嚴格的紀律。最後，除了有形物質生活的進步外，無形的精神生活亦可獲得提升，因而可達成科技發展與人文精神的平衡追求，並進而發揮世界村民與社會大愛的理念。

重點摘錄

+ 經濟的問題，主要是因為我們可用的資源有限，但內心追求的欲望無窮，因而無法隨心所欲的使用所有的資源，來滿足人類的各種欲望與各項需要，故我們必須在稀少且有限的資源中，做完善而有效的運用。

+ 經濟學的原始定義說明，經濟學是研究理性個人如何作決策或做選擇的社會科學。

+ 經濟學意謂：研究財貨與勞務的生產、交換、分配與消費的行為科學。或謂經濟學是一門行為社會科學，行為是一種選擇，主要是探討如何選擇與分配有限的資源，用來生產物品與服務，提供大眾目前與將來的消費，滿足人類無窮的慾望。

+ 一旦我們能掌握抵換、誘因、交換、資訊與分配等五個經濟學的核心概念，將有助於瞭解經濟學家對問題之看法及所提解決之道。

+ 商品在兩個部門之間或之內的交易是在產品市場進行；在生產要素面，廠商部門組合勞動及機器設備生產商品，其中勞動者服務是從勞動市場中取得，而購買生產要素之資金取得，則是在資本市場中進行。

+ 財產通常若僅指商品本身，易導致人們概念上的誤解，認為財產是操縱一項事物的排他性權利。財產是一種權利，意味著財產是人與人之間的一種基本關係，而不是人與事物的關係。

+ 經濟學在研究對象上，可分個體經濟學與總體經濟學；在研究性質上，可分實證經濟學與規範經濟學。

+ 封閉式經濟體系，只包含家計、廠商及政府間的經濟活動，不包括國外部門，而開放式經濟體系，則包括前述四個經濟單位的所有經濟活動。

+ 經濟模型是就複雜的經濟現象中，選擇重要的因素，將其意義、性質與其間的因果關係，用具體的方式來加以表示。

+ 經濟模型通常需要幾個基本假設：其他情況不變；理性與最適化；獨立性、依賴性或相互依存性；確定性或不確定性。

✦ 經濟學常見的推理謬誤有：合成謬誤、分割謬誤、因果謬誤。

✦ 公共部門是經濟體系中的一部分，是由整體社會所擁有，且其運作是以求整體社會利益為目的。

✦ 公部門與私部門差異處：目的與動機不同、獨占與競爭不同、政治層次考量不同、管理重點不同、效率與公平程度不同、價格機能影響不同。

✦ 政府在經濟活動中所扮演的角色，主要的有增進經濟效率、追求社會公平與確立社會價值。

✦ 知識經濟係以知識為本的經濟，直接建立在知識與資訊的創造、流通與利用的經濟活動與體制上。重點不在知識本身，而是如何轉知識為利潤，故會「使用」知識遠比「擁有」知識更重要。

✦ 在新經濟時代下，吾人可以發現如下特色：資訊科技突飛猛進；企業經營方式改變；網際網路應用趨商業化；新行銷概念產生；消費者的意識抬頭；知識經濟時代興起。

✦ 整體知識經濟所啟動的良性循環有：提供新機會、訂定新優先次序、創建更開放的社會、提升優質生活等關鍵因素。

▶▶ 重要名詞 ─────────────────────────

經濟（economic）　　　　　　　　產品市場（product market）

節省（saving）　　　　　　　　　勞動市場（labor market）

欲望（wants）　　　　　　　　　資本市場（capital market）

需要（needs）　　　　　　　　　交易成本（transaction cost）

經濟學（economics）　　　　　　個體經濟學（microeconomics）

選擇（choice）　　　　　　　　　價格理論（price theory）

稀少性（scarcity）　　　　　　　總體經濟學（macroeconomics）

欲求（wants）　　　　　　　　　所得理論（income theory）

經濟資源（economic resource）　　實證經濟學（positive economics）

經濟財（economic goods）　　　　規範經濟學（normative economics）

免費資源（free resource）　　　　描述經濟學（descriptive economics）

免費財（free goods）　　　　　　經濟理論（economic theory）

多用途性（alternative uses）　　　經濟單位（economic units）

核心概念（core concept）　　　　家計（households）

抵換（trade-off）　　　　　　　　廠商（firms）

次佳（second best）　　　　　　政府（governments）

誘因（incentives）　　　　　　　國外部門（foreign sector）

交換（exchange）　　　　　　　勞務市場（goods and services market）

資訊（information）　　　　　　要素市場（factors market）

分配（distribution）　　　　　　土地（land）

家計（households）　　　　　　勞動（labor）

廠商（firms）　　　　　　　　　負債資金（debt capital）

財產權（property rights）　　　　權益資金（equity capital）

交易成本（transaction cost）　　　報酬（payoff）

市場（market place）　　　　　　地租（rent）

市場（market）　　　　　　　　工資（wages）

網路（network）　　　　　　　　利息（interest）

場所（place）　　　　　　　　　利潤（profit）

互動（interaction）　　　　　　　封閉式經濟體系（closed economy）

商品（commodity）　　　　　　　開放式經濟體系（open economy）

勞務（services）　　　　　　　　經濟模型（economic models）

假設（assumptions）
其他情況不變的假設（the ceteris paribus assumption）
簡化（parsimony）
理性（rationality）
最適化（optimization）
獨立性（independence）
依賴性（dependence）
價格領導（price leadership）
相互依存（interdependence）
賽局理論（game theory）
確定性（certainty）
不確定（uncertainty）
不對稱性（asymmetry）
合成謬誤（fallacy of composition）
節儉的矛盾（paradox of thrift）。
分割謬誤（fallacy of division）
因果謬誤（fallacy of false course）
賽伊法則（Say's Law）
凱恩斯法則（Keynes' Law）
內生變數（endogenous variable）
外生變數（exogenous variable）
經濟變數（economic variables）
需求函數（demand function）
生產函數（production function）
總收入（total revenue）
總成本（total cost）
均衡條件（equilibrium condition）
超額需求（excess demand）
超額供給（excess supply）
動態（dynamic）
拓撲學（topology）

測度論（measure theory）
公共部門（public sector）
準公共機構（quasi-public institutions）
混合型經濟制度（mixed economic system）
自利心（self-interest）
法令規章（legal system）
效率（efficiency）
公平（equity）
看得見的手（a visible hand）
看不見的手（an invisible hand）
柏拉圖最適（Pareto optimum）
市場失靈（market failure）
父權主義（paternalistic）
終身學習（lifetime learning）
德政財（merit goods）
外部性（externality）
公共財（public goods）
知識（knowledge）
知識經濟（knowledge-based economics）
知識產業（knowledge industry）
經濟合作發展組織（Organization for Economic Cooperation and Development，OECD）
新經濟（new economy）
新典範（the new paradigm）
菲力普曲線（Phillips' curve）

問題討論

1. 經濟學的意涵為何？試研析之。

2. 經濟學的核心概念又為何？試研析之。

3. 傳統經濟學認為資源具稀少性？在知識經濟下，稀少性的概念是否有顛覆性的另類看法？試研析之。

4. 個體經濟學與總體經濟學所關注的議題有何差異存在？試研析之。

5. 新經濟的正面影響為何？有何特性？有何優點？有何缺點？試研析之。

6. 實證經濟學與規範經濟學的區別為何？請舉例說明之。

7. 公部門與私部門運作上的差異為何？試研析之。

8. 傳統經濟與知識經濟有何差異點？傳統產業與知識產業又該如何界分？試研析之。

9. 請說明二部門與三部門經濟活動循環周流的運作機制？

10. 當我們將經濟活動循環周流擴大成為四部門時，相較於三部門的情況，有何增加的部門？增加的市場？試研析之。

11. 經濟模型通常有哪些基本假設？試研析之。

12. 試想想在你生活的周遭，有無合成、分割與因果膠誤的實例存在？你平常有此敏銳的感受其存在嗎？

13. 政府在經濟活動中所扮演的角色為何？試研析之。

Chapter 2

需求理論與實證

本章節探討需求理論與實證，討論的議題有：需求的概念、需求曲線的推導、需求法則、需求量變動與需求變動、需求變動的影響因素、以及實證研究與分析。

2.1 需求的概念

需求
demand

需求係指：在固定期間內，消費者面對不同的價格，所願意且能夠購買的財貨數量。

需求（demand）係指：在固定期間內，消費者面對不同的價格，所願意且能夠購買的財貨數量。其中，所謂「固定期間」，通常指一天、一星期、一個月、一季或一年等，依研究財貨的特性而有不同。再者，所謂的「能夠」，是指消費者客觀的購買能力；而「願意」則是意謂消費者主觀的個人偏好。因此，對某一財貨需求的發生，其中含括有客觀能力與主觀偏好等條件的同時達成。

舉例而言，如楊君非常喜歡居住郊區別墅，但卻沒有能力花2千萬元購買，這表示楊君無法「消費」郊區別墅，是為其客觀能力條件的限制，但其個人喜好程度是偏向購買郊區別墅的。此外，又如張君的工作月入25萬元，是可以買得起郊區別墅，但因其只喜歡市區高級公寓；此意謂張君「有能力」購買郊區別墅，但卻「不願意」購買，所以張君選擇消費市區高級公寓，而捨棄郊區別墅。最後，另一種情境是當李君在稍遠郊區購買一棟可負擔的別墅時，意謂李君在「客觀」能力上，有足夠的金錢可購買；而且在其個人的「主觀」偏好上，亦是符合其喜歡閒逸生活的個性，故才會有購買別墅的需求發生。

2.2 需求曲線的推導

一、需求表

　　當我們瞭解需求的意涵後，接著探討需求表（demand schedule）。若我們以霽苒消費X財貨的例子，來描述價格與需求數量之間的關係。假設霽苒從小就很喜愛消費X財貨，（表2-1）是其對X財貨的需求表，表中列示說明在不同價格下，霽苒每個月購買X財貨的數量。假設X財貨價格訂在85元，霽苒每個月會買8個；價格降為70元，霽苒會買16個；當價格訂在25元，霽苒每個月會買40個。價格持續下降，霽苒購買的X財貨數量也會愈來愈多。

需求表
demand schedule

當我們瞭解需求的意涵後，接著探討需求表來描述價格與需求數量之間的關係。

表2-1　霽苒對X財貨的需求表

組合點	價格 （元／個）	數量 （個）
a	25	40
b	40	32
c	55	24
d	70	16
e	85	8

二、需求曲線

　　（圖2-1）為需求曲線（demand curve），係將（表2-1）的資料繪在圖形上。X財貨的價格在縱軸，而X財貨的數量在橫軸。a、b、c、d、e等五個點，分別對應（表2-1）所示五個價格與數量的組合。這五個點以直線連接後，即可得到霽苒對X財貨的需求曲線d_x，而（圖2-1）所代表的需求曲線，是為具負斜率（downward-sloping）的一條直線。

需求曲線
demand curve

需求曲線是為具負斜率的一條直線，代表不同價格與數量間的對應關係。

圖2-1　靈苒對X財貨的需求曲線

該直線斜率的計算如下：

$$需求曲線的斜率 = \frac{\Delta P}{\Delta X} = \frac{55-70}{24-16} = -\frac{15}{8} = -1.875 \qquad (2\text{-}1)$$

式（2-1）是計算由d點到c點的斜率，其中，△P是X財貨價格的變動，當價格由70元降低為55元時，△P等於－15元。△X是X財貨需求數量的變動，當數量由16個增加至24個時，△X等於＋8個，故需求曲線的斜率為－1.875，表示當價格下跌時，需求量會增加；反之，當價格上升時，需求量會減少。

 ## 2.3 需求法則

需求法則
the law of demand

一般財貨的價格與需求量間，呈反向的關係，此謂為需求法則。

　　由前述需求曲線的推導，我們可以發現：一般財貨的價格與需求量間，呈反向的關係，此謂為**需求法則**（the law of demand）。在經濟社會中，大多數的財貨均符合需求法則。例

如，在台北世貿舉行電腦展時，廠商會進行降價促銷活動，使其業績因而提高。新光三越百貨公司的換季大拍賣、聖誕節之後過季財貨的清倉拍賣等，都是需求法則的應用。為什麼財貨價格下跌，需求數量會增加呢？細究其背後原因，乃是因為替代效果與所得效果所致。

一、替代效果

當X財貨價格下跌，而其它財貨價格維持固定時，X財貨相對比較便宜；霡苒會比較願意以X財貨來代替其它財貨（Y財貨）的消費，故X財貨的需求數量因而提高。這種因為價格下跌，引起相對消費數量的變動，如多購買X財貨，少消費Y財貨的情況，稱為替代效果（substitution effect）。

替代效果 substitution effect
這種因為價格下跌，引起相對消費數量的變動，稱為替代效果。

二、所得效果

其次，當X財貨價格下跌時，霡苒的**實質所得**（real income）是相對提高的，而實質所得是以財貨數量作衡量的所得。例如，霡苒每月所得是28,000元，當一個X財貨售價是40元時，全部用來買X財貨，可以買700個。換句話說，霡苒實質所得是700個X財貨。

如果店家因為慶祝週年慶，而將X財貨售價降至25元，一樣的28,000元，現在可以買1,120個X財貨。此時，霡苒對X財貨的實質購買力提高了，由原來的700個增加至1,120個，此意謂霡苒的實質所得增加。這種因價格下跌使實質所得提高，導致X財貨的需求數量增加的現象，稱為**所得效果**（income effect）。

所得效果 income effect
這種因價格下跌使實質所得提高，導致財貨需求數量增加的現象，稱為所得效果。

三、價格效果

價格效果
price effect

價格下跌（上漲）引起
需求數量增加（減少）
的總（價格）效果，是
替代效果與所得效果的
加總。價格效果是替代
效果與所得效果的總和
效果。

簡單地說，價格下跌（上漲）引起需求數量增加（減少）的總（價格）效果，是替代效果與所得效果的加總。因此，我們可說在需求法則下，**價格效果**（price effect）是替代效果與所得效果的總和效果。

2.4 需求量變動與需求變動

一、需求量的變動

不管是個人需求、市場需求或需求法則，都說明了在**其它條件不變**（other things constant）下，價格與需求數量的反向關係。經過上述討論後，實有必要將「其它條件」概念加以澄清。所謂「其它條件」，是指除了財貨本身價格外，其它影響需求改變的因素，包括所得、嗜好、預期、消費者人數、其它相關（替代或互補）財貨的價格。

在討論需求量變動時，基本上不去論及其它條件的部分，而逕自將其視為固定不變的情形。例如，如果X財貨售價由55元調漲至70元，需求量將由24個減少為16個，如（圖2-2）的c點到d點。需求的改變會沿著同一條線移動（a movement along the demand curve），稱為需求量的變動（a change in the quantity demanded）。因此，造成財貨需求量變動的因子，僅有其自身價格此單一因素而已。

需求量的變動
a change in the
quantity demanded

需求的改變會沿著同一
條線移動，稱為需求量
的變動。造成財貨需求
量變動的因子，僅有其
自身價格此單一因素而
已。

二、需求的變動

若我們將先前所謂「其它條件」的部分，給予放寬來討論

圖2-2　X財貨需求量的變動

時，即可論及另一種需求變動的情況。例如，當消費者所得提高時，對正常財貨的需求增加，需求曲線會平行往右移動，如（圖2-3）的c點到c'點。另外，當醫學研究發現食用過多X財貨對健康不好時，X財貨的需求曲線則會往左移動，如（圖2-4）的d點到d'點。無論是c點到c'點，或d點到d'點，我們都稱為需求的**變動**（a change in demand）。換言之，需求的變動是代表**整條需求曲線的移動**（a shift in the demand curve）。

> **需求的變動**
> **a change in demand**
> 需求的變動是代表整條需求曲線的移動，造成的因子，是除自身價格外的影響因素。

2.5 需求變動的影響因素

一、影響因素的討論

需求法則是描述價格變動引起需求數量的改變，其除了本

45

圖2-3　X財貨需求的增加

圖2-4　X財貨需求的減少

身財貨價格外，影響財貨需求變動的因素，有以下四個：（1）
所得；（2）其它消費相關財貨價格；（3）預期；（4）偏好。
其中，2.4節所述消費者人數的因子，在討論個別需求曲線時，
不予探討而放在市場需求曲線時討論。茲陳述上述各個因素，
將如何影響需求的變動。

（一）所得

假設霽苒因為工作認真，老闆每月多加4,000元給他，他的
月薪現在提高為32,000元。霽苒「能夠」購買X財貨的數量會增
加，還是減少呢？所得提高代表消費能力的提高，也就是意謂
著多出來的所得，可用來購買許多財貨，其中自然包括市售的X
財貨。

由（圖2-3）可知，假如當霽苒所得每個月增加到45,000元
時，他有能力多購買的X財貨數量。假設一個X財貨售價為55
元，每個月霽苒會消費24個，當其所得提高時，即使價格固定
不變，霽苒能夠且願意購買的數量是40個。以（圖2-3）來看，
需求增加代表需求曲線平行往右移動。如果消費者所得增加，
財貨的需求數量跟著增加，我們稱這財貨是**正常財**（normal
goods）。

反之，如果消費者所得提高，財貨的需求數量反而減少，
我們稱這財貨為**劣等財**（inferior goods）。劣等財貨的例子，可
能有速食麵、路邊攤食物、以及公車等，其實財貨的特性，是
依消費者的不同而有不同的認定，並無一定的歸類標準。如當
你還是學生時，路邊的麵攤可能是你常光顧的地方；但當你有
工作且月收入達60,000元時，你可能會覺得路邊攤湯麵的肥肉及
味精太多，而改上餐廳館子吃飯，如（圖2-4）所示之所得增
加，財貨消費反而減少，導致需求曲線左移的情形。同理，當
所得減少，使財貨需求數量增加，此財貨也是劣等財貨。

（二）其它消費相關財貨價格

財貨與財貨之間的關係，有些是搭配一起使用，有些則可以互相替代。例如，咖啡與奶精搭配使用，會使咖啡味道更加香醇，我們稱咖啡與奶精是**互補財**（complements）。當某一財貨價格下跌時，另一財貨需求數量增加，這兩個財貨亦是互補品。除上述咖啡與奶精外，烤肉與煤碳、電腦硬體與軟體、汽車與輪胎等，都是互補品的例子。若以圖形說明，當咖啡價格上漲時，根據需求法則，咖啡的需求量降低，連帶地奶精的需求量也減少，需求曲線往左移動，如（圖2-4）所示。

再者，當某財貨價格上漲時，另一財貨的需求數量增加，這兩個財貨互為**替代財**（substitutes）。例如，咖啡與紅茶、百事可樂與可口可樂等。當咖啡價格上漲時，根據需求法則，咖啡需求量降低。由於咖啡與紅茶均含咖啡因，同屬刺激性飲料，均有提神的作用，因此某些人會改以紅茶取代咖啡，紅茶需求量因而增加，需求曲線往右移動，如（圖2-3）所示。

（三）預期

財貨的消費常常是可以今天買也可以明天再買，意謂出現**跨期替代**（intertemporal substitution）的現象。再者，財貨的消費不僅受現在所得與現在價格的影響，也受未來價格與未來所得的影響。例如，下個月你將有一個月薪60,000元的工作，這個月你可能就會用儲蓄購買一些東西，包括衣服、皮鞋等。因此，預期未來所得提高，現在的財貨需求會增加，需求曲線往右移動，如（圖2-3）所示。

此外，假如廠商宣布衛生紙明天漲價，今天就可以看到超市一大堆男女老幼，蜂擁而至搶購衛生紙的情景。如果中油公司宣布明日凌晨十二點起油價調升，今天加油站就會有大排長龍的景象出現。當預期未來財貨價格上漲，現在消費數量會提

互補財
complements

當某一財貨價格下跌時，另一財貨需求數量增加，這兩個財貨亦是互補品。

替代財
substitutes

當某財貨價格上漲時，另一財貨的需求數量增加，這兩個財貨互為替代品。

跨期替代
intertemporal
substitution

財貨的消費常常是可以今天買也可以明天再買，意謂出現跨期替代的現象。再者，財貨的消費不僅受現在所得與現在價格的影響，也受未來價格與未來所得的影響。

高，需求曲線往右移動，如（圖2-3）所示。

反之，當預期未來價格下跌，現在財貨消費數量會減少，需求曲線往左移動。例如，當店家宣布下週起，某Z品牌財貨全面打八折，消費者現在消費該Z品牌財貨的意願隨之降低，需求數量減少，如（圖2-4）所示。

（四）偏好

偏好（preference）是指消費者對某些財貨的特別喜好；消費者如果喜歡某種財貨，財貨的需求數量會增加，需求曲線會往右移動，如（圖2-3）所示。例如，廠商經常運用廣告或名模代言，來企圖改變消費者的偏好。如媚登峰與最佳女主角兩家塑身公司，在電視廣告中強調瘦身與身材的重要性，使得許多人厭惡肥胖，任何型態的瘦身課程、減肥食品，甚至中藥減肥茶，在台灣大受歡迎。相反地，禁煙廣告或反毒廣告，會減少對香煙及毒品的需求，需求曲線會往左移動，如（圖2-4）所示。

> **偏好**
> **preference**
> 偏好是指消費者對某些財貨的特別喜好；廠商經常運用廣告或名模代言，來企圖改變消費者的偏好。

二、影響因素的整理

茲整理出本章節針對需求量變動及需求變動的影響因素，如（表2-2）所列。表中主要區分成兩部分，即需求量變動及需求變動。需求量變動是指財貨本身價格發生改變，需求數量的增減，這與需求法則有關，由圖形觀察，是同一條需求曲線兩點間的上下移動，如（圖2-2）的c點到d點。需求變動是由「其它條件」變動所引起，由圖形觀察，是整條需求曲線往外或往內的移動，如（圖2-3）的d_x移至d_x'，或（圖2-4）的d_x移至d_x''。

表2-2　影響需求量變動與需求變動的因素與方向

討論項目	影響因素	變動方向	影響效果
需求量變動	自身價格	上漲	需求量減少
		下跌	需求量增加
需求變動	所得	增加	需求增加（正常財貨）
			需求減少（劣等財貨）
	其它消費相關財貨價格	上漲	需求增加（替代品）
			需求減少（互補品）
	預期	未來價格上漲	現在需求增加
		未來價格下跌	現在需求減少
	偏好	喜歡	需求增加
		不喜歡	需求減少

2.6 實證研究與分析

　　本章節以豬肉消費的實證研究為例，來對國內豬肉消費結構作經濟分析（楊政學，1996a），分析的過程可提供研習人員在整理及解讀數據資料的參考，不受研究期間有無過時的侷限。

一、研究背景

　　豬肉消費為國內整個肉類產品需求體系的一部分，且與其他肉品間具有某種程度的替代或互補關係，而在台灣畜禽部門市場開放下，將導致各類肉品消費結構的重新調整，且此些消費需求結構的變動會對畜禽各個部門的生產供給造成不同程度的影響。同時，國外豬腹脅肉價格僅為國內價格的三分之一，且國外豬內臟多不食用而價格很低，形成國內外價差甚多，因而對國內毛豬產業衝擊較大者，為豬腹脅肉及豬內臟等部位肉產品，而非全肉的開放進口。

因此，本章節擬由豬肉自給率及國內需求比例，每人肉類消費需求結構，以及國內豬肉消費需求結構變動概況等三方向，來綜合探討與分析國內整體毛豬消費結構的變動情況。

二、豬肉自給率及國內需求比例

由（**表2-3**）可知，1984～1993年期間，台灣地區豬肉自給率，以及出口係數與國內需求比例的結構變動情形。此段期間內，豬肉進口量幾乎為零，國內產量約由1984年的73萬2千公噸，逐年增加到1993年的118萬8千公噸，年平均產量約有97萬公噸，平均每年以5.53%的速度成長。

豬肉出口量約由1984年的7萬3千公噸，大致逐年增加到1991年的最高出口量31萬6千公噸，隨後稍降為1993年的21萬4

表2-3 1984～1993年台灣地區豬肉自給率及國內需求比例結構

項目 年別	國內產量 （千公噸） (1)	進口量 （千公噸） (2)	出口量 （千公噸） (3)	自給率 (%) (1) / 〔(1)+(2)-(3)〕	出口係數[1] (%) (3)/(1)	國內需求[2] 比例(%) 1- 〔(3)/(1)〕
1984	731.6	0.1	73.3	111.12	10.02	89.98
1985	830.7	0	99.5	113.61	11.98	88.02
1986	868.3	0	121.5	116.27	13.99	86.01
1987	937.6	0.1	192.6	125.84	20.54	79.46
1988	911.1	0.1	176.5	124.01	19.37	80.63
1989	916.8	0	156.3	120.55	17.05	82.95
1990	1,008.7	0	218.5	127.65	21.66	78.34
1991	1,126.1	0	315.8	138.97	28.04	71.96
1992	1,179.1	1.2	233.1	124.48	19.77	80.23
1993	1,187.7	1.6	214.4	121.83	18.05	81.95
年平均值	969.8	0.3	180.2	122.43	18.05	81.95
年成長率	5.53	36.08	12.67	1.03	6.76	-1.03

註：1.出口係數＝出口量÷國內產量。

2.國內需求比例＝1－出口係數。

資料來源：引用自楊政學（1996a）。

千公噸，年平均出口量約有18萬公噸，年平均成長率爲12.67%。因此，透過國內產量及進出口量，可計算出豬肉國內的自給率（＝國內產量÷國內淨需求量），由1984年的111.12%，大致逐年增加到1993年的121.83%，在近十年期間皆超過百分之百，年平均國內自給率爲122.43%。

此外，吾人亦可推得出口比例係數（＝出口量÷國內產量）的大小數值，由1984年的10.02%，上下增減變動到1993年的18.05%，平均每年的出口比例係數爲18.05%。因而，吾人亦可相對計算得知，國內需求比例數值，由1984年的89.98%，上下起伏變動到1993年的81.95%，平均每年國內需求比例（＝1－出口係數）爲81.95%。

三、每人肉類消費需求結構

（表2-4）綜合說明，1984～1993年期間，台灣地區每人每年肉類消費需求結構的變動情形。其中豬肉消費量，由1984年的31.12公斤，大約逐年增加到1993年的39.65公斤，年平均消費量爲35.30公斤，每年約以2.45%的幅度成長，而其消費量占肉類總消費量的比例，每年大約維持在六成（平均值爲58.77%），爲肉類消費中最主要的產品。

再者，就每人每年消費量的平均值而言，以豬肉的35.30公斤，約占有58.77%的消費比例，居第一位；禽肉以22.00公斤，約占有36.63%的消費比例，居第二位；而牛肉及羊肉分別以2.14公斤及0.62公斤，約占3.56%及1.03%的消費比例，再次之。

由以上論述可得，台灣地區每人每年肉類消費需求結構中，以豬肉消費爲最主體，約占有六成左右，且約呈現逐年增加的趨勢，平均每年約成長2.45%的幅度，惟此幅度相對較其他肉類來得小，且豬肉消費比例略呈負向成長（-0.65%）之跡象，此說明每人豬肉消費量有趨於穩定飽和的現象，亦同時隱

表2-4　1984～1993年台灣地區每人每年肉類消費需求結構

項目\年別	豬肉消費量（公斤/人）(1)	牛肉消費量（公斤/人）(2)	羊肉消費量（公斤/人）(3)	禽肉消費量（公斤/人）(4)	肉類消費量（公斤/人）(5)	豬肉消費比例（%）(1)／(5)
1984	31.12	1.62	0.37	18.56	51.67	60.23
1985	34.23	1.66	0.39	18.02	54.30	63.04
1986	34.69	1.89	0.48	19.78	56.84	61.03
1987	34.83	1.89	0.54	20.43	57.69	60.37
1988	33.86	2.18	0.62	21.13	57.79	58.59
1989	34.44	2.23	0.71	22.92	60.30	57.11
1990	35.82	2.12	0.61	23.31	61.86	57.90
1991	37.01	2.44	0.77	23.27	63.48	58.30
1992	37.36	2.59	0.78	25.47	66.20	56.44
1993	39.65	2.72	0.86	27.08	70.31	56.39
年平均值	35.30	2.14	0.62	22.00	60.06	58.77
所占比例	58.77	3.56	1.03	36.63	100.00	--
年成長率	2.45	5.32	8.80	3.85	2.51	-0.65

註：-- 代表該欄位數值無法計算。
資料來源：引用自楊政學（1996a）。

含有不同肉類產品消費間的結構性變遷。

四、國內豬肉消費需求結構

　　1985～1994年期間，台灣地區豬肉消費需求的結構變動情形，可由（表2-5）中得知。其中，屠體肉（不含內臟）的國內需求數量，包括上等豬肉、豬腹脅肉及下等豬肉，約分別由1985年的28萬4千公噸、12萬9千公噸、及7萬2千公噸，逐年增加到1994年的45萬8千公噸、25萬3千公噸、及14萬2千公噸，年平均需求量分別約為41萬1千公噸、20萬7千公噸、及11萬6千公噸，每年約以5.48%、7.81%、及7.81%的幅度增加。

　　豬內臟的需求數量，由1985年的8萬3千公噸，逐年增加到1994年的16萬4千公噸，每年平均消費13萬4千公噸，年平均成

表2-5　1985～1994年台灣地區豬肉消費需求結構[1]

項目\年別	上等豬肉[2]需求量（公噸）	豬腹脅肉[3]需求量（公噸）	下等豬肉[4]需求量（公噸）	豬內臟需求量（公噸）	豬肉需求量（公噸）
1985	283,508	128,644	71,996	83,266	567,414
1986	414,182	182,835	102,324	118,342	817,683
1987	402,540	197,429	110,492	127,788	838,250
1988	398,451	191,844	107,366	124,174	821,835
1989	416,064	193,034	108,033	124,944	842,075
1990	423,550	212,397	118,869	137,476	892,291
1991	420,833	237,117	132,703	153,477	944,129
1992	437,324	236,886	132,574	153,328	960,113
1993	455,563	238,770	133,628	154,547	982,507
1994	458,371	253,120	141,660	163,835	1,016,985
年平均值	411,038	207,208	115,965	134,118	868,328
年成長率	5.48	7.81	7.81	7.81	6.70

註：1.上等豬肉、豬腹脅肉、下等豬肉、豬內臟的消費需求量，爲毛豬活體總
　　　重，乘上個別部位肉的切割技術係數[5]（依序分別爲47.51%、17.35%、
　　　9.71%及11.23%）後，加上進口量，再減去出口量而得。
　　2.上等豬肉係指豬隻之肩胛部（Shoulder；如胛心肉、中排）、背脊部
　　　（Lion；如大里脊、粗排、小排與腰內肉），以及後腿部（Ham；後腿肉）
　　　等部位。
　　3.豬腹脅肉係指豬隻之腹脅部（Bellly；三層肉或謂五花肉）。
　　4.下等豬肉係指豬隻之前腳肉、後腳肉與蹄膀等。
　　5.切割技術係數，則由豬隻之各切割部位豬肉重量的相對比例計算得來。
資料來源：引用自楊政學（1996a）。

長率爲7.81%。此外，就豬肉總的需求量而言，約由1985年的56
萬7千公噸，大致逐年上升到1994年的101萬7千公噸，年平均需
求量約爲86萬8千公噸，每年約以6.70%的幅度增加。

　　由以上的論述可知，國內豬肉的消費需求數量，約有逐年
增加的現象，此可說明國人隨著經濟的發展，對食物中動物性
蛋白質的攝取，大致有逐年增加的趨勢；其中主要以上等豬肉
的消費需求量占較大部分，而豬腹脅肉次之。大致上而言，整

體豬肉需求量增加之幅度，因上等豬肉需求的趨緩，而有日益趨於平穩的現象。

五、研究小結

綜合上述毛豬產業消費結構分析，吾人可知1985～1994年來豬肉國內自給率，皆超過百分之百，平均出口比例係數約為兩成，國內需求比例約為八成。每人每年肉類消費需求結構中，豬肉消費約占有六成左右，惟所占比例略呈下跌，而趨於穩定飽和現象，亦隱含說明不同肉品消費間的結構性變遷。此外，豬肉產品結構變動中，主要以上等豬肉消費為主體，豬腹脅肉次之，惟因上等豬肉需求的趨緩，而使整體豬肉產品消費量呈現日益趨緩的現象。

重點摘錄

+ 需求係指在固定期間內，消費者面對不同的價格，所願意且能夠購買的財貨數量。

+ 一般財貨的價格與需求量間，呈反向的關係，此謂為需求法則。

+ 當造成財貨需求量變動的因子，僅有其自身價格此單一因素而已時，謂為需求量的變動，此為同一條需求曲線上的移動。

+ 當造成財貨需求變動的因子，為其自身價格以外的因素時，謂為需求的變動，此為整條需求曲線的移動。

+ 需求法則是描述價格變動引起需求數量的改變，其除了本身財貨價格外，影響財貨需求變動的因素有：所得；其它消費相關財貨價格；預期；偏好。

+ 如果消費者所得增加，財貨的需求數量跟著增加，我們稱這財貨是正常財貨；如果消費者所得提高，財貨的需求數量反而減少，我們稱這財貨為劣等財貨。

+ 財貨的消費常常是可以今天買也可以明天再買，意謂出現「跨期替代」的現象。

+ 每人每年肉類消費需求結構中，豬肉消費約占有六成左右，惟所占比例略呈下跌，而趨於穩定飽和現象，亦隱含說明不同肉品消費間的結構性變遷。

+ 豬肉產品結構變動中，主要以上等豬肉消費為主體，豬腹脅肉次之，惟因上等豬肉需求的趨緩，而使整體豬肉產品消費量呈現日益趨緩的現象。

▶▶ 重 要 名 詞 ────────────────────

需求（demand）

需求表（demand schedule）

需求曲線（demand curve）

負斜率（downward-sloping）

需求法則（the law of demand）

替代效果（substitution effect）

實質所得（real income）

所得效果（income effect）

價格效果（price effect）

其它條件不變（other things constant）

需求的改變會沿著同一條線移動（a movement along the demand curve）

需求量的變動（a change in the quantity demanded）

需求的變動（a change in demand）

整條需求曲線的移動（a shift in the demand curve）

正常財（normal goods）

劣等財（inferior goods）

互補財（complements）

替代財（substitutes）

跨期替代（intertemporal substitution）

偏好（preference）

問題討論

1. 需求的意涵為何？試研析之。

2. 何謂需求法則？試研析之。

3. 請舉例說明在你的生活周遭有哪些違反需求法則的實例嗎？

4. 台灣1987～1989年間房屋價格與成交量同呈上漲；1993～1995年間兩者又同呈下降，這現象顯示：需求法則在房屋市場是無效的，你同意嗎？

5. 何謂需求量的變動？影響的因子為何？試研析之。

6. 何謂需求的變動？影響的因子為何？試研析之。

7. 何謂劣等財？可否舉例說明之。

8. 下列效果如何影響DVD影碟機的價格及銷售量：

（1）DVD價格上升時？

（2）DVD價格下降時？

（3）DVD影碟機供給增加時？

（4）消費者所得增加時？

（5）生產DVD影碟機工人的工資率增加時？

（6）生產DVD影碟機工人的工資率增加，具DVD價格下降時？

Chapter 3

供給理論與實證

本章節探討供給理論與實證，討論的議題有：供給的概念、供給曲線的推導、供給法則、供給量變動與供給變動、供給變動的影響因素、以及實證研究與分析。

3.1 供給的概念

供給（supply）是指：在固定期間內，假設其它條件不變，生產者願意且能夠提供的財貨數量。其中，所謂「固定期間」，通常指一天、一星期、一個月、一季或一年等，依研究廠商特性而不同。再者，所謂的「能夠」，是指生產者客觀的供應能力；而「願意」則是意謂生產者主觀的個人認知。因此，對某一財貨供給的發生，其中含括有客觀能力與主觀認知條件的同時達成。例如，2004年國內房市稍為看漲，知名建商因而推出多項新屋規格，以提供前述2.1節中楊君、張君與李君等不同消費者的多樣化個人需求。

3.2 供給曲線的推導

一、供給表

當我們瞭解供給的意涵後，接著探討供給表（supply schedule）。若我們沿用前述的討論，以楊記竹東店販賣X財貨的例子，來描述價格與供給數量之間的關係。（表3-1）是楊記竹東店對X財貨的供給表，表中列示說明在不同價格下，楊記竹東店每個月販賣X財貨的數量。假設X財貨價格為85元時，楊記竹東店每個月會提供40個；價格降為70元，店家會提供32個；當價

表3-1 記竹東店對X財貨的供給表

組合點	價格 (元／個)	數量 (個)
g	85	40
h	70	32
i	55	24
j	40	16
k	25	8

格再爲25元時，店家每個月只會提供8個。因此，當價格持續下降時，楊記竹東店所提供X財貨的數量也會愈來愈少。

二、供給曲線

（圖3-1）爲**供給曲線**（supply curve），係將（表3-1）的資料繪在圖形上。X財貨的價格在縱軸，而X財貨的數量在橫軸。g、h、i、j、k等五個點，分別對應（表3-1）所示五個價格與數

圖3-1 楊記竹東店對X財貨的供給曲線

量的組合。這五個點以直線連接後，即可得到楊記竹東店對X財貨的供給曲線s_x，而（圖3-1）所代表的供給曲線，是為具正斜率（upward-sloping）的一條直線。

該直線斜率的計算如下：

$$供給曲線的斜率 = \frac{\Delta P}{\Delta X} = \frac{55-70}{24-32} = 1.875 \tag{3-1}$$

式（3-1）是計算由h點到i點的斜率，其中，△P是X財貨價格的變動，當價格由70元降低為55元時，△P等於－15元。△X是X財貨需求數量的變動，當數量由32個減少至24個時，△X等於－8個，故供給曲線的斜率為＋1.875，表示當價格下跌時，供給量會減少；反之，當價格上漲時，供給量會增加。

3.3 供給法則

由前述供給曲線的討論，我們可發現：一般財貨的價格與供給量之間，呈正向的關係，此謂為供給法則（the law of supply）。在經濟社會中，大多數的財貨均符合供給法則。但為何當X財貨價格下跌時，楊記竹東店提供的X財貨數量會減少呢？理由有二：

一、願意因子

當價格下跌而其它條件不變時，店家「願意」供應的數量會減少。因價格下跌代表當店家販售同樣數量的X財貨時，其總收入會減少，利潤因而減少；因此，店家會缺乏誘因而生產更少的X財貨。價格是一個訊號，利潤誘因會使廠商不願意將生產資源投入價格相對較低的財貨。

二、能夠因子

當價格下跌而其它條件不變時，店家「能夠」供應的數量會減少。當店家生產更少的X財貨時，生產X財貨的原料，其價格雖亦會因而下跌，但X財貨價格的下跌，使得店家更不能夠支付生產成本，來購買原料以生產X財貨。因此，隨著X財貨價格的下跌，店家願意且能夠提供的X財貨數量將更少。

3.4 供給量變動與供給變動

一、供給量的變動

不管是個別供給、市場供給或供給法則，都說明了在其它條件不變下，價格與供給數量呈正向關係。所謂「其它條件」，是指除財貨本身價格外，其它影響供給的因素，包括技術、生產要素價格、其它生產相關財貨價格、預期、租稅、匯率、生產者人數。

在討論供給量變動時，基本上不去論及其它條件的部分，而逕自將其視為固定不變的前提。例如，如果是X財貨售價由70元調降至55元，供給量將由32個減少為24個，如（圖3-2）的h點到i點，**供給的改變會沿著同一條線移動**（a movement along the supply curve），**稱為供給量的變動**（a change in the quantity supplied）。因此，造成財貨供給量變動的因子，僅有其自身價格此單一因子而已。

供給量的變動
a change in the quantity supplied

供給的改變會沿著同一條線移動，稱為供給量的變動。造成財貨供給量變動的因子，僅有其自身價格此單一因子而已。

圖3-2　X財貨供給量的變動

二、供給的變動

　　若我們將先前所謂「其它條件」的部分，給予放寬來討論時，即可論及另一種供給變動的情況。例如，技術進步使廠商供給增加，反映在（圖3-3），供給線會平行往右移動，由h點到h' 點。當生產要素價格上漲導致生產成本提高時，供給會減少，如（圖3-4）所示，供給線會平行往左移動，由i點到i' 點。無論是h點到h' 點或i點到i' 點，均是整條供給曲線的移動，我們稱為**供給的變動**（a change in supply）。換言之，供給的變動是代表整條供給曲線的移動（a shift in the supply curve）。

> **供給的變動**
> **a change in supply**
> 供給的變動是代表整條供給曲線的移動，造成的因子，是除自身價格外的影響因素。

圖3-3 X財貨供給的增加

圖3-4 X財貨供給的減少

3.5 供給變動的影響因素

一、影響因素的討論

供給法則是描述價格變動引起供給數量的改變，其除了本身財貨價格外，影響財貨供給變動的因素，有以下六個：（1）技術；（2）生產要素價格；（3）其它生產相關財貨價格；（4）預期；（5）租稅；（6）匯率。其中，3.4節所述生產者人數的因子，在討論個別供給曲線時，不予探討而放在市場供給曲線時討論。茲陳述上述各個因素，將如何影響供給的變動。

（一）技術

如果楊記竹東店研發出大量生產X財貨的機器，楊記竹東店就可減少員工的雇用，生產成本可隨之降低。因此，楊記竹東店比較有能力且願意多生產X財貨，供給曲線往右移動，如（圖3-3）所示。相反地，如果實施一個新的生產流程，造成產品不良率提高，使得廠商生產成本增加，供給因而減少，供給曲線會往左移動，如（圖3-4）所示。

（二）生產要素價格

或謂投入（input）要素價格。假如其上游工廠因發生災害意外，造成國內X財貨的生產要素減產，其要素價格因而上漲。此時，X財貨的製作成本提高，楊記竹東店的銷售利潤將會減少，故在每一個價格下，X財貨的供給數量會減少，供給曲線平行往左移動，如（圖3-4）所示。相反地，生產要素價格下跌，廠商的利潤增加，利潤誘因會使廠商願意且能夠提供更多的財貨數量。因此，供給曲線會平行往右移動，如（圖3-3）所示。

（三）其它生產相關財貨價格

　　某些財貨的生產過程，會用到相同的生產要素，如筆記型電腦及桌上型電腦的記憶體，或是楊記可同時販賣Y財貨與X財貨，或全數改賣Y財貨，當市場上Y財貨的價格持續上漲時，楊記竹東店會比較多賣或全數改賣Y財貨，使得X財貨的供給數量跟著降低，供給曲線會平行左移，如（圖3-4）所示，此即所謂**生產過程中之替代財**（substitutes in production）或**生產過程中之互補財**（complements in production）所造成的影響效果。

（四）預期

　　對X財貨的供應商而言，其實也存在著前面2.5節之跨期替代的選擇問題。假如楊記竹東店宣布下週起，X財貨價格上漲，楊記竹東店反而會將製作原料暫存倉庫。因此，本週X財貨的供給量減少，供給曲線往左移動，如（圖3-4）所示。相對地，當店家預計每年的春節期間，消費者購買X財貨的意願特別高時，店家會增加X財貨的生產，因而供給曲線會往右移動，如（圖3-3）所示。因此，我們可以發現：當財貨的供給減少，會使均衡價格上漲，均衡數量減少；反之，財貨供給增加，則會使均衡價格下跌，均衡數量增加。

（五）租稅

　　政府租稅的課徵對店家而言，是反映在生產成本的增加，因此會使得楊記竹東店減少X財貨的提供，供給曲線會往左移動，如（圖3-4）所示。反之，租稅的減免（如同補貼的情況），則會使得店家供給的意願增加，出現如（圖3-3）的情況。

（六）匯率

　　假設楊記竹東店生產X財貨的原料係由國外進口，當匯率上

漲時，意謂台幣貶值，則店家進口原料所反映的成本亦會隨著增加，會使得店家的生產意願下降，供給曲線會往左移動，如（圖3-4）所示。反之，若匯率下跌，台幣升值時，店家進口原料所反映的成本亦會隨著減少，則會使得店家供給的意願增加，出現如（圖3-3）的情況。

二、影響因素的整理

茲整理出本章節針對供給量變動及供給變動的影響因素，如（表3-2）所列。表中主要區分成兩部分，即供給量變動及供給變動。供給量變動是指財貨本身價格發生改變，供給數量的增減，這與供給法則有關，由圖形觀察，是同一條供給線兩點間的上下移動，如（圖3-2）的h點到i點。供給變動是由「其它條件」變動所引起，由圖形觀察，是整條供給曲線往外或往內的移動，如（圖3-3）的s_x移至s_x'，或（圖3-4）的s_x移至s_x''。

表3-2 影響供給量變動與供給變動的因素與方向

討論項目	影響因素	變動方向	影響效果
供給量變動	自身價格	上漲	供給量增加
		下跌	供給量減少
供給變動	技術	進步	供給增加
		退步	供給減少
	生產要素價格	上漲	供給減少
		下跌	供給增加
	其它生產相關財貨價格	上漲	供給減少
		下跌	供給增加
	預期	未來價格上漲	現在供給減少
		未來價格下跌	現在供給增加
	匯率	上漲	供給減少
		下跌	供給增加
	租稅	課徵	供給減少
		減免	供給增加

3.6 實證研究與分析

　　本章節以毛豬生產的實證研究為例，來對國內毛豬生產結構作經濟分析（楊政學，1996b），分析的過程可提供研習人員在數據資料整理及解讀的參考，不受研究期間為何的限制。

一、研究背景

　　毛豬為台灣畜禽產業中產值最大的一項，且自1986年起產值超過稻米，而為農業總產值中最大項農產品，迄1994年約為753億元，占農業總產值的20.07%，畜產總值的60.44%。以生產特性而言，在1994年時，毛豬飼養頭數在1,000頭以上的戶數，只占總戶數的7.50%，但飼養頭數卻已達總飼養頭數的53.86%之多，可見其專業化與企業化的特性。針對台灣毛豬產業的一般生產結構情形，本章節擬由毛豬產值大小及其所占比例，毛豬飼養、屠宰頭數及飼養規模，不同成長階段之毛豬飼養頭數，以及毛豬不同飼養規模別結構等四個層面，來綜合探討與分析。

二、毛豬產值大小及其所占比例

　　1985～1994年期間，台灣地區毛豬產值大小及其所占比例的結構變動情形，可由（表3-3）中清楚得知。其中，毛豬產值的大小，約由1985年的400億5千萬元，大致逐年增加到1994年的752億8千萬元，每年平均產值約為567億6千萬元，且平均以每年7.26%的速率在成長中。

　　此外，就台灣地區毛豬產值所占農業及畜禽產值比例的結構變動而言，前者由1985年的14.83%，上下起伏變動到1994年

表3-3　1985～1994年台灣地區毛豬產值大小及其所占比例結構

項目 年別	農業總產值 （百萬元） (1)	畜禽總產值 （百萬元） (2)	毛豬產值 （百萬元） (3)	稻米產值 （百萬元） (4)	占農業總產 值比例（%） (3)／(1)	占畜禽產 值比例（%） (3)／(2)
1985	270,072	73,583	40,054	41,306	14.83	54.43
1986	286,722	88,333	52,837	36,470	18.43	59.82
1987	304,657	88,975	55,462	33,753	18.20	62.33
1988	313,502	86,918	52,501	36,572	16.75	60.40
1989	329,084	99,829	58,211	38,679	17.69	58.31
1990	313,544	84,513	48,221	37,988	15.38	57.06
1991	323,329	90,770	53,232	38,739	16.46	58.64
1992	331,641	106,270	63,382	35,195	19.11	59.64
1993	368,616	116,792	68,452	40,522	18.57	58.61
1994	375,081	124,559	75,279	39,330	20.07	60.44
年平均值	321,625	96,054	56,763	37,855	17.55	58.97
年成長率	3.72	6.02	7.26	-0.54	3.42	1.17

資料來源：引用自楊政學（1996b）。

的20.07%，但大致有增加的趨勢，每年平均所占比例約為17.55%，且年成長率約為3.42%；而後者由1985年的54.43%，逐年增加到1987年的最高點62.33%，隨後稍降為1994年的60.44%，整體年平均所占比例約為58.97%，且年成長率約為1.17%。

（表3-3）同時說明，1985～1994年來台灣地區毛豬產值的大小，平均約占整個農業總產值的兩成，而占有高達六成左右的畜禽總值。此結果顯示，台灣毛豬產業之產值大小，無論在農業總產值與畜禽總產值中，皆占有重要的地位。再者，透過實際數值的比較可知，毛豬產值在1986年，首度超過稻米，當時毛豬約為528億4千萬元，稻米約為364億7千萬元，成為農產品中產值最大的一項，同時亦一直是畜禽產品中產值最大的單項產品。

三、毛豬飼養、屠宰頭數及飼養規模

1975～1994年來台灣地區毛豬飼養、屠宰頭數，以及平均每戶飼養規模的結構變動情況，如（表3-4）所示。在1975～1984年期間，毛豬飼養頭數約由1975年的331萬頭，增加到1984

表3-4 1975～1994年台灣地區毛豬飼養、屠宰頭數及飼養規模結構

項目\ 年別	飼養頭數（頭）	屠宰頭數（頭）	養豬戶數（戶）	平均每戶飼養頭數（頭/戶）
1975	3,314,823	4,224,657	345,199	9.60
1976	3,676,442	5,582,657	329,607	11.15
1977	3,760,475	5,582,657	293,121	12.83
1978	4,322,165	6,197,405	260,669	16.58
1979	5,417,706	6,204,549	226,525	23.92
1980	4,820,201	7,427,575	175,178	27.52
1981	4,825,860	6,955,927	140,452	34.36
1982	5,182,487	6,975,036	116,581	44.45
1983	5,888,198	6,786,776	109,034	54.00
1984	6,569,313	6,889,134	94,791	69.30
1985	6,673,983	10,380,258	83,709	79.73
1986	7,057,099	10,529,594	72,393	97.48
1987	7,129,034	11,295,604	63,229	112.75
1988	6,954,322	11,020,942	55,574	125.14
1989	7,783,276	11,078,268	53,022	146.79
1990	8,565,250	12,121,873	47,221	181.39
1991	10,089,137	13,525,987	39,662	254.38
1992	9,754,460	13,310,000	33,247	293.39
1993	9,844,920	13,225,000	29,771	330.69
1994	10,065,552	13,860,000	27,324	368.38
1975-1984年平均值	4,777,767	6,282,637	209,116	30.37
1985-1994年平均值	8,391,703	12,034,753	50,515	199.01
1975-1984年成長率	7.90	5.58	-13.38	24.56
1985-1994年成長率	4.67	3.26	-11.70	18.54

資料來源：引用自楊政學（1996b）。

年的657萬頭，年平均值約為478萬頭，此段期間雖有小幅度的數量增減變化，但平均每年以7.90%的速率增加。毛豬屠宰頭數約由1975年的422萬頭，增加到1984年的689萬頭，年平均值為628萬頭，該期間數量雖有小幅度的數量增減，但每年平均成長的幅度為5.58%。養豬戶數由1975年34萬5千戶，逐年減少到1984年的9萬5千戶，年平均值約為20萬9千戶，每年以13.38%的速率大幅減少。因此，平均每養豬戶的飼養規模，相對地由1975年的10頭，大致逐年增加到1984年的69頭，年平均飼養頭數約為30頭，每年成長的幅度高達有24.56%之多。

1985～1994年期間，毛豬飼養及屠宰頭數，分別約由1985年的667萬頭及1,038萬頭，大致增加到1991年的最高峰，分別約為1,009萬頭及1,353萬頭，而後稍降為1994年的1,007萬頭及1,386萬頭，年平均值分別約為839萬頭及1,203萬頭，每年平均以4.67%及3.26%的速率成長。養豬戶數約由1985年的8萬4千戶，逐年減少到1994年的2萬7千戶，年平均值約為5萬1千戶，每年平均以高達11.70%的速率減少。而平均每養豬戶的飼養規模，則相對地由1985年每戶的80頭，逐年快速增加到1994年的368頭，而年平均飼養頭數約為199頭，成長的幅度每年有18.54%。

由以上論述可知，1975～1994年來台灣地區養豬戶數雖有逐年減少的現象，但每戶的飼養頭數（生產力）卻逐年增加。因此，台灣地區養豬事業，在近二十年期間，已呈現由傳統儲蓄性的家庭養豬型態，逐漸轉變成為以追求利潤為目的之企業化養豬型態的趨勢。

四、不同成長階段之毛豬飼養頭數

（表3-5）說明，1975～1994年來台灣地區不同成長階段之毛豬飼養頭數結構變動情形。在1975～1984年期間，不同成長

表3-5　1975～1994年台灣地區不同成長階段毛豬飼養頭數結構

年別 項目	種豬頭數（頭）	仔豬頭數[1]（頭）	小豬頭數[2]（頭）	中豬頭數[3]（頭）	大豬頭數[4]（頭）	總飼養頭數（頭）
1975	306,366	544,672	842,610	842,202	778,973	3,314,823
1976	330,629	588,479	950,460	968,165	838,709	3,676,442
1977	336,124	575,684	967,845	994,735	886,087	3,760,475
1978	409,264	656,872	1,135,142	1,111,982	1,008,905	4,322,165
1979	518,061	811,238	1,392,803	1,386,503	1,309,101	5,417,706
1980	448,706	741,495	1,295,292	1,217,893	1,116,815	4,820,201
1981	437,001	698,531	1,244,660	1,251,629	1,194,041	4,825,862
1982	532,808	777,871	1,336,807	1,303,879	1,231,122	5,182,487
1983	711,752	882,296	1,484,182	1,443,940	1,386,028	5,888,198
1984	797,300	1,027,997	1,678,582	1,560,581	1,504,853	6,569,313
1985	763,542	939,403	1,716,258	1,646,734	1,608,046	6,673,983
1986	780,025	992,716	1,877,931	1,736,663	1,669,764	7,057,099
1987	798,940	995,304	1,855,095	1,751,630	1,728,065	7,129,034
1988	869,823	976,575	1,794,475	1,703,838	1,609,611	6,954,322
1989	1,052,870	1,158,411	1,946,245	1,845,530	1,780,220	7,783,276
1990	1,152,683	1,295,360	2,123,844	2,062,827	1,930,536	8,565,250
1991	1,253,931	1,457,084	2,557,266	2,387,418	2,433,438	10,089,137
1992	1,188,041	1,401,337	2,549,171	2,337,561	2,278,350	9,754,460
1993	1,241,672	1,417,758	2,518,331	2,371,085	2,296,074	9,844,920
1994	1,334,232	1,440,495	2,574,602	2,375,641	2,340,582	10,065,552
1975-1984 年平均值	482,801	730,514	1,232,838	1,208,151	1,125,463	4,777,767
1985-1994 年平均值	1,043,576	1,207,444	2,151,322	2,021,893	1,967,469	8,391,703
1975-1984 年成長率	11.21	7.31	7.96	7.09	7.59	7.90
1985-1994 年成長率	6.40	4.86	4.61	4.16	4.26	4.67

註：1.仔豬：15公斤以下毛豬。

　　2.小豬：15～30公斤毛豬。

　　3.中豬：30～60公斤毛豬。

　　4.大豬：60公斤以上毛豬。

資料來源：引用自楊政學（1996b）。

階段毛豬飼養頭數的結構，整體上大致呈現增加的趨勢，其中尤以種豬飼養頭數，平均每年成長的幅度最大，約有11.21%之多。種豬、仔豬及不同成長階段毛豬的飼養頭數，年平均頭數分別約為種豬48萬3千頭，仔豬73萬1千頭，未滿30公斤毛豬（小豬）123萬3千頭，30～60公斤毛豬（中豬）120萬8千頭，60公斤以上毛豬（大豬）112萬5千頭。

在1985～1994年期間，整體毛豬飼養頭數的結構，亦大致呈現增加的趨勢，而於1991年時達到最高峰，其成長幅度結構中，亦以種豬的平均每年6.40%的幅度最大。其中種豬、仔豬及不同成長階段毛豬的飼養頭數，年平均頭數分別約為種豬104萬4千頭，仔豬120萬7千頭，小豬215萬1千頭，中豬202萬2千頭，大豬196萬7千頭。

由以上說明可知，台灣地區不同成長階段之毛豬飼養結構上，以仔豬到成豬（95公斤左右）飼養期間，三種不同成長階段（小豬、中豬及大豬）的毛豬飼養為多。此現象說明台灣養豬戶經營型態，主由統合經營戶及肉豬專業戶構成，前者所占比例高達七成左右。

目前台灣養豬戶經營型態，主要可分統合經營戶、肉豬專業戶及種豬專業戶三種，其定義如下：（1）統合經營戶：自行畜養母豬繁殖仔豬，並飼養至成豬而出售之養豬場；（2）肉豬專業戶：本身不進行仔豬繁殖，而僅以購入仔豬飼養至成豬再出售之經營型態；（3）種豬專業戶：專門繁殖仔豬並出售仔豬之養豬場。值得一提的是，在整體飼養結構約呈增長的趨勢中，種豬成長的幅度最為顯著，此說明政府於1980年代，所推行的種豬供應體系，以及國家核心種豬場設定等政策措施，似乎已使國內種豬飼養頭數，得以較大幅度的成長及專業化。

五、毛豬不同飼養規模別結構

　　1985～1994年期間，台灣地區毛豬不同飼養規模別的結構變動情形，可由（表3-6）中清楚得知。其中，99頭以下（小型）毛豬飼養規模，約由1985年的7萬戶與82萬8千頭，逐年減少到1994年的1萬5千戶與31萬頭，年平均值約為3萬6千戶與53萬1千頭，每年平均分別以高達15.84%與10.34%的速率減少。

　　100～999頭（中型）毛豬飼養規模，約由1985年的1萬3千戶與385萬4千頭，分別逐年下降或上升到，1994年的1萬1千戶與433萬5千頭，年平均值約為1萬3千戶與453萬1千頭，每年平均分別以2.67%與1.31%的幅度在減少或增加，但養豬戶數較前述99頭以下規模別的降幅來得小些。而1,000頭以上（大型）毛豬飼養規模，則由1985年的613戶與199萬2千頭，大幅增加到

表3-6　1985～1994年台灣地區毛豬不同飼養規模別結構

項目 年別	99頭以下		100～999頭		1,000頭以上		總計	
	戶數 （戶）	頭數 （頭）	戶數 （戶）	頭數 （頭）	戶數 （戶）	頭數 （頭）	戶數 （戶）	頭數 （頭）
1985	69,687 (83.25)	827,784 (12.40)	13,409	3,854,154	613 (0.73)	1,992,045 (29.85)	83,709	6,673,983
1986	57,860	734,345	13,870	4,203,678	663	2,119,076	72,393	7,057,099
1987	48,936	651,489	13,602	4,154,079	691	2,323,466	63,229	7,129,034
1988	41,428	567,294	13,454	4,125,955	692	2,261,073	55,574	6,954,322
1989	37,876	582,906	14,383	4,640,278	763	2,560,092	53,022	7,783,276
1990	31,608	542,931	14,696	4,915,729	917	3,106,590	47,221	8,565,250
1991	24,695	406,404	13,738	5,545,337	1,229	4,137,396	39,662	10,089,137
1992	19,712	352,251	12,165	5,036,696	1,370	4,365,513	33,247	9,754,460
1993	17,122	332,814	10,842	4,503,894	1,807	5,008,213	29,771	9,844,920
1994	14,762 (54.03)	309,826 (3.08)	10,514	4,334,640	2,048 (7.50)	5,421,086 (53.86)	27,324	10,065,552
年平均值	36,369	530,804	13,067	4,531,444	1,079	3,329,455	50,515	8,391,703
所占比例	72.00	6.33	25.87	54.00	2.14	39.68	100.00	100.00
年成長率	-15.84	-10.34	-2.67	1.31	14.34	11.77	-11.70	4.67

註：括弧內的數值分別為該規模別養豬戶數與飼養頭數所占比例（%）。
資料來源：引用自楊政學（1996b）。

1994年的2,048戶與542萬1千頭，年平均值約為1,079戶與332萬9千頭，每年平均增加的幅度高達有14.34%與11.77%之多。

此外，毛豬飼養規模，在1985～1994年期間，小型飼養規模之毛豬飼養頭數所占的比例，由1985年的12.40%，逐年下降到1994年的3.08%，跌幅高達9.32%之多，所占年平均比例值為6.33%。但大型飼養規模之毛豬飼養頭數所占比例，則由1985年的29.85%，逐年增加到1994年的53.86%，漲幅高達有24.01%，其所占年平均比例值為39.68%。

由以上不同規模別養豬戶消長情形，吾人可知中、小型養豬戶在勞力缺乏與政府環保要求下，除部分擴養成大型規模經營外，大部分將因規模小獲利有限，而逐漸退出養豬行列；而大型規模養豬戶因長期獲利穩定，以及實施豬場自動化設施，可解決部分勞力不足的問題，其戶數有逐年增加的趨勢。

此外，由1994年數值可知，毛豬飼養規模在1,000頭以上的戶數，只占總戶數的7.50%，但其飼養的頭數，卻占總飼養頭數的53.86%之多，足見台灣之養豬型態是戶數逐年減少，而每戶飼養頭數與規模逐年增加，有朝向經濟規模與企業化經營之發展趨勢。同時，在此過渡期間，由於許多生產設備投資，或謂沉入成本（sunk cost）的增加，使得不同規模別毛豬生產者，對毛豬價格的預期反應，自然會產生多種不同類型的變化，而使得價格波動的預測更形複雜與困難。

六、研究小結

綜合上述毛豬產業生產結構分析，吾人可知台灣地區毛豬產值約占農業總產值的兩成，畜禽總值的六成，且為目前農產品中產值最大的一項產品。在養豬戶經營型態上，養豬戶數逐年減少，但其生產力卻逐年增加，呈現由傳統儲蓄性家庭養豬，逐漸轉變為追求利潤之企業化養豬型態。在養豬戶飼養結

構上，以統合經營養豬戶為主，惟種豬專業戶的成長日益加快。在飼養規模別消長上，中、小型養豬戶在勞力缺乏與政府環保要求下，因規模小獲利有限，而逐漸合併或退出養豬行列，形成經濟規模與企業化經營之發展趨勢。

重點摘錄

✦ 供給是指在固定期間內，假設其它條件不變，生產者願意且能夠提供的財貨數量。

✦ 一般財貨的價格與供給量之間，呈正向的關係，此謂為供給法則。

✦ 當造成財貨供給量變動的因子，僅有其自身價格此單一因素而已時，謂為供給量的變動，此為同一條供給曲線上的移動。

✦ 當造成財貨供給變動的因子，為其自身價格以外的因素時，謂為供給的變動，此為整條供給曲線的移動。

✦ 供給法則是描述價格變動引起供給數量的改變，其除了本身財貨價格外，影響財貨供給變動的因素有：技術；生產要素價格；其它生產相關財貨價格；預期；租稅；匯率。

✦ 財貨的供給常常是可以今天賣也可以明天再賣，意謂出現「跨期替代」的現象。

✦ 若匯率下跌，台幣升值時，店家進口原料所反映的成本亦會隨著減少，則會使得店家供給的意願增加。

✦ 在養豬戶經營型態上，養豬戶數逐年減少，但其生產力卻逐年增加，呈現由傳統儲蓄性家庭養豬，逐漸轉變為追求利潤之企業化養豬型態。

✦ 在養豬戶飼養結構上，以統合經營養豬戶為主，惟種豬專業戶的成長日益加快。

✦ 在飼養規模別消長上，中、小型養豬戶在勞力缺乏與政府環保要求下，因規模小獲利有限，而逐漸合併或退出養豬行列，形成經濟規模與企業化經營之發展趨勢。

▶▶ 重要名詞

供給（supply）

供給表（supply schedule）

供給曲線（supply curve）

正斜率（upward-sloping）

供給法則（the law of supply）

供給的改變會沿著同一條線移動（a movement along the supply curve）

供給量的變動（a change in the quantity supplied）

供給的變動（a change in supply）

整條供給曲線的移動（a shift in the supply curve）

投入（input）

生產過程中之替代財（substitutes in production）

生產過程中之互補財（complements in production）

沉入成本（sunk cost）

問題討論

1.供給的意涵為何？試研析之。

2.何謂供給法則？試研析之。

3.請舉例說明在你的生活周遭有哪些違反供給法則的實例嗎？

4.有人認為政府在2002年元旦加入WTO後，因降低豬腹脅肉的進口關稅，將會使國內雞肉的供給減少，你同意此看法嗎？

5.何謂供給量的變動？影響的因子為何？試研析之。

6.何謂供給的變動？影響的因子為何？試研析之。

Chapter 4

供需均衡與價格管制

本章節探討供需均衡與價格管制，討論的議題有：市場需求、市場供給、市場供需均衡、市場均衡的變動、市場供需失衡、市場功能評價、以及實證研究與分析。

4.1 市場需求

一、市場需求表

2.2節中（表2-1）討論的是霽苒個人對X財貨的需求；但我們知道楊記竹東店不僅滿足個人需求，其所面對的是整個市場的需求（market demand）。X財貨的市場需求，由每個人對X財貨需求的數量加總而得。我們以（表4-1）為例，假設市場只有2個人：霽苒及霽芃。當價格是55元時，霽苒每個月會購買24個X財貨，而霽芃每個月會購買16個X財貨，此時市場需求數量等於40個（24＋16）。當價格上漲至85元時，霽苒只會購買8個X財貨，而霽芃會購買12個，市場需求則變為20個。

（圖4-1）分別列出霽苒、霽芃及市場對X財貨的需求線，其中，（c）圖的市場需求曲線D_x，得自（a）圖霽苒的需求d_x^1與（b）圖霽芃的需求d_x^2之水平加總。X財貨一個賣55元時，（a）圖的c點代表霽苒每月消費24個，（b）圖的c點代表霽芃每月消費16個，（c）圖的c點是40個，等於（a）圖的24個加上（b）圖的16個，是為同一價格下的水平加總。

表4-1　個別與市場的X財貨需求表

價格	霽苒需求數量	霽芃需求數量	市場需求數量
25	40	20	60
40	32	18	50
55	24	16	40
70	16	14	30
85	8	12	20

圖4-1　X財貨的市場需求曲線

二、市場需求函數

若我們以數學函數式來表示時，如（4-1）式所示：

$$Q^d = f\ (P;\ P_s,\ P_c,\ P_e,\ I_d,\ H_c,\ N_c,\ \cdots)\qquad\qquad(4\text{-}1)$$

其中，Q^d代表該財貨在某一特定期間的市場總需求量；P代表該財貨本身的價格；P_s代表在消費上與該財貨具有替代關係的財貨價格；P_c代表在消費上與該財貨具有互補關係的財貨價格；P_e代表該財貨的預期價格；I_d代表消費者的可支配所得；H_c代表消費者的偏好；N_c代表消費者人數。

由於市場需求乃個別需求的水平加總，任何影響個人需求的因素均會影響市場需求。因此，影響市場需求的因素有五個：（1）消費者可支配所得；（2）相關財貨的價格；（3）預期；（4）消費者偏好；以及（5）消費者人數。其中，第五個因素，消費者人數不會影響個別需求，但會影響市場需求。一個地區突然湧入大量人口，某些財貨的市場需求將因而增加。例如，新竹科學園區吸引大批高科技人才進駐，造成新竹地區

房地產價格上漲；又如中國人特別喜歡在龍年生龍子龍女，嬰兒人數的增加，會造成對紙尿布、嬰兒奶粉、嬰兒衣服、嬰兒用具等需求的增加，使得市場需求曲線因而往右移動。

4.2 市場供給

一、市場供給表

正如同市場需求是個別需求的水平加總，市場供給是個別廠商供給的水平加總。假設市場只有兩家楊記分店：竹東店與中壢店。（表4-2）是兩家分店在不同的X財貨價格下所提供的數量，如當價格是40元時，竹東店提供16個，而中壢店提供14個，所以市場供給是30個X財貨。當價格上漲為55元，竹東店會提供24個，而中壢店會提供16個，市場供給是40個X財貨。所以，財貨價格上升，市場供給會增加，這種價格與供給數量之間的關係，符合供給法則。

表4-2　個別與市場的X財貨供給表

價格	竹東店供給數量	中壢店供給數量	市場供給數量
85	40	20	60
70	32	18	50
55	24	16	40
40	16	14	30
25	8	12	20

（圖4-2）分別繪出楊記兩分店及市場的供給曲線，（c）圖的市場供給曲線S_x，得自（a）圖竹東店的供給s_x^1與（b）圖中壢店的供給s_x^2之水平加總。以i點為例，當X財貨一個賣55元時，（c）圖的市場供給為40個，是（a）圖的竹東店提供24個，與（b）圖的中壢店提供16個的水平加總而得。

圖4-2　X財貨的市場供給曲線

二、市場供給函數

若我們以數學函數式來表示時，如（4-2）式所示：

$$Q^S = g\ (P;\ P_f,\ P_{ss},\ P_{sc},\ P_{se},\ T,\ tax,\ ex,\ N_f,\ \cdots) \qquad （4\text{-}2）$$

其中，Q^s代表該財貨在某一特定期間的市場總供給量；P代表該財貨本身的價格；P_f 代表該財貨的生產要素價格；P_{ss}代表在生產上與該財貨具有替代關係的財貨價格；P_{sc}代表在生產上與該財貨具有互補關係的財貨價格；P_{se}代表生產者對該財貨的預期價格；T代表該財貨的生產技術；tax代表租稅；ex代表以一美元等於多少台幣表示的台幣匯率；N_f代表生產者人數。

因為市場供給是個別廠商供給的水平加總，任何影響個別廠商供給的因素均會影響市場供給。因此，影響市場供給變動的因素有以下七個：（1）技術；（2）生產要素價格；（3）其它生產相關財貨價格；（4）生產者預期；（5）租稅；（6）匯率；以及（7）生產者人數。其中，第七個因素，生產者人數不會影響個別供給，但會影響市場供給。如果楊記竹東店決定在

新竹縣立文化中心附近開一家分店：竹北店，市場會有三家楊記分店提供X財貨。此時，在每一個不同價格水準下，X財貨的供給量會增加，市場供給曲線會平行往右移動。

4.3 市場供需均衡

超額需求
excess demand

當價格很低時，消費者願意購買的數量超過生產者願意生產的數量，市場發生超額需求或稱短缺，有時又稱供不應求的現象。

讓我們以（表4-3）及（圖4-3）來說明市場均衡的意義，其中，（表4-3）是楊記每個月提供X財貨，以及消費者購買的數量。當X財貨一個賣25元時，消費者每個月會購買36,000個，而楊記會提供4,000個。當價格很低時，消費者願意購買的數量超過生產者願意生產的數量，市場發生**超額需求**（excess demand）或稱短缺（shortage），有時又稱供不應求的現象。當價格訂得太高時，譬如一個X財貨賣85元，楊記願意提供的數量遠超過消費者願意購買的數量，市場發生**超額供給**（excess supply）或稱為生產過剩（surplus），有時又稱為供過於求的情形。

超額供給
excess supply

當價格訂得太高時，楊記願意提供的數量遠超過消費者願意購買的數量，市場發生超額供給或稱為生產過剩，有時又稱為供過於求的情形。

（圖4-3）是將（表4-3）的供需資料繪成圖形，當X財貨價格是70元時，楊記供給量是28,000個，消費者需求量是12,000個。供給量大於需求量，市場發生供過於求，超額供給是16,000個。楊記發現每個月都必須丟棄許多X財貨，除非調降價格，否則生產過剩現象依然存在。當X財貨價格調降時，楊記會減少X財貨生產數量，而消費者會增加X財貨購買數量。因此，只要市場上的供給數量大於需求數量，該財貨的價格就會持續下降。

表4-3　X財貨的市場供需均衡

價格	需求數量	供給數量	超額需求
25	36,000	4,000	32,000
40	28,000	12,000	16,000
55	20,000	20,000	0
70	12,000	28,000	−16,000
85	4,000	36,000	−32,000

圖4-3　X財貨市場供需均衡

　　相對地，價格是25元時，消費者每個月會消費36,000個，而楊記只會提供4,000個。需求量大於供給量，市場發生供不應求，超額需求是32,000個。當許多消費者必須大排長龍等著購買X財貨，而抱怨連連時，楊記瞭解到提高售價可以增加利潤。楊記在提高售價的同時，也會增加X財貨的供給數量，而消費者會減少需求數量。因此，只要市場上短缺現象持續存在，X財貨的價格就會持續上升。

　　總之，生產過剩會讓財貨價格下跌，而短缺則會讓財貨價格上升。只要供給不等於需求，價格就會持續調整。換句話說，當消費者願意且能夠購買的數量，等於生產者願意且能夠提供的數量時，價格就不會再變動，此時市場處於**均衡**（equilibrium）狀態。

　　以（圖4-3）來看，供給與需求的交點，決定X財貨的均衡價格是55元，均衡數量是20,000個。在均衡點時，消費者需要的X財貨數量，剛好楊記都能提供；楊記每個月生產的X財貨，剛

均衡
equilibrium

當消費者願意且能夠購買的數量，等於生產者願意且能夠提供的數量時，價格就不會再變動，此時市場處於均衡狀態。

好都被消費者買走。價格就如同「一隻看不見的手」，讓市場不會發生生產過剩或短缺，資源浪費或配置錯誤的現象也不會出現。任何過剩或短缺均是一種短暫現象，只要價格可以自由調整，供給與需求最終會達到均衡，這種市場自動調整的機制，稱為**市場機能**（market mechanism）。

市場機能
market mechanism

任何過剩或短缺均是一種短暫現象，只要價格可以自由調整，供給與需求最終會達到均衡，這種市場自動調整的機制，稱為市場機能。

 4.4 市場均衡的變動

均衡價格的高低與均衡數量的多寡，決定於供給曲線與需求曲線的位置，而均衡價格與數量會因外在事件而改變。某些情況是需求曲線的變動，某些情況是供給曲線的變動，某些情況是供給與需求同時變動。如果要分析外在事件對均衡價格與數量的影響，可依下列三個步驟進行：

（1）首先，決定是需求曲線移動，供給曲線移動，還是兩者同時移動。

（2）其次，決定移動的方向，是左移還是右移。

（3）最後，比較新舊均衡點，決定均衡價格與均衡數量是增加或減少。

假如供給與需求同時減少，均衡數量會減少。至於，均衡價格的增減，則要看供給與需求變動的相對幅度而定。如果供給減少的幅度超過需求減少的幅度，價格會上升。反之，如果需求減少的幅度大於供給減少的幅度，價格會下跌。

假如供給增加而需求減少，例如，生產成本降低與消費人數減少，均衡價格會降低。至於，均衡數量的多寡，必須視供給與需求變動的幅度而定。如果需求減少幅度大於供給增加幅度，新的均衡數量會減少；如果供給增加幅度超過需求減少幅度，新的均衡數量會增加。

假如需求增加而供給減少，例如，所得增加與生產成本提

高,均衡價格一定上升。至於,均衡數量的多寡,要看供給與需求變動的幅度而定。如果需求增加幅度大於供給減少幅度,新的均衡數量將上升;如果供給減少幅度超過需求增加幅度,新的均衡數量將減少。

茲整理出供給與需求同時變動的四種情況,如(表4-4)所示。當供給與需求同時增加(減少)時,均衡數量將增加(減少),而均衡價格的變動,必須視供給與需求變動的幅度而定。當供給與需求反方向變動時,均衡價格的變動與需求變動同方向,亦即需求增加,均衡價格上漲;需求減少,均衡價格下跌。至於,均衡數量的變動,則要看需求與供給變動的幅度而定。

表4-4 供給與需求同時變動的影響

供給的變動	需求的變動	
	需求增加	需求減少
供給增加	均衡價格不定 均衡數量增加	均衡價格下跌 均衡數量不定
供給減少	均衡價格上漲 均衡數量不定	均衡價格不定 均衡數量減少

4.5 市場供需失衡

當市場發生供不應求或供過於求現象時,市場價格會低於或高於均衡價格,謂之市場處於**供需失衡**(disequilibrium)狀態。如果廠商間彼此相互競爭,爭取客戶,而且政府未施加任何干預,價格機能自由調整到讓供給等於需求。在均衡價格時,買方消費的數量恰好等於賣方提供的數量。

均衡價格固然是常態,但在日常生活中,政府管制的例子處處可見。例如,最低工資率的立法、稻米保證收購價格、進口配額、以及米酒配銷管制等。

供需失衡
disequilibrium

當市場發生供不應求或供過於求現象時,市場價格會低於或高於均衡價格,謂之市場處於供需失衡狀態。

一、價格管制

政府為達某種目的，以政策干預市場，而使價格偏離均衡價格，稱為**價格管制**（price regulation）。價格管制可分為兩種：價格上限與價格下限。

（一）價格上限

價格上限（price ceiling）是政府規定最高的銷售價格，通常因政府認為市場均衡價格過高，而以法令制定較低的法定價格。例如，某些大城市，地價昂貴，房租日益高漲，買不起房子的人又沒有能力遷至郊區。政府為了讓市民有屋可住，會以政策規定房租不得高於某個水準，如（圖4-4）所示。

圖中說明當政府未加干預前，一間雅房的每個月出租價格是6,000元。如果政府進行房租管制，例如設定價格是8,000元，這個價格並非有效的價格上限。因為價格太高並未照顧到需要

圖4-4　價格上限的影響

的人,而法定價格必須低於均衡價格,才是有效的價格上限。

若政府規定雅房的租金一個月不得超過4,000元,當價格是4,000元時,有600個人想租雅房,但房東只有400間可供出租;市場發生供不應求現象,出租雅房短缺200間。原來政府出於一片美意,希望照顧貧窮市民,讓大家住者有其屋。但是,短缺會使得如下某些分配機能自然產生:

首先,必須要花費很長的時間排隊等待,並不是每個想租房子的人,馬上可以租到滿意的房子。其次,房東可以設下條件過濾房客,例如,單身、女性、大學畢業、或不得養寵物等。再者,房東可以巧立名目、變相索取房租,例如,多收半年押金、鑰匙費、或預收半年房租等。最後,房東要求房客自行維修,例如,房客得付錢修壞掉的冰箱,或油漆自己的雅房等。

政府實施價格上限的最後的結果是,想租房子的貧窮者,不見得能租到房子,而有辦法的人才租得起房子。價格上限的例子,還包括過去共產主義國家對一般物價的管制,以及石油危機發生時,對過高油價的管制等。

(二) 價格下限

價格下限(price floor)是政府規定最低的銷售價格,政府為了照顧農民,讓他們有較高且穩定的收入,會管制某些農產品的價格。政府會制定高於均衡價格的法定價格,稱為價格下限,如(圖4-5)所示。

圖中假設牛奶的均衡價格每公升是30元,而政府想要照顧酪農,可以制定牛奶最低銷售價格。如果價格設定在30元以下,不會有任何作用,因為酪農收入並未增加。如果價格設定在30元以上,例如,規定每公升牛奶價格不得低於40元,如此會發生超額供給的現象。當價格是40元時,酪農願意提供40,000公升的數量,消費者只願意購買20,000公升,牛奶市場發生供過

價格下限
price floor

價格下限是政府規定最低的銷售價格,政府為了照顧農民,讓他們有較高且穩定的收入,會管制某些農產品的價格。政府會制定高於均衡價格的法定價格,稱為價格下限。

圖4-5　價格下限的影響

於求現象，多出20,000公升的牛奶。當政府實施保證價格收購，超額供給的20,000公升牛奶由政府完全收購。這種方式雖然可解決生產過剩的問題，唯此作法不但增加政府負擔，且有鼓勵酪農無限制生產的道德障礙問題。

　　價格下限不僅出現在農產品市場，也發生在勞動市場。國內針對最低工資立法，以期確保勞工最低收入，以維持基本生活水準。不過，由於最低工資高於均衡工資，勞動市場有超額供給，也就是失業情形發生。令人覺得諷刺的是，失業通常是落在政府最想照顧的族群，亦即沒有專業技術者與16～20歲的青少年工作者。

　　總之，價格是隻看不見的手，主導著稀少資源的分配，且提供市場買賣雙方所需的資訊。廠商知道該生產何種財貨，知道何處可找到最適生產技術及最廉價資源，消費者知道在那裏可以買到想要的東西，在那裏可以最低價錢得到最大滿足。價格可以使消費者消費的數量，恰好等於生產者提供的數量，而

供給與需求這兩個基本工具，能夠幫助解釋許多經濟現象。有時政府為了照顧某些族群而實施價格管制，例如，以最低工資來照顧弱勢勞工，房租管制來照顧買不起房子的人。但令人沮喪的是，這種扭曲市場機能的作法，受益者並非是原先政府企圖照顧者，反之，弱勢族群往往是這些作法背後最大的受害者。

二、數量管制

　　若政府為達某種目的，以政策干預市場，而使數量偏離均衡數量價格，則稱為**數量管制**（quantity regulation）。數量管制之目的主要是用來限制消費，其次為限制價格。

　　限制消費的具體作為，分別有對外供給量的管制，以及進口與出口**配額**（quotas）的設定。所謂的限制消費，是規定一個數量上限，此上限40單位通常低於均衡數量60單位；如此市場價格就可因而由50提高至70，如（圖4-6）所示。此政策通常用於保護本國幼稚型產業，但此種管制措施亦有其副作用，即會

數量管制
quantity regulation

若政府為達某種目的，以政策干預市場，而使數量偏離均衡數量價格，則稱為數量管制。數量管制之目的主要是用來限制消費，其次為限制價格。

圖4-6　限量措施的影響

造成需求價格高過於供給價格，故會出現所謂**競租**（rent seeking）的現象，如在電影院出現的黃牛票。其次，數量遭到管制也會造成走私猖獗，因而形成**黑市**（black market）的交易，如農曆年節前夕，漁民由中國大陸走私低價農漁產品的現象。

再者，如果政府採行以量制價的政策，也可以達到操控價格的另項目的，如（圖4-7）所示。例如，每到寒暑假期間，國內渡假景點飯店一宿難求，此時由於需求大增，而供給相對減少，故其價格自然攀高。反之，一旦過了需求的旺季，需求不再如此強旺時，供給數量相對增加了，故其市場價格自然下降，因此以量制價的措施，主要是用來調節需求的淡旺季所設。例如，在旺季時增加供給至s_1，使其數量由60增加至100（由e點到k點）；而在淡季時則減少供給至s_2，使其數量由60減少至20（由e點到h點），最終維持飯店住宿價格為原先的2,500元。

圖4-7　以量制價的影響

4.6 市場功能評價

　　由前述章節的討論，我們不難發現價格機能對經濟活動的影響竟如此重要，而價格對市場的功能，可概分為：配給功能與激勵功能兩種。所謂的**配給功能**（rationing function），是指財貨透過價格得以適當地分配給其需求者，而且不同品牌／品質的財貨，亦得以完成各自需求者的滿足。

　　至於，**激勵功能**（incentive function），則是指透過財貨與要素價格的變化，會使財貨或要素的需求與供給發生增加或減少的改變。如此價格低的財貨，廠商有意願進行改良與技術革新，以使其價格得以提高，此謂為「價格的重塑」。因此，價格較佳的財貨，廠商會採取增產的決策，以刺激大量生產與降低成本的訴求。

　　由以上論點，似乎認為自由經濟如此完美，因而產生許多學者的支持與正面評價，但仍有不少學者對其非議，並且出反對的看法，如（表4-5）所彙整的正反兩面的評價。

> **配給功能**
> **rationing function**
>
> 配給功能是指財貨透過價格得以適當地分配給其需求者，而且不同品牌／品質的財貨，亦得以完成各自需求者的滿足。

> **激勵功能**
> **incentive function**
>
> 激勵功能則是指透過財貨與要素價格的變化，會使財貨或要素的需求與供給發生增加或減少的改變。

表4-5　自由經濟的正反面評價

正面評價	主要理論	反面評價	主要理論
效率	在價格機能下，消費者主權（consmer sovereignty）得以暢行，也就是以消費者的金錢來作選票，淘汰不合格的劣質品，並鼓勵優良產品與技術的日益求精，促進資源的有效運用。	浪費	具控制市場能力的廠商，容易強迫消費者購買，左右消費者的價值觀，導致購買者無法找到合宜的產品。
公平	每一產品與要素都有其市場價格，在價格機能下，每一價格都受到市場的約制，不會過高或過低，因此可以達成公平的境界。	不公平	由於財產繼承制度，使得購買者所得天生不公平，因此僅憑價格的調整，也不能使市場達到真正的公平。

（續）表4-5　自由經濟的正反面評價

正面評價	主要理論	反面評價	主要理論
穩定	價格的升降具有彈性，可減少不平衡的現象，而產生失業或通貨膨脹。	不穩定	價格並非具有彈性，故未必能反應市場的真實狀況。
成長	生產者可以優秀的技術，獲取較多的利潤，因而間接鼓勵發明與創新，促進經濟得以成長。	退化	當社會因戰亂或政治因素而震盪不安時，廠商會降低創新的意願，如此社會反而在市場的導引下，走向退化的道路。
自由	沒有人為干預，一切自由選擇。	市場失靈	在外部性公共財的誘因下，消費者會隱藏自身的需求，多消耗不需成本的財貨，因而會引發市場失靈的現象。

資料來源：修改自王睦舜（2000）。

4.7 實證研究與分析

本章節以毛豬出口的實證研究為例，來對當時國內毛豬出口結構作經濟分析（楊政學，1996c），其對數據資料的整理及解讀，可供研讀的學生及相關人員參考。

一、研究背景

國內毛豬產業在貿易保護措施上，豬肉進口的現行關稅為15%，但豬腹脅肉（俗稱五花肉）需農委會之同意文件始可進口，豬內臟（雜碎）為進口管制產品，而其他部位豬肉，包括大、小里脊及前、後腿肉等，以及豬隻屠體，則可自由進口，惟目前農委會未核發同意文件，因而尚無自國外進口的豬腹脅肉與豬內臟。在出口量值上，毛豬及其製品的出口數量，自

1991年大幅成長至23萬公噸，且1992～1994年來約維持在20萬公噸；出口價值約維持在10億美元左右，為我國農產品貿易的重要出口產品。因此，本章節擬由毛豬及其製品出口量值結構，毛豬及其製品出口供給結構，以及豬肉出口日本的數量及其市場占有率等三部分，來綜合解析國內毛豬產業外銷出口結構的變動情形。

二、毛豬及其製品出口量值結構

　　台灣地區毛豬及其製品，1985～1994年來出口量值與其比例的結構變動情形，可由（表4-6）中清楚看出。就毛豬及其製品出口量的結構變動而言，約由1985年的7萬2千公噸，大致逐年增加到1994年的23萬5千公噸，而近三年來約維持在20萬公噸左右，年平均出口量約為15萬8千公噸，每年平均以14.04%的幅

表4-6　1985～1994年台灣地區毛豬及其製品出口量值與其比例結構

項目　　　　　年別	毛豬及製品出口量（公噸）(1)	肉類[1]出口量（公噸）(2)	毛豬及製品出口量比例（%）(1)／(2)	毛豬及製品出口值（千美元）(3)	肉類[1]出口值（千美元）(4)	毛豬及製品出口值比例（%）(3)／(4)
1985	72,138	75,253	95.86	241,323	250,493	96.34
1986	87,915	92,732	94.81	395,816	410,947	96.32
1987	138,240	144,041	95.97	655,527	677,885	96.70
1988	127,443	133,296	95.61	621,310	645,238	96.29
1989	113,820	120,108	94.76	513,836	539,312	95.28
1990	158,669	165,378	95.94	666,766	694,188	96.05
1991	229,160	236,749	96.79	993,553	1,026,256	96.81
1992	215,867	224,758	96.04	1,025,532	1,068,474	95.98
1993	199,401	207,397	96.14	1,070,700	1,110,108	96.45
1994	235,333	243,252	96.74	1,291,667	1,328,492	97.23
年平均值	157,799	164,296	95.87	747,603	775,139	96.34
年成長率	14.04	13.92	0.10	20.49	20.37	0.10

註：1.肉類出口量值，包括有活畜禽、肉類及雜碎。
資料來源：引用自楊政學（1996c）。

度快速增加。毛豬及其製品出口量占肉類總出口量的比例，近十年來平均維持在95.87%的水準。

在1985～1994年期間，毛豬及其製品出口值，約由1985年的2億4千萬美元，大致逐年增加到1994年的12億9千萬美元，尤以1990年後的成長更爲明顯，每年平均以20.49%的幅度快速成長。毛豬及其製品出口值占肉類出口值的比例，近十年來約維持在接近九成六的比例水準。

由以上論述可知，台灣地區毛豬及其製品出口數量及價值，在1990年代以後，維持在較高水準的現象，顯示近五年來，國內毛豬及其製品的出口相對具有較大成長空間。此外，豬肉的出口量幾乎占所有肉類總出口量的絕大部分，代表豬肉產品的出口，爲國內肉類出口的最主要經濟活動，且在國內農產品的出口貿易上，扮演了極爲重要的角色。

三、毛豬及其製品出口供給結構

（表4-7）說明，1985～1994年來台灣地區毛豬及其製品出口供給的結構變動情形。其中，冷凍豬肉的出口量值，占有總出口量值的最大比例，分別平均爲75.59%及74.46%；其次，冷藏豬肉，則分別平均占22.79%及24.52%。

1985～1994年期間，出口數量的結構變動而言，冷凍豬肉約由1985年的6萬公噸，大致逐年增加到1991年的最高峰，而後稍降到1994年的15萬5千公噸，每年平均出口11萬9千公噸，年成長幅度平均爲11.25%；而出口數量居次的冷藏豬肉，約由1985年的7千公噸，逐年增加到1994年的7萬6千公噸，每年平均出口量約爲3萬6千公噸，平均每年以29.49%的高幅度快速增加。

此外，就出口價值的結構變動而言，冷凍豬肉約由1985年的2億1千萬美元，大致逐年增加到1991年的最高峰，而後稍降

表4-7　1985～1994年台灣地區毛豬及其製品出口供給結構　　單位：公噸、千美元

項目 年別	活豬[1]		冷凍豬肉		冷藏豬肉		其他出口品[2]		合計	
	數量	價值	數量	價值	數量	價值	數量	價值	數量	價值
1985	4,042	3,101	59,570	211,186	7,436	23,213	1,090	2821	72,138	240,321
1986	1,423	1903	75,498	347,488	10,319	44,662	676	1,763	87,916	395,816
1987	796	1,198	119,545	570,913	17,390	81,194	510	2,222	138,241	655,527
1988	303	567	109,395	531,431	17,019	86,044	725	3,267	127,442	621,309
1989	15	326	92,932	410,738	18,960	96,738	1,914	6,033	113,821	513,835
1990	9	87	133,852	550,398	23,457	111,104	1,350	5,177	158,668	666,766
1991	69	555	186,306	790,300	40,603	194,466	2,181	8,231	229,159	993,552
1992	90	810	136,403	640,144	75,604	369,787	3,770	14,790	215,867	1,025,531
1993	111	547	123,843	667,589	72,754	391,685	2,693	9,980	199,401	1,069,801
1994	64	746	155,442	844,833	76,101	434,051	3,727	12,039	235,333	1,291,667
年平均值	692	984	119,279	556,502	35,964	183,294	1,864	6,632	157,799	747,413
所占比率	0.44	0.13	75.59	74.46	22.79	24.52	1.18	0.89	--	--
年成長率	-36.91	-14.64	11.25	16.65	29.49	38.46	14.64	17.50	14.04	20.55

註：1.活豬包括有種豬及活、食用等兩項產品的出口。
　　2.其他出口品包括有調製（含脫水製品）、罐頭及其他等多項產品的出口。
資料來源：引用自楊政學（1996c）。

到1994年的8億4千萬美元，年平均出口值為5億6千萬美元，年成長幅度平均為16.65%；而冷藏豬肉出口值，約由1985年的2千萬美元，逐年增加到1994年的4億3千萬美元，每年平均出口值約為1億8千萬美元，平均每年以38.46%的高幅度快速增加。

　　由以上論述可知，國內毛豬及其製品的出口結構中，1985～1994年來以冷凍及冷藏豬肉的出口為主；其中，冷凍豬肉出口量值於1991年達最高峰後，呈現小幅減少的趨勢，總體平均尚占有七成多左右。冷藏豬肉出口量值，則出現逐年快速增加的現象，尤以1991年至1992年的漲幅最為顯著。由此可知，冷藏豬肉在台灣豬肉出口貿易上，將扮演愈趨重要的角色，而此出口貿易結構性變動的趨勢，頗值得農政當局加以重視。

四、豬肉出口日本的數量及其市場占有率

　　1981～1994年期間，日本豬肉進口來源國及其市場占有率的結構變動情形，如（表4-8）所示。其中，台灣輸日豬肉的市場占有率，大約可以1986年為分界點；在1986年以前，台灣的市場占有率，雖呈逐年增加的趨勢，但始終無法居於第一位，而分別由丹麥或加拿大取代之（1981、1984及1985三年，丹麥占有率為第一；而1982及1983兩年，則由加拿大占有最大市場）。惟由1986年起，台灣輸日豬肉，在日本豬肉進口市場上的占有率，除1989年以外，皆位居第一位，且於1991年時達到最高峰，有50.77%之多。

　　此外，就1981～1994年期間，日本豬肉的平均進口數量及占有率而言，來自台灣的進口量約為11萬公噸，占有率為

表4-8　1981～1994年日本豬肉進口來源國及其市場占有率結構　　單位：公噸、%

項目 年別	台灣		丹麥		美國		加拿大		其他	
	數量	占有率	數量	占有率	數量	占有率	數量	占有率	數量	占有率
1981	19,783	10.77	72,270	39.36	39,134	21.31	42,599	23.20	9,843	5.36
1982	19,688	13.95	18,833	13.35	32,755	23.22	43,570	30.88	26,240	18.60
1983	33,084	19.90	17,680	10.63	35,410	21.30	41,836	25.16	38,243	23.00
1984	50,721	25.93	75,098	38.39	22,930	11.72	29,581	15.12	17,280	8.83
1985	67,797	35.64	77,402	40.69	11,904	6.26	21,926	11.53	11,194	5.88
1986	83,573	40.23	78,092	37.59	14,729	7.09	22,448	10.81	8,879	4.27
1987	134,126	47.81	92,865	33.11	21,495	7.66	20,192	7.20	11,837	4.22
1988	122,738	38.01	120,380	37.28	38,633	11.96	24,164	7.48	17,018	5.27
1989	110,800	32.14	134,356	38.98	49,860	14.47	30,531	8.86	19,144	5.55
1990	151,558	44.16	107,814	31.42	45,337	13.21	22,963	6.69	15,495	4.52
1991	209,866	50.77	135,463	32.77	40,797	9.87	19,552	4.73	7,707	1.86
1992	204,490	43.77	148,839	31.86	66,968	14.33	26,288	5.63	20,631	4.42
1993	197,874	43.28	141,605	30.97	68,353	14.95	27,122	5.93	22,256	4.87
1994	234,842	47.55	133,525	27.04	72,308	14.64	29,446	5.96	23,752	4.81
年平均值	110,036	33.00	90,502	29.54	37,553	12.81	26,828	11.25	16,671	6.75
年成長率	20.96		4.84		4.84		-2.80		7.01	

資料來源：引用自楊政學（1996c）。

33.00%，居主要進口國的首位；丹麥的進口量約為9萬1千公噸，占有率為29.54%，居第二位；美國的進口量及占有率，分別為3萬8千公噸及12.81%，居第三位；而加拿大約以2萬7千公噸的進口量，以及11.25%的占有率，居主要進口國中的第四位。就1981～1994年期間，主要輸日豬肉出口國，其豬肉輸日數量的成長而言，台灣每年平均成長幅度高達20.96%之多，丹麥與美國每年平均約成長4.84%，而加拿大反倒每年平均衰退2.80%。

　　由以上論述可知，台灣與丹麥為日本主要的冷凍、冷藏豬肉輸入國，且台灣豬肉1992～1994年來的出口數量，已維持在20萬公噸左右，約為日本豬肉進口市場的一半上下，可見台灣豬肉在國外出口供給上，仍具有相當的競爭實力。由此可知，國內企業化養豬經營後，飼養飼料的改良、生物技術的改進、檢疫制度的改良等，使得我國豬肉的品質逐年提升；加上我國出口商能滿足日本商社的要求，在包裝及規模上符合進口標準，並且台灣較歐美國家距離日本近，可減輕運費的成本。因此，我國得以合理（較優）而非較低價格，以及品質符合標準的冷凍、冷藏豬肉輸入日本，而較其他競爭對手國得有較強的競爭能力。

五、研究小結

　　綜合上述毛豬產業出口結構分析，吾人可知1985～1994年來台灣地區毛豬及其製品出口量值，在1990年代以後，維持在較高水準的現象，顯示其出口市場之活絡，亦在農產品出口貿易上扮演極重要角色。再者，其出口結構中，以冷凍與冷藏豬肉的出口為主，且冷藏豬肉出口量值，呈現逐年快速增長，而產生貿易結構的變動。在日本市場占有率上，1992～1994年來台灣出口數量約維持在20萬公噸左右，約為日本市場的一半上

下，同時我國出口商亦較能滿足日本商社要求，加上地理位置之優勢，而較其他競爭國家擁有較佳的實力。惟仍應密切注意日本國內，抑或美國與丹麥等國，為因應貿易自由化而調整原先政策，所引發之負面影響效果。

重點摘錄

+ 影響市場需求的因素有：消費者可支配所得；相關財貨的價格；預期；消費者偏好；消費者人數。其中，消費者人數不會影響個別需求，但會影響市場需求。

+ 影響市場供給變動的因素有：技術；生產要素價格；其它生產相關財貨價格；生產者預期；租稅；匯率；生產者人數。其中，生產者人數不會影響個別供給，但會影響市場供給。

+ 當價格很低時，消費者願意購買的數量超過生產者願意生產的數量，市場發生超額需求或稱短缺，有時又稱供不應求的現象。

+ 當價格訂得太高時，生產者願意提供的數量遠超過消費者願意購買的數量，市場發生超額供給或稱為生產過剩，有時又稱為供過於求的情形。

+ 當消費者願意且能夠購買的數量，等於生產者願意且能夠提供的數量時，價格就不會再變動，此時市場處於均衡狀態。

+ 當市場發生供不應求或供過於求現象時，市場價格會低於或高於均衡價格，謂之市場處於供需失衡狀態。

+ 政府為達某種目的，以政策干預市場，而使價格偏離均衡價格，稱為價格管制。價格管制可分為兩種：價格上限與價格下限。

+ 若政府為達某種目的，以政策干預市場，而使數量偏離均衡數量價格，則稱為數量管制。數量管制之目的主要是用來限制消費，其次為限制價格。

+ 價格對市場的功能，可概分為：配給功能與激勵功能兩種。

+ 配給功能是指財貨透過價格得以適當地分配給其需求者，而且不同品牌／品質的財貨，亦得以完成各自需求者的滿足。

+ 激勵功能是指透過財貨與要素價格的變化，會使財貨或要素的需求與供給發生增加或減少的改變。

+ 台灣地區毛豬及其製品出口量值，在1990年代以後，維持在較高水準的現象，顯示其出口市場之活絡，亦在農產品出口貿易

經濟分析：學理與實證
Economic Analysis: Theories and Practice

　上扮演極重要角色。

✦在日本市場占有率上，1992～1994年來台灣出口數量約維持在
　20萬公噸左右，約為日本市場的一半上下，同時我國出口商亦
　較能滿足日本商社要求，加上地理位置之優勢，而較其他競爭
　國家擁有較佳的實力。

重要名詞

市場的需求（market demand）
超額需求（excess demand）
短缺（shortage）
超額供給（excess supply）
生產過剩（surplus）
均衡（equilibrium）
市場機能（market mechanism）
供需失衡（disequilibrium）
價格管制（price regulation）
價格上限（price ceiling）
價格下限（price floor）
數量管制（quantity regulation）
配額（quotas）
競租（rent seeking）
黑市（black market）
配給功能（rationing function）
激勵功能（incentive function）

經濟分析：學理與實證
Economic Analysis: Theories and Practice

1.影響市場需求變動的因素爲何？試研析之。

2.影響市場供給變動的因素爲何？試研析之。

3.市場發生超額需求或短缺時，量價有何變動調整？試研析之。

4.市場發生超額供給或生產過剩時，量價有何變動調整？試研析之。

5.何謂價格上限？通常會應用的時機爲何？成效如何？試研析之。

6.何謂價格下限？通常會應用的時機爲何？成效如何？試研析之。

7.何謂數量管制？通常會應用的時機爲何？成效如何？試研析之。

8.何謂價格對市場的配給功能？試研析之。

9.何謂價格對市場的激勵功能？試研析之。

10.納莉颱風過境使台北市多數地下室積水，抽水機平常只要6,000元，颱風後業者要價12,000元，請問是業者哄抬或市場供需使然？

11.請應用供需模型分析下列事件對奶油的市場價格及交易量的影響：（1）牛奶價格上漲；（2）人造黃油價格上張；（3）平均所得水準上升。

12.設需求與供給函數分別爲Q=50-P，Q=0.5P-10時：

（1）請問市場之均衡數量與價格？

（2）假設價格之下限爲42元時，請求出需求量、供給量與市場剩餘數額？

（3）假如價格上限爲30元時，請求出需求量、供給量與市場短缺數額，以及消費者支付的價格？

13. 假設下表爲牛奶的價格、需求量與供給量資料。

價格	需求量	供給量
50	90	45
40	80	50
30	70	70
20	60	80
10	50	90

（1）請畫出需求曲線與供給曲線。

（2）請找出均衡價格與數量？

（3）如果政府規定價格上限P=20，市場發生何種情形？

14. 在2003年4月以前，一個N-95口罩的價格頂多爲新台幣90元。在SARS問題出現以後，一個N-95口罩的價格於2003年5月初飆到180元以上，其背後原因何在？請試著用供需圖形來加以探討。

15. X財貨的需求函數爲：$Q_x=100-3P_x-0.02M+0.5P_y$，請問：

（1）X財貨是正常財或劣等財？爲什麼？

（2）Y財貨是正常財或劣等財？爲什麼？

（3）X與Y是互爲替代品或互補品？爲什麼？

（4）當所得M=3,000，P_y=60時，X的需求函數爲何？

note

嘉言：智慧是苦過來的；朋友是交換來的。

Chapter 5

彈性理論與衡量

本章節探討彈性理論與衡量，討論的議題有：彈性意涵與衡量、需求的價格彈性、需求的所得彈性、需求的交叉彈性、供給的價格彈性、以及供需彈性與財貨特性。

5.1 彈性意涵與衡量

一、彈性的意涵

在經濟分析中，學理的本質就是種因果關係，故應該可以用因果關係式或函數式來加以表示，如（5-1）式所示：

$$Y=f(X_1, X_2, X_3, \cdots, X_n) \qquad (5\text{-}1)$$

其中，Y代表結果、應變數／**相依變數**（dependent variable）或被解釋變數；X_i（i＝1, 2, 3, …, n）代表第i種原因、自變數／**獨立變數**（independent variable）或解釋變數。以前述4.1節的市場需求函數爲例，式中的Y是指市場的總需求量；X_1代表財貨本身的價格；X_2與X_3分別代表在消費上具有替代與互補性財貨的價格；X_n代表消費者可支配所得等。

在消費者作決策分析時，針對任何一個因果關係式或函數式，消費者最關心的可能是應變數對於自變數變動的所謂敏感程度，亦即當自變數變動一個百分比時，到底應變數會同向或逆向變動多少個百分比。若我們以經濟學的術語來表達時，上述所謂的敏感度就是**彈性**（elasticity）概念。以數學式來呈現的話，應變數（Y）對第i項自變數（X_i）的彈性爲（5-2）式：

$$\varepsilon^Y_{X_i} = \frac{\Delta\%Y}{\Delta\%X_i} \qquad (5\text{-}2)$$

其中，$\varepsilon_{X_i}^{Y}$ 代表彈性；Δ 代表變動量。若 $\varepsilon_{X_i}^{Y} = -3$，則代表第i種自變數增加一個百分比時，應變數會逆向減少三個百分比。

二、彈性的衡量

在經濟分析上，我們大抵以兩度空間的討論為主，以便可以在平面的書本上，作學理與實務的簡化探討。假設原來的均衡點定為 (X_i^0, Y^0)，且第i項自變數發生變動後，新的均衡點為 (X_i^1, Y^1)。針對彈性的定義式（5-2），在經濟學理上存在著兩種衡量公式：

（一）弧彈性／中點彈性

若變動前、後的均衡點相距很遠，且我們不確定這兩點之間是否具有連續性，則其彈性衡量公式如下（5-3）式，謂之為**弧**（arc）**彈性**／**中點**（midpoint）**彈性**：

$$\varepsilon_{X_i}^{Y} = \frac{(Y^1 - Y^0)/(Y^0 + Y^1) \div 2}{(X_i^1 - X_i^0)/(X_i^0 + X_i^1) \div 2} \qquad (5\text{-}3)$$

（二）點彈性

若變動前、後的均衡點相距很近，且其附近具有連續性，則其彈性衡量公式如下（5-4）式，謂之為**點**（point）**彈性**：

$$\varepsilon_{X_i}^{Y} = \frac{\Delta Y / Y^0}{\Delta X_i / X_i^0} = \frac{\Delta Y}{\Delta X_i} \times \frac{X_i^0}{Y^0} \qquad (5\text{-}4)$$

其中，式（5-4）等號右邊第二項代表變動前均衡點的座標，而第一項則代表因果關係式在該點的斜率。亦即具有連續性之某一條線在某一點的彈性，會等於該點座標乘以該條線在

該點的斜率。

三、彈性的類別

當一個市場的外生變數發生變動時，該財貨或生產要素的市場價格可能會受到影響而變動。例如，當該財貨的市場價格發生變動時，生產該財貨的廠商就會關心其營業收入及利潤是否會受到影響。此外，當生產要素價格上漲時，其下游廠商的生產成本亦會跟著上漲，此時這些廠商就會思考到底要不要轉嫁部分上漲成本給消費者分擔。這些問題均可透過不同類別彈性的定義，來衡量變動前後的情形，以提供消費者或生產者更佳的決策訊息。

一般而言，較常被介紹的彈性大約有四種，其中，有三種與市場需求有關，包括：需求的價格彈性、需求的交叉彈性、需求的所得彈性。第四種則與市場供給有關，是為供給的價格彈性。至於，個別彈性的衡量公式，以及較為詳細的討論與分析，則在後續章節中有進一步探討。

四、彈性的思維

（一）彈性即數量調整的能力

彈性
elasticity

所謂的彈性，其實就是「數量調整的能力」，不論是用來說明消費者或生產者，抑或是用來分析有形財貨或是無形財貨的討論均是。

就筆者個人判斷彈性的思維而言，所謂的**彈性**（elasticity），其實就是「數量調整的能力」，不論是用來說明消費者或生產者，抑或是用來分析有形財貨或是無形財貨的討論均是。例如，若張君對感情的需求彈性非常小，則意謂其對感情「數量調整的能力」非常小，甚至於有「非伊不娶」的認知。因此，當張君與女友感情生變時，張君可能會因承受不住，而陷入難以排解的負面情緒中，有時還可能會有令人遺憾的結局發生。

在衡量財貨數量受到其價格變動的影響時，其實用需求曲線與供給曲線的斜率大小，已可反應出變動的幅度大小，唯在不同財貨的比較上，由於彼此的衡量單位不同，故所呈現的幅度數值在比較時，便有不同單位難以同時比較的困擾，因而將其轉為以變動百分比的相對比值來比較，去除掉不同單位在作比較時的差異，故以彈性的衡量公式來替代曲線斜率計算，以求得不同財貨間彈性大小的比較與分析。

（二）彈性可釐清財貨的特性

供需法則的分析，僅能提供價格與數量的變動方向（質性探討），至於價格與數量的變動幅度（量化評估），就必需依賴另一個工具：彈性的概念。彈性是衡量消費者或生產者對價格變動的反應程度，彈性概念的應用範圍很廣。彈性的衡量與推估，其背後其實隱含說明了財貨本身的特性，以及該財貨與其他財貨間的關係，例如彼此間是替代、互補或獨立。

（三）彈性可解釋現況與推估衝擊程度

彈性除可用以說明許多日常現象，如為何製造商所生產的財貨，在國外的報價相對國內售價來得偏低？為何航空公司的商務艙票價，通常遠高於經濟艙票價？在實證研究上，亦常被用來評估政策施行後的影響，如我國加入WTO後國內不同農產品市場受到的衝擊影響（楊政學，2004b; 2001; 1998）。

5.2 需求的價格彈性

一、需求價格彈性意涵

前面章節我們談到需求量、需求、需求法則等觀念，這些

觀念與財貨的價格變化有密不可分的關係，但是這種關係程度的高低，卻無精確的量化說明，而**需求的價格彈性**（price elasticity of demand），則是扮演此一衡量的角色，其可做為由於價格變動所引起需求量變動敏感度的指標。因此，我們可以簡略地將需求彈性的大小，視為需求數量調整的能力；亦即數量調整的能力大，則相對其所代表的彈性大。

需求的價格彈性是衡量價格變動1%時，需求數量變動的百分比。依需求法則可知，價格與需求量變動的方向相反，故求得的彈性值為負值，但為便利起見，乃使用絕對值而省略其負號。但在現實生活中，亦存在違反需求法則的財貨，如當財貨價格上漲時，其需求量反而增加，謂之**炫耀財**（conspicuous goods）；若當財貨價格下跌時，其需求量反倒減少，謂之**季芬財**（Giffen goods）。因此，當彈性之絕對數值較大時，代表價格變動所引發的需求量變動較大，亦即需求量變動之敏感度較強。

若我們以圖示方式來看需求的價格彈性，則在（圖5-1）中，（a）與（b）圖的需求曲線斜率不同，（a）圖代表的需求曲線較陡峭，（b）圖代表的需求曲線較平坦。我們先從a點開始，甲商場賣的乙財貨一個100元，每天的需求數量是500個。現在假設乙財貨價格上漲至120元（上漲20%），（a）圖的需求數量減至b點所對應之450個（減少10%），而（b）圖的需求數量減至c點所對應之250個（減少50%）。我們可以發現：價格同樣上漲20%，（a）圖的需求曲線較陡峭，數量變動較小；（b）圖的需求曲線較平坦，數量變動較大。換句話說，（b）圖的數量變化對價格上漲反應比較強烈，而（a）圖的數量變化對價格上漲反應比較緩和。基本上，以數字來衡量這種反應強弱程度，即是需求的價格彈性。因此，我們約略可以將需求的價格彈性，視為數量調整的能力。

（a）需求曲線較陡峭，較無彈性

（b）需求曲線較平坦，較有彈性

圖5-1　不同斜率需求曲線有不同的價格彈性

二、需求價格彈性衡量

需求的價格彈性，其計算公式是需求數量變動百分比除以價格變動百分比，若以數學式表示，則如（5-5）式。

$$需求的價格彈性 = \frac{需求數量變動百分比}{價格變動百分比}$$

$$或是 \quad \varepsilon_{xx}^{d} = \frac{\Delta x / x}{\Delta p_x / p_x} = \frac{\Delta x}{\Delta p_x} \cdot \frac{p_x}{x} \tag{5-5}$$

　　另由（圖5-1）可發現：當價格上漲的幅度相同時，需求曲線愈平坦，需求數量減少愈多。例如，在其（a）圖中，價格上漲20% 導致數量減少10%。但在（b）圖中，同樣價格上升20%，導致數量的減少卻爲50%。

　　需求法則告訴我們，價格與需求數量呈反方向變動：價升量跌，價跌量增。由於數量的變動（△x）與價格的變動（△p$_x$）呈反向變動，需求的價格彈性是負值。爲簡化並易於比較，一般均將負號去掉，也就是需求的價格彈性在計算時都加上絕對值。

　　一般而言，需求價格彈性的衡量方式，主要有如下兩種：

（一）點彈性

　　在（圖5-1）中的乙財貨價格原是100元（p$_0$＝100元），後來漲至120元（p$_1$＝120元），價格變動△p＝p$_1$－p$_0$＝120－100＝20元。需求數量原來是每日500個（△x＝500個），漲價後，（a）圖的需求數量減至每日450個（△x$_1$＝450個），而（b）圖的需求數量減至每日250個（△x$_1$＝250個）。利用這些資料，首先計算（a）圖中需求的價格彈性 ε_{xx}^{d}：

$$需求數量變動的百分比 = \frac{\Delta x}{x} = \frac{x_1 - x_0}{x_0} = \frac{450 - 500}{500} = -10\%$$

$$價格變動的百分比 = \frac{\Delta p_x}{p_x} = \frac{p_1 - p_0}{p_0} = \frac{120 - 100}{100} = 20\%$$

$$\varepsilon_{xx}^{d} = \frac{\Delta x / x}{\Delta p_x / x} = \frac{-10\%}{20\%} = -\frac{1}{2}$$

若 ε_{xx}^d 將加上絕對值，需求的價格彈性變成1/2。需求的價格彈性，一般書上亦簡稱爲需求彈性。同樣地，（b）圖中價格彈性 ε_{xx}^d，加上絕對值後，

$$\varepsilon_{xx}^d = \left| \frac{\Delta x / x}{\Delta p_x / p_x} \right| = \left| \frac{-250/500}{20/100} \right| = 2.5$$

（b）圖中需求對價格上漲的反應，顯然要高於（a）圖。由於彈性公式的分子與分母均爲百分比，故價格與數量的單位爲何已不再重要。例如，蘋果不論以台斤、公斤或英磅衡量，數量變動百分比的結果都相同。汽車價格以歐元、美金或台幣報價，價格變動百分比也會相同。若想知道當台幣貶值，旅遊價格與汽車價格同時調漲，那一個市場反應比較激烈時，汽車與旅遊的彈性係數是很好的比較標準，因爲單位已經不見。

（5-5）式計算的價格彈性，我們稱爲**點彈性**（point elasticity）的計算方法，（a）圖中從a點出發的價格彈性是1/2；但若從b點出發，則價格彈性會等於2/3，故不同的出發計算點，會有不同數值的問題存在。

（二）弧彈性

爲避免前述點彈性計算的混淆，我們可以利用**中點公式**（midpoint formula）來解決此問題。點彈性的變動百分比計算基準，是除以變動前的數值，而中點公式變動百分比計算基準，是除以變動前後數值的平均值。例如，變動前價格$p_0 = 100$元，變動後價格$p_1 = 120$元，中點是110元。變動前數量$x_0 = 500$個，變動後數量$x_1 = 450$個，中點是475個。因此，根據中點公式，由100元漲至120元，價格上漲18.18%。同樣地，價格由120元降至100元，價格下跌18.18%。所以，不管從a點或b點出發，根據中點公式所計算的需求彈性應該相同。

中點公式計算需求彈性的公式，如（5-6）式：

$$需求的價格彈性 = \left| \frac{(x_1 - x_0)/[(x_1 + x_0)/2]}{(p_1 - p_0)/[(p_1 + p_0)/2]} \right| \qquad (5\text{-}6)$$

這種計算方式求得的價格彈性，我們就稱為**弧彈性**（arc elasticity）。

三、需求價格彈性種類

根據需求數量對價格變動反應的強弱程度，需求的價格彈性可以分為五類，如（圖5-2）所示之五個不同形狀的需求曲線。圖中所示價格與數量變動幅度之計算，係以弧彈性為基準來衡量。

（一）完全無彈性

在（圖5-2）（a）圖中，當價格由100元上升至120元時，需求數量沒有任何變動（$\triangle x/x = 0$），此時需求是**完全無彈性**（perfectly inelastic），彈性值 ε_{xx}^{d} 等於0，此時需求曲線呈垂直線狀。

（二）缺乏彈性

如果需求數量變動百分比（$\triangle x/x$）小於價格變動百分比（$\triangle p/p$），代表需求無彈性或謂**缺乏彈性**（inelastic）；此時彈性值 ε_{xx}^{d} 小於1，表示需求數量對價格升降反應緩慢。如果需求曲線相對較接近垂直，如（圖5-2）（b）圖所示，當價格變動（上升18%）時，需求數量僅小幅變動（下跌11%），此時需求缺乏彈性，$\varepsilon_{xx}^{d} < 1$。

（三）單位彈性

如果需求數量變動百分比（$\triangle x/x$）等於價格變動百分比（$\triangle p/p$），代表需求是**單位彈性**（unit elastic）；此時彈性值 ε_{xx}^{d}

圖5-2 不同形狀需求曲線的價格彈性

等於1，表示需求數量與價格作等幅度變動。如在（圖5-2）（c）圖中，需求曲線上任何一點的彈性值皆為1，此時需求曲線為雙曲線的一部分。

（四）富有彈性

如果需求數量變動百分比（$\triangle x/x$）大於價格變動百分比（$\triangle p/p$），代表需求**富有彈性**（elastic）；此時彈性值 ε_{xx}^{d} 大於1，表示需求數量對價格升降反應強烈。如果需求曲線相對較接近水平，如（圖5-2）（d）圖所示，當價格變動（上升18%）時，會導致需求數量大幅變動（下降66%），此時需求具有彈性，$\varepsilon_{xx}^{d} > 1$。

（五）完全有彈性

在（圖5-2）（e）圖中，是另一個極端的情況，即不管需求數量如何變動，價格始終維持在100元（$\triangle p/p = 0$），表示價格微幅度變化會導致需求數量巨幅改變，此時需求具有**完全彈性**（perfectly elastic），彈性值 $\varepsilon_{xx}^{d} \to \infty$，此時需求曲線是水平線狀。

由於需求曲線的斜率是（$\triangle p/\triangle x$），因而我們可將（5-5）式改寫成（5-7）式：

$$\varepsilon_{xx}^{d} = \frac{\Delta x}{\Delta p} \cdot \frac{p}{x} = \frac{1}{\Delta p/\Delta x} \cdot \frac{p}{x} = \frac{1}{斜率} \cdot \frac{p}{x} \tag{5-7}$$

由（5-7）式中，我們可以輕易看出需求的價格彈性與需求曲線的斜率互為倒數。因此，如果需求曲線愈平坦，曲線的斜率會愈小，則需求的價格彈性就愈大。相反地，如果需求曲線愈陡峭，曲線的斜率會愈大，則需求的價格彈性就愈小。

延用前述（圖5-2）（e）圖的例子，其需求曲線為一水平線時，斜率為零，價格彈性則為無窮大。另如（圖5-2）（a）圖所示，當需求曲線為一垂直線時，斜率為無限大，故價格彈性為

零。唯有當需求曲線為直角雙曲線時，價格彈性恆等於1，如（圖5-2）（c）圖的情況所示。

四、需求彈性決定因素

需求的價格彈性是衡量需求數量，對自身價格發生變動時的反應程度。一般而言，財貨需求除受本身價格高低影響外，還受其它因素的影響。例如，替代品的價格、消費者偏好等。同樣地，財貨需求是屬於有彈性或無彈性，也受許多因素影響。我們可將需求彈性的決定因素，歸納成如下五點：

（1）替代品的多寡。

（2）財貨支出占消費者總支出的比重。

（3）消費者自付比例。

（4）時間的長短。

（5）奢侈財與必需財。

（一）替代品的多寡

決定財貨對價格彈性的最重要因素，就是市場上可替代物品的數量多或少。當可替代物品的數量愈多，需求的價格彈性愈大；反之，如果可替代物品的數量很少，則需求的價格彈性愈小。例如，石油的需求一直被認為價格彈性小，主要原因是石油的替代物品幾乎不存在，現今的交通工具，不管是電能或其他能源，要完全替代用油的汽車，仍有很大的一段距離。真正能完全替代汽車的，只有不用油的腳踏車或較省油的大眾交通工具。因此，儘管油價不斷上漲，民眾對於石油的消費並不會減少很多。

此外，市場上存在很多物品對價格變動的敏感度則很大，例如，消費者對豬肉的需求，能替代豬肉的物品很多，如牛肉、魚肉、雞肉等。因此，豬肉需求的價格彈性會大於一（楊

政學，1996d），當豬肉的價格上升時，牛肉、魚肉及雞肉的需求亦會增加，是替代效果產生的作用（楊政學，1997b）。總之，替代品的種類與近似程度和財貨的範圍有關，當財貨定義範圍愈寬廣時，愈不容易找到近似替代品，故需求彈性就愈小。

（二）財貨支出占消費者總支出的比重

影響需求價格彈性的第二個因素是，該物品在消費者支出預算中所占比例的重要性。如果某財貨的支出只占家庭開支預算的一小部分（如鹽、醬油的支出），則需求的價格彈性較小；反之，當某財貨的支出占家庭開支預算很大的比重時（如購買電冰箱、洗衣機等家電之支出），該財貨需求的價格彈性則相對較大。

總之，財貨支出占消費者預算的比重愈高，在其它條件不變時，消費者愈有可能去尋找替代品，故需求的價格彈性就愈大。反之，若比重愈低，愈沒有誘因尋找替代品，需求的價格彈性就愈小。

（三）消費者自付比例

消費者在購買某一財貨時，若消費者自付比例愈低時，其對該財貨價格變動後的敏感度就會愈低，因此廠商愈有可能採取高價的訂價策略。例如，我們時常可以感覺到公家單位所採購的設備，一般常比私人購買的單價來得貴些，而廠商在提供公務機關的報價，亦較私人使用的報價來得高些，此乃公務機關人員在採購設備時，因使用的是公家單位的預算，不似私人的錢財來得斤斤計較與在意。另外，前述提及航空公司商務艙票價，遠高過於經濟艙票價的原因，乃是商務艙機票大抵由公司出錢支付，故其對票價高低的敏感度很低，因而使得航空公司得以訂出高價，來獲取更大的利潤。

（四）時間的長短

　　價格彈性的大小程度，亦可能受需求期間長短所影響。一般而言，時間愈短，需求的價格彈性會愈小。反之，時間愈長，需求的價格彈性會愈大，是因為消費者有更多的時間，來調整與適應價格的改變，或找出其他的替代物品。例如，台灣嚴重缺水時期，政府決定大幅提高水費，消費者自然希望減少消費；但在短時間內，能節省的水有限，民眾對水的需求減少不多。經過一段時間後，一些省水的設備（如雨水回收系統等）會陸續發展出來，自來水的消費量就可以顯著的降低。

　　總之，時間愈短，消費者短期內不易找到替代品，需求價格彈性愈小。反之，時間愈長，替代品愈易取得，需求的價格彈性也愈大。如在（圖5-3）中，長期需求曲線（D^L）要較短期需求曲線（D^S）來得平坦，其價格彈性也比較大。因此，在供給減少造成價格上升時，長期的需求量要比短期需求量的減少來得多，即$Q^L < Q^S$。

圖5-3　長期與短期需求曲線的價格彈性

（五）奢侈財與必需財

通常奢侈品的需求彈性大於一，必需品的需求彈性會小於一。到歐美觀光乘坐郵輪欣賞風光，對國人而言是大筆支出，屬**奢侈財**（luxury goods）。如果台幣貶值，歐美航線機票漲價，團費水漲船高，國人到歐美觀光的人數會銳減。相反地，若健保局調漲掛號費，並不會大幅減少國人看醫生的次數。理由是：對大部分國人而言，醫療服務是**必需財**（necessities），很少能找到近似替代品；但到歐美觀光的團費調漲，國人可以選擇以東南亞或大陸地區，來替代去歐美的旅遊。

5.3 需求的所得彈性

一、所得彈性意涵與衡量

需求的所得彈性
income elasticity of
demand

需求的所得彈性是衡量，在財貨價格不變時，需求數量對消費者所得增減的反應程度。當所得變動一個百分比時，需求量變動的百分比。

需求的所得彈性（income elasticity of demand）是衡量，在財貨價格不變時，需求數量對消費者所得增減的反應程度。意即是衡量當消費者所得變動，所引起需求量變動的敏感度，指的是當所得變動一個百分比時，需求量變動的百分比。所得彈性的計算公式是，需求數量變動百分比除以所得變動百分比，其數學運算式如（5-8）式：

$$需求的所得彈性 = \frac{需求數量變動百分比}{所得變動百分比}$$

$$\varepsilon_I = \frac{\Delta x / x}{\Delta I / I} = \frac{\Delta x}{\Delta I} \cdot \frac{I}{x} \qquad (5\text{-}8)$$

公式（5-8）中，x為財貨需求數量，I為消費者可支配所得（disposable income）。

二、所得彈性與財貨性質

所得彈性係數可能為正、為負或等於零，隨著其值的不同，表示出該財貨的性質也不同。茲說明如下：

（一）正常財（normal goods）

當霽菡所得增加時，其需求量亦隨之提高，由於所得變動與需求數量的變動呈同向移動，故需求的所得彈性大於零（ε_I >0）。表示需求量隨所得增加而增加。我們又可依大於1與否，分為：

(1) **必需財**（necessities）：當$0<\varepsilon_I<1$時，表示需求量變動幅度小於所得變動，即所得變動一個百分點，但需求量變動程度小於一個百分點。

(2) **奢侈財**（luxury goods）：當$\varepsilon_I>1$時，表示需求量變動百分比大於所得變動的百分比，即只要所得稍做變動，需求量就會大幅改變。

（二）劣等財（inferior goods）

如果當霽菡的所得增加，反而使其需求量減少，由於所得變動與需求數量的變動呈反向移動，故其所得彈性為負（$\varepsilon_I<$ 0），表示需求量隨所得增加而減少。如霽菡搭公車次數或吃速食麵次數，此時公車或速食麵對霽菡而言，就稱為劣等財。

（三）中性財（neutral goods）

若所得彈性為零（$\varepsilon_I=0$）時，表示需求量不受所得變動之影響，該財貨對霽菡而言是中性財。

總而言之，我們要知道一件事實，就是上述財貨性質的界定並無一定，財貨的特性究竟屬於何種性質，端視不同消費者的特質而有不同。例如，搭公車的行為，對霽菡而言是劣等

財，但對家境小康的人而言，則可能是必需財。

5.4 需求的交叉彈性

一、交叉彈性意涵與衡量

　　需求的交叉價格彈性（cross-price elasticity of demand）是衡量另一財貨價格改變時，對該財貨需求數量變動的反應程度。意即是指當某一財貨的價格變動，引起本身財貨需求量變化之程度，即y財貨價格變動（$\triangle p_y/p_y$）一個百分點時，引起x財貨需求量變動百分比（$\triangle x/x$），其數學運算式如（5-9）式：

$$交叉價格彈性 = \frac{x財貨需求數量變動百分比}{y財貨價格變動百分比}$$

或

$$\varepsilon_{xy} = \frac{\Delta x / x}{\Delta p_y / p_y} = \frac{\Delta x}{\Delta p_y} \cdot \frac{p_y}{x} \qquad (5\text{-}9)$$

二、交叉彈性與財貨性質

　　交叉價格彈性可以是正值或負值，而隨著其數值的不同，代表該財貨與另一財貨間的性質也不同。茲說明如下：

（一）替代財（substitutes）

　　如果y財貨的價格提高，使得x財貨的需求量增加，由於y財貨價格變動（$\triangle p_y$）與x財貨需求數量變動（$\triangle x$）是同方向移動，所以交叉價格彈性大於零，$\varepsilon_{xy} > 0$，表示x、y兩種財貨互為替代財。例如，星巴克（Starbucks）咖啡與西雅圖極品

（Barista）咖啡；百事可樂與可口可樂等。

（二）互補財（complements）

如果y財貨的價格提高，使得x財貨的需求量減少，由於y財貨價格變動（$\triangle_{p_y}$）與x財貨需求數量變動（$\triangle x$）是反方向移動，所以交叉價格彈性小於零，$\varepsilon_{xy}<0$，表示x、y兩種財貨互為互補財。例如，手機與手機儲值卡；咖啡與奶球。

（三）獨立財（independent goods）

當交叉彈性值為零，即 $\varepsilon_{xy}=0$ 時，表示x、y兩種財貨間無任何關聯，因此兩種財貨互為獨立財。例如，手機與奶球。

 # 5.5 供給的價格彈性

一、供給價格彈性意涵

供給的價格彈性（price elasticity of supply）是衡量財貨價格變動1%時，供給數量變動的百分比。前述需求的價格彈性是衡量消費者對價格變動的反應程度，而供給的價格彈性則是衡量生產者對價格變動的反應程度。

> **供給的價格彈性**
> **price elasticity of supply**
> 供給的價格彈性是衡量財貨價格變動1%時，供給數量變動的百分比。

二、供給價格彈性衡量

供給的價格彈性，簡稱供給彈性，其計算公式是供給數量變動百分比除以價格變動百分比。也就是如下公式（5-10）：

$$供給的價格彈性 = \frac{供給數量變動百分比}{價格變動百分比}$$

或

$$\varepsilon_{xx}^s = \frac{\Delta x^s / x}{\Delta p_x / p_x} = \frac{\Delta x^s}{\Delta p_x} \cdot \frac{p_x}{x^s} \qquad (5\text{-}10)$$

前述章節的供給法則，是指價格與數量呈同方向變動。價格上漲，生產者增加生產數量。反之，價格下跌，生產者會減少生產數量。由於供給數量變動（$\triangle x^s$）與價格變動（$\triangle p_x$）呈同向變動，供給的價格彈性是正值。例如，x財貨由8,000元（p_0＝8,000元）漲至10,000元（p_1＝10,000元），x財貨的生產數量由每月2,000個（x_0＝2,000）增至3,000個（x_1＝3,000）。如果用點彈性公式計算，供給數量變動百分比及價格變動百分比分別為：

$$供給變動百分比 = \frac{\Delta x^s}{x^s} = \frac{x_1 - x_0}{x_0} = \frac{3,000 - 2,000}{2,000} = 50\%$$

$$價格變動百分比 = \frac{\Delta p_x}{p_x} = \frac{p_1 - p_0}{p_0} = \frac{10,000 - 8,000}{8,000} = 25\%$$

$$供給的價格彈性 = \frac{50\%}{25\%} = 2$$

供給的價格彈性等於2，表示供給數量變動的幅度是價格變動幅度的兩倍。如果利用中點公式計算弧彈性，則為

$$供給數量變動百分比 = \frac{\Delta x^s}{(x_0 + x_1)/2} = \frac{3,000 - 2,000}{(3,000 + 2,000)/2} = 40\%$$

$$價格變動百分比 = \frac{\Delta p_x}{(p_0 + p_1)/2} = \frac{10,000 - 8,000}{(10,000 + 8,000)/2} = 22\%$$

$$供給的價格彈性 = \frac{40\%}{22\%} = 1.8$$

供給的價格彈性等於1.8，表示供給數量變動的幅度是價格變動的1.8倍。

三、供給價格彈性種類

　　供給價格彈性的分類與需求價格彈性雷同；意即如果供給彈性小於1，代表供給無彈性或缺乏彈性。如果供給彈性等於1，代表供給是單位彈性。如果供給彈性大於1，代表供給有彈性。公式（5-10）供給的價格彈性，可改寫成公式（5-11）：

$$\varepsilon_{xx}^{s}=\frac{\Delta x^{s}}{\Delta p_{x}}\frac{p_{x}}{x^{s}}=\frac{1}{\Delta p_{x}/\Delta x^{s}}\cdot\frac{p_{x}}{x^{s}}=\frac{1}{斜率}\frac{p_{x}}{x^{s}} \qquad (5\text{-}11)$$

　　由公式（5-11）中，可以看到供給彈性與供給曲線的斜率互為倒數。如同前面章節需求曲線的分析結果，如（圖5-4）所示，當供給曲線愈陡峭，如（a）圖，曲線的斜率愈大，供給彈性就愈小。相反地，如果供給曲線愈平坦，如（b）圖，曲線的斜率愈小，供給彈性就愈大。

圖5-4　不同斜率供給曲線有不同的價格彈性

（圖5-5）有五個不同形狀的供給曲線，且圖中所示價格與數量變動幅度之計算，係以弧彈性為基準來衡量。其中，（a）圖之供給曲線是垂直的，斜率無窮大，彈性等於零。例如，小茗在父親節時所畫的「我的父親」，對當父親的我而言是獨一的，故無論價格是高或低，供給量始終是固定的。（e）圖則是另一個極端，意謂不管供給數量如何變動，價格始終維持在100元，意謂價格微幅變動，導致供給數量巨幅變動。此時，供給的價格彈性是無窮大（$\varepsilon_{xx}^{s} \rightarrow \infty$），供給曲線的斜率等於零，供給是完全有彈性。

接下來討論介於兩個極端之間，如果供給曲線接近水平，如（d）圖所示，數量變動幅度（66%）超過價格變動幅度（18%），數量對價格變動的反應靈敏，供給是有彈性（$\varepsilon_{xx}^{s} > 1$）。（c）圖是由原點出發的直線，此時價格變動幅度等於數量變動幅度，供給彈性等於1（$\varepsilon_{xx}^{s} = 1$）。如果供給曲線接近垂直，如（b）圖所示，數量變動幅度（11%）會小於價格變動幅度（18%），表示數量對價格反應遲緩，供給缺乏彈性（$\varepsilon_{xx}^{s} < 1$）。

四、供給彈性決定因素

供給的價格彈性衡量廠商生產數量對產品價格發生變動時的反應程度。生產數量的多寡，通常受生產因素數量、生產因素價格及生產技術水準的影響。同樣地，供給彈性的大小，也會受生產因素取得難易程度的影響，經過歸納整理，我們將供給彈性的決定因素分成如下三點：

（1）生產因素用途之多寡。
（2）生產成本變動之敏感程度。
（3）時間的長短。

圖5-5　不同形狀供給曲線的價格彈性

（一）生產因素用途之多寡

　　生產技術條件之變化，決定生產要素使用之替代程度；若生產因素之替代性愈大，在產品價格下跌時，生產因素會移轉至最有利的生產途徑上，該產品的供給量將會明顯減少，因而供給彈性較大。若生產因素之替代性愈小，結果則相反。網際網路的普遍，以及B2B電子商務的盛行，使得全球運籌管理變得簡單。假設Nokia手機製造商，因為台灣廠商晶片供應缺貨，便迅速轉向韓國取得所需，手機的供給會相當有彈性。如果生產因素不易移動，供給就缺乏彈性。例如網路咖啡店如雨後春筍般設立，但受限於場地空間，即使頻寬加大，也無法容納更多顧客（楊政學、王國棟，2004）。

（二）生產成本變動之敏感程度

　　若產量增加時，生產成本快速上升，則價格上漲反應快速，此時價格的變動率遠超過供給量的變動率，供給彈性較低，但若生產成本隨產量變動之敏感度較低，供給彈性就較大。例如，台北市信義區的土地面積是固定的，無論價格如何上漲，供給量都無法改變，所以供給彈性為零。另外，隨著手機使用的普及，業者不斷推陳出新，手機相關配件如吊飾、手機殼、皮套等，在夜市隨處可見；即使配件價格上漲，由於製造容易，所以供給彈性相當大。

（三）時間的長短

　　與需求彈性之討論類似，長期供給曲線的彈性較短期供給曲線來得大，是因為生產規模及生產要素投入，在長期均要比短期容易調整。例如，台積電12吋晶圓廠，從設計、動工、興建完成到試車生產，通常要5年以上的時間，即使晶圓代工訂單滿載，也無法在短時間滿足客戶需求。前面網路咖啡店的例子

圖5-6　長期與短期供給曲線的價格彈性

中，即使顧客盈門，店家也只能在長期才能擴充店面，增加電
腦設備。

　　長期供給曲線（S^L）要較短期供給曲線（S^S）來得平坦，
其價格彈性也比較大，因此在需求增加造成價格上升時，長期
的供給量要比短期供給量的增加來得多，即$Q^L > Q^S$，如（圖5-6）
所示。

 # 5.6 供需彈性與財貨特性

　　綜合前述五個章節中，對供需彈性意涵、衡量、類別與其
變動的分析，我們不難發現：彈性可衡量消費者或生產者對價
格變動的反應程度，但彈性的衡量與推估，其背後隱含的是要
能瞭解與判別財貨本身的特性，以及該財貨與其他財貨間的關
係，是彼此相互替代、互補或獨立，而這樣的瞭解不論對消費

者或生產者的決策行為，甚至於對政府政策的研擬，以及採行
與否的決策亦很有關係。因此，本章節將供需彈性與其對應財
貨特性的關係，綜整列示如（表5-1），以供讀者參考。

表5-1　供需彈性意涵與財貨特性

一、需求價格彈性

關係描述	彈性值（ε_{xx}^{d}）	經濟意涵
完全彈性或彈性趨近於無窮大	$\varepsilon_{xx}^{d} \to \infty$	價格些微的變動會引起需求量無止盡的減少
有彈性	$1 < \varepsilon_{xx}^{d} < \infty$	需求量減少百分比超過價格增加百分比
單一彈性	$\varepsilon_{xx}^{d} = 1$	需求量減少百分比等於價格增加的百分比
無彈性	$0 < \varepsilon_{xx}^{d} < 1$	需求量減少百分比小於價格增加百分比
完全無彈性	$\varepsilon_{xx}^{d} = 0$	需求量在所有的價格之下都一樣

二、交叉彈性

關係描述	彈性值（ε_{xy}）	經濟意涵
完全替代品	$\varepsilon_{xy} \to \infty$	某一財貨價格些微的增加，引起其他財貨需求量無窮的增加
替代財	$0 < \varepsilon_{xy} < \infty$	某一財貨價格若增加，引起另一財貨的需求量也隨之增加
獨立財	$\varepsilon_{xy} = 0$	若某一財貨價格增加，其他財貨的需求量維持不變
互補財	$\varepsilon_{xy} < 0$	若某一財貨價格上升，其他財貨的需求量隨之減少

三、所得彈性

關係描述	彈性值（ε_{I}）	經濟意涵
奢侈財	$\varepsilon_{I} > 1$	需求量增加百分比大於所得增加百分比
正常財	$0 < \varepsilon_{I} < 1$	需求量增加百分比小於所得增加百分比
劣等財	$\varepsilon_{I} < 0$	所得增加時，需求量減少

四、供給價格彈性

關係描述	彈性值（ε_{xx}^{s}）	經濟意涵
完全彈性	$\varepsilon_{xx}^{s} \to \infty$	價格增加一點引起供給量無窮的增加
有彈性	$1 < \varepsilon_{xx}^{s} < \infty$	供給量增加的百分比超過價格增加的百分比
無彈性	$0 < \varepsilon_{xx}^{s} < 1$	供給量增加的百分比小於價格增加的百分比
完全無彈性	$\varepsilon_{xx}^{s} = 0$	供給量在所有的價格之下都一樣

資料來源：修改並整理自Parkin（2000）；何黎明等譯（2004）。

重點摘錄

+ 所謂的彈性,其實就是「數量調整的能力」。

+ 以彈性的衡量公式來替代曲線斜率計算,以求得不同財貨間彈性大小的比較與分析。

+ 彈性是衡量消費者或生產者對價格變動的反應程度,而彈性的衡量與推估,其背後其實隱含說明了財貨本身的特性,以及該財貨與其他財貨間替代、互補或獨立的關係。

+ 在實證研究上,彈性亦常被用來評估政策施行後的影響,如我國加入WTO後國內不同農產品市場受到的衝擊影響。

+ 需求的價格彈性,其計算公式是需求數量變動百分比除以價格變動百分比。

+ 需求彈性的決定因素:替代品的多寡;財貨支出占消費者總支出的比重;消費者自付比例;時間的長短;奢侈品與必需品。

+ 需求的所得彈性是衡量,在財貨價格不變時,需求數量對消費者所得增減的反應程度。意即當所得變動一個百分比時,需求量變動的百分比。

+ 所得彈性係數可能為正、為負或等於零,其分別代表該財貨為正常財、劣等財或中性財的性質。

+ 交叉價格彈性是衡量另一財貨價格改變時,對該財貨需求數量變動的反應程度。意即是指當某一財貨的價格變動,引起本身財貨需求量變化之程度。

+ 交叉價格彈性可以是正值或負值,代表該財貨與另一財貨間,分別存在替代或互補的性質。

+ 供給的價格彈性,其計算公式是供給數量變動百分比除以價格變動百分比。

+ 供給彈性的決定因素:生產因素用途之多寡;生產成本變動之敏感程度;時間的長短。

▶▶ 重要名詞 ──────────────────

相依變數（dependent variable）

獨立變數（independent variable）

彈性（elasticity）

弧（arc）

中點（midpoint）

點（point）

需求的價格彈性（price elasticity of demand）

炫耀財（conspicuous goods）

季芬財（Giffen goods）

點彈性（point elasticity）

中點公式（midpoint formula）

弧彈性（arc elasticity）

完全無彈性（perfectly inelastic）

缺乏彈性（inelastic）

單位彈性（unit elastic）

富有彈性（elastic）

完全彈性（perfectly elastic）

奢侈財（luxury goods）

必需財（necessities）

需求的所得彈性（income elasticity of demand）

可支配所得（disposable income）

正常財（normal goods）

劣等財（inferiors goods）

中性財（neutral goods）

需求的交叉價格彈性（cross-price elasticity of demand）

替代財（substitutes）

互補財（complements）

獨立財（independent goods）

供給的價格彈性（price elasticity of supply）

問題討論

1. 何謂彈性的意涵？其衡量的公式爲何？試研析之。

2. 若將男女情愛的關係，由開始交往到結婚或離婚等不同階段，請利用彈性的概念來說明關係改變的原因？試研析之。

3. 需求價格彈性在實證研究上，有何應用的時機？請舉例說明之。

4. 需求彈性的決定因素爲何？試研析之。

5. 何謂所得彈性？其用途爲何？試研析之。

6. 何謂交叉價格彈性？其用途爲何？試研析之。。

7. 在現實生活裡，並不是所有財貨的長期需求彈性一定大於短期，有些例子反而是相反的。請舉例說明你的觀察心得。

8. 請問劣等財與季芬財的差異爲何？若由彈性的角度作判定所用的彈性爲何？試研析之。

9. 何謂供給價格彈性？其用途爲何？試研析之。

10. 供給彈性的決定因素爲何？試研析之。

11. 現實生活裡並非所有財貨的長期供給彈性一定大過短期彈性，請列舉說明你觀察到短期供給彈性大於長期的實例。

note

嘉言：讓自己可以，才可以讓別人能夠。

Chapter 6

彈性分析與應用

本章節探討彈性分析與應用，討論的議題有：供需彈性與市場均衡、需求彈性與直線型需求曲線、需求價格彈性與總收入、需求價格彈性與總支出、供需彈性與租稅負擔、以及實證研究與分析。

6.1 供需彈性與市場均衡

需求與供給曲線彈性的大小、強弱，配合需求與供給的變動，可以決定市場均衡之型態。亦即同樣的需求或供給的變動，配合不同的需求或供給彈性，會使均衡價格與數量變動之幅度迥異，茲配合下列各圖說明之。本章節在財貨數量與財貨價格的符號上，分別以Q與P；而需求與供給的價格彈性，亦分別以ε_d及ε_s來做一般化表示與討論。

一、需求或供給曲線完全彈性

當需求曲線為完全彈性時，供給的變動僅對數量有影響，如（圖6-1）所示，會由Q_0增加至Q_1，但對價格無影響。同樣

圖6-1　需求或供給曲線完全彈性

地，當供給曲線為完全彈性時，需求的變動也僅對數量有影響，數量會由Q_0增加至Q_1，但對價格則毫無作用。

二、需求或供給曲線完全無彈性

當需求曲線或供給曲線完全無彈性時，供給與需求的變動，對數量毫無影響，僅會造成價格下降或上升，分別如（圖6-2）（a）中價格由P_0降至P_1，而（圖6-2）（b）中價格由P_0上升至P_1。

圖6-2 需求或供給曲線完全無彈性

三、需求或供給曲線較具彈性

當需求或供給曲線較具彈性時，供給與需求的變動，對價格與數量均具有影響，如（圖6-3）所示。但數量的變動從Q_0增加至Q_1，會大於價格的下降，如在（圖6-3）（a）中價格由P_0降至P_1，而在（圖6-3）（b）中價格由P_0上升至P_1。

圖6-3　需求或供給曲線較具彈性

四、需求或供給曲線不具彈性

當需求或供給曲線較不具彈性時，供給與需求的變動，對價格與數量都有影響，如（圖6-4）所示。數量的變動從Q_0至Q_1，會小於價格的變動，在（圖6-4）（a）中價格由P_0下降至P_1，而在（圖6-4）（b）中之價格，則由P_0上升至P_1。

圖6-4　需求或供給曲線不具彈性

6.2 需求彈性與直線型需求曲線

　　直線型（straight-line）需求曲線上每一點的需求彈性均不相同。從公式（5-7）中可以看出，需求的價格彈性之計算包括兩個部分，斜率的倒數（1/斜率）乘以價格除以數量（P/Q）。直線型需求曲線的斜率是固定的，但由於（P/Q）因位置的不同而有差異，所以線上每一點的需求彈性不會相同。

　　由（圖6-5）來看，a點到b點需求曲線的斜率是－1/10，而P/Q是90/100，需求彈性等於9（如以中點公式計算的 ε_d＝5.67）。從f點到g點需求曲線的斜率是－1/10，P/Q是20/800，需求彈性等於0.25（如以中點公式計算的 ε_d＝0.18）。注意a點到b點與f點到g點，需求彈性係數的不同僅在P/Q項。a點到b點的價格P較高，數量Q較低；而f點到g點的價格P較低，數量Q較高。因此，若需求曲線是直線，消費者在價格高時比價格低時的反應較為強烈（比較有彈性）。（圖6-5）中m點是直線型需求曲線中點，需求彈性為|（1/斜率）×（P/Q）|＝|－10×（50/500）|＝1（由中點公式計算的 ε_d＝1）。

圖6-5　直線型需求曲線的點彈性值

對於直線型需求曲線而言，需求曲線中點的需求彈性等於1。中點以上的上半段任何一點，彈性均大於1（$\varepsilon_d > 1$），愈往左上方，彈性係數值愈大。中點以下的下半段任何一點，彈性均小於1（$\varepsilon_d < 1$），愈往右下方，彈性係數值愈小。

6.3 需求彈性與總收入

由生產者的角度來看，當廠商面對外來的衝擊，而必須調整財貨價格時，其本身不僅想知道顧客的反應，也希望能對銷售額有正面的幫助，而需求的價格彈性正好透露顧客的反應程度。反之，若我們由消費者的立場來看，需求的價格彈性亦正可反映出其消費支出程度。因此，相同的一個情境，對廠商而言是總收入，但對消費者則是總支出，兩者的分析實為一體的兩面。

H商店的銷售額等於消費者購買的數量（Q）乘以產品的單價（P），故P×Q是廠商的**總收入**（total revenue，**簡稱TR**），也等於消費者的**總支出**（total expenditure，**簡稱TE**）。本章節我們將以（圖6-6），來說明廠商的總收入。假設G財貨在H商店的售價為40元，銷售數量是5萬個，那麼H商店的總收入＝P×Q＝40×5＝200萬元，也就是TR＝200萬元。

當H商店配合節慶活動而調整G財貨的售價，會對總收入造成何種影響，這就和該財貨的需求價格彈性有關。如果G財貨的需求缺乏彈性，如（圖6-7）所示，廠商提高財貨售價，總收入會增加。在此，G財貨售價由10元提高至30元，需求數量僅由10萬個小幅減少至8萬個。此時，總收入由100萬元增加至240萬元。因此，價格上漲，總收入會增加，其背後的原因是數量減少的比例，低於價格上漲的比例，故廠商會採高價策略。

圖6-6 需求曲線下總收入的衡量

圖6-7 需求缺乏彈性下之總收入變動
（調高價格致總收入增加）

　　如果需求曲線較有價格彈性，結果恰好相反：當價格調漲後，總收入反倒會減少，如（圖6-8）所示。當G財貨售價由40元漲至50元時，購買數量會由5萬個減至2萬個。此時，總收入會由200萬元減至100萬元。由於需求較具彈性，價格上漲幅度會小於需求數量下跌的幅度，以致總收入不增反減；當需求曲

線較平坦，彈性較大時，價格上漲反倒會導致總收入減少，如當價格由40元漲至50元時，總收入會由200萬元減少至100萬元，故廠商應反向操作，以薄利多銷的策略，藉價格的調降來增加銷售收入。

（圖6-7）與（圖6-8）雖然說明了不同形狀需求曲線下，財貨價格調漲與店家總收入間的關係。其實，調降財貨價格與總收入間的關係，仍可用（圖6-7）與（圖6-8）來說明。如果需求缺乏彈性，如（圖6-7）所示，店家若調降該財貨售價，由於價格下跌百分比遠超過購買數量增加百分比，其該財貨總收入會減少。也就是說，價格由30元降至10元，數量由8萬個增至10萬個，所以總收入由240萬元減少至100萬元。財貨價格的下跌之所以會使P×Q減少，此乃因為Q上升比例要小於P下跌比例。

同樣地，如果需求較有彈性，如（圖6-8）所示，店家若調降該財貨售價，由於價格下跌百分比遠低於購買數量上升百分比，故財貨的總收入會增加。也就是說，價格由50元減至40元，數量由2萬個增至5萬個，所以總收入由100萬元增加至200

圖6-8　需求較具彈性下之總收入變動
（調高價格致總收入減少）

萬元。此時,價格的下跌會使P×Q增加,是因為Q上升比例要高於P下跌比例。最後,如果價格下降10%,銷售量增加10%,增減相互抵銷。此時需求彈性等於1,總收入維持不變。

綜合以上論述,我們可以將財貨需求的價格彈性與廠商總收入間的關係,綜合整理如(表6-1)所示。

表6-1 需求彈性與總收入的關係

需求彈性	價格變化	總收入變化	彈性與總收入關係
$\varepsilon_d < 1$	上漲	增加	價格與總收入
需求無彈性	下跌	減少	呈同方向變動
$\varepsilon_d > 1$	上漲	減少	價格與總收入
需求有彈性	下跌	增加	呈反方向變動
$\varepsilon_d = 1$	上漲	不變	無論價格漲跌
單位彈性	下跌	不變	總收入固定不變

6.4 需求彈性與總支出

就消費者而言,總支出等於產品的單位價格乘以消費數量,即TE＝P×Q。通常需求曲線為負斜率,所以沿著需求曲線,價格與數量呈反方向變動。因此,如消費數量不變,價格下降雖減少個人的消費支出,但由於價格下降刺激銷售量的上升,卻會增加市場的總支出。對於消費者總支出最後的影響,到底是增加或減少,完全取決於數量對於價格反映的強弱程度,也就是說取決於價格彈性的高低而定。

首先,當 $\varepsilon_d > 1$ 時,表示消費者因應價格變動而調整的需求量變動率($\Delta Q/Q$),大於價格的變動率($\Delta P/P$)。因此,當價格上升時,其需求量減少的幅度,會超過物價上漲率,而使得消費者的總支出下降,亦即P與TE呈反向變動關係。

其次,當 $\varepsilon_d < 1$ 時,表示消費者因應價格變動而調整的需求量變動率($\Delta Q/Q$),小於價格的變動率($\Delta P/P$)。因此,當

價格上升時，其需求量減少的幅度，會小於物價上漲率，而使得消費者的總支出上升，亦即P與TE呈同向變動關係。

最後，如果$\varepsilon_d = 1$時，表示消費者因應價格變動而調整的需求量變動率（$\Delta Q/Q$），等於價格的變動率（$\Delta P/P$）。因此，當價格上升時，其需求量減少的幅度，會等於物價上漲率，而使得消費者的總支出保持不變，亦即P與TE兩者無關。

綜合上述說明，我們同樣可以得到需求價格彈性與總支出的關係，如（表6-2）所示。

表6-2　需求彈性與總支出關係

需求彈性	價格變化	總收入變化	彈性與總收入關係
$\varepsilon_d < 1$ 需求無彈性	上漲 下跌	增加 減少	價格與總支出 呈同方向變動
$\varepsilon_d > 1$ 需求有彈性	上漲 下跌	減少 增加	價格與總支出 呈反方向變動
$\varepsilon_d = 1$ 單位彈性	上漲 下跌	不變 不變	無論價格漲跌 總支出固定不變

6.5 供需彈性與租稅負擔

在政府課稅的徵收方法中，可分為三大類型，即**從量稅**（specific tax）、**從價稅**（ad valorem tax）及**定額稅**（lump sum tax）。從量稅是指按數量多寡徵收；從價稅是依價格高低徵收；定額稅則是始終課徵一定金額的稅捐。

政府基於增加財政收入或修正市場失靈，以及其他社會價值之考量，對消費者或生產者課稅。政府如對生產者課稅，生產者會設法調高售價，以便將**稅負轉嫁**（tax shifting）給消費者；但是否能順利轉嫁，且轉嫁的程度又是多少，則端視消費者實際的購買行為，以及與生產者的生產銷售行為而定，這就涉及需求曲線與供給曲線之彈性大小。至於，租稅轉嫁後所形

稅負轉嫁
tax shifting

政府如對生產者課稅，生產者會設法調高售價，以便將稅負轉嫁給消費者。

成的負擔結果，謂之**租稅歸宿**（tax incidence）。茲將各種情形分析如下：

租稅歸宿
tax incidence
租稅轉嫁後所形成的負擔結果，謂之租稅歸宿。

一、由需求彈性面分析

假設政府課徵從量稅，一般以銷售稅為準，每一單位產量課以一固定的t元。當政府向生產者課徵每單位t元的銷售稅後，會使供給減少，由S_0左移至S_1，如（圖6-9）中（a）圖所示。此時，均衡價格會上升，但上升的幅度與消費者負擔的多少，全視需求彈性大小而定。

若需求曲線彈性較小，如D_0曲線時，則均衡價格較高為P_2，消費者負擔較大為$\overline{P_0P_2}$，生產者較能達到稅負轉嫁的目的。反之，若需求曲線彈性較大，如D_1曲線時，均衡價格較低為P_1，消費者負擔較小為$\overline{P_0P_1}$，生產者自己負擔租稅的部分增加。至於，需求彈性分別是完全無彈性與完全彈性時，如（圖6-9）中（b）圖與（c）圖所示，則稅負全數分別由消費者或廠商來單獨承擔。此時，（b）圖中$\overline{P_0P_1}$＝t全數由消費者單獨承擔，而（c）圖中$\overline{P_0P_3}$＝t則全數由生產者自行吸收。

圖6-9　需求彈性與租稅負擔

二、由供給彈性面分析

當政府課徵每單位t元的銷售稅後，會使供給曲線由S_0移至S_1，如（圖6-10）中（a）圖所示，此時均衡價格會上升，但租稅負擔是否能轉嫁給消費者，或轉嫁程度有多少，端視供給曲線彈性的大小而定。在此情況下，消費者承擔了$\overline{P_0P_1}$部分之稅負，廠商承擔了$\overline{P_0P_2}$部分的稅負；但若供給曲線變得完全無彈性或完全彈性時，如（圖6-10）中（b）圖與（c）圖所示，則租稅部分全數分別由廠商或消費者單獨承擔。此時，（b）圖中$\overline{P_0P_2}=t$全數由廠商自行吸收，而（c）圖中$\overline{P_0P_1}=t$則完全由消費者單獨承擔。

圖6-10　供給彈性與租稅負擔

三、彈性大小與租稅轉嫁

租稅是由生產者或消費者最終來負擔的問題，原則上價格彈性較大者，負擔較少的稅；原因是彈性大者，有較多其他選擇以規避稅負。例如，當需求彈性較大時，課稅後消費者有較多替代品可做選擇，故其所承擔的稅負較少。

　　茲將供需彈性的大小，以及其衍生租稅轉嫁的程度，整理
列示如（表6-3）所示。

表6-3　供需彈性與租稅轉嫁

需求與供給的相對彈性大小	租稅轉嫁程度
$\varepsilon_d = \varepsilon_s$	消費者、生產者各負擔一半的稅
$\varepsilon_d > \varepsilon_s$	消費者較生產者負擔較少的稅
$\varepsilon_d < \varepsilon_s$	消費者較生產者負擔較多的稅
$\varepsilon_d = 0$或 $\varepsilon_s = \infty$	消費者負擔全部的稅，生產者不負擔稅
$\varepsilon_d = \infty$或 $\varepsilon_s = 0$	消費者不負擔稅，生產者負擔全部的稅

6.6 實證研究與分析

　　本章節以毛豬產銷價格的實證研究為例，來對當時國內毛
豬產銷價格的波動作經濟分析（楊政學，1996e），分析過程中
對價格資料的處理與解讀，可提供研修學生及研習人員作參
考。

一、研究背景

　　國內毛豬產銷價格的上漲或下跌，以及其漲跌幅度的大
小，將直接影響到國內養豬戶的養豬所得，因此產銷價格的穩
定程度與波動幅度，是為農政當局相關輔導措施與因應政策採
行所關注的議題。再者，不同產銷市場價格間相對波動幅度，
亦為計量經濟模型設定時所參考的依據（Meilke，1977），因而
實有必要對毛豬產銷價格的波動情形加以分析。此外，國內豬
肉外銷市場的變動，即冷凍與生鮮冷藏豬肉出口單價，相對其
他競爭對手國輸日豬肉單價的相對消長變化，亦與國內毛豬產
銷價格的穩定程度有關。本章節有鑑於此，而針對台灣地區毛

豬產銷價格的波動，分別由毛豬產銷與豬用飼料價格，以及國內豬價與出口單價等層面，來綜合加以探討與分析。

二、價格波動之測定方法

農產品價格波動或不穩定程度的測定方法，一般而言有相對離差法、Coppock不穩定指數、Michaely指數以及von-Neumann比率，常見的應用以後兩者為主（柯勝揮，1989；黃萬傳等，1995）。茲將該兩種測定方法，分述如下：

首先，Michaely Index （MI）之計算式，如（6-1）式所示：

$$MI = \frac{100 \cdot \sum_{t=2}^{n} \left| \dfrac{P_t - P_{t-1}}{P_{t-1}} \right|}{n-1} \tag{6-1}$$

式中，P_t為當期觀察值；P_{t-1}為前一期觀察值；n為觀察值個數。MI主要功用是用來測定經濟變數之逐年變動程度的大小，亦即經濟變數由某一年至下一年之平均變動，而其所測定出的MI值代表波動大小，即經濟變量不穩定的程度。一般經濟變量不穩定的程度，依MI數值可分為三級，即：

（1）MI值在20以上時，意涵為**極度不穩定**（extreme instability）。

（2）MI值在20～10之間，為**本質不穩定**（substantial instability）。

（3）MI值在10以下時，為**輕度不穩定**（slight instability）。

再者，von-Neumann Ratio （VN）之計算式，如（6-2）式所示：

$$VN = \frac{\sum_{t=2}^{n}\left(P_t - P_{t-1}\right)^2}{n-1} \left/ \frac{\sum_{t=1}^{n}\left(P_t - \overline{P}\right)^2}{n} \right. \tag{6-2}$$

式中，P̄爲觀察值之算術平均數，其他變數定義同MI之定義。由於使用MI計算經濟變量變動時，在時間數列中，如果經濟變量呈快速持續上升之趨勢時，其所計算之MI值往往很大，而得出極度不穩定的結果，然事實上可能只是因爲所計算之數列持續成長或遞增，而無波動情形存在。

VN常用以矯正MI上述缺點，經常用於測定在連續的時間數列中，經濟變動趨勢反轉可能性的大小，亦即檢定是否具有變動的規則性，以彌補只用MI數值可能產生的解釋偏誤。VN值的極限介於0與4之間，（1）當VN值趨近於0時，表示經濟變數之時間數列，朝同一方向變動；（2）當VN值趨於4時，表示經濟變數之時間數列，有逐年升降反覆波動的現象；（3）當VN值趨近於2時，表示經濟變數之時間數列，具有散開性不規則波動的現象。

三、毛豬產銷與豬用飼料價格波動

1975～1994年來，台灣地區毛豬產銷價格及豬用飼料價格的波動情形，如（表6-4）所示。該段期間，豬肉零售價格、毛豬交易價格、以及毛豬產地價格，分別代表零售市場、批發市場、以及產地市場之價格水準；同時三種價格間波動的時點大抵相當，足見彼此間連結關係的密切。

豬用飼料農民購進價格，係以仔豬、中豬及大豬用飼料農民購進價格平均，代表養豬戶主要的變動成本項目，由於該飼料幾乎均賴國外進口，因而其價格的漲跌，大抵決定於國際大宗穀物價格的波動。

若以前後十年兩階段的平均價格而言，1975～1984年期間，毛豬產地價格爲每公斤47.97元，毛豬交易價格爲每百公斤4,996元，豬肉零售價格爲每公斤97.40元，飼料購進價格爲每公斤9.98元。1985～1994年期間，毛豬產地價格爲每公斤45.60

表6-4　1975～1994年台灣地區毛豬產銷價格及飼料購進價格

項目 年別	毛豬 產地價格 （元／公斤）	毛豬 交易價格 （元／百公斤）	豬肉[1] 零售價格 （元／公斤）	豬用飼料[2] 購進價格 （元／公斤）
1975	48.41	4,994	87.37	9.03
1976	40.59	4,215	81.69	9.30
1977	42.13	4,333	85.63	9.16
1978	45.13	4,760	90.68	8.64
1979	38.38	4,003	84.98	9.24
1980	44.87	4,768	93.80	10.62
1981	56.46	5,805	109.85	11.90
1982	59.92	6,251	117.74	10.35
1983	57.52	5,951	117.89	10.44
1984	46.24	4,884	104.34	11.09
1985	37.62	3,927	87.80	10.43
1986	48.50	4,913	96.67	10.38
1987	46.30	4,903	92.77	9.67
1988	45.50	4,791	94.04	9.28
1989	51.11	5,394	105.18	9.55
1990	39.22	3,994	104.69	9.33
1991	38.87	3,949	98.07	8.99
1992	46.39	4,698	98.37	8.91
1993	50.44	5,043	101.71	8.77
1994	52.01	5,185	105.52	9.02
1975～1984 年平均值	47.97	4,996	97.40	9.98
1985～1994 年平均值	45.60	4,680	98.48	9.43
Michaely Index	12.422	12.180	6.697	5.037
von-Neumann Ratio	1.181	1.179	0.641	0.614

註：1.以極上肉、上肉、中肉、下肉及內臟零售價格加權平均。

　　2.以仔豬、中豬及大豬用飼料農民購進價格平均。

資料來源：引用自楊政學（1996e）。

元,毛豬交易價格為每百公斤4,680元,豬肉零售價格為每公斤
98.48元,飼料購進價格為每公斤9.43元。由此可知,1975～
1994年來台灣地區,不論毛豬產銷價格,抑或豬用飼料購進價
格,平均而言尚維持在平穩的水準上。

就1975～1994年價格波動之情形,吾人以Michaely指數,以
及von-Neumann比率來衡量時,由表1之計算結果,吾人可得不
同價格水準之波動指數,其中MI數值大小,依序為毛豬產地價
格為12.422,毛豬交易價格為12.180,兩者相對具本質不穩定特
性;豬肉零售價格為6.697,飼料購進價格為5.037,兩者相對具
輕度不穩定的特性。VN數值大小,依序為毛豬產地價格為
1.181,毛豬交易價格為1.179,兩者大致具有不規則波動之現
象;豬肉零售價格為0.641,飼料購進價格為0.614,兩者大致有
朝同一方向變動之現象。

由以上論述可知,不論衡量指標是MI,抑或是VN,豬用飼
料購進價格波動狀況,顯然較毛豬產銷價格來得穩定,且在產
銷價格中,以豬肉零售價格較為穩定,而毛豬產地價格最不穩
定。同時另由計量經濟模型設定之層面探討,模型體系中價格
傳遞式的變數設定,應以零售市場傳至批發市場,再回傳遞至
產地市場較為合理(楊政學,1996f),並且養豬戶飼養頭數調
整反應式中,以毛豬產地與豬用飼料價格比的型式,相對較將
其分開成兩個解釋變數之設定方式來得合理。

四、毛豬交易與輸日價格波動

1975～1994年來,台灣國內毛豬交易價格與輸日豬肉進口
單價,以及各主要競爭對手國輸日豬肉單價的結構變動情形,
如(表6-5)所示。此段期間,台灣地區毛豬交易價格,自1980
年開放自由出口以來,曾出現往後數年高價位的繁榮現象,於
1982年達到1975～1994年來的最高,此乃因丹麥出現口蹄病,

表6-5　1975～1994年台灣毛豬交易、輸日豬肉及主要競爭國輸日
　　　　豬肉價格

項目　　　　年別	台灣毛豬交易價格（元／百公斤）	台灣輸日豬肉單價（美元／公斤）	美國輸日豬肉單價（美元／公斤）	丹麥輸日豬肉單價（美元／公斤）
1975	4,994	2.657	2.293	2.235
1976	4,215	3.028	2.570	2.849
1977	4,333	3.436	3.477	3.246
1978	4,760	4.308	4.313	4.283
1979	4,003	3.450	3.614	3.490
1980	4,768	4.099	4.378	4.108
1981	5,805	3.990	4.452	3.865
1982	6,251	3.881	4.527	3.622
1983	5,951	3.778	4.423	3.715
1984	4,884	3.385	3.487	3.433
1985	3,927	4.319	4.526	4.351
1986	4,913	5.222	5.570	5.299
1987	4,903	5.903	6.219	5.838
1988	4,791	5.207	5.645	5.092
1989	5,394	4.723	5.446	4.505
1990	3,994	4.396	6.297	4.890
1991	3,949	4.669	6.216	4.585
1992	4,698	4.958	5.550	4.866
1993	5,043	5.609	6.049	5.560
1994	5,185	5.906	6.068	5.853
1975～1984年平均值	4,996	3.601	3.753	3.485
1985～1994年平均值	4,680	5.091	5.759	5.084
Michaely Index	12.180	12.125	13.147	13.441
von-Neumann Ratio	1.179	0.387	0.292	0.374

註：各國輸日豬肉單價係以《畜產日報》上刊載之年度統計資料表中，輸日豬
　　肉價值除以豬肉數量而得。

資料來源：引用自楊政學（1996e）。

致我國加工廠搶購國內原料毛豬外銷日本，而促使國內豬價一路飆漲。

　　1985年由於日本國內豬價低靡，加上外銷廠商在家禽出口市場中競價能力低，且國內肉類供給相當充裕，致使輸日豬肉雖大幅增加，卻也無法提振國內豬價。爾後數年，由於產量增長控制得宜，使國內豬價回升趨於合理水準。惟1989年因外銷大幅增加，導致國內豬價突漲，國內生產的熱潮再度引發，以致隨後兩年豬價的大幅跌落。

　　迄至1992年，豬價再度上漲，此乃因之前外銷數量的遭受打擊，而使國內毛豬飼養過度調整，而造成國內供給稍有減少所致。隨後的1993～1994年，豬價亦延續上漲的趨勢繼續成長。由此可推論，國內冷凍與生鮮冷藏豬肉出口單價，相對其他競爭對手國輸日豬肉單價的相對消長變化，亦與國內毛豬產銷價格的穩定程度有關，尤其是在1987年以後，經濟自由化政策逐步採行下，毛豬產業國內與外銷市場彼此互動的關係更為明顯。

　　台灣、美國與丹麥輸日豬肉進口單價，1975～1984年期間，以美國每公斤3.753美元最高，台灣每公斤3.601美元居次，丹麥每公斤3.485美元最低。1985～1994年期間，亦以美國每公斤5.759美元最高，台灣每公斤5.091美元居次，丹麥每公斤5.084美元最低。由此可知，美國輸日豬肉進口單價，因其肉類品質相對較佳，而擁有較高的價格水準。反之，台灣輸日豬肉進口單價，則介於美國與丹麥兩國之間，相對而言較具彈性空間。

　　就1975～1994年來價格波動情勢而言，不論MI或VN值，台灣輸日豬肉進口單價，較國內毛豬交易價格為小，顯示豬肉出口價格較國內毛豬價格來得穩定。在各主要輸日豬肉來源國中，以丹麥之MI值13.441最大，美國13.147居次，台灣12.125最小，顯示台灣輸日豬肉進口單價，相對較美國與丹麥兩國來得平穩；同時，三者之VN值皆趨近於零，此意謂台灣、美國與丹

麥之輸日豬肉進口單價，均呈現朝同一方向變動之現象。

五、研究小結

綜合上述毛豬產業產銷價格波動的分析，吾人可得出以下兩點的分析結論與思考方向：

第一、1975～1994年來台灣地區豬用飼料購進價格，相對較國內毛豬產銷價格來得穩定；而毛豬產銷價格中，不同產銷市場價格之穩定度，依序為豬肉零售價格、毛豬交易價格、以及毛豬產地價格，足見國內毛豬產地價格的波動較大。惟國內毛豬產地市場，在未來國內市場開放進口後，將可能成為豬肉零售市場，抑或外銷市場的引申需求。因此，農政當局除努力平穩毛豬交易與產地價格外，亦可由消費地，零售市場或外銷市場導向的角度來思考，國內豬價平穩的相關措施與政策。

第二、在輸日豬肉進口單價上，台灣輸日豬肉單價，顯然較美國與丹麥兩國來得平穩，惟在變動趨勢上，三者大致朝同一方向變動，即往上調升的趨勢，此意謂各競爭國間輸日豬肉品質的不斷提升。同時，國內冷凍與生鮮冷藏豬肉出口單價，相對其他競爭對手國輸日豬肉單價的相對消長變化，亦與國內毛豬產銷價格的穩定程度有關，尤其是在經濟自由化政策採行後，國內與外銷市場彼此互動的關係更為明顯。因此，農政當局除密切注意國際農產貿易自由化後，我國冷凍與生鮮冷藏豬肉，同其他競爭對手國相對輸日價格變動的相互消長外，國內輸日之生鮮冷藏豬肉品質的提升，亦是農政當局應該努力發展的方向。

重點摘錄

✦ 需求與供給曲線彈性的大小、強弱，配合需求與供給的變動，可以決定市場均衡之型態。

✦ 直線型需求曲線的斜率是固定的，但價格相對數量的數值，卻因位置不同而有差異，所以每一點的需求彈性不會相同。

✦ 當需求曲線較平坦，意即彈性較大時，財貨價格的調漲反倒會導致廠商總收入的減少，故宜採取薄利多銷的措施。反之，面對需求彈性較小的財貨，則可採行市場區隔的高價策略，以獲取較大的廠商總收入。

✦ 消費者總支出最後的影響到底是增加或減少，完全取決於數量對於價格反映的強弱程度，也就是說取決於價格彈性的高低而定，如同廠商面對其總收入的情形。

✦ 在政府課稅的方法中，可分為三大類型，即從量稅、從價稅及定額稅。其中，從量稅是指按數量多寡徵收；從價稅是依價格高低徵收；定額稅則是始終課徵一定金額的稅捐。

✦ 租稅是由生產者或消費者最終來負擔的問題，原則上價格彈性較大者，負擔較少的稅，原因是彈性大者，有較多其他選擇以規避稅負。

▶▶ 重要名詞 ————————————————————————————

直線型（straight-line）

總收入（total revenue）

總支出（total expenditure）

從量稅（specific tax）

從價稅（ad valorem tax）

定額稅（lump sum tax）

稅負轉嫁（tax shifting）

租稅歸宿（tax incidence）

極度不穩定（extreme instability）

本質不穩定（substantial instability）

輕度不穩定（slight instability）

問題討論

1. 請試圖用需求彈性的概念，來解釋「薄利多銷」、「穀賤傷農」及「穀貴傷民」的現象，並用圖形來表示。

2. 民生必需品的廠商提高該商品價格後，其總收入必會增加，你同意嗎？理由為何？試研析之。

3. 若政府對某奢侈品課徵從量稅，生產者負擔的部分將較消費者多，你同意嗎？理由為何？試研析之。

4. 若雞肉的價格下降5%，使牛肉的需求量減少20%，而雞肉的需求量增加15%，請計算雞肉與牛肉間之交叉價格彈性。

5. 在政府課稅的方法中，可分為哪些類型？請說明彼此間操作上的差異性。

6. 租稅負擔的問題，原則上價格彈性較大者，負擔較多的稅？你同意此論點嗎？理由為何？

note

嘉言：生命很美的感謝，在於發現所有的得到，背後都
　　　有人在成全。

第二篇　消費篇

成功的人未必有智慧，
有智慧的人懂得放下。
放下不是沒有成就，
而是圓滿的成就。

Chapter 7

序列效用與無異曲線

本章節探討序列效用與無異曲線，討論的議題有：消費者偏好、序列效用意涵、無異曲線的學理、無異曲線的分析、價格變動與需求曲線、所得變動與恩格爾曲線、以及無異曲線分析之應用。

7.1 消費者偏好

一、偏好的意涵

產業經濟提供大量可以購買的財貨與勞務，人們的喜好又有極大的差異，我們如何能以一致的方式來描述消費者的**偏好**（preference）呢？此可由消費者如何比較所購買的不同**財貨組合**（market basket）來看。是否某一組財貨比另一組更受偏好？或者兩組無所差異？我們以財貨組合來代表一組財貨，其指的是一定數量的一種或多種財貨。例如，其可能包含許多X財貨，或是消費者每月購買的X財貨、Y財貨與Z財貨的組合；因而經濟學家得以另一個組合（bundle）來代表相同的意義。

消費者如何選擇財貨組合？如他們如何決定每個月要買多少X財貨與Y財貨？雖然消費者的選擇有時是隨性的，但消費者選擇財貨組合時，通常會儘量使不同財貨所產生的滿足感相同。

（表7-1）顯示許多財貨組合，包含每月購買不同數量的X財貨與Y財貨。X財貨的數量有很多衡量方式：或以貨櫃數量、以袋或以磅來衡量。同樣的，Y財貨可以用總件數，以每一類別數量、重量或體積來衡量。因為衡量方式也是隨意的，故我們在討論財貨組合中的個別項目時，是以每種財貨的**單位數**（units）來衡量。例如，組合A是20單位的X財貨與30單位的Y財貨，組

表7-1 不同X、Y財貨數量的組合

財貨組合	X財貨數量	Y財貨數量
A	20	30
B	10	50
C	40	20
D	30	40
E	10	20
F	10	40

合B是10單位的X財貨與50單位的Y財貨，依此類推。

二、偏好的基本假設

　　消費者行為的理論，始於三個基本假設，用以說明人們相對於其他財貨組合，而偏好某一種財貨組合。我們相信這些假設對大多數人而言，在大部分的情形下是適用的。茲分別說明如下：

（一）完整性（completeness）

　　偏好被假設具完整性，其意謂消費者能夠將所有財貨組合進行比較及排序。換言之，對任意兩個財貨組合A與B，消費者會明確決定偏好A，或偏好B，或對A、B兩者的喜好無差異。但需注意這些偏好並未考慮成本問題，如某位消費者可能偏好牛排更甚於漢堡，但其最後卻購買較便宜的漢堡。

（二）遞移性（transitivity）

　　偏好是可遞移的，遞移性是指當消費者相對於財貨組合B，會偏好財貨組合A，而財貨組合B又較財貨組合C受到偏好，可知消費者相對於C而言，亦會偏好A。例如，若甘梅薯條較肯德基薯條更受到偏好，而肯德基薯條又比麥當勞薯條受到偏好，則甘梅薯條也會比麥當勞薯條受到偏好。這項遞移性的假設，

可以確保消費者的偏好是一致的。

（三）愈多愈好（more is better than less）

　　所有的財貨都是好的、被需要的，因此消費者永遠會偏好擁有較多的財貨。此外，消費者永遠不會滿足，期望愈多愈好，即使只好一點點。這個假設是為了教學上的理由，使圖形分析能夠簡化。當然，有些財貨，如空氣污染，可能不被需要，消費者將盡可能的避開。在現階段有關消費者選擇的討論中，我們暫且忽略這些不需要的財貨，因為大多數消費者不會考慮購買。

7.2 序列效用意涵

一、效用的意涵

　　消費者理論只倚賴一項假設，就是消費者能夠將不同財貨組合排序。不過，若給予個別財貨組合一個數值，將會非常有用。以此數字分析法，我們可以針對每一條無異曲線給予一個數量化的滿足水準。**效用**（utility）有很廣泛的涵義，如利益或福祉，說明人由愉悅的事物中獲得效用，並避免痛苦的事物。以經濟學的語法來說，效用是指消費者由財貨組合獲得滿足水準的數值大小。換句話說，效用是簡化財貨組合排序的工具。如果霽苒買兩本故事書會比買一件衣服快樂，則我們可以說：故事書給予霽苒的效用比衣服來得高。

效用
utility

效用有很廣泛的涵義，如利益或福祉，說明人由愉悅的事物中獲得效用，並避免痛苦的事物。以經濟學的語法來說，效用是指消費者由財貨組合獲得滿足水準的數值大小。

二、效用函數

　　所謂**效用函數**（utility function），是指用一數學式來表示每

一財貨組合的效用水準。例如，霽芃消費X財貨與Y財貨的效用函數爲$u(X,Y)=X+2Y$。此時，8單位X與3單位Y的財貨組合產生的效用爲$8+(2)(3)=14$。對霽芃而言，此財貨組合將與6單位X與4單位Y的財貨組合沒有差異，即$6+(2)(4)=14$。另一方面，前兩種財貨組合都優於4單位X與4單位Y的財貨組合，爲什麼？因爲後者的效用水準只有$4+(4)(2)=12$。

　　對財貨組合要給予其效用水準時，若組合A優於組合B，則A的效用水準數值會高於B。如財貨組合A也許位於三條無異曲線中效用最高的U_3上，效用值爲3；組合B也許位於效用次高的上U_2，效用值爲2；組合C位於效用最低的U_1上，效用值爲1。因此，效用函數對偏好提供的訊息爲：兩者都將消費者的選擇排序，並以不同的效用水準來表示。

　　若另一種特別的效用函數，如效用函數$u(X,Y)=XY$表示，其效用水準爲X與Y乘積，（圖7-1）顯示此函數的效用曲線。假設a點的財貨組合爲$X=5$與$Y=5$，產生的效用水準爲U_1

圖7-1　等效用曲線的形成

＝25，則等效用曲線可以找出所有符合XY＝25的財貨組合點（如b點，X＝10，Y＝2.5；c點，X＝2.5，Y＝10）。第二條等效用曲線U₂，包含所有符合XY＝50的財貨組合點；而第三條等效用曲線U₃，則包含所有符合XY＝100的財貨組合點。

三、序列效用函數

由於消費財貨所帶來的滿足，純粹是消費者個人的心理感受，對於心理滿足我們實在很難設定一個單位來加以測度，更遑論要在人與人之間做比較，亦即我們難以接受所謂的**計數效用**（cardinal utility）。迄至1930年代，希克斯（J. R. Hicks）與艾倫（R. G. D. Alien）重新發展出一套新的分析工具，只要求消費者會對滿足或謂效用給予排序，此種對不同消費所帶來的滿足加以排列，所得出的效用概念，稱為**序列效用**（ordinal utility），而能產生財貨組合排序的效用函數，稱為**序列效用函數**（ordinal utility function）。所謂的序列排列，是將財貨組合依照被偏好的程度排序，由最高依序排至最低，但此種排序方式，並不能說明某一種財組合與其他組合的偏好差異有多少。

序列效用
ordinal utility

此種對不同消費所帶來的滿足加以排列，所得出的效用概念，稱為序列效用。

很重要的一點是，**等效用曲線**（isoutility curve）所對應的數值只是為了方便。假設效用函數改為u（X,Y）＝4XY，前述效用水準25的財貨組合如X＝5與Y＝5之效用都會增加4倍。原標明效用水準25的等效用曲線並未改變，只是數值變為100。事實上，效用函數4XY與XY的唯一差異是，曲線上的數值標明為100、200、400，而非25、50、100。

我們所要強調的是，效用函數只是將不同財貨組合排序的一種方法，兩種財貨組合間效用差異並不能代表任何意義。例如，若U₃的效用水準100，而U₂的效用水準50，並不代表U₃上財貨組合的滿足水準是U₂上的兩倍。這是因為數值是任意給定的，我們沒有客觀的方式，來衡量一個人的滿足程度，或衡量

消費一組財貨組合所獲得的福祉。因此，在使用序列效用函數時，必須謹慎以免誤入陷阱，因為在不同消費者之間比較效用是不可能的。

7.3 無異曲線的學理

一、無異曲線的形成

(一) 無異曲線的意涵

　　無異曲線（indifference curve）表示能使消費者感到相同滿足程度之所有消費組合所形成的軌跡。無異曲線意即前述提及的等效用曲線，其所援用的效用概念，就是序列效用，而我們可以用無異曲線將消費者偏好圖形化。一條無異曲線代表提供某人所有相同效用程度之財貨組合的連線，故線上每一點所代表的財貨組合對此人來說並無差異。

　　由前述討論偏好的三個假設，我們知道消費者一定能指明一種財貨組合，是否會優於另一種組合，或是兩皆無差異。這項訊息就可以用來將所有可能的消費組合，依偏好的程度作排序。現以（圖7-2）表示，假設只有兩種財貨，即X財貨與Y財貨可供消費。此處的財貨組合是指，消費者可能希望消費的X財貨與Y財貨的組合。我們可以將（表7-1）中，不同數量的X、Y財貨組合點，所形成的軌跡畫成一條無異曲線。

　　在畫出消費者無異曲線之前，先畫出個人的偏好會較有助益。（圖7-2）所顯示的財貨組合與（表7-1）相同，圖中橫軸所衡量的是每月所購買X財貨數量，縱軸衡量的是Y財貨數量。組合A有20單位的X財貨與30單位的Y財貨，比財貨組合E更被偏

無異曲線
indifference curve
無異曲線表示能使消費者感到相同滿足程度之所有消費組合所形成的軌跡。

171

圖7-2　消費者個人偏好的描繪

愛，因為組合A相較包含更多的X財貨與Y財貨。同樣的，包含
更多X財貨與Y財貨的組合D，是比組合A更被偏愛。事實上，
我們可以很容易的以區塊中的財貨組合，如D與E，來與組合A
比較，因為它們在X財貨與Y財貨組合不是同時都多，就是同時
都少。然而在沒有得到進一步有關消費者偏好順序的資訊之
前，我們無法拿財貨組合A與財貨組合B、C、F互相比較，因為
相對於組合A，組合B有較多的Y財貨但卻有較少的X財貨，組
合C則有較多的X財貨但卻有較少的Y財貨。

　　這額外的資訊表現在（圖7-3）中，圖中顯示一條無異曲線
（U_1）通過組合點A、B與C。這條曲線代表消費者對這三個財貨
組合是無差異的，也同時告訴我們當消費者由財貨組合A移至B
時，放棄10單位的X財貨以獲得額外20單位的Y財貨，並不會覺
得更好或更壞。同樣的，消費者對A點與C點兩者的感受沒有差
異，他會放棄10單位的Y財貨，以獲得20單位的X財貨。由另一
方面來看，A點與F點的相互比較，消費者將偏好A點，因為F點

圖7-3 無異曲線的形成

在U_1下方。

（圖7-3）的無異曲線是由左上方向右下方傾斜，要瞭解爲何如此，可以先從反方向思考，如果無異曲線是由A向D點傾斜，這將會違反「愈多愈好」的假設。因爲財貨組合D比財貨組合A有更多的X財貨與Y財貨，故一定比A更被偏愛，所以不能與A在相同的無異曲線上。事實上，任何財貨組合只要在（圖7-3）中U_1無異曲線的右方或上方，就一定會比U_1上其他任一組合點來得更好。

（二）無異曲線圖

要描述一個所有X財貨與Y財貨組合的偏好情形，可以畫出一組的無異曲線，稱爲**無異曲線圖**（indifference map）。此圖中的每一條無異曲線，都顯示一種消費者感覺沒有差異的財貨組合。（圖7-4）是財貨無異曲線中的三條無異曲線，其中，U_3有最高的滿足水準，其後依序爲U_2及U_1。

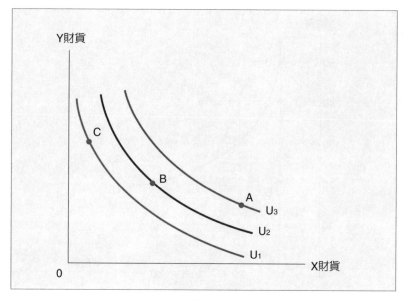

圖7-4　無異曲線圖

　　到目前為止，我們所討論的消費者行為理論，都有一項很方便的特性，即對每一種財貨組合的消費，不需要給予數字化的滿足水準。例如，（圖7-4）的三條無異曲線，我們知道財貨組合A（或U_3上任一點）的滿足水準，高於U_2上的財貨組合B點。同樣的，對U_2上的財貨組合的偏好，高於U_1上的財貨組合C點。立基於消費者能夠將不同選擇排序的假設下，無異曲線可以讓我們用圖形來描述消費者的不同偏好。

二、無異曲線的特性

一個理性消費者在做選擇時應滿足一些基本條件：
（1）有能力排出自我偏好的順序。
（2）不會做出自我矛盾的選擇。
（3）具有「愈多愈好」的偏好型態，即對於相較之下數量較多的消費組合較喜愛。

根據這些基本條件，消費者的無異曲線圖，具有以下五個特性：

（一）無異曲線是負斜率

只要兩種財貨都具有正的邊際效用，無異曲線必然是一條負斜率的曲線。因為當X財貨的消費量增加時，在Y財貨的消費量不變下，必然會提高消費者所得到的總效用。因此，若想保持總效用在原來水準，則勢必要減少Y財貨的消費。如此，表現在圖形上的X、Y兩財貨的數量，就是一個反向變動的關係，無異曲線為負的斜率，反映的是消費者願意用X財貨去交換Y財貨的主觀比率。

（二）同一位消費者的無異曲線都不會相交

針對相同的一位消費者而言，如果有兩條無異曲線相交，將形成一種矛盾的結果，如（圖7-5）中，有兩條無異曲線U_1與

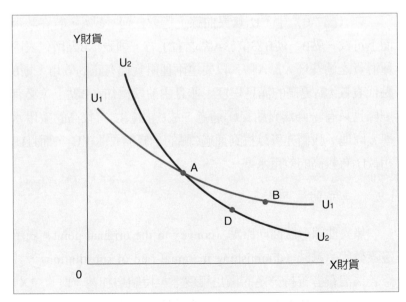

圖7-5 同一位消費者之無異曲線不能相交

U_2相交於A，因為A與B都位於無異曲線U_1上，消費者對此兩種財貨組合的偏好無差異。但A與B都位於無異曲線U_2上，故消費者也應對此兩種財貨組合的偏好無差異。於是，消費者對B與D亦應無差異。然而B應該比D更被偏愛，因為相對於D點而言，B點有更多X財貨與Y財貨，兩者不可能無差異，故相交的無異曲線會違反「愈多愈好」的假設。當然，不相交的無異曲線有無數多條，一條無異曲線代表一種可能的滿足水準。事實上，每一種可能的財貨組合，即對應於圖上的一點，都有一條無異曲線通過。

（三）平面上任何一點，必有唯一一條無異曲線通過

若財貨可以無窮細分，則任何兩財貨的平面座標上之任何點，均可代表某一特定的滿足水準，必有一條無異曲線通過，且由於無異曲線不相交，故只有唯一一條無異曲線通過。

（四）愈往右上方的無異曲線，所具有的效用愈高

在（圖7-6）中，U_1無異曲線上選取任何一點A，若在該平面上可找一點B，使B點位於A點之右上方，則表示B點所代表兩種財貨之消費均大於A點，只要這兩種財貨都有正的效用，則B點代表較A點更高的滿足程度，並且由前段得知在B點上，必有一條且只有一條無異曲線U_2通過，故U_2相較U_1有較高的效用水準。同理，我們亦可以找到通過C點的一條無異曲線U_3，而且U_3相較U_2有較高的效用水準。

（五）無異曲線凸向原點

邊際替代率遞減
diminishing marginal rate of substitution

邊際替代率遞減其意義為消費者維持一定的滿足程度下，持續增加某一財貨的消費，由於其邊際效用遞減，所能替代的另一種財貨的消費，會愈來愈少。

無異曲線形狀凸向原點（convex to the original point）表示**邊際替代率遞減**（diminishing marginal rate of substitution），其意義為消費者維持一定的滿足程度下，持續增加某一財貨（X）的消費，由於其邊際效用遞減，所能替代的另一種財貨（Y）的

圖7-6　不同效用水準之無異曲線

消費會愈來愈少。無異曲線的斜率（絕對值），亦即**邊際替代率**（marginal rate of substitution，**簡稱MRS**）可表示為：

$$MRS_{XY} = \frac{\Delta Y}{\Delta X} \cdot \frac{X}{Y} = \frac{MU_X}{MU_Y}$$

而邊際替代率遞減可表示為：

$$\frac{dMRS_{XY}}{dX} < 0$$

故邊際替代率遞減使得無異曲線凸向原點。

邊際替代率 marginal rate of substitution
無異曲線的斜率（絕對值），亦即邊際替代率。邊際替代率遞減的特性，可說明為何無異曲線凸向原點。

三、無異曲線的形狀

（一）財貨互為取捨

　　依據無異曲線的形狀，我們可以描繪消費者願意用X財貨來交換Y財貨的各種情形，故無異曲線都是負斜率的。無異曲線為

負斜率的事實，是直接由財貨愈多愈好的假設而來。如果無異曲線為正斜率，消費者將會對兩組財貨有相同偏好，但其中一組卻有更多的X財貨與Y財貨。

　　無異曲線的形狀，說明了消費者願意如何以一種來替代另一種，人們會面臨取捨（trade-offs）的問題。當消費者所消費的Y財貨愈多而X財貨愈少時，則他願放棄較多的Y財貨去獲得更得的X財貨。同樣的，一個人擁有愈多的X財貨，他所願意放棄的Y財貨則愈少。如果兩財貨是容易替代的，無異曲線凸向原點的情況較不嚴重；若不容易替代時，則無異曲線會較凸向原點。以下我們接著用下面兩個極端例子，來說明財貨完全互補與完全替代的情形。

（二）財貨完全互補

　　假設采玉每喝一杯咖啡（X財貨）需要加一個奶精（Y財貨），如此的消費組合才能產生效用。以（圖7-7）說明，在A點有一固定比例的消費組合，在B點表示當咖啡數量為四杯，但奶精卻只有三個時，此時多出來的一杯咖啡，並無法提高效用（其邊際效用為0），仍維持在原來的效用水準U_1，因此采玉不會去消費到四杯咖啡；同樣的，在C點也一樣，多出來的一個奶精無法提高效用，采玉亦只會消費三杯咖啡。如此情況說明，當兩種財貨需要一起消費時才能產生效用，此兩種財貨互為完全互補（perfect complements）。

（三）財貨完全替代

　　在（圖7-8）中，在一些由10元硬幣（X財貨）與5元硬幣（Y財貨）的組合中，只會用一個10元去換兩個5元硬幣，此時兩者的邊際替代率等於2，而且是一個固定常數。采玉在進行消費選擇時，在維持相同效用水準下，若兩種財貨的替代比率固定，則此兩種財貨互為完全替代（perfect substitutes）。

圖7-7　完全互補之無異曲線

圖7-8　完全替代之無異曲線

經濟分析：學理與實證
Economic Analysis: Theories and Practice

（四）邊際替代率

1. 邊際替代率意涵

消費者為獲得更多的其他財貨，而願意放棄某一財貨的數量時，可以用前述所謂的邊際替代率（MRS_{XY}）來衡量，此即為無異曲線特定點上斜率的絕對值。X財貨對Y財貨的MRS_{XY}，是人們獲得額外一單位X財貨所願意放棄最大數量的Y財貨。若MRS_{XY}為3，消費者將放棄3單位的Y財貨以換取額外一單位的X財貨，若MRS_{XY}是1/2，則只有1/2單位的Y財貨願被放棄。因此，MRS_{XY}衡量的是個人以其他財貨來表示額外一單位X財貨的價值。

再看（圖7-9）中，Y財貨在縱軸，X財貨在橫軸。當說明MRS_{XY}時，要弄清楚我們是放棄何種財貨又取得何種財貨。本書將MRS_{XY}定義為，獲取額外一單位橫軸的財貨所必須放棄縱軸財貨的數量。因此，（圖7-9）所提及的是為獲得額外一單位的X財貨，所必須放棄Y財貨的數量。

若Y財貨的變動以△Y表示，X財貨的變動以△X表示，則MRS_{XY}可以寫成－△Y/△X。負號被包括進來是為了使邊際替代率成為正值（△Y永遠是負的），於是任一點的邊際替代率等於無異曲線上該點斜率的絕對值。例如，在（圖7-9）中，介於A與B之間的MRS_{XY}為6，消費者願意放棄6單位的Y財貨去獲得額外一單位的X財貨。介於B與C之間的MRS_{XY}為4，消費者只願意放棄4單位的Y財貨去獲得額外一單位的X財貨。

觀察（圖7-9），此時沿著無異曲線向下移動，MRS_{XY}會遞減。此現象並非巧合，而是反映消費者偏好的一個特性。為瞭解此問題，我們在本章前述有關消費者偏好的三個假設之外，加上另外的一個假設來說明之。

2. 邊際替代率遞減

無異線具有凸性（convex），亦即向內彎曲。凸性的意思是

圖7-9　邊際替代率的衡量與遞減特性

說當我們沿著曲線向下移動，無異曲線的斜率會增加。換句話說，若MRS$_{XY}$隨著曲線遞減，則無異曲線具凸性。（圖7-9）的無異曲線即具凸性，因為由財貨組合A移至B，X財貨X對Y財貨Y的MRS$_{XY}$為$-\triangle Y/\triangle X = -(-6)/1 = 6$；但由財貨組合B移向C，則MRS$_{XY}$降為4；若由C移至D時，MRS$_{XY}$降為2；由D移向E時，MRS$_{XY}$再降為1。因此，當X財貨消費增加時，無異曲線的斜率會減少，故MRS$_{XY}$也會隨著下降。

　　無異曲線具凸性的假設是否合理呢？當第一種財貨被消費的量愈多，我們預期消費者為了獲得額外一單位第一種財貨，所願放棄的第二種財貨的量會愈來愈少。沿著（圖7-9）的無異曲線向下移動，X財貨的消費量增加，消費者仍會希望擁有更多X財貨之情形會減少，於是他為了獲得額外X財貨，所願放棄Y財貨的數量應該會愈來愈少，故曲線凸性的假設應是合理的。

以另一種方式來說明此現象，即是說消費者一般會偏好一種「平衡」的財貨組合，而不喜歡財貨組合中，只包含一種財貨而不含其他財貨。注意（圖7-9）中相對平衡的組合C，包含了3單位的X財貨與6單位的Y財貨，與另一組合A，只包含1單位的X財貨卻有16單位的Y財貨，兩者的滿足水準是相同的。由此推論，一種更平衡的組合，如6單位的X財貨與8單位的Y財貨，將會有更高的滿足水準。

7.4 無異曲線的分析

一、預算限制

預算線（budget line）是指：消費者在一定支出預算下，所能購買到兩種財貨的所有最大可能組合所形成的軌跡。一般而言，若消費者的支出預算給定為 $\bar{I}$，兩財財貨的價格分別為 P_X 與 P_Y，則預算線可表示為：$P_X X + P_Y Y = \bar{I}$；預算線的斜率為：$-\triangle Y / \triangle X = P_X / P_Y$，亦即兩財貨的相對價格，因此預算線又稱為「相對價格線」。

再者，預算線以下的消費組合，皆是在該固定支出預算下所買得起的；因此，預算線線上與預算線以下所對應的消費組合，稱為「可能消費組合」。相對地，在預算線以外的消費組合，是消費者無能力購買的，如（圖7-10）所示。

二、最適消費組合

在無異曲線分析法中，把無異曲線與預算線結合起來，便是分析消費者行為的基本架構。無異曲線代表消費者主**觀**的

圖7-10　預算線與可能消費組合

（subjective）個人偏好，預算線則代表**客觀的**（objective）預算
限制。對消費者而言，他的消費組合落在愈右上方的無異曲
線，所獲得的滿足程度愈高；但前提是這組財貨組合的支出，
不能超過他的預算限制，亦即消費組合需要落在可能消費組合
中。

　　相反地，若消費者選擇之消費組合落在預算線的左下方，
則表示消費者尚有支出預算未用完，所獲得的滿足程度也較
低；對於一個希望獲得最大滿足的消費者而言，這是不合理的
作法，因為他可以繼續購買兩種產品，使其滿足程度達到更高
的水準。因此，消費者追求最大效用的最適消費組合，會落在
無異曲線與預算線相切之處。這個切點所對應消費組合所帶來
的效用，乃是消費者在客觀限制下所能達到的最大滿足。

　　以（圖7-11）而言，消費者對於在無異曲線U_3上之D點的滿
足程度，固然高於無異曲線U_2上各點的滿足水準，但無異曲線
U_3各點均在預算線以外，表示消費者根本沒有能力購買任何消

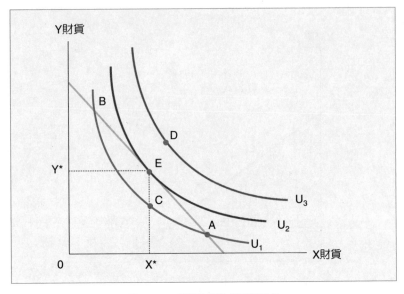

圖7-11　消費者的最適組合

費組合。相對之下，無異曲線與預算線相交於A、B點，且A、B
兩點之間的U_1上各點，均為消費者有能力達成的消費組合，但
因這些點落在預算線之左下方，表示消費者在預算線上，可以
找到至少一個消費組合，比這點具有更高的滿足程度，因此與
預算線相交的無異曲線U_1上各點，均非消費者在預算限制下的
最適消費組合，而唯有在預算線與無異曲線U_2相切之點E，才是
消費者在預算限制下的最適消費組合（X*, Y*）。

　　無異曲線與預算線在E點相切時，表示兩線在此點的斜率相
同，亦即在E點時的無異曲線斜率（邊際替代率）等於預算線斜
率（相對價格比），其數學式如（7-1）所示：

$$\frac{MU_X}{MU_Y} = \frac{P_X}{P_Y}$$

（7-1）

整理後可得（7-2）式：

$$\frac{MU_X}{P_X} = \frac{MU_Y}{P_Y}$$

（7-2）

（7-2）式表示，消費者在給定預算限制下，效用達到最大的必要條件為，最後一元花在X財貨與Y財貨所得到的邊際效用相等。

7.5 價格變動與需求曲線

一、需求曲線的推導

如果其他條件，諸如：消費者的嗜好、所得及相關財貨價格等均不變，而僅有一種財貨的價格發生變動時，將引起消費者的最適組合發生變化，經由此可導引出消費者對該特定財貨的需求曲線。在（圖7-12）之（a）圖中，$\overline{AB}$為原來的預算線，均衡點為E_0，表示消費者購買X_0的X財貨，以及購買Y_0的Y財貨。現在假定Y財貨的價格不變，而X財貨的價格下跌，則此時預算線逆時鐘轉為如$\overline{AC}$所示，此新的價格線將與另一較高位置的無異曲線U_1相切於E_1，E_1點即為新的消費均衡點。同理，可再降低價格找到E_2點。將E_0、E_1與E_2點連結起來，即可得出**價格消費曲線**（price consumption curve，簡稱PCC）。

（圖7-12）（b）圖中之橫座標意義與單位和（圖7-12）（a）圖相對應，縱座標則表示X財貨價格。由（a）圖中預算線$\overline{AB}$所對應的價格為P_{X0}，此時消費者對X財貨的需求量為X_0，在（b）圖中，即可尋求出縱座標為P_{X0}，而橫座標為X_0之組合F_0點。當價格為所對應的$\overline{AC}$之預算線，對X財貨的需求量為X_1，亦可在（b）圖中找出縱座標為P_{X1}，橫座標為X_1之需求量的座標點，如F_1點所示。同理，可在（b）圖中找出縱座標為P_{X2}，橫座標為X_2之需求量的座標點，如F_2點所示。最後，將（b）圖中由F_0、F_1與F_2點連結起來，即為消費者對X財貨之需求曲線D_X。

價格消費曲線
price consumption curve

連結該財貨不同價格下，所對應的消費數量之軌跡，稱為價格消費曲線。

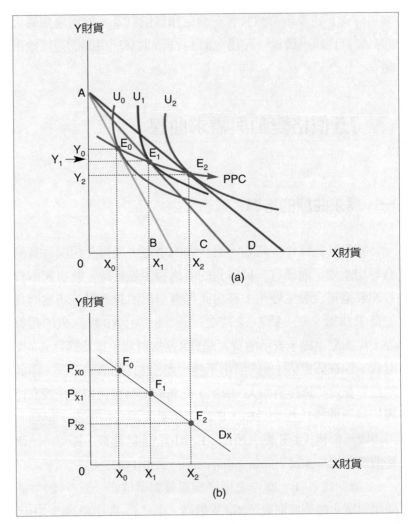

圖7-12　X財貨需求曲線的推導

二、所得效果與替代效果

　　所得效果（income effect）指的是：當財貨相對價格變動引
發實質所得改變，所引起消費者的需求反應；**替代效果**（substi-
tution effect）則是：因相對財貨價格改變後，會以相對價格較

低財貨來替代相對價格較高財貨的效果。在無異曲線分析中，我們可以進一步將價格變動引起的需求量改變，即所謂的**價格效果**（price effect），可分解成所得效果與替代效果。

價格效果
price effect
價格變動所引起的需求量改變，即所謂的價格效果，可分解成所得效果與替代效果。

以（圖7-13）來說明，圖中原來X財貨價格為P_{X0}時，在預算限制下的效用最大點為E_0，今價格下降為P_{X1}時，預算限制放寬，新的預算線與無異曲線相切於E_2點。E_0到E_2的變化，是價格引起的全部效果，以X數量表示，即$\overline{X_0X_2}$。如果在X財貨價格下跌後，我們只讓相對物價改變，即改變預算線的斜率，但把實質所得增加部分扣掉，即在新物價下只能達到原效用水準，則預算線會與無異曲線相切於E_0的右方，例如E_1點，據此我們稱E_0到E_1，即$\overline{X_0X_1}$，是純粹因相對物價變動（實質所得固定不變）的效果，亦即**替代效果**（substitution effect）。由E_0到E_2之變動中，扣除E_0到E_1的變動後，剩下的E_1到E_2的變動$\overline{X_1X_2}$，則是純因實質所得改變（相對物價不變）的結果，稱它為所得效果。

圖7-13　所得效果與替代效果

價格下降產生的替代效果必使需求量增加，但所得效果則不一定，若為正常財（或中性財、劣等財），則需求量增加（或不變、減少）。當價格下跌時，若該財貨為劣等財，此時所得效果會使需求量減少，此減少量若大於替代效果的需求量增加，總效果將使得該財貨需求量減少，則該財貨謂之**季芬財**（Giffen goods）。

7.6 所得變動與恩格爾曲線

一、恩格爾曲線的推導

我們已經看到當X財貨價格改變時，對於X財貨與Y財貨消費量的改變，現在我們說明當所得改變時會有什麼情形發生。所得改變的效果可以用類似於價格改變的方式來分析，如果其他條件，諸如：消費者的嗜好、X財貨與Y財貨價格、以及相關財貨價格等均不變，而僅有所得發生變動時，將引起消費者的最適組合發生變化，經由此可導引出消費者對該特定財貨的恩**格爾曲線**（Engel curve）。在（圖7-14）之（a）圖中，線段 $\overline{AB}$ 為原來所得為I_0的預算線，均衡點為E_0，表示消費者購買X_0的X財貨，以及購買Y_0的Y財貨。現在假定X財貨與Y財貨之價格不變，而消費者的所得增加為I_1，則此時預算線平行外移至線段 $\overline{CD}$ 所示，此新的預算線將與另一較高位置的無異曲線U_1相切於E_1，E_1點即為新的消費均衡點。同理，當所得再增加為I_2時，預算線再平行外移至線段 $\overline{HK}$，可得出E_2的新均衡點。連結E_0、E_1與E_2點，可得**所得消費曲線**（income consumption curve，簡稱ICC）。

（圖7-14）（b）圖中之橫座標意義與單位與（圖7-14）（a）圖相對應，縱座標則表示所得水準。由（a）圖中預算線 $\overline{AB}$ 所

恩格爾曲線
Engel curve

僅有所得發生變動時，將引起消費者的最適組合發生變化，經由此可導引出消費者對該特定財貨的恩格爾曲線。

所得消費曲線
income consumption curve

連結該財貨不同所得下，所對應的消費數量之軌跡，稱為所得消費曲線。

圖7-14　X財貨恩格爾曲線的推導

對應的所得為I_0，此時消費者對X財貨的需求量為X_0，在（b）圖中，即可尋求出縱座標為I_0，而橫座標為X_0之組合G_0點。當所得增加後所對應的之預算線$\overline{CD}$，對X財貨的需求量為X_1，亦可在（b）圖中找出縱座標為I_1，橫座標為X_1之需求量的座標點，如G_1點所示。同理，可在（b）圖中找出縱座標為I_2，橫座標為

X_2之需求量的座標點，如G_2點所示。最後，將（b）圖中G_0、G_1與G_2點連結起來，即為消費者對X財貨之恩格爾曲線。

二、曲線形狀與財貨特性

當恩格爾曲線為正斜率時，如（圖7-15）（a）中所示，需求量會隨著所得而增加，同時需求的所得彈性也是正的。圖中說明當所得為20時，X財貨的需求量為3；當所得增加為40時，X財貨的需求量增加為7；而當所得再增加為60時，則X財貨需求量增加為12。當需求曲線往右移動的幅度愈大，所得彈性也愈大，此種情形的X財貨稱為**正常財**（normal goods），亦即消費者所得增加時，會希望多購買的財貨。

在某些情形下，所得增加時需求量下降，需求的所得彈性為負值，此種財貨是**劣等財**（inferior goods）。圖中說明當所得為20時，Z財貨的需求量為4；當所得增加為40時，Z財貨的需求量增加為8；而當所得再增加為60時，則Z財貨需求量反而減少為5。劣等財在此並非貶抑的意思，只是代表當所得增加時消費卻下降的財貨，而且只是相對某些特定消費者而言，如（圖7-15）（b）中Z財貨的後彎線段，它的消費會隨著所得的增加而減少。

7.7 無異曲線分析之應用

本章節將針對「禮物與現金」，以及「休閒與勞動」等議題的選擇決策，使用無異曲線分析法來加以解析。

一、「禮物與現金」的選擇

在一個聖誕節的早晨，霽菡的最適消費組合，如（圖7-16）

圖7-15 恩格爾曲線與財貨特性

中A點時之X_0本故事書。他收到采玉阿姨贈送的聖誕禮物，使他
驚訝的是，裡面是一本有關自然生態的故事書。他笑著告訴采
玉阿姨他一直想要這本故事書，故當霽菡收到這個禮物後，他
的消費組合擴大為（圖7-16）中的B點，B點的消費組合相較於

其他財貨

收到故事書後所增加的效用

$\frac{1}{P_Y}$

A

B

U_1

U_0

故事書

0   X_0 X_{0+1} $\frac{1}{P_Y}$

圖7-16　霽菡收到故事書後效用增加

A點，多了一本故事書。因此，霽菡在收到此份禮物後，移動到更高的無異曲線U_1上之B點。

假設這本故事書的花費是300元，當采玉阿姨贈送的是300元零用金，而非用300元零用金買的故事書，則霽菡的新預算限制線，將通過B點而平行外移，右移幅度為$\overline{AB}$的距離，係表示300元所能買到的故事書數量，如（圖7-17）所示。在新預算限制下，霽菡的最適消費組合，如圖中C點所示，可以把拿到的零用金去買更多的其他財貨。

收到零用金下的最適消費組合C點，所對應的滿足程度U_2，高於收到一本故事書下的最適消費組合B點，所對應的滿足程度U_1，故霽菡會比較喜歡收到換成等額零用金的禮物。當然如此的結論，是建立在彼此雙方都是「理性」消費者的假設，若將現實生活中人與人之間的特殊感情考量進去，可能是收到一本疼愛自己的阿姨精心挑選的故事書來得更有意義。

圖7-17 將故事書換成等額零用金後薔薔效用更大

二、「休閒與勞動」的選擇

　　隨著社會變遷，經濟發展進步，加以勞工意識的抬頭，愈來愈多人追求生活品質的提升，更加重視休閒活動；加上週休二日的議題，以及勞工每週工作時數，已日漸變成爭議的焦點。本章節將利用無異曲線分析法來說明勞動供給行爲，以瞭解針對勞工工時討論上的依據。

　　以（圖7-18）（a）爲例，每週共計總時數168小時（7天乘每天24小時），當每人工資率爲每小時130元時，每週願意工作的時間是40小時，其最適點爲在圖中的A點。若工資率增加至每小時180元時，爲能賺取較高的所得，我們願意增加工作時間，每週的工時可以增加到48小時，如圖中之B點。以所得效果及替代效果來分析，我們畫一條工資率180元之預算平行線，與U_0相切時之切點爲E點，此時所得增加，從E點至B點時，效用水準爲U_1，但休閒時數並未增加，反而減少，此時休閒爲劣等財，

圖7-18　勞動供給曲線的推導

且由於替代效果大於所得效果，故當所得增加時，工作時間也隨之增加。

　　但當工資率調整上升至230元時，其最適選擇為圖中之C點，此時視休閒為正常財，故所得增加時，休閒時數也跟著增加，且因所得效果大於替代效果，以致工作時間不會增加，反而會減少為圖中的44小時。

　　接著我們可以從工資率的上升中，找出對應的40、48、44工作小時數，可以看到勞動供給曲線是一個後彎的情況，如(b)圖所示。因為當工作所得增加達到一個人期望的最適標準時，他將調整一個最適的工作時間，其餘留做休閒，他不會將全部的時間拿來工作。也就是說，有愈來愈多的人在賺到的所得達到心理上的一個需求最適量後，寧願選擇不要再工作，而要把時間花費在休閒上，以反映出現今國人重視個人福利，而不再任勞任怨地只為工作而努力。

重點摘錄

+ 消費者行為的理論，始於三個基本假設：完整性、遞移性與愈多愈好，用以説明人們相對於其他財貨組合，而偏好某一種財貨組合。

+ 效用説明人由愉悦的事物中獲得效用，並避免痛苦的事物。以經濟學的語法來説，效用是指消費者由財貨組合獲得滿足水準的數值大小。

+ 無異曲線表示能使消費者感到相同滿足程度之所有消費組合所形成的軌跡。

+ 無異曲線圖具有如下特性：無異曲線是負斜率；任何兩條無異曲線都不會相交；平面上任何一點，必有唯一一條無異曲線通過；愈往右上方的無異曲線，所具有的效用愈高；無異曲線凸向原點。

+ 無異曲線形狀凸向原點表示邊際替代率遞減，其意義為消費者維持一定的滿足程度下，持續增加某一財貨的消費，由於其邊際效用遞減，所能替代的另一種財貨的消費會愈來愈少。

+ 消費者為獲得更多的其他財貨，而願意放棄某一財貨的數量時，可以邊際替代率來衡量，此即為無異曲線特定點上斜率的絕對值。

+ 預算線是指：消費者在一定支出預算下，所能購買到兩種財貨的所有最大可能組合所形成的軌跡。

+ 消費者追求最大效用的最適消費組合，會落在無異曲線與預算線相切之處。這個切點所對應消費組合所帶來的效用，乃是消費者在客觀限制下所能達到的最大滿足。

+ 所得效果是：當財貨相對價格變動引發實質所得改變，所引起消費者的需求反應；替代效果是：因相對財貨價格改變後，會以相對價格較低財貨來替代相對價格較高財貨的效果。

+ 在無異曲線分析中，我們可以進一步將價格變動引起的需求量改變，即所謂的價格效果，可分解成所得效果與替代效果。

✦當價格下跌時，若該財貨為劣等財，此時所得效果會使需求量
　減少，此減少量若大於替代效果的需求量增加，總效果將使得
　該財貨需求量減少，則該財貨謂之季芬財。

✦如果其他條件不變，而僅有所得發生變動時，將引起消費者的
　最適組合發生變化，經由此可導引出消費者對該特定財貨的恩
　格爾曲線。

▶▶ 重要名詞 ———————————————————————

偏好（preference）

財貨組合（market basket）

組合（bundle）

單位數（units）

完整性（completeness）

遞移性（transitivity）

愈多愈好（more is better than less）

效用（utility）

效用函數（utility function）

計數效用（cardinal utility）

序列效用（ordinal utility）

序列效用函數（ordinal utility function）

等效用曲線（isoutility curve）

無異曲線（indifference curve）

無異曲線圖（indifference map）

凸向原點（convex to the original point）

邊際替代率遞減（diminishing marginal rate of substitution）

邊際替代率（marginal rate of substitution）

取捨（trade-offs）

完全互補（perfect complements）

完全替代（perfect substitutes）

凸性（convex）

預算線（budget line）

主觀的（subjective）

客觀的（objective）

價格消費曲線（price consumption curve）

所得效果（income effect）

替代效果（substitution effect）

價格效果（price effect）

季芬財（Giffen goods）

恩格爾曲線（Engel curve）

所得消費曲線（income consumption curve）

正常財（normal good）

劣等財（inferior good）

問題討論

1.消費者行為理論的基本假設為何？試研析之。

2.何謂無異曲線？試研析之。

3.無異曲線圖的特性為何？試研析之。

4.若無異曲線在同一座標平面上出現相交的情況，請說明會發生在何種情境？

5.請繪出下列商品的無異曲線。

（1）可口可樂與披薩。

（2）Nike球鞋的左腳與右腳球鞋。

（3）優酪乳與鮮奶（消費者兩者都喜歡，一瓶鮮奶或一瓶優酪乳帶給消費者滿足程度相同）。

（4）礦泉水與冰淇淋（消費者喜歡冰淇淋，對礦泉水則無偏好，可有可無）。

（5）雞肉與豬腦（消費者喜歡雞肉，但不喜歡豬腦）。

6.何謂邊際替代率？試研析之。

7.何謂預算線？試研析之。

8.何謂消費者的最適消費組合？試研析之。

9.何謂消費的所得效果？替代效果？價格效果？試研析之。

Chapter 8

計數效用與需求曲線

本章節探討計數效用與需求曲線，討論的議題有：計數效用意涵、邊際效用與遞減法則、購買力與選擇組合、消費者剩餘與應用、以及水與鑽石的價值矛盾。

8.1 計數效用意涵

在經濟學家最早研究效用理論，就是希望個人的偏好可以很容易的被數量化，或以基本的單位來衡量，以便能夠提供計數排列的選擇方案，來作不同人之間的比較。這樣我們就可以說，當怡華買教科書的滿足水準增至10時，我們可以說她的快樂程度變為原先滿足水準為5時的兩倍。如果財貨組合所對應的效用數值能夠如此解釋，我們就認為這種數值提供了選擇方案的計數（cardinal）排序。當一種效用函數，能夠說明一種財貨組合比另一種被更加偏好多少時，此函數稱為**計數效用函數**（cardinal utility function）。與序列效用函數不同的是，計數效用函數中財貨組合所對應的數值，不能任意將其以兩倍或三倍的數字來表示，而不變動其他財貨組合數值的差異。

計數效用函數
cardinal utility function

當一種效用函數，能夠說明一種財貨組合比另一種被更加偏好多少時，此函數稱為計數效用函數。

然而，我們無法說明是否一個人由一種財貨獲得的滿足水準，是另一種財貨的兩倍。我們也不能說明消費相同財貨時，是否某人的滿足水準是另一人的兩倍。幸好，此種限制並不重要，而且效用衡量的特殊單位並不重要。因為我們的目標是要瞭解消費者行為，故重要的是知道消費者如何將財貨組合排序。所以，我們只用計序效用函數來分析，就已足夠幫助我們解釋大多數的個人是如何訂定決策的，以及如何藉此瞭解消費者需求的特性。

人的感官知覺接受外來與自身的刺激，透過腦部而有了種種的感受。例如，聆賞一曲動人的蕭邦音樂作品，心情隨之放鬆感動。人類發明溫度計，規定溫度的測量單位，用於測度溫

度的變化。過去，我們看到水滾了，知道此時水很熱，看到水結冰，知道此時冰很冷；現在，我們知道在正常的環境下，水滾時溫度為攝氏100度，水結冰時溫度為攝氏0度。

　　早期，類似物理上以溫度來刻劃冷熱，經濟學家以「效用」來刻劃苦樂。溫度愈高（如攝氏60度）表示愈熱，溫度愈低（如攝氏10度）表示愈冷，攝氏60度的溫度是攝氏10度的6倍；效用愈大（如60單位）表示愈快樂，效用愈小（如10單位）表示愈不快樂（或愈痛苦），效用60單位是效用10單位的6倍。早期的經濟學家，賦予滿足程度一定的效用單位，用來測度人們進行消費時滿足/快樂程度的高低。例如，吃一粒蘋果的心理滿足程度為效用3單位，吃兩粒蘋果的心理滿足程度為效用6單位，因此吃兩粒蘋果的效用是吃一粒蘋果的2倍。此種賦予滿足程度一定的單位，用以對不同的滿足程度進行倍數比較的效用概念，謂之計數效用（cardinal utility）。

> **計數效用**
> cardinal utility
>
> 此種賦予滿足程度一定的單位，用以對不同的滿足程度進行倍數比較的效用概念，謂之計數效用。

8.2 邊際效用與遞減法則

　　本章節仍以前述霽苒消費X財貨為例，來說明總效用、邊際效用與邊際效用遞減法則的概念。

一、總效用

　　總效用（total utility，**簡稱**TU）表示，消費者從消費一定數量的財貨所得到的滿足。（表8-1）說明，在一定期間內霽苒消費不同數量的X財貨所得到的總效用。例如，當霽苒一個月只消費1個時，得到的總效用是18單位；消費2個時，得到的總效用是35單位；消費3個時，得到的總效用是51單位。由表中可發現，隨著霽苒消費X財貨的個數增加，總效用也隨著增加。

二、邊際效用

另一方面，**邊際效用**（marginal utility）表示，額外增加一單位財貨的消費所引起之總效用的變動量。例如，當X財貨消費量由1個增加為2個時（$\triangle X = 2 - 1 = 1$），總效用由18增加為35（$\triangle TU = 35 - 18 = 17$），因此，消費第2個X財貨的邊際效用為17。

茲將不同的消費量對應不同的總效用與邊際效用，意即將（表8-1）的總效用與邊際效用畫在圖上，如（圖8-1）（a）TU線與（b）MU線所示。

當霽苒不斷地額外增加X財貨的消費量至某一消費量，若此消費量所對應的邊際效用為負值，則該額外增加消費的X財貨，

表8-1　霽苒消費X財貨所獲得的效用

數量	總效用	邊際效用
1	18	18
2	35	17
3	51	16
4	66	15
5	80	14
6	93	13
7	105	12
8	116	11
9	126	10
10	135	9
11	143	8
12	150	7
13	156	6
14	161	5
15	165	4
16	168	3
17	170	2
18	171	1
19	171	0
20	170	-1

圖8-1　靈甬消費X財貨所獲得的效用曲線

謂之**厭惡財**（bads）。以（表8-1）的數字爲例，當消費量由19個
額外增加1個變爲20個時，總效用由171變爲170，亦即第20個X
財貨的邊際效用爲-1，此時第20個X財貨爲厭惡財。相反地，當
邊際效用爲正，表示該額外增加消費的X財貨爲**喜好財**
（goods）。由此可知，某財貨是爲喜好財或厭惡財並非一定，端
視其消費量下所對應的邊際效用而定。

三、邊際效用遞減法則

在一定期間內，消費者對某財貨的消費，隨著消費量的增加，總效用會隨之提高，但邊際效用會愈來愈小，此現象適用於大多數財貨，謂之**邊際效用遞減法則**（the law of diminishing marginal utility）。

在（圖8-1）之（b）中，邊際效用線上每一點表示某消費量與該消費量所對應的邊際效用，此邊際效用線恆為負斜率，表示邊際效用一開始便隨消費量的增加而減少，亦即霈苒對X財貨的消費，一開始就發生邊際效用遞減的現象。至於，若X財貨由其媽媽無限量免費供應，霈苒何時才會停止再消費一個呢？即當此額外一個X財貨無法再提高霈苒的總效用，亦即邊際效用為0時，霈苒就不會再要此個X財貨來消費。另外，若霈苒媽媽要她自己付錢消費X財貨，霈苒又會消費多少個呢？此問題在後續章節會再說明且回答之。

8.3 購買力與選擇組合

購買力（purchasing power）表示，在一定的財貨價格下，一筆固定的貨幣（名目）所得所能購買到的財貨數量。在貨幣所得固定下，當某項我們所購買財貨的價格降低時，我們就有能力購買更多相同的財貨，或能多購買一些其他的財貨，亦即購買力提高了。反之，當財貨價格上揚時，購買力相形變弱。簡單的說，在固定貨幣所得下，財貨價格降低會提升購買力，而財貨價格上升則會降低購買力。

由於貨幣所得有限，每個人在進行消費時都必須在此有限的所得下做最適的選擇。消費者的選擇受到兩方面的限制：有限的所得或預算，以及追求效用最大化，而最適的消費組合必

邊際效用遞減法則
the law of diminishing marginal utility

在一定期間內，消費者對某財貨的消費，隨著消費量的增加，總效用會隨之提高，但邊際效用會愈來愈小，謂之邊際效用遞減法則。

購買力
purchasing power

購買力表示，在一定的財貨價格下，一筆固定的貨幣（名目）所得所能購買到的財貨數量。

須滿足這兩個要件。

　　假定消費者對兩財貨進行消費選擇，P_X與P_Y分別表示兩財貨的價格，X與Y分別表示兩財貨的購買量，此時對兩財貨的總支出爲$P_XX + P_YY$。**預算限制**（budget constraint）表示，總支出不得超過總所得I，其可表示爲：$P_XX + P_YY \leq I$。

　　以霽苒的消費爲例，她的消費考量包括消費X財貨與租用Y財貨，檢視其如何支用有限的消費預算所得1,000元，來讓其總效用達到極大。

　　首先，假設X財貨每個賣50元，租用Y財貨每次價格是100元。（表8-2）顯示的是恰好支出1,000元的所有可能消費組合，將此數據畫在圖上可得預算限制線，如（圖8-2）所示。預算限制線的線上與下方所對應的消費組合，皆是該固定所得所支付得起的，謂之可能的消費組合。

表8-2　霽苒固定的預算下可能的消費組合

X財貨 （個／月）	Y財貨 （次／月）	總支出 （元／月）
0	10	1,000
2	9	1,000
8	6	1,000
10	5	1,000
16	2	1,000
20	0	1,000

註：X財貨每個50元，Y財貨每次100元。

圖8-2　霑苒的預算限制線

（表8-3）呈現三項數據，一是霑苒消費X財貨的個數，以及由消費X財貨所得到的總效用（見表中左邊部分）；二是租用Y財貨的次數，以及所得到的總效用（見表中右邊部分）；三是霑苒由消費X財貨與租用Y財貨所得到的總效用（見表中央部分）。

表8-3　霑苒每月消費X財貨與租用Y財貨的總效用與邊際效用

X財貨（個）	總效用	邊際效用	MUx/Px	兩財貨總效用	MUY/PY	邊際效用	總效用	Y財貨（次）
0	0	0	0	160	-0.02	-2	160	10
2	35	17	0.34	197	0.02	2	162	9
4	66	15	0.30	226	0.06	6	160	8
6	93	13	0.26	247	0.10	10	154	7
8	116	11	0.22	260	0.14	14	144	6
10	135	9	0.18	265	0.18	18	130	5
12	150	7	0.14	262	0.22	22	112	4
14	161	5	0.10	251	0.26	26	90	3
16	168	3	0.06	232	0.30	30	64	2
18	171	1	0.02	205	0.34	34	34	1
20	170	-1	-0.02	170	0	0	0	0

註：X財貨每個50元，Y財貨每次100元。

消費者的最適消費組合所需要滿足的邊際條件，可用邊際效用與價格之間的關係來表達。當消費者將最後一塊錢，花費在任一個財貨上所得到的邊際效用均相等時，消費者的總效用達到極大，此即為最適消費組合之**等邊際效用原則**（equal marginal utility principle），可表示為：$MU_X/P_X = MU_Y/P_Y$。

若$MU_X/P_X > MU_Y/P_Y$，表示花在X財貨的最後1元所增加的效用，大於最後1元用在Y財貨所獲得的效用；此時，在總支出不變下，消費者會減少Y的消費，而增加X的消費，總效用會增加至$MU_X/P_X = MU_Y/P_Y$為止。

反之，若$MU_X/P_X < MU_Y/P_Y$，表示花在Y財貨的最後1元所增加的效用，大於最後1元用在上財貨所獲得的效用；此時，在總支出不變下，會增加對Y的消費，而減少對X的消費，總效用會增加。最後，在（表8-3）中，我們可查出最適消費組合是，每個月消費10個X財貨及租用5次Y財貨，此時它滿足了 $MU_X/P_X = MU_Y/P_Y = 0.18$之條件。

8.4 消費者剩餘與應用

在經濟學的討論中，所謂「價值」的概念有如下兩種：亦即**使用價值**（value in use）與**交換價值**（value in exchange）。使用價值來自消費者的主觀偏好或評價，可用最高願意支付價格或消費者剩餘來衡量；交換價值來自客觀的市場供需決定，可用市場價格來衡量。

一、願支付最高價格

消費者的最適消費組合，係在滿足所得限制下，需要滿足$\dfrac{MU_X}{P_X} = \dfrac{MU_Y}{P_Y}$的條件。為方便說明，假定Y財貨為貨幣數量，

等邊際效用原則
equal marginal utility principle

當消費者將最後一塊錢，花費在任一個財貨上所得到的邊際效用均相等時，消費者的總效用達到極大，此即為最適消費組合之等邊際效用原則。

使用價值
value in use

使用價值來自消費者的主觀偏好或評價，可用最高願意支付價格或消費者剩餘來衡量。

交換價值
value in exchange

交換價值來自客觀的市場供需決定，可用市場價格來衡量。

價格等於1元，且貨幣的邊際效用固定，則最適消費條件可改爲：$\dfrac{MU_X}{P_X} = \dfrac{MU_Y}{P_Y}$，利用此條件可導出對X財貨的需求曲線。

在貨幣的邊際效用固定下，由於邊際效用遞減的作用，增加1單位X的消費量，所能得到的邊際效用會變小，人們對此額外1單位消費量所願意支付的價格會愈低，如此才能滿足最適消費條件。由此可推知，消費量與消費者所願意支付的價格，是呈現負向關係。將此兩者的關係，繪製在價格與消費量對應的平面上，便可得出對X財貨的需求曲線Dx，如（圖8-3）所示。

圖8-3　需求曲線等同消費者願支付最高價格

二、消費者剩餘的意涵

消費者剩餘
consumer surplus

一個人對於某一特定財貨所願意支付的價格，與其實際支付的價格，兩者之間的差額，便稱爲消費者剩餘。

消費者剩餘（consumer surplus）之概念，是於1844年時，首先由度普特（J. Dupuit）所提出，爾後經馬歇爾（A. Marshall）加以解釋說明。依馬歇爾之定義，消費者剩餘係指：一個人對於某一特定財貨所願意支付的價格，與其實際支付的價格，兩

者之間的差額，便稱為消費者剩餘。如（圖8-4）所示，消費者剩餘係為消費者心理上，所感覺到的一種利得，而不是消費者真正所賺得的貨幣利得。

圖8-4 消費者剩餘的衡量

我們可用幾何圖形來表示消費者剩餘之大小，（圖8-4）中D與S分別為需求及供給曲線，E點對應下之均衡價格與均衡數量為（P, Q）。此時，消費者購買數量Q，所願意支付的總支出等於梯形OAEQ之面積，但實際的支出等於矩形OPEQ之面積，兩者間的差額為三角形PAE之面積，此即為消費者剩餘。此外，我們也可由圖中看出，若供給增加，供給曲線右移，均衡數量增加，消費者剩餘會增加。反之，若供給減少，在供給曲線左移下，其均衡數量會降低，消費者剩餘亦會減少。

 8.5 水與鑽石的價值矛盾

假設你已被困在撒哈拉沙漠沒吃沒喝三天了，空中浮現1罐

位的水（假定為1公升）與1單位的鑽石（假定為100克拉），而你只能選擇其一，你會選哪一項呢？正常來講，你會選擇1單位的水，而非1單位的鑽石，因為再不喝水就沒命了，有再多的鑽石也沒命可享用。同理，我們可以三天當中都沒有鑽石，但卻不可以三天當中都沒有水。可見水是多麼的「有用」（使用價值高），相對地，鑽石是那麼的「沒用」（使用價值低）。但為何在正常的生活環境中，水的價格是那麼的低，而鑽石的價格卻是那麼的高（謝振環、陳正亮，2003）？此乃因為水與鑽石的**價值矛盾**（paradox of value）。

價值矛盾
paradox of value

水是多麼的「有用」（使用價值高），相對地，鑽石是那麼的「沒用」（使用價值低）。但為何在正常的生活環境中，水的價格是那麼的低，而鑽石的價格卻是那麼的高？亦即存在高使用價值、低交換價值的現象。

延續前述的例子，你選擇1單位的水而非1單位的鑽石，意即第1單位水的邊際效用，高於第1單位鑽石的邊際效用。假定你已有了1單位的水，而空中再浮現1單位的水與1單位的鑽石，你只能選擇其一，你會選哪一個呢？再假設你還是選擇1單位的水，此時你一共有2單位的水與0單位的鑽石。

若空中再浮現1單位的水與1單位的鑽石，你又只能擇其一，你會選哪一個呢？在你已有某些單位的水與0單位的鑽石下，當空中再浮現1單位的水與1單位的鑽石，而你卻猶豫不決不知要選1單位的水還是1單位的鑽石，何以會如此呢？因為此時額外1單位的水與額外1單位鑽石的邊際效用約略相等。

同理類推，迄至何時你會明確地選擇要額外1單位的鑽石，而非額外1單位的水呢？答案是，當額外1單位鑽石的邊際效用，高於額外1單位水的邊際效用之時。以上的虛構故事，旨在顯示人們對財貨的選擇，是依據各財貨邊際效用的比較，而非各財貨總效用的比較。

針對水與鑽石的價值矛盾，可用消費者剩餘的概念進一步說明。當我們使用消費者剩餘來代表消費某財貨的價值時，發現低價格的水所提供的消費者剩餘其實是很大的；因為價格是依市場供需狀況來決定，它與價值或消費者剩餘，並無必然的關聯。相較之下，高價格的鑽石所提供之消費者剩餘卻反而較

圖8-5 水與鑽石的價值矛盾

小，見（圖8-5）水與鑽石兩個市場中，三角形P_wBE_w面積大於三角形P_dAE_d。

　　若以總效用與邊際效用來解釋，總效用是指相對價值，而邊際效用反映的則是相對價格。如此我們就不難發現，雖然水的總效用很大，但是在消費量增加的情形下，其邊際效用是在遞減；同時，為了符合等邊際效用條件$MU_w/P_w＝MU_d/P_d$，水的價格P_w就必須與水的低邊際效用MU_w相當，才能滿足此一邊際條件。鑽石亦然，在鑽石供給有限下，維持高邊際效用MU_d，其價格P_d亦必須高，才能滿足效用極大化的邊際條件。其實，每1元花在水與鑽石所產生的邊際效用還是相同的。

重點摘錄

✦ 早期的經濟學家，賦予滿足程度一定的效用單位，用來測度人們進行消費時滿足／快樂程度的高低，謂之計數效用。

✦ 在一定期間內，消費者對某財貨的消費，隨著消費量的增加，總效用會隨之提高，但邊際效用會愈來愈小，謂之邊際效用遞減法則。

✦ 購買力表示在一定的財貨價格下，一筆固定的貨幣（名目）所得所能購買到的財貨數量。

✦ 消費者的選擇受到兩方面的限制：有限的所得或預算，以及追求效用最大化，而最適的消費組合必須滿足這兩個要件。

✦ 當消費者將最後一塊錢，花費在任一個財貨上所得到的邊際效用均相等時，消費者的總效用達到極大，此即為最適消費組合之等邊際效用原則。

✦ 在經濟學中，價值的概念有如下兩種：亦即使用價值與交換價值。

✦ 使用價值來自消費者的主觀偏好或評價，可用最高願意支付價格或消費者剩餘來衡量。

✦ 交換價值來自客觀的市場供需決定，可用市場價格來衡量。

✦ 消費者剩餘係為消費者心理上，所感覺到的一種利得，而不是消費者真正所賺得的貨幣利得。

✦ 低價格的水所提供的消費者剩餘其實是很大的；但因為價格是依市場供需狀況來決定，它與價值或消費者剩餘，並無必然的關聯，故存在高使用價值、低交換價值的現象。

▶▶ 重要名詞

計數（cardinal）

計數效用函數（cardinal utility function）

計數效用（cardinal utility）

總效用（total utility）

邊際效用（marginal utility）

厭惡財（bads）

喜好財（goods）

邊際效用遞減法則（the law of diminishing marginal utility）

購買力（purchasing power）

預算限制（budget constraint）

等邊際效用原則（equal marginal utility principle）

使用價值（value in use）

交換價值（value in exchange）

消費者剩餘（consumer surplus）

價值矛盾（paradox of value）

問題討論

1.何謂計數效用？試研析之。

2.何謂邊際效用遞減法則？試研析之。

3.消費者的選擇受到兩方面的限制？試研析之。

4.何謂消費者剩餘？試研析之。

5.請比較使用價值與交換價值的差異？試研析之。

6.水的市場價格遠低於鑽石市場價格，係因為水的使用價值較低，你同意此論點嗎？

7.對所有的消費者而言，實物救濟將永遠比現金救濟不受歡迎嗎？請說明你個人的看法。

8.多數經濟學者認為，在知識經濟下，由於大部分傳統交易逐漸被網路所取代，故會跨入所謂低物價與高成長的時代。你同意他們的看法嗎？

Chapter 9

消費者的選擇行為

本章節探討消費者的選擇行為，討論的議題有：預算限制下最適組合、所得與價格變動的效果、消費者的選擇、邊際效用與消費者選擇、以及實證研究模式建構。

9.1 預算限制下最適組合

消費者理論除討論消費者偏好，使用無異曲線來說明一個人對不同組合的財貨與勞務之偏好外，個人因有限的所得而面臨**預算限制**（budget constraint），此亦是我們討論的重點。要瞭解預算限制如何限制消費者的選擇，可思考霽菡具有固定所得，並只能用來購買X財貨與Y財貨的情況。

若X代表X財貨的購買量，Y為Y財貨的購買量，此兩種財貨的價格分別以P_X與P_Y表示。於是，$P_X \times X$是花費在X財貨的金額，$P_Y \times Y$是花費在Y財貨上的金額。

預算線（budget line）表示所有X與Y的組合，且所花費的總金額等於所得I。因為只有兩種財貨，故霽菡將把全部的所得用於X財貨與Y財貨。因此，其所能買到的X財貨與Y財貨的組合，將位於此條預算線上，如（9-1）式：

$$P_X X + P_Y X = I \qquad\qquad (9\text{-}1)$$

例如，若霽菡的零用金為80元，X財貨價格是每單位1元，Y財貨價格每單位2元。（表9-1）顯示其以80元的所得（零用金），所能買到的X財貨與Y財貨的各種組合。若他將全部預算（零用金）用於Y財貨，最多可以買到40單位，如財貨組合A。若他將全部所得用於X財貨，可買80單位，如財貨組合G。財貨組合B、D與E，顯示另外三種將80元花費於X財貨與Y財貨的組合。

（圖9-1）顯示（表9-1）中預算線與對應的財貨組合，因為

表9-1 霽菡的財貨組合與預算線

財貨組合	X財貨	Y財貨	總支出
A	0	40	80
B	20	30	80
D	40	20	80
E	60	10	80
G	80	0	80

放棄一單位的Y財貨可節省2元，而買一單位的X財貨會花費1元，沿著預算線放棄Y財貨以換得X財貨的應該在任何地方都相同，故預算線是由A到G點的一條直線。在此實例中，預算線為X＋2Y＝80。

　　預算線的截距可以財貨組合A代表，當霽菡沿著此線從財貨組合A到財貨組合G，消費者對Y財貨的花費逐漸減少，對X財貨的花費逐漸增加。很容易的可以看出，要多消費一單位X財貨，必須額外放棄Y財貨的數量，即為X財貨價格與Y財貨價格的比，其數值為1/2。由於Y財貨每單位花費2元，而X財貨只花

圖9-1 霽菡的預算限制線

費1元，故必須放棄1/2單位的Y財貨，以獲得1單位的X財貨。在（圖9-1）中，預算線的斜率為$-\triangle Y/\triangle X=1/2$，是在衡量X財貨與Y財貨的相對代價。

將（9-1）式兩邊除以P_Y並解Y，可以看出多消費X必須放棄多少的Y：

$$Y=（I/P_Y）-（P_X/P_Y）X \tag{9-2}$$

式（9-2）為一直線方程式，其縱軸截距為I/P_Y，斜率為$-（P_X/P_Y）$。

預算線斜率$-（P_X/P_Y）$是兩種財貨價格比值的負數，斜率的大小告訴我們不改變全部花費的金額時，兩種財貨可以互相替代的比率。縱軸截距I/P_Y代表所能買到最大數量的Y。橫軸截距I/P_Y告訴我們當全部的所得花費在X財貨時，所能購買到的X財貨數量。

9.2 所得與價格變動的效果

我們已看到預算線決定於所得I與財貨之價格P_X與P_Y，但是價格與所得常常會改變，以下我們來討論這些變動如何影響預算線？

一、所得變動

當所得變動時，預算線會如何呢？從直線方程式可知，所得的變動只改變預算線縱軸、橫軸的截距，但不改變斜率（因為財貨價格都未變動）。如（圖9-2）中顯示，當所得（零用金）加倍，由80元增至160元時，預算線向外移動，由預算線L_1移至預算線L_2，注意L_2仍保持平行於L_1，若消費者願意，可以加倍

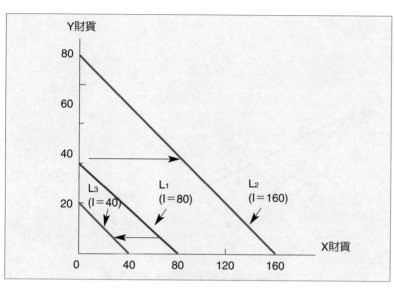

圖9-2　所得變動對預算線的影響

購買X財貨與Y財貨，同樣的，若所得縮減一半，由80元減至40元時，預算線向內移動，由預算線L_1移至預算線L_3。

二、價格變動

如果一種財貨的價格變動，另一種財貨的價格不變，預算線會如何改變呢？現可使用方程式$Y = (I/P_Y) - (P_X/P_Y)X$，來說明X財貨價格變動對預算線的效果。假設X財貨價格下降一半，由1元降至0.5元。預算線縱軸的截距保持不變，但斜率會改變，由$-P_X/P_Y = -1/2$降至$-0.5/2 = -1/4$。在（圖9-3）中，將原有預算線L_1向外旋轉可獲得新預算線L_2。這種旋轉很合理，因為一個只消費Y財貨而不消費X財貨的人，是不會受到X財貨價格變動的影響，然而大量消費X財貨的人會增加其購買力，因為在X財貨價格下跌後，可購買的最大X財貨數量會加倍。

另一方面，當X財貨價格加倍由1元至2元時，預算線向內旋轉至L_3，霽菡的購買力會降低。同樣的，只消費Y財貨的人不會

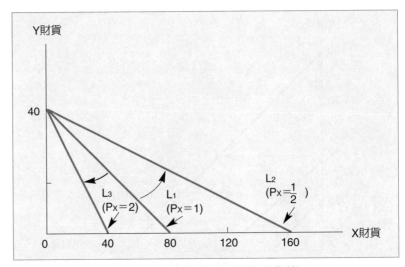

圖9-3　價格變動對預算線的影響

受到X財貨價格增加的影響。

　　如果X財貨與Y財貨價格同時變動，但兩者價格的比值不變又如何？因爲預算線的斜率等於兩種價格的比，斜率會保持不變。預算線截距必須移動，使新預算線平行於原預算線。例如，若兩種財貨價格都下降一半，則預算線的斜率不變，但截距加倍，預算線外移。由此可知，消費者**購買力**（purchasing power）之決定因素，不只決定於所得，也決定於價格。例如，消費者購買力加倍的原因可以是因爲所得加倍，也可以是因爲所有財貨的價格降低一半所致。

　　最後，考慮X財貨與Y財貨的價格，以及霉菌所得都加倍的情形。因爲兩種財貨價格加倍，價格比值未變，故預算線斜率也未變。因爲Y財貨價格與所得都加倍，最多可購買的Y財貨數量（以預算線的縱軸截距來代表）也未改變，對X財貨也有相同的情形。因此，通貨膨脹使所有價格與所得成比例上升時，將不會影響消費者的預算線或購買力。

9.3 消費者的選擇

　　有了偏好與預算限制，我們現在可以決定個別消費者如何選擇每一財貨購買的數量。假設消費者以理性的方式作選擇，即消費者在有限的預算下，去選擇使其滿足程度最大的財貨組合。

　　消費者選擇的最佳財貨組合，必須同時滿足以下兩個條件：

一、組合必須在預算線上

　　因為在預算線左方或下方的任何財貨組合，都會使部分所得未被使用，此部分所得若能花費掉將增加消費者的滿足程度。當然，消費者可以儲蓄一部分以備未來消費。但此將意味著消費者的選擇，不僅是X財貨與Y財貨，而是包括現在與未來消費的X財貨或Y財貨。目前我們為使事情單純化，假設全部的所得都是現在花費掉。預算線上方或右方的任一財貨組合，是可用所得無法買到的部分，故唯一理性且可行的選擇，就是預算線上的財貨組合。

二、組合必須是消費者最喜歡財貨與勞務之組合

　　這兩個條件將消費者極大化滿足程度的問題，縮減為在預算線上尋找一個適當點的問題。以兩個財貨的例子來說，我們可以作圖顯示與消費者選擇相關問題的解答。（圖9-4）中三條無異曲線代表消費者對X財貨與Y財貨的偏好，三條曲線中最外面的U_3有最大的滿足程度，U_2其次，U_1最小。

　　要注意無異無曲線U_1上的B點不是最喜歡的選擇，因為如果

圖9-4　消費者效用極大化選擇行為

重新分配所得，多消費X財貨少消費Y財貨，會增加消費者滿足水準，例如移動至A點，消費者花費的金額相同，但可到達滿足水準較高的無異曲線之U_2上。其次，無異曲線U_2右邊或上方的財貨組合U_3的D點，雖可達到更高的滿足水準，但現有的所得無法買到，故A點使消費者的滿足程度最大。

由以上論述可知，使滿足程度最大的財貨組合，一定位於能夠觸及預算線的最高無異曲線上。A點是無異曲線與預算線的切點，此點在預算線的斜率與無異曲線的斜率相同。因為MRS_{XY}是無異曲線斜率的負值，我們可以說滿足程度極大化之點，將使（9-3）式成立。

$$MRS_{XY} = P_X/P_Y \qquad\qquad (9\text{-}3)$$

這是一個很重要的結果：當邊際替代率（以X替代Y）等於價格比值（X對Y）時，滿足程度達最大；故消費者可以調整對X與Y的消費，使邊際替代率MRS_{XY}等於價格比值P_X/P_Y，以達

到滿足程度最大。

式（9-3）的條件是經濟學中最適條件的例子，在此例中，當**邊際利益**（marginal benefit）等於**邊際成本**（marginal cost）時，最適條件將達成。其中，邊際利益是指多消費一單位X財貨的利益，邊際利益是以MRS_{XY}來衡量，在A點時等於1/2，代表消費者願意放棄1/2單位的Y財貨，以換取1單位的X財貨。在同一點上，邊際成本是以預算線斜率P_X/P_Y的大小來衡量，並且也等於1/2，因為獲得一單位X財貨的成本，相當於放棄1/2單位的Y財貨。

如果MRS_{XY}小於或大於價格比P_X/P_Y，消費者的滿足程度就沒有達到最大。例如，我們可以比較（圖9-4）中的B點與A點。在B點，消費者購買20單位的X財貨與30單位的Y財貨。價格比（或邊際成本）等於1/2，因為X財貨須花費1元，Y財貨要花費2元。但是，MRS_{XY}（或邊際利益）大於1/2，結果消費者願意以1單位X財貨替代1單位Y財貨，而不會減少滿足程度。因為X財貨比Y財貨便宜，消費者願意多買X財貨而少買Y財貨。若消費者少買1單位Y財貨，省下的2元可以用來購買2單位X財貨，而其實只需要1單位X財貨就可以保持滿足水準不變。

像這樣沿著預算線重新分配預算直到A點，因為在A點價格比為1/2，恰好等於MRS_{XY}，即引伸出消費者願意以1單位的Y財貨交換2單位的X財貨，只有當$MRS_{XY}＝1/2＝P_X/P_Y$的條件成立，滿足程度才達到最大。

三、特殊角隅解

有時消費者的購買行為是極端的，至少對某些類別的財貨是如此。例如，有些人不花錢旅遊與娛樂。無異曲線的分析，可以用來說明消費者不去消費特定財貨的情形。

在（圖9-5）中，一個人面臨預算線$\overline{AB}$，選擇只買X財貨不

買Y財貨，此稱為**角隅解**（corner solution），因為一種財貨不被消費時，消費組合會位在圖形中的角落。在滿足程度極大的點，X財貨對Y財貨的邊際替代率大於預算線的斜率。此結果說明若消費者還有Y財貨可放棄，他會極為樂意用來換取額外的X財貨。但是，此點消費者已經全部消費X財貨，沒有消費Y財貨，故消費Y財貨的數量不可能為負數。

當有角隅解發生時，消費者的邊際替代率不等於價格比，此與式（9-3）不同的是，讓滿足程度極大化的必要條件為一不等式，即如（9-4）式所示。

$$MRS_{XY} \geq P_X/P_Y \tag{9-4}$$

前節所討論的邊際利益等於邊際成本的條件，只有在所消費財貨的數量為正值時才成立。

由此所獲得的重要教訓是，若要預測消費者面臨經濟情況改變時，購買一種產品的數量有多少，須決定於消費者對該產

圖9-5　角隅解的特殊狀況

品與相關產品的偏好及預算線的斜率。如果X財貨對Y財貨的
MRS_{XY}，如（圖9-5）顯然大於價格比，則Y財貨價格些微的下
降，將不會改變消費者的選擇，他將仍選擇只消費X財貨。但若
Y財貨價格下降很多，消費者可能會迅速選擇消費大量Y財貨。

9.4 邊際效用與消費者選擇

　　我們在前面章節用圖形顯示，消費者如何在預算限制下追
求滿足最大；其方法是在給定的預算限制下，找出所能達到最
高的無異曲線。因為最高的無異曲線，也就是可以達到最高的
效用水準，故很自然的可以將消費者的問題，轉化為在預算限
制下追求效用最大。

　　效用的觀念，對前述有關消費者選擇的分析，可以提供更
深入的看法。首先，要分清楚消費所獲得的總效用與消費最後
一單位所獲得滿足程度之差異。**邊際效用**（marginal utility，**簡
稱MU**）衡量的是，消費額外一單位財貨所獲得額外之滿足程
度。例如，消費由0增至1單位X財貨的邊際效用可能是9；由1增
至2單位時可能是7；由2增至3時可能是5。

　　這些數字與**邊際效用遞減**（diminishing marginal utility）法
則是一致的，即當愈來愈多的財貨被消費時，額外消費所產生
的額外效用會愈來愈少。例如看電視，看了二或三小時的電視
後，邊際效用會下降，而到第四或第五小時可能是負的邊際效
用。

　　我們可以將邊際效用的觀念與消費者的極大效用問題相
連，以一條無異曲線上作向下的微小移動來說，額外的X消費為
$\triangle X$，會產生邊際效用MU_X。效用的總增加量為$MU_X \times \triangle X$。同
時，消費Y的減少為$\triangle Y$，會使每單位降低效用MU_Y，造成效用
總損失為$MU_X \times \triangle Y$。

> **邊際效用遞減**
> diminishing marginal
> utility
>
> 邊際效用遞減法則是當
> 愈來愈多的財貨被消費
> 時，額外消費所產生的
> 額外效用會愈來愈少。

因為無異曲線上所有的點都具有相同的效用水準，增加X財貨消費所獲得的總效用，必須與減少Y財貨消費所損失的效用互相平衡。正式的寫法如（9-5）式：

$$0 = MU_X(\triangle X) + MU_Y(\triangle Y) \tag{9-5}$$

移項整理後得（9-6）式：

$$-(\triangle Y/\triangle X) = MU_X / MU_Y \tag{9-6}$$

但因為X財貨對Y財貨的邊際替代率，故

$$MRS_{XY} = MU_X / MU_Y \tag{9-7}$$

式（9-7）說明邊際替代率是：X財貨的邊際效用對Y財貨的邊際效用之比值。當消費者放棄愈來愈多的Y財貨，以獲最更多的X財貨時，X財貨的邊際效用下降，Y財貨的邊際效用增加。

本章前述曾提及當消費者使滿足程度極大時，X財貨對Y財貨的邊際替代率等於兩財貨的價格比：

$$MRS_{XY} = P_X/P_Y \tag{9-8}$$

因為也等於消費X財貨與Y財貨之邊際效用的比值，故（9-8）式成立。

$$MU_X / MU_Y = P_X/P_Y$$

或改寫為（9-9）式：

$$MU_X / P_X = MU_Y / P_X \tag{9-9}$$

根據式（9-9）可知，當預算分配使得每一財貨每單位支出所獲得之邊際效用都相等時，效用達到最大。此項敘述成立的理由，是因為若一個人額外多花一元在X財貨上所獲得的邊際效用，多於花在Y財貨的邊際效用時，說明增加在X財貨上的花費

會增加其效用，此時應該將預算由Y財貨移往X財貨，最後X財貨的邊際效用會減少，而Y財貨的邊際效用將增加，直至兩者相等爲止。故只有當消費者花在各種財貨的最後一元支出的邊際效用都均等時，才會有最大的效用水準達成。此種**邊際均等原則**（equal marginal principle），在經濟學分析中是非常重要的觀念，在消費者與生產者行爲的分析上，會各自以不同的形式出現。

邊際均等原則
equal marginal principle

只有當消費者花在各種財貨的最後一元支出的邊際效用都均等時，才會有最大的效用水準達成。

9.5 實證研究模式建構

本章節以肉品需求體系的實證研究爲例，來說明**幾近理想化需求體系**（Almost Ideal Demand System，簡稱**AIDS**）的理論架構，以及體系限制式應用與彈性值推求，以建構台灣主要部位肉品需求體系之計量模型（楊政學，1997b），提供相關研習人員作產品需求體系的彈性推估之參考。

一、研究背景

古典消費需求理論，主要探討消費者在一定所得預算限制下，如何分配其預算支出到各項產品的消費組合，以達到效用水準的極大化。因此，在探討台灣主要部位肉品消費需求行爲時，實應同時考量消費者所面對產品空間內所有的產品項目，惟實證需求分析上，由於估測問題與資料限制，常無法涵蓋產品空間內所有的產品，而以含蓋絕大比例的主要肉品爲研究對象與範圍。

二、幾近理想化需求體系

幾近理想化需求體系（AIDS），爲一種滿足**選擇公設**

（axioms of choice）的**任意一階近似**（arbitrary first-order approximation）之需求函數模式（Deaton and Muellbauer，1980b）。在理論探討上，該函數模式結合有**鹿特丹**（Rotterdom）**模型**及**超越對數**（Translog）**模型**理論的優點，且實證估計上，同**線性支出體系**（Linear Expenditure System）般簡易，即避免了非線性的估計問題。此外，實證估計分析上，AIDS具直接**非可加性**（nonaddity）之假設，因此可避免使用直接**可加**（additive）系統時，如LES模式，背後必須假設產品間具獨立邊際效用的困境。

雖然消費需求理論所導出的需求函數，本質上屬於個體經濟行為，惟實證分析上，研究對象通常為總合所有個別消費者之市場行為，且計量所處理的資料亦常為家庭群體資料，因而產生所謂**加總性**（aggregation）的問題。一般而言，若消費者偏好水準為某種特定的函數形式時，可將個別的消費者作正確的加總，猶如存在一個**代表性**（representative）消費者，而其所代表的市場需求，即等於所有個別消費者需求的總和（Deaton & Muellbauer，1980a；1980b）。上述偏好水準，亦即所謂的PIGLOG（Price Independent Generalized Logrithmn）函數型態（Muellbauer，1976），其經由支出函數E（p, u）之形式，可表示如下：

$$\ln E（p, u）=（1-u）\ln a（p）+u \ln b（p） \tag{9-10}$$

式中，a（p）代表維生（subsistence）水準之支出函數；b（p）代表享樂（bliss）水準之支出函數。$0 \leq u \leq 1$，且當$u=0$時，表示恰在維生水準的效用；而當$u=1$時，表示達到極大享樂的效用。此外，$\ln a（p）$及$\ln b（p）$的函數形式，可分別設定為：

$$\ln a(p) = \alpha_0 + \sum_k \alpha_k \ln P_k + \frac{1}{2} \sum_k \sum_j r_{kj}^* \cdot \ln P_k \cdot P_j \tag{9-11}$$

$$\ln b(p) = \ln a(p) + \beta_0 \prod_k P_k^{\beta_k} \tag{9-12}$$

將（9-10）式及（9-11）式代回（9-12）式，則可將AIDS之支出函數，改寫成（9-13）式：

$$\ln E(p,u) = \alpha_0 + \sum_k \alpha_k \ln P_k + \frac{1}{2} \sum_k \sum_j r_{kj}^* \cdot \ln P_k \cdot \ln P_j + u\beta_0 \prod_k P_k^{\beta_k}$$
$$\tag{9-13}$$

再將（9-13）式，透過Shephard Lemma的應用，並在等號兩邊同乘上 $\dfrac{P_i}{E(p,u)}$ ，即可得（9-14）式：

$$w_i = \alpha_i + \sum_j r_{ij} \ln P_j + \beta_i u\beta_0 \prod_k P_k^{\beta_k} \tag{9-14}$$

式中 $r_{ij} = \dfrac{1}{2}(r_{kj}^* + r_{kj}^*)$ 。再者，將（9-13）式中u之關係，代入（9-14）式可進一步簡化成，由支出比例表示的AIDS需求函數體系，如下：

$$w_i = \alpha_i + \sum_j r_{ij} \cdot \ln P_j + \beta_i \cdot \ln(\frac{E}{P^*}) \tag{9-15}$$

式中P*，為**價格指數**（price index），可以定義為：

$$\ln P^* = \alpha_0 + \sum_k \alpha_k \ln P_k + \frac{1}{2} \sum_k \sum_j r_{kj} \cdot \ln P_k \cdot \ln P_j \tag{9-16}$$

實證研究上，（9-16）式常以 $\ln P^* = \sum_k w_k \cdot \ln P_k + \ln\phi$ ，即Stone價格指數替代（Deaton & Muellbauer，1980a），代表某一加權平均價格；而 $\ln\phi$ 為誤差項，估計時併入常數項 α_0 中。上述採用Stone價格指數之AIDS模式，稱為**線性近似幾近理想化需求體系**（Linear Approximate AIDS，簡稱LA/AIDS）模式，本章節實證分析即採用此模型，來做為台灣主要部位肉品需求體系的基礎架構。

三、台灣部位肉品需求體系

在國內部位肉品需求體系計量模型之建構上，本章節著重在以幾近理想化需求體系之學理基礎，來說明各肉類產品間消費需求行為的關係；且為同時考量不同部位豬肉產品，不同等級牛肉產品，不同品系雞肉產品，以及魚肉產品，因而將消費者所面對的產品空間，劃分成上等豬肉、豬腹脅肉、下等豬肉、上等牛肉、中下牛肉、白肉雞肉、有色雞肉及魚肉等八項產品。

在實證研究分析上，係將上述八項產品，視為彼此具有相互影響（替代或互補）的作用。由（9-15）式可知，吾人在實證估計時，可將肉類產品的需求體系，以消費支出比例的形式，表示如（9-17）式：

$$
\begin{bmatrix} w_1 \\ w_2 \\ \vdots \\ w_8 \end{bmatrix} = \begin{bmatrix} \alpha_1 \\ \alpha_2 \\ \vdots \\ \alpha_8 \end{bmatrix} + \begin{bmatrix} \gamma_{11} & \gamma_{12} & \cdots & \gamma_{18} \\ \gamma_{21} & \gamma_{22} & \cdots & \gamma_{28} \\ \vdots & & \ddots & \vdots \\ \gamma_{81} & \gamma_{82} & \cdots & \gamma_{88} \end{bmatrix} \begin{bmatrix} \ln P_1 \\ \ln P_2 \\ \vdots \\ \ln P_8 \end{bmatrix} + \begin{bmatrix} \beta_1 \\ \beta_2 \\ \vdots \\ \beta_8 \end{bmatrix} \cdot \ln(\frac{E}{P^*}) + \begin{bmatrix} e_1 \\ e_2 \\ \vdots \\ e_8 \end{bmatrix} \qquad (9\text{-}17)
$$

式中說明，$\ln P^* = \sum_{i=1}^{8} w_i \ln P_i$，而下標所代表的產品項目為：1＝上等豬肉；2＝豬腹脅肉；3＝下等豬肉；4＝上等牛肉；5＝中下牛肉；6＝白肉雞肉；7＝有色雞肉；8＝魚肉。

此外，（9-17）式同時說明，各項產品的消費支出比例，會受到自身價格、其他產品價格、以及消費支出大小的影響，因而透過此需求體系所估測出來的參數係數，較符合肉品的消費需求行為；且為同時減少實證估測上的偏誤，應用此種需求體系的估計方式有其必要性。

四、限制式應用與彈性值推求

　　為滿足需求函數之限制條件，在實證上須再加入**可加性**（adding-up）、**齊次性**（homogeneity）、**史拉斯基對稱性**（Slutsky's symmetry）等限制式，其表示方式分別如下：

（一）加總性

$$\sum_{i=1}^{8} \alpha_i = 1, \sum_{i=1}^{8} \gamma_{ij} = 0, \sum_{i=1}^{8} \beta_i = 0, \quad j = 1,2,...8 \tag{9-18}$$

（二）齊次性

$$\sum_{i=1}^{8} \gamma_{ij} = 0, \quad j = 1,2,...,8 \tag{9-19}$$

（三）對稱性

$$\gamma_{ij} = \gamma_{ji} \quad i,j = 1,2,...,8 \tag{9-20}$$

　　由LA/AIDS模式實證得出的參數值，在消費支出比例固定之前提下，其數學推導過程如下，而得出的價格與支出彈性如（9-21）式與（9-22）式所示：

　　首先，一般需求價格彈性之推導如下：

$$
\begin{aligned}
\varepsilon_{ij} &= \frac{\partial \ln Q_i}{\partial \ln P_j} = \frac{\partial \left(\ln W_i + \ln E - \ln P_i \right)}{\partial \ln P_j} \\[2mm]
&= \frac{\partial \ln W_i}{\partial \ln P_j} - \delta_{ij} \qquad \left(\begin{matrix} \text{where } \delta_{ij} = 1, \text{ if } i = j \\ \delta_{ij} = 0, \text{ if } i \neq j \end{matrix} \right) \\[2mm]
&= \frac{1}{W_i} \left(\gamma_{ij} - \beta_i \frac{\partial \ln P^*}{\partial \ln P_j} \right) - \delta_{ij} \\[2mm]
&= \frac{1}{W_i} \left[\gamma_{ij} - \beta_i \left(W_j + \sum_k \ln P_k \frac{\partial W_k}{\partial \ln P_j} \right) \right] - \delta_{ij}
\end{aligned}
$$

231

$$= \frac{1}{W_i} \left[\gamma_{ij} - \beta_i \left(W_j + \sum_k \ln P_k W_k \frac{\partial \ln W_k}{\partial \ln P_j} \right) \right] - \delta_{ij}$$

$$= \frac{1}{W_i} \left\{ \gamma_{ij} - \beta_i \left[W_i + \sum_k \ln P_k W_k \left(\epsilon_{ij} + \delta_{ij} \right) \right] \right\} - \delta_{ij}$$

若我們假設為固定常數，則

$$\frac{\partial \ln P^*}{\partial \ln P_j} = W_j$$

$$\therefore \epsilon_{ij} = \frac{1}{W_i} \left(\gamma_{ij} - \beta_i W_j \right) - \delta_{ij}$$

$$= -\delta_{ij} + \frac{\gamma_{ij}}{W_i} - \frac{\beta_i}{W_i} W_j$$

再者，消費支出彈性之推導如下：

$$\eta_i = \frac{\partial \ln Q_i}{\partial \ln E} = \frac{\partial \left(\ln W_i + \ln E - \ln P_i \right)}{\partial \ln E}$$

$$= \frac{\partial \ln W_i}{\partial \ln E} + 1$$

$$= \frac{1}{W_i} \frac{\partial W_i}{\partial \ln E} + 1$$

$$= \frac{\beta_i}{W_i} + 1$$

經由以上之數學推導過程，吾人可將一般需求價格彈性，以及消費支出彈性之推估公式，列示如下：

（一）一般需求（Marshallian）價格彈性

$$\epsilon_{ij} = -\delta_{ij} + \frac{\gamma_{ij}}{w_i} - \frac{\beta_i}{w_i} w_j \tag{9-21}$$

式中，ϵ_{ij} 代表第 j 項產品價格對第 i 項產品消費量的交叉價

格彈性，其中，當i＝j時，$\delta_{ij}=1$，如此亦可求得第i項產品需求的自身價格彈性ϵ_{ij}；而當$i \neq j$時，則$\delta_{ij}=0$。

（二）消費支出彈性

$$\eta_i = 1 + \frac{\beta_i}{w_i}$$
（9-22）

式中，η_i代表第i項產品需求的支出彈性。

重點摘錄

✦ 消費者理論除討論消費者偏好，使用無異曲線來說明一個人對不同組合的財貨與勞務之偏好外，個人因有限的所得而所面臨的預算限制，亦是我們討論的重點。

✦ 所得的變動只改變預算線縱軸、橫軸的截距，但因為財貨價格都未變動，故不會改變曲線斜率。當所得加倍時，預算線平行向外移動。

✦ 財貨價格變動對預算線的效果，預算線縱軸的截距保持不變，但斜率會改變。當財貨價格下降為原來一半時，預算線會向外旋轉。

✦ 消費者選擇的最佳財貨組合，必須同時滿足以下兩個條件：即組合必須在預算線上；以及組合必須給予消費者最喜歡的財貨與勞務之組合。

✦ 只有當消費者花在各種財貨的最後一元支出的邊際效用都均等時，才會有最大的效用水準達成，謂之邊際均等原則。

重要名詞

預算限制（budget constraint）

預算線（budget line）

購買力（purchasing power）

邊際利益（marginal benefit）

邊際成本（marginal cost）

角隅解（corner solution）

邊際效用（marginal utility）

邊際效用遞減（diminishing marginal utility）

邊際均等原則（equal marginal principle）

幾近理想化需求體系（Almost Ideal Demand System，AIDS）

選擇公設（axioms of choice）

任意一階近似（arbitrary first-order approximation）

鹿特丹（Rotterdom）

超越對數（Translog）

線性支出體系（Linear Expenditure System）

非可加性（nonaddity）

可加（additive）

加總性（aggregation）

代表性（representative）

維生（subsistence）

享樂（bliss）

價格指數（price index）

線性近似幾近理想化需求體系（Linear Approximate AIDS，LA/AIDS）

可加性（adding-up）

齊次性（homogeneity）

史拉斯基對稱性（Slutsky's symmetry）

問題討論

1. 隨著國民所得的逐漸成長，較耗時間的消費行為將逐漸為較節省時間的消費行為所取代，故具有節省時間特性的產業會發展得較好，你同意此看法嗎？

2. 消費者選擇的最佳財貨組合，必須同時滿足哪兩個條件？試研析之。

3. 請描述財貨需求曲線的推導過程為何？試研析之。

4. 請描述恩格爾曲線的推導過程為何？試研析之。

5. 政賢只喜歡啤酒與花生米。假設他的效用函數是$U(X, Y)=XY$，其中X是啤油，Y是花生米。假設啤酒一瓶20元與花生米一包40元，政賢打算每月花800元購買這兩項商品，請問最適消費組合為何？

6. 假設消費者的效用函數$U(X, Y)=XY$，$P_x=4$，$P_y=2$，所得$I=120$，試求：消費者對X財貨的需求曲線？

第三篇　廠商篇

在生命中全然投入當下，
只有這一步，
沒有下一步，
是生命的警覺。

Chapter 10

生產理論與應用

本章節探討生產理論與應用，討論的議題有：短期生產函數與曲線、邊際報酬與生產階段、長期生產函數與曲線、邊際技術替代率、規模報酬與技術創新。

10.1 短期生產函數與曲線

一、生產函數

生產過程中投入（input）與最後產出（output）間的關係，可用生產函數（production function）來表示，其代表一個廠商針對每個特定組合的生產投入所生產的產量。廠商使用各種投入來生產商品，例如生產汽車，廠商必須投入需要的土地以興建廠房，購買原料、零件與機器設備等各種生產要素，此外還要延攬管理人才及雇用生產性工人，當萬事俱備才能正式開工，正式量產運作。

假定廠商生產時使用多種投入，我們可將廠商產量（q）與各種投入使用量（X_1, X_2, X_3, …）之間的關係，以生產函數表示，如（10-1）式：

$$q＝F（X_1, X_2, X_3, …）\tag{10-1}$$

此生產函數表示在各投入使用量與產量之間的技術關係。

一般為簡易說明，而將多種投入生產要素簡化為兩項：即**勞動**（labor, L）與**資本**（capital, K）。因此，可將生產函數簡化如（10-2）式：

$$q＝F（K, L）\tag{10-2}$$

式（10-2）將產出的數量與資本、勞力兩種生產投入數量

間的關係顯示出來。舉例來說，生產函數在工業生產上，可用
來說明在一座工廠，以一個特定數量生產線的勞工，每年所能
生產筆記型電腦的數量。在農業生產上，也可用來說明一個農
戶，在特定數量的機器與工人的前提下，可以收穫的穀物產
量。生產函數式中，投入與產出都是流量。爲簡化分析，我們
通常忽略時間，只討論勞動、資本與產出的數量。

　　生產函數允許生產投入以各種不同的比例組合來生產一種
產品，如式（10-2）的生產函數，可能代表使用更多資本與更
少勞動，或者是相反。例如，酒的生產可以用勞力密集的方式
來生產，以人力來踩踏葡萄，或是以資本密集方式來生產，使
用機器來壓榨葡萄。

　　式（10-2）適用於固定技術，亦即在既有技術水準下，以
各種不同方法將生產投入轉變成產出，當生產技術越來越進
步，致使生產函數改變，廠商可以從固定的一組生產投入獲得
更多的產出。例如，一個新型的快速電腦晶片可以使得硬體生
產製造商，在特定的時間內生產更多的高速電腦。

　　生產函數說明當生產活動運作時，廠商盡可能有效率的使
用不同組合之生產投入，且爲技術上所能達到的程度。因爲生
產函數所描述的是以一定的投入，在技術效率下所能達到的最
大產出，故那種會使產出減少的投入就不會被使用。技術效率
的假設，並不一定永遠成立，但是假設一個追求利潤的廠商不
會隨便浪費資源是合理的。

二、短期生產函數

　　在廠商生產理論中，常區分**短期**（short run）與**長期**（long
run）的觀念。所謂的長期與短期，係以廠商調整產量時，生產
要素的使用量能否調整，做爲劃分的根據。短期是指廠商欲調
整產量時，至少有一種生產要素的使用量無法調整；長期乃是

指廠商欲調整產量時，所有生產要素的使用量皆可調整。

短期無法調整使用量的生產要素，稱為**固定生產要素**（fixed production factor）或簡稱固定要素；而可調整使用量的生產要素，稱為**變動生產要素**（variable production factor）或簡稱變動要素。另外，在長期時，由於所有生產要素的使用量皆可調整，以致所有生產要素皆為變動要素。若所有生產要素的使用量皆無法調整，我們稱為**市場期間**（market period），此時因為所有生產要素的使用量皆已固定，產量自然也無法改變。唯區別長期與短期沒有特定的時間標準，通常以個案方式來處理。例如，對栽種葉菜作物的農民而言，長期可能只是1或2個月，但對於汽車製造商而言，長期可能長達5或10年。

若我們將短期使用量無法調整的生產要素，表示為資本，使用量可調整的生產要素，表示為勞動。例如，正在進行生產的廠商，其廠房、設備、廠房土地，一般無法隨產量調整而調整，這些投入屬於固定要素。此時，若廠商要想調整產量，只能透過調整勞動或原物料等變動要素的使用量來達成。因此，廠商在短期所能做的決策與長期非常不同，所有在短期內固定的投入，代表先前長期決策的結果，而這決策是基於公司對生產與銷售之獲利性所作的估計。

短期生產函數可表示為如下（10-3）式：

$$q = F(L, \overline{K}) \tag{10-3}$$

其中q表示產量，L表示勞動使用量，為企業的變動投入要素；$\overline{K}$表示資本使用量，為企業的固定投入要素。由於固定要素使用量無法改變，因而產量只取決於變動要素使用量，故可將短期生產函數再簡化為（10-4）式：

$$q = F(L) \tag{10-4}$$

三、短期生產曲線

（一）數學式表示

短期廠商的生產狀況，可用變動要素使用量與所對應的**總產量**（total product，簡稱TP）、**平均產量**（average product，簡稱AP）與**邊際產量**（marginal product，簡稱MP）來描述。本章節先行假設資本K爲固定要素，而僅討論勞動L此變動要素與總產量、平均產量與邊際產量的關係。

1. 總產量

總產量（TP）指在給定變動要素使用量（L）可達成的產出總量，表示產量與變動要素使用量之間的對應關係，亦即如下（10-5）式：

$$TP = q = F(L) \tag{10-5}$$

2. 平均產量

平均產量（AP）指總產量與變動要素使用量之比值，即平均每一單位變動要素的產出量，如（10-6）式：

$$AP = TP/L = q/L \tag{10-6}$$

3. 邊際產量

邊際產量（MP）指增加一單位變動要素使用量所引起總產量的變動量，可表示爲總產量的變動量與變動要素變動量之比值，如下（10-7）式：

$$MP = \Delta TP/\Delta L = \Delta q/\Delta L \tag{10-7}$$

（二）數量的關連

1. 單一投入與產出

我們先考慮當資本固定而勞動變動時，即單一種變動投入的生產，此時廠商藉著增加勞動投入，可獲得更多的產量。例如，楊君在管理一家工廠時，具有固定數量的設備，但可調整雇用更多或更少的人力來操作這些機器。此時，楊君必須決定要雇用多少勞動及生產多少財貨。在決定時，必須瞭解當勞動投入增加時，到底產量會增加多少。

在（表10-1）中，第一欄顯示出勞動的數量，第二欄顯示固定數量的資本，第三欄顯示產出的數量，故前三欄顯示每月以不同的勞動與固定10單位的資本所能生產的產量。當勞動投入為0時，產出也是0。當勞動增加至8單位之前，產出皆隨勞動而增加。超過此點後，總產量開始降低，一開始每單位的勞動可以儘量利用現有的機器及工廠，但到了某個點之後，多餘的勞動已不再有用且可能造成反效果。例如，表中數據說明，若由5個人來操作一條生產線可能會比2個人更有效率，但若為10個人卻可能因太擁擠而降低工作效率。

2. 平均產量與邊際產量

勞動對於生產過程的貢獻，可分別以勞動的平均產量及邊際產量來表示。（表10-1）中的第四欄顯示出**勞動平均產量**

表10-1　單一變動要素的投入與產出

勞動數量 （L）	資本數量 （K）	總產量 （q）	平均產量 （q/L）	邊際產量 （$\triangle q/\triangle L$）
0	10	0	—	—
1	10	0	10	10
2	10	30	15	20
3	10	60	20	30
4	10	80	20	20
5	10	95	19	15
6	10	108	18	13
7	10	112	16	4
8	10	112	14	0
9	10	108	12	-4
10	10	100	10	-8

（average product of labor，簡稱AP_L），也就是每單位勞動投入所生產的產出。平均產量是由總產量q除以總勞動L來獲得，勞動的平均產量是以平均每位勞工的產出，來衡量廠商的生產力。表中的平均產量從一開始就逐漸上升，但當勞動投入大於4時，便開始往下降低。

表中第五欄顯示出**勞動邊際產量**（marginal product of labor，簡稱MP_L），代表每增加一單位勞動投入時所增加的產量。如在表中，當資本固定在10單位，而勞動從3增加到4時，總產出從60增加到80，產生額外的20單位（即80－60）產出。勞動邊際產量可以△q/△L來表示，也就是勞動投入增加一單位（△L），所造成產出的改變△q。

勞動邊際產量會隨使用的資本數量而變動，如果資本投入從10增加到20，則勞動邊際產量多半會增加。因為如果額外的工人有更多的資本設備可運用的話，很可能會變得更具有生產力。正如平均產量、邊際產量開始時是先增後減，本例也一樣，並且從第三單位的勞動投入開始下降。

（三）曲線的推導

1. 曲線斜率的意涵

對應（表10-1）的資料，以實線連結所有的點，可描繪出（圖10-1）。其中，（圖10-1）（a）表示產量會一直增加至112的最大產出後開始遞減。在總產量線上畫虛線的部分，代表超過勞動投入8的生產，已不具經濟合理性；因為以額外的昂貴投入去生產更少的產出，廠商不可能會獲利。

（圖10-1）（b）顯示了平均與邊際產量的曲線，此時縱軸由代表產出，改為代表每單位勞動投入的產出。當產量增加時，邊際產量通常都是正的，當產量減少時，邊際產量為負的。邊際產量曲線在最大總產量的對應點通過橫軸不是偶然的，因為在生產線上增加一個工人反而使得生產線減慢並降低總生產

圖10-1　單一勞動投入的產出

量，對此工人而言其邊際產量小於零。

　　平均產量曲線與邊際產量曲線是密切相關的，當邊際產量遠遠大於平均產量時，平均產量是遞增的，如（圖10-1）（b）中勞動投入到4的情況。如果額外一位勞工的產出，大於現有每位勞工的平均產出，即邊際產量大於平均產量，則增加此額外勞工會提高平均產量。在（表10-1）中，兩位勞工生產30單位

產出，平均每人生產15單位。加入第三位勞工，產出增加30單位，此時總產量60，平均產量由15提高至20。

同理，當邊際產量小於平均產量時，平均產量遞減，如（圖10-1）（b）中勞動投入數量超過4的情況。在（表10-1）中，6位勞工生產108單位產出，故平均產量為18。加入第7位勞工，只帶來4單位的邊際產量，少於平均產量，故會使平產量降至16。

因為當平均產量是遞增時，邊際產量大於平均產量，而平均產量遞減時，邊際產量小於平均產量，故可得到一個結論，即當平均產量達到極大時，邊際產量必須等於平均產量，此即為（圖10-1）（b）中的e點。

2. 平均產量曲線推導

總產量、平均產量與邊際產量曲線間的幾何關係，可由（圖10-1）（a）中顯示出來。平均產量是總產量除以勞動的數量，例如，在b點平均數量是等於產量60除以生產投入3，或說每單位勞動投入有20單位的產量。這是從原點到b點直線的斜率，如（圖10-1）（a）所顯示。一般來說，平均產量是總產量線上的對應點畫到原點直線的斜率。

3. 邊際產量曲線推導

邊際產量則是每增加一單位的勞動所獲得的總產量的改變，例如，在a點的邊際產量是20，因為總產量曲線的切線斜率為20。一般來說，某一點的邊際產量是該點在總產量曲線的斜率。在（圖10-1）（a）中可以看到邊際產量在一開始是遞增的，而在投入是3時達到最高點，但在總生產線上從c點移到d點時開始下降。在d點當總產量是最大時，總產量曲線的切線斜率是0，與邊際產量相等。d點之後，邊際產量成為負值。

4. 平均產量與邊際產量的關係

注意（圖10-1）（a）中，平均產量與邊際產量圖形的關係。在該曲線的反曲點b，勞動邊際產量，意即該點在總產量曲

線的切線斜率，在圖中並沒有明確畫出，遠遠大於平均產量 $\overline{ob}$。結果，由b點移動到c點時，勞動平均產量是遞增的。在c點時，平均產量及邊際產量相等；平均產量也就是 $\overline{oc}$ 線的斜率，而邊際產量則是總產量線在c點切線的斜率，平均產量及邊際產量在e點是相同的。最後，從c點移到d點時，邊際產量比平均產量還少，此可由圖中查看，在c點與d點當中，任何一點在總產量曲線上的切線斜率，一定小於該點到原點所構成直線的斜率。

10.2 邊際報酬與生產階段

一、邊際報酬遞減法則

勞動邊際產量遞減的情形，以及其他投入邊際產量的遞減，對大部分的生產過程是成立的。**邊際報酬遞減法則**（the law of diminishing marginal returns），以下簡稱報酬遞減法則，就是用來說明此種情形。即當其他的投入固定時，而某種投入不斷增加，最後會達到額外產量開始減少的一點。當資本是固定的而勞動投入很小時，在勞動投入少量增加，會使得生產大量增加，因為這些工人可以盡力發揮。然而報酬遞減法則終究會發生作用，當有太多工人時，有些工人就會變得沒有效率，而勞動的邊際產量於是開始遞減。

報酬遞減法則通常是用於至少有一種投入是固定的短期，但是其也可以應用到長期，縱使所有投入在長期都是可變動的。管理者仍然可以把一種或多種生產投入保持不變，以分析生產的選擇。舉例來說，管理者必須從兩種大小的工廠選擇其一來建造，則管理者必須知道這兩種選擇的報酬遞減在何處發生。

　　不要將邊際報酬遞減法則與勞動投入增加時，勞動品質可能會產生改變的情況混為一談。例如，大部分較高品質的勞動會先被雇用，而那些最低品質的勞動最後才被雇用。在生產分析中，假設所有的勞動投入具有相同的品質，則報酬遞減的情形發生在使用其他固定投入的限制，而不是來自於工人品質的降低。同時，也不要把報酬遞減與負值的報酬混淆了，報酬遞減法則是形容邊際產量的減少，但並不一定是負的。

　　邊際報酬遞減的發生，乃在固定要素使用量不變的短期現象。雖然在變動要素使用量還少的時候，增加其使用量，總產量的增加可能愈來愈大，亦即邊際報酬遞增；但是在固定要素使用量不變下，隨變動要素使用量的增加，每單位變動要素能搭配的固定要素愈來愈少，逐漸產生資源配置不當的無效率所致。

　　報酬遞減法則是用在一個已知的生產技術，但是發明及其他技術的進步，可以使得總產量曲線在（圖10-1）（a）中往上移動，故以相同的投入會有更多的產出。如（圖10-2）所示，

圖10-2　技術進步的產出效果

經濟分析：學理與實證
Economic Analysis: Theories and Practice

起先產量曲線是O_1，但技術上的進步可以使得曲線往上移動至O_2，接著再移至O_3。

假設隨著時間的變動，勞動也在農業生產過程中逐漸的增加，而且也有技術上的進步。這些進步也許包含經過基因工程改造過的種子，以及更強大有效的肥料與更好的農場機具。結果，產量會從f點（曲線O_1上的投入6），移至g點（曲線O_2的投入7），再移至h點（曲線O_3上的投入8）。

二、生產三階段

根據（圖10-3）中，AP_L線及MP_L線的變化，可以把勞動投入分為三個區間，並依此將生產分為三個階段：

第I階段，勞動從零單位增加到平均產量達到最大值的L_1為止。在此區間，邊際產量大於平均產量，說明了相對於固定資

圖10-3　生產三階段

本而言,勞動量不足,效率不能充分發揮。因此,增加勞動的使用量,可以使要素的使用效率提高。

第Ⅱ階段,勞動量從平均產量最大的L_1增加到邊際產量為零時,總產量在L_2時達到最大。在此區間,平均產量與邊際產量隨勞動使用量的增加而遞減,邊際產量雖小於平均產量,但仍呈現正值。在只有勞動一種生產要素可變動的情況下,勞動生產要素的合理使用量應該在L_1與L_2間,即廠商應在第Ⅱ階段從事生產。

第Ⅲ階段,勞動量增加使用到邊際產量為零的L_2以後的階段。在此階段,邊際產量為負值,總產量開始減少,由於廠商投入的勞動量相對於固定資本要素過多,它是得不到任何生產上的利益。

10.3 長期生產函數與曲線

一、長期生產函數

在長期時,所有生產要素之使用量皆可調整,所有的生產要素皆為變動要素。因此,在長期,廠商會考量選擇一個最適的要素組合,以達成所想要的產量。

長期的生產函數可表示為(10-8)式::

$$q = F(L, K) \qquad\qquad (10\text{-}8)$$

其中,勞動使用量(L)與資本使用量(K)皆是可調整的。

二、長期產量與曲線

（一）數學式表示

　　長期廠商的生產狀況，可用變動要素使用量與所對應的總產量（TP）、平均產量（AP）與邊際產量（MP）來描述。本章節先行假設勞動L與資本K均為變動要素，探討其與總產量、平均產量與邊際產量的關係。

　　1. 總產量

　　總產量（TP）指在兩種變動要素使用量L與K可達成的產出總量，表示產量與變動要素使用量之間的對應關係，亦即如下（10-9）式：

$$TP = q = F(L, K) \tag{10-9}$$

　　2. 平均產量

　　平均產量（AP）指總產量與變動要素使用量之比值，即平均每一單位變動要素的產出量，分別如（10-10）式與（10-11）式：

$$AP_L = TP/L = q/L \tag{10-10}$$
$$AP_K = TP/K = q/K \tag{10-11}$$

　　3. 邊際產量

　　邊際產量（MP）指增加一單位變動要素使用量所引起總產量的變動量，可表示為總產量的變動量與變動要素變動量之比值，如下（10-12）式與（10-13）式：

$$MP_L = \Delta TP/\Delta L = \Delta q/\Delta L \tag{10-12}$$
$$MP_K = \Delta TP/\Delta K = \Delta q/\Delta K \tag{10-13}$$

（二）數量的關連

　　本章節考慮廠商長期的生產技術，其中，資本與勞動都是可變動的，亦即討論兩種投入與產出的關連性。廠商現在可以結合不同數量的勞力與資本，來改變生產方式。首先，假設這兩種生產投入是勞力與資本，用以生產食物，（表10-2）列出不同組合的生產投入與對應的產出。勞動的生產函數在最上面一列，而資本的生產投入則在左側。

　　表中每一欄的資料，對應在一個特定時間內以不同組合的勞動及資本所生產的最大產出。例如，每年4單位的勞力及每年2單位的資本，每年可以生產85單位的甲財貨。以橫列來看，當資本投入保持不變，隨著勞動投入增加時，產量就會增加。而以直欄來看時，當勞動投入保持不變，隨著資本增加時，產量也會增加。

（三）等產量曲線推導

　　等產量曲線（isoquant curve）表示在技術不變下，能生產某一給定產量之各要素使用量組合所形成的軌跡。假定產量給定爲$\bar{q}$，則生產$\bar{q}$的等產量曲線爲（10-14）式：

$$\bar{q}=F（L, K）\tag{10-14}$$

　　一條等產量曲線是用來顯示，所有能產生相同產量的投入組合；等產量曲線都是負斜率的，因爲勞動及資本都有正的邊

> **等產量曲線**
> **isoquant curve**
>
> 等產量曲線表示在技術不變下，能生產某一給定產量之各要素使用量組合所形成的軌跡。

表10-2　兩種變動投入的生產組合

	勞動投入				
資本投入	1	2	3	4	5
1	20	40	55	65	75
2	40	0	75	85	90
3	55	75	90	100	105
4	65	85	100	110	115
5	75	90	105	115	120

際產量。兩者中任一種投入增加就會使產量增加，因此若要使產量保持固定水準，則當一種投入增加時，另一種投入必然要減少。

（表10-2）的資料同時也可用等產量曲線圖來表示，如在（圖10-4）中所顯示的三條等產量曲線。其中，X軸與Y軸各自代表每年勞動與資本投入的數量，這些等產量曲線是以（表10-2）的資料而畫出的圓滑曲線。例如，等產量曲線q_1顯示了年產量55單位的情況下，勞動及資本的各種不同組合。a點是投入1個單位的勞動及3單位的資本，而產生55單位的產量。d點對應相同的產量，卻只需要3單位的勞動及1單位資本的投入。等產量曲線q_2顯示出能產生75單位產量的所有不同之投入組合。

在（表10-2）中，可以找到4個不同組合的勞動及資本，對應相同75單位的產量，如在b點有2單位的勞動及3單位的資本投入。等產量q_2在q_1的右上方，因為其使用更多的勞動及資本以產生較高的產量。最後，等產量曲線q_3允許不同的勞動資本組合，以產生90單位的產量。在圖上的c點需要3單位的勞動及3單

圖10-4　等產量曲線的形成

位的資本，而e點需要2單位的勞動及5單位的資本。

（四）等產量曲線特性

　　針對廠商不同產量水準下要素組合點，可建構出所謂的等產量曲線圖，如上述（圖10-4）所示，而等產量曲線則有以下幾項特點：

（1）平面上任何一點皆有一條等產量曲線通過。
（2）愈往右上方的等產量曲線所表示的產量愈大。
（3）任何一點只有一條等產量曲線通過，亦即無任兩條等產量曲線會相交。
（4）任一條等產量曲線皆是凸向原點。

10.4 邊際技術替代率

一、邊際報酬遞減

　　就長期而言，勞動及資本都可以變動，然而一個選擇最適投入組合的廠商，如果能夠瞭解每一種投入增加，而其他投入保持不變時，產出會如何變動，對該廠商仍是很有幫助的。現以（圖10-4）來說明，圖中勞動及資本都有邊際報酬遞減的現象，要瞭解為什麼對勞動有邊際報酬遞減，可由某一特定資本水準畫一條水平線，如資本為3時，隨著勞動的增加，可以讀出每條等產量曲線的產量，注意每增加一單位的勞動，所帶來產量的增加愈來愈少。

　　例如，當勞動從1單位增加至2單位，即由a點到b點，產量由55到75，增加20單位。但是當勞動再增加1單位時，即由b點到c點，產量由75到90，只增加15單位。因此，對勞動投入來

說，不管是長期或短期都有邊際報酬遞減的現象，故增加一種要素而對另一種要素保持不變，最後將會使得產量的增加愈來愈少。當愈來愈多的資本投入用以取代勞動時，等產量曲線會變得更加陡峭，如果加入更多勞動以取代資本時，則等產量曲線會變得更為平緩。

對資本投入而言，也會有邊際報酬遞減的現象發生。在勞動投入固定下，資本的邊際產量會隨著資本的增加而減少。如當勞動投入固定在3，而資本由1增加到2，資本的邊際產量起初是20（＝75-55）；但當資本從2增加到3時，邊際產量降為15（＝90-75）。

二、邊際技術替代率

當兩種投入要素都是可以變動時，管理者可能會考慮以一種要素來取代另一種。等產量線的斜率可以表示為：一種投入的數量如何與另一種投入的數量作交換，且同時保持總產量固定不變。當我們把負值符號移走時，此斜率稱之為**邊際技術替代率**（marginal rate of technical substitution）。勞動對資本的邊際技術替代率表示：每增加一單位勞動的使用，對資本投入所能減少的數量。此類似於消費者理論的邊際替代率（MRS）。兩者的差異在於，MRS描述的是消費者如何替代兩種財貨，而保持效用水準的不變。MRTS描述的則是生產者如何替代兩種要素，而保持產量水準的不變。

MRTS總是以正的數量來衡量，其公式表示如下（10-15）式：

$$MRTS_{LK} = -資本投入的改變 / 勞動投入的改變（產量保持一定）$$
$$= -\triangle K/\triangle L（q固定） \qquad (10\text{-}15)$$

$\triangle K$與$\triangle L$代表沿著一條等產量線上，資本及勞動的微小改

圖10-5　邊際技術替代率的衡量與遞減特性

變。

　　當勞動從1單位增加至2單位,且產量固定在75時,(圖10-5)中的$MRTS_{LK}$等於2。當勞動由2單位增至3時,$MRTS_{LK}$降為1,後來再降至2/3、1/3。很明顯的,當越來越多勞動取代資本時,勞動的生產力就變得越來越小,而資本就會越來越具有生產力。因此在產量不變下,每增加一單位勞動投入所需減少的資本投入數量愈小,而等產量線也變得越來越平坦。

三、邊際技術替代率遞減

　　我們假設$MRTS_{LK}$是遞減的,也就是說當沿著一條等產量線往下移動時,$MRTS_{LK}$是下降的。就數學上的涵義而言,等產量線是凸向原點的,而遞減的$MRTS_{LK}$說明每種投入的生產力是有極限的。當有大量勞動加入生產過程來取代資本時,勞動的生產力就下降。同理,當有大量資本加入來取代勞動時,資本的

生產力就下降。因此，生產需要兩種生產投入的均衡混合。

　　如上所述，$MRTS_{LK}$與勞動邊際產量MP_L，以及資本的邊際產量MP_K均密切相關。要瞭解此道理，可加入某些勞動而減少資本的數量，以保持產量不變，則勞動投入的增加所導致產量的增加，等於每單位額外勞動所增加的產量（勞動的邊際產量）乘以額外勞動的數量：

　　增加勞動的使用而增加的產量＝$(MP_L)(\triangle L)$。

　　同理，因為資本的減少而導致產量的減少，等於每單位資本減少所造成產量的減少（資本的邊際產量）乘以資本減少的數量：

　　減少資本的使用所導致產量的減少＝$(MP_K)(\triangle K)$

　　因為沿著一條等產量曲線移動時，產出水準不變，最後在總產量的改變應該是零。意即：$(MP_L)(\triangle L) + (MP_K)(\triangle K)=0$，重新整理後可得（10-16）式：

$$-(MP_L)/(MP_K)=(\triangle K)/(\triangle L)=MRTS_{LK} \quad (10\text{-}16)$$

　　式（10-16）說明當沿著一條等產量曲線移動時，持續的以勞動來取代資本，則資本的邊際產量增加，勞動的邊際產量降低。這兩種投入改變的綜合效果是，當等產量曲線變得較平坦時，$MRTS_{LK}$就減少。

10.5 規模報酬

　　在生產過程中，投入替代的分析已說明，當廠商將產量固定，而以一種投入去替代另一種投入時會如何。然而在長期下，當所有投入都可變動時，廠商必須考慮增加產量的最佳方法。有一種方法是以同比例增加所有的生產投入，以改變生產的規模（scale）。如果一位農民在一畝土地上操作一台收穫機，

可以生產100單位的稻米，則兩位農民配兩台收穫機在兩畝地上的產量為何？產出幾乎可說會增加，但是會增加兩倍、兩倍以上或不足兩倍呢？

當投入成比例的增加時，產出增加的比例為**規模報酬**（returns to scale）。以下我們將討論三種情況：

一、規模報酬遞增

當投入加倍而產量超出加倍時，即為**規模報酬遞增**（increasing returns to scale）。這可能因為較大規模的操作可以使管理者與工人分工，並且使用更精巧大型的工廠及儀器。例如，汽車生產線即是規模報酬遞增的一個知名實例。

由公共政策的觀點來看，規模報酬遞增是很重要的課題。如果有規模報酬遞增，則以一個大型的廠商來生產，會比由許多小廠商來生產更具有經濟效益。因為大型廠商可以控制其所設定的價格，故也許需要被管制。例如，在電力提供上有規模報酬遞增的現象，所以我們會有大型被管制的電力公司。

> **規模報酬遞增**
> **increasing returns to scale**
> 當投入加倍而產量超出加倍時，即為規模報酬遞增。

二、固定規模報酬

對生產規模的第二種可能就是，當投入加倍時，產量亦剛好加倍成長，這個情形稱它為**固定規模報酬**（constant returns to scale，**簡稱CRTS**）。以固定規模報酬而言，廠商的規模大小並不會影響固定生產力。不論工廠是大或是小，這個廠商投入的平均產量及邊際產量保持常數不變。在規模報酬不變下，一個工廠所使用的特定生產過程可以很容易被複製，因此兩個工廠可以有兩倍的產量。例如，一家大型的旅行社中每人所提供的服務，可能與使用相同比例的資本（辦公室空間）與勞動（旅行業者），但只能服務較少客戶的小型旅行社所能提供給每位客

> **固定規模報酬**
> **constant returns to scale**
> 當投入加倍時，產量亦剛好加倍成長，這個情形稱它為固定規模報酬。

戶的服務是相同的。

三、規模報酬遞減

第三種情形是，當所有投入加倍時，產量可能會比加倍還少。這種**規模報酬遞減**（decreasing returns to scale）可能適用於任何大規模生產的廠商，其組織的複雜與管理的困難，可能會使得勞動及資本生產力降低。工人及管理者之間的溝通變得越來越困難，而工作地點也越來越乏人性化。因此，規模報酬遞減通常都是與協調工作的問題，以及維護一條管理者與工人間有用的溝通管道有關，或者是和個人無法在大規模的生產上，展現他們的企業能力有關。

四、規模報酬判別

規模報酬的存在或不存在，可以由（圖10-6）（a）至（c）中看出，其中以原點為起始的射線 $\overline{OA}$，是用來形容不同勞動及資本組合的生產過程，而其間的投入比例是5小時的勞動對2小時的機器時間。在圖（a）中，廠商的生產函數呈現固定的規模報酬，當使用5小時的勞動與2小時的機器時間時，產量為10單位。當兩種投入都加倍時，產出也加倍，由10單位增至20單位。投入增加三倍時，產量也增為三倍，由10單位增為30單位。換言之，要生產20單位的產量，投入必須加倍，要生產30單位的產量時，投入也必須增加三倍。

在圖（b）中，廠商的生產函數呈現規模報酬遞增。此時，沿著 $\overline{OA}$ 離原點愈遠時，等產量曲線互相愈接近。結果，產量由10增至20單位所需的投入少於兩倍，要生產30單位所需的投入，則更是遠少於三倍。最後，當生產函數呈現規模報酬遞減時，結果會相反，如圖（c）所示，即報酬遞減時等產量線會隨

圖10-6　不同規模報酬類型

著產出水準的比例增加，而彼此愈來愈遠。

　　此外，規模報酬隨廠商與產業的不同而有差異存在。在其他狀況不變下，規模報酬愈大，產業中的廠商也會愈大。因為製造業涉及資本設備的大量投資，故製造業比服務業更會有規模報酬遞增的情形。反觀，服務業比較屬於勞力密集產業，小產量與大規模都能夠同樣有效率。

 10.6 技術創新

一、創新意涵

　　創新（innovation）是技術的概念，更是經濟的重要概念，它應用於經濟生活、人類生活、社會發展各個方面。創新包括觀念的創新、技術的創新與管理的創新，而觀念創新是一切創新的泉源。熊彼德（J. A. Schumpeter）強調創新的主體是企業

創新
innovation

創新是技術的概念，更是經濟的重要概念，它應用於經濟生活、人類生活、社會發展各個方面。

家，當然除了企業家，任何人都應該能創新，故一切的創新都源自於人們觀念的創新。觀念創新包括市場觀念、資本觀念、知識觀念與經營觀念等許多觀念（王鳳生，2004）。觀念不創新，就很難期待會有技術的創新及管理的創新。

二、技術創新意涵

本章節基於廠商生產的討論，故以下僅就技術的創新作論述，技術創新的理論觀點，是經濟學家熊彼德於1912年在其著作《經濟發展理論》中提出，於70年代開始受到普遍重視。熊彼德認為，技術創新的五種基本類型是：開發新產品、引進新的生產方法、開闢新市場、取得或控制原材料的供給來源、在生產組織管理上的新發明或企業重組。其強調生產技術進步與生產方法改良外，也注重管理機制完善與組織變革。

技術創新的定義雖然莫衷一是，但一般認為是重新組合生產要素以獲取利潤極大化的過程。換句話說，創新就是生產函數的變化，是把生產要素與生產條件的「新組合」引入生產體系，其主要的功能之一在於提高生產能力，也就是生產相同的產出，但卻使用較少的投入要素；或使用相同的要素投入量，卻可生產更多的產出水準。因此，技術創新的結果可以促使等產量曲線向內移動，如（圖10-7）所示。在資本與勞動投入要素比例維持固定不變的生產方式下，生產相同產出之投入要素組合，會由 f 點移向 g 點，勞動投入量由 L_1 減少為 L_0，資本投入量由 K_1 減少為 K_0。也就是說，在技術創新後，原來 f 點的投入組合可以生產出更多的產量 q_1。

三、產品生命週期

技術創新是延續產品生命的一種方法，由於消費者對產品

圖10-7　技術創新的產出結果

消費心理的變化，廠商的管理者必須持續不斷地創新產品以回應消費者的需求，導致產品無法長期維持穩定不變。消費者對產品認知與需求情況的變化，構成了**產品生命週期**（lifetime cycle of products）的四個階段，包括：導入期、成長期、成熟期及衰退期，如（**圖**10-8）所示。

產品生命週期
lifetime cycle of products
產品生命週期的四個階段：導入期、成長期、成熟期及衰退期。

圖10-8　產品的生命週期

在導入期，整個市場對產品的需求不多，消費者為購買力強的先驅者、新產品的體驗者，產業內的競爭者不多，第一家成功開發新產品的廠商，具有「先進優勢」，可以享有高利潤。在成長期，產品生產技術趨於成熟，競爭者出現，產品開始大量增加，廠商必須重視生產流程的規劃。在成熟期，產業內的競爭更為激烈，產品的需求趨於飽和並開始減少，廠商為因應價格競爭，必須重視生產效率，以降低成本。在衰退期，產品的需求持續下降，此時，廠商必須考慮運用技術創新以開發新產品或改良新產品，延續產品的生命，否則廠商將會從市場中退出，結束其生命。

重點摘錄

+ 在廠商生產理論中，常區分短期與長期的觀念。所謂的長期與短期，係以廠商調整產量時，生產要素的使用量能否調整，做為劃分的根據。

+ 短期是指廠商欲調整產量時，至少有一種生產要素的使用量無法調整；長期乃是指廠商欲調整產量時，所有生產要素的使用量皆可調整。

+ 勞動邊際產量遞減的情形，以及其他投入邊際產量的遞減，對大部分的生產過程是成立的，謂之邊際報酬遞減法則。

+ 等產量曲線表示在技術不變下，能生產某一給定產量之各要素使用量組合所形成的軌跡。

+ 等產量曲線特點：平面上任何一點皆有一條等產量曲線通過；愈往右上方的等產量曲線所表示的產量愈大；任何一點只有一條等產量曲線通過，亦即無任兩條等產量曲線會相交；任一條等產量曲線皆是凸向原點。

+ 一種投入的數量如何與另一種投入的數量作交換，且同時保持總產量固定不變，此等產量線的斜率謂為邊際技術替代率。

+ 當投入加倍而產量超出加倍時，即為規模報酬遞增；當投入加倍時，產量亦剛好加倍成長，這個情形稱它為固定規模報酬；當所有投入加倍時，產量可能會比加倍還少，謂為規模報酬遞減。

+ 規模報酬隨廠商與產業的不同而有差異存在。在其他狀況不變下，規模報酬愈大，產業中的廠商也會愈大。因為製造業涉及資本設備的大量投資，故製造業比服務業更會有規模報酬遞增的情形。

+ 創新是技術的概念，更是經濟的重要概念，它應用於經濟生活、人類生活、社會發展各個方面。創新包括觀念的創新、技術的創新與管理的創新，而觀念創新是一切創新的泉源。

+ 技術創新認為是重新組合生產要素以獲取利潤極大化的過程。

+ 消費者對產品認知與需求情況的變化，構成了產品生命週期的四個階段：導入期、成長期、成熟期及衰退期。

▶▶ 重要名詞 ─────────────────────────────────

投入（input）

產出（output）

生產函數（production function）

勞動（labor）

資本（capital）

短期（short run）

長期（long run）

固定生產要素（fixed production factor）

變動生產要素（variable production factor）

市場期間（market period）

總產量（total product）

平均產量（average product）

邊際產量（marginal product）

勞動平均產量（average product of labor）

勞動邊際產量（marginal product of labor）

邊際報酬遞減法則（the law of diminishing marginal returns）

等產量曲線（isoquant curve）

邊際技術替代率（marginal rate of technical substitution）

規模（scale）

規模報酬（returns to scale）

規模報酬遞增（increasing returns to scale）

固定規模報酬（constant returns to scale，CRTS）

規模報酬遞減（decreasing returns to scale）

創新（innovation）

產品生命週期（lifetime cycle of products）

問題討論

1.所謂的長期與短期，若以廠商生產行為來看，如何區別？試研析之。

2.何謂邊際報酬遞減法則？試研析之。

3.在人的身上如果有件一輩子努力的學習，你認為會是什麼？在人的學習過程中，什麼是我們的投入與產出？我們的學習有效率嗎？請分享你個人的想法。

4.何謂等產量曲線？試研析之。

5.等產量曲線有何特點？試研析之。

6.何謂邊際技術替代率？試研析之。

7.何謂規模報酬遞增？何謂規模報酬遞減？試研析之。

8.下列生產函數是規模報酬遞增、遞減或固定規模報酬？

（1）Q=0.5KL

（2）Q=2K+3L

（3）Q=KL-0.8K^2-0.2L^2

9.何謂創新的概念？創新包括有哪些概念？試研析之。

10.產品生命週期的四個階段為何？試研析之。

note

嘉言：你認為愈重要愈珍貴的東西，就是你還得不到的東西。

Chapter 11

成本理論與應用

本章節探討成本理論與應用，討論的議題有：成本概念與類型、短期成本函數與曲線、長期成本函數與曲線、規模經濟、範疇經濟與層次經濟。

11.1 成本概念與類型

一、成本的概念

首先我們解釋成本的概念以及如何衡量，並區分經濟學家與會計師所使用的成本觀念。經濟學家只關心廠商的表現，而會計師則強調廠商的財務報表。

（一）會計成本

一般通稱的成本是指企業會計帳戶上結算的成本，是廠商在生產過程中支出各項費用的總和。**會計成本**（accounting cost）通常稱為**外顯成本**（explicit cost），是廠商支付外部資源提供者的代價，通常以原始會計憑證做為計價依據，包括工資、原材料、動力消耗、固定資產折舊，以及其他向銀行借款支付利息等有關的貨幣支出。

會計成本
accounting cost

會計成本通常稱為外顯成本，是廠商支付外部資源提供者的代價，通常以原始會計憑證做為計價依據。

（二）經濟成本

經濟學所稱的成本為**經濟成本**（economic cost），指經營活動中所使用的各項生產要素支出的總和，並不等於會計成本。經濟成本除了會計成本外，還包括並未計入會計成本中，有關廠商自有生產要素的報酬，稱為**內隱成本**（implicit cost）。這些自有生產要素的報酬，包括企業主自有資本的利息、自有土地的地租及企業家管理才能的報酬（企業利潤），是企業進行生產

經濟成本
economic cost

經濟成本，指經營活動中所使用的各項生產要素支出的總和，並不等於會計成本。經濟成本除了會計成本外，還包括並未計入會計成本中，有關廠商自有生產要素的報酬，稱為內隱成本。

所付出的一種代價。經濟成本反映生產的**機會成本**（opportunity cost），它是外顯成本與內隱成本的總和，即全部生產要素報酬的總和，通常是以市場價格做爲計價的依據。

（三）機會成本

　　經濟學家將經濟成本與機會成本作同義詞使用，而**機會成本**（opportunity cost）是廠商放棄將資源做最高價值運用之機會的成本。例如，一個廠商擁有一棟建築物，因此他不需要付房租，那麼就表示辦公室的成本爲零嗎？雖然會計師會把這項成本當作是零，但經濟學家會認爲廠商可以把辦公室租給其他公司而賺得租金；而此放棄的租金便是這辦公室的機會成本，應該視爲做生意之成本的一部分。

（四）沉入成本

　　雖然機會成本通常是隱藏的，但在做經濟決策時時常會被列入考慮。相反的，**沉入成本**（sunk cost）是一種已經使用而無法再恢復的支出，沉入成本通常是看得見的，但當它發生後，一般在作未來的經濟決策時必須把它忽略不考慮。

　　因爲沉入成本不會再恢復，所以其並不會影響到廠商的決策，而被包括在廠商的成本裡。決定購買此設備可能很好也可能不好，但至此已經不重要了，因爲木已成舟且不會影響廠商目前的決定。如果此設備可以有其他用途，或可轉售或出租呢？此時將涉及經濟成本，也就是使用此設備的機會成本，而非轉售與否或出租的問題。例如，若有一家廠商尚未決定是否要購買一項特殊設備，但正在審慎考慮中，則未來的沉入成本應視爲一項投資。此時廠商必須決定，投資在該特殊設備上是否合乎經濟原則，亦即此投資所帶來的收益是否超過其成本。

機會成本
opportunity cost

機會成本是廠商放棄將資源做最高價值運用之機會的成本。

沉入成本
sunk cost

沉入成本是一種已經使用而無法再恢復的支出，沉入成本通常是看得見的，但當它發生後，一般在作未來的經濟決策時必須把它忽略不考慮。

（五）沉入成本實例討論

若一個廠商決定將總公司搬移至新的城市，去年他花了70萬元獲得優先權，可以購買此城市的一棟建築，而此優先權賦予他以700萬元的價錢購買此建築的權利，因此如果真正購買此建築物時，總支出應為770萬元。現在他發現在同一城市中，有一個可相匹敵的建築物，可以用740萬元的價格取得，那麼他應購買哪一棟建築物呢？答案是原先的建築物。

原因在於，該廠商在取得優先權的70萬元，是一個已經花用的成本，不應該再影響廠商目前的決定。對廠商來說，原先建築物的經濟成本是700萬元，因為優先權的沉入成本不是經濟成本的一部分，而新建築物的經濟成本為740萬元。

由以上的討論可知，經濟學家對成本的看法與關心廠商財務狀況的會計師不同。會計師關心的是，對廠商過去的表現提出報告以供外部使用，如年報。會計師通常以回顧的眼光看待廠商的財務狀況，因為他們必須記錄廠商過去的資產與負債的情況，並評估他過去的表現。因此，會計師所衡量的會計成本，常常有些項目不包括在經濟學家所衡量的項目中。而經濟學家所衡量的內容中，也有些成本項目是不包括在會計師所衡量的項目中。例如，會計成本包括資本設備實際的支出與折舊，通常是依據國稅局允許抵稅的規定來決定。

經濟學家或經理人對廠商採取前瞻性的觀點，他們所關心的是稀少資源的配置。因此，他們會注意未來可能的成本，以及廠商如何重新安排其資源，以降低成本增加利潤。因此，他們關心經濟成本，亦即放棄的機會成本。

二、成本的類型

（一）短期成本

　　短期成本（short-run cost，簡稱SC）是指短期內廠商無法變動某些生產要素（一般是廠房設備與企業規模），所形成的固定生產成本。為了滿足產量增加的需求，廠商在短期內只能增僱工人、增加原材料，或者增加工作時間來擴增產量。

（二）長期成本

　　長期成本（long-run cost，簡稱LC）是指廠商調整所有的生產要素，擴大規模條件下的成本。擴大規模意謂著廠商所有投入的生產要素都是可變動的，所有各項成本支出都會隨生產規模擴大而增加，不僅原材料、燃料、生產工人的工資是可變動的，甚至連廠房、機器、設備等，也都是可變動的投入要素，因此所有的成本都是屬於變動成本。

（三）總成本

　　總成本（total cost，簡稱TC）是指生產某一特定產量之產品所需要的成本總額，隨產量增加而增加；因此，總成本通常是產量的正函數。但是，在生產規模既定條件下，構成總成本的各細項生產成本，並非都會隨產量增加而增加，故依成本與產量變動的關係，可將成本區分為固定成本與變動成本。

（四）固定成本

　　固定成本（fixed cost，簡稱FC）是指不隨產量增減變化而變動的成本。只要設立生產工廠，不論是否進行生產或生產多少產量，這些費用必定會發生的，諸如地租、利息、廠房設備的折舊費、員工與管理人員的薪資、廣告費、保險費，以及一

般管理費用均屬固定成本，如（圖11-1）中的FC線代表固定成本，它是一條與橫軸（產量）平行的直線。

（五）變動成本

變動成本（variable cost，簡稱VC）是指會隨產量增減變化而變動的成本。當工廠停止生產時，變動成本為零；諸如原材料、燃料、動力、生產工人的工資、以及產品管銷費用等支出，均屬變動成本，如（圖11-1）中的VC線是變動成本。

總成本是固定成本與變動成本之總合，即TC＝FC＋VC。TC線是總成本線，與變動成本曲線的變化一致，它是一條由固定成本曲線端點向右上方延伸的曲線。總成本與變動成本的垂直距離，始終等於固定成本。總成本、固定成本與變動成本的曲線圖，如（圖11-1）所示。

（六）平均成本

平均成本（average cost，簡稱AC）是指平均每一單位產品的生產成本。因為總成本是固定成本與變動成本之和，所以平

圖11-1　總成本、固定成本與變動成本

均成本是平均固定成本（AFC）與平均變動成本（AVC）之
和。其計算的公式如下（11-1）式：

$$AC＝TC/q＝FC/q＋VC/q＝AFC＋AVC \qquad (11\text{-}1)$$

（七）邊際成本

邊際成本（marginal cost，簡稱MC）指增加一單位產量所
增加的總成本。邊際成本的公式如下（11-2）式：

$$MC＝\triangle TC/\triangle q＝\triangle FC/\triangle q＋\triangle VC/\triangle q＝\triangle VC/\triangle q$$

$$(11\text{-}2)$$

總成本是固定成本與變動成本之和，生產量增減變動並不
會影響固定成本之增加，因此增加一單位產量所增加的總成
本，就是變動成本的增量，所以邊際成本實際就等於邊際變動
成本。

三、其他特殊成本

（一）重置成本

重置成本（replacement cost）是指重新購置生財設備所增加
的成本。

（二）可避成本

可避成本（avoidable cost）是指若不生產就可省下來的成
本，如人工成本。

（三）增量成本

增量成本（incremental cost）是指不限於產量增加而增加的

成本，如麵包店為促銷其麵包，而推出一系列打折促銷活動，活動所支出的促銷成本謂之。

（四）現金支付成本

現金支付成本（out-of-pocket cost）又稱為現金成本（cash cost）或直接變動成本（direct variable cost）是指額外增加的成本，如春節加開列車所形成的額外運量成本謂之。

（五）門檻成本

門檻成本（threshold cost）是指一旦投入後，除非達到產能都無法變動的成本，如出車載客所必須支出的最高成本，包括車輛成本、司機成本、油料與保修成本，業者必須達到產能，其門檻成本才能轉為總成本，如不能達到產能，就視為門檻成本。

（六）共同成本

共同成本（common cost）是指一項設備同時產出兩種以上產品，其產品的成本無法明確歸屬，如一張電影票同時可看兩部電影，而播放機器為同一台，故其成本自無法明確歸屬。

（七）聯合成本

聯合成本（joint cost）是指若能在共同成本中，找到各成本與所生產產品之明確比例，即為聯合成本。

（八）設算成本

設算成本（imputed cost）是指老師請學生打掃教室，但不需給學生酬勞，屬於學校勞動服務的一環，其仍能產生隱含價值，故當我們計算這些學生應得未得的酬勞是為設算所得，而學校應支給卻不必支給的費用即為設算成本。

共同成本
common cost

共同成本是指一項設備同時產出兩種以上產品，其產品的成本無法明確歸屬。

聯合成本
joint cost

聯合成本是指若能在共同成本中，找到各成本與所生產產品之明確比例，即為聯合成本。

11.2 短期成本函數與曲線

一、短期成本函數式

對成本的深入分析，我們先從短期開始。固定成本與變動成本的差異，在此處非常重要。要決定生產多少，業者必須知道變動成本如何隨著產出水準而增加。同時，瞭解其他成本的衡量，對業者本身也極有助益。

短期成本函數可表示爲如下（11-3）式：

$$STC＝FC＋SVC＝FC＋C（L, K, …）\tag{11-3}$$

其中，STC表示短期總成本，FC表示固定成本，SVC爲短期變動成本，含括有勞動（L）、資本（K）等要素的投入；在短期內由於固定要素使用量無法改變，故總成本只取決於變動要素使用投入量的多寡。

短期廠商的成本投入狀況，可用變動要素使用量與所對應的**短期總成本**（short-run total cost，**簡稱STC**）、**短期平均成本**（short-run average cost，**簡稱SAC**）與**短期邊際成本**（short-run marginal cost，**簡稱SMC**）來描述。本章節先行假設資本K爲固定要素，是爲固定成本項目，而僅討論勞動L此變動要素與短期總成本、平均成本與邊際成本的關係。

（一）短期總成本

短期總成本（STC）表示在某特定產出水準下，生產成本與固定成本、變動要素投入成本間的對應關係，亦即如下（11-4）式：

$$STC = FC + SVC = FC + C（L）\tag{11-4}$$

（二）短期平均成本

短期平均成本（SAC）是指總成本與對應產出水準之比值，即平均每一單位產出的投入成本，如（11-5）式：

$$SAC = STC/q =（FC + SVC）/q\tag{11-5}$$

（三）短期邊際成本

短期邊際成本（SMC）有時稱為增加的成本，為每多生產一單位產品所必須增加的成本。因固定成本並不隨著產量而增加，所以短期邊際成本是每增加一單位的產量所增加的短期變動成本，因此可以把短期邊際成本，作如下（11-6）的表示：

$$SMC = \Delta STC/\Delta q = \Delta SVC/\Delta q\tag{11-6}$$

二、短期成本結構關連

（一）單一投入與成本

我們先考慮當資本固定而勞動變動時，即單一種變動投入的生產活動，此時廠商藉由增加勞動投入，可獲得更多的產量，但相對所需支付的生產成本亦加大。（表11-1）說明，廠商的固定成本是50，短期變動成本及短期總成本隨著產量而增加。短期總成本是第一欄固定成本及第二欄短期變動成本的總和，由第一欄及第二欄的資料，可以定義一些其他的成本變數。

（二）短期邊際成本與短期平均總成本

短期邊際成本告訴我們當廠商要增加一單位產量時所需增加的成本，（**表**11-1）中短期邊際成本可以由短期變動成本（第二欄）或短期總成本（第三欄）計算而得。例如，從2單位的產量增加至3單位之邊際成本是20，因為廠商的變動成本由78增加至98。生產總成本也增加20，從128增加到148，總成本與變動成本之差別，就在於固定成本，而固定成本並不隨著產量做改變。

短期平均總成本（short-run average total cost，**簡稱**SATC）與短期平均成本（SAC）及平均經濟成本三個名詞經常交換使用，指的是一個廠商的短期總成本除以產出水準STC/q。例如，每次生產5單位的平均總成本是36，也就是180除以5。基本上來說，平均總成本告訴我們生產的每單位成本。

短期平均總成本包括了兩部分，即**平均固定成本**（average fixed cost），是固定成本（表中第一欄）除以總產量（即＝

表11-1　廠商的短期成本結構

產出水準	固定成本（FC）(1)	短期變動成本（SVC）(2)	短期總成本（STC）(3)	短期邊際成本（SMC）(4)	平均固定成本（AFC）(5)	短期平均變動成本（SAVC）(6)	短期平均總成本（SATC）(7)
0	50	0	50	—	—	—	—
1	50	50	100	50	50	50	100
2	50	78	128	28	25	39	64
3	50	98	148	20	16.7	32.7	49.3
4	50	112	162	14	12.5	28	40.5
5	50	130	180	18	10	26	36
6	50	150	200	30	8.3	25	33.3
7	50	175	225	25	7.1	25	32.1
8	50	204	254	29	6.3	25.5	31.8
9	50	242	292	38	5.6	26.9	32.4
10	50	300	350	58	5	30	35
11	50	385	435	85	4.5	35	39.5

FC/q）。例如，生產4單位的平均固定成本是12.5。因為固定成本是常數，所以平均固定成本會隨產量增加而降低。**短期平均變動成本**（short-run average variable cost，**簡稱SAVC**）是短期變動成本除以總產量（SVC/q），生產5單位的平均變動成本是26，也就是130除以5。

（三）短期邊際成本與短期邊際產出

（表11-1）說明短期變動成本及短期總成本會隨產出而增加，這些成本增加的比例，取決於生產過程的特性，特別是生產涉及變動要素報酬遞減的程度。回顧前面章節所討論，勞動邊際產量下降時，所產生的勞動報酬遞減，若勞動是唯一的變動要素，當我們增加廠商的產量時會如何？要生產更多的產量，廠商必須雇用更多的勞動，然後如果勞動的邊際產量隨著所僱用的勞動數量增加而快速遞減時，為生產此一較高的產量，其所需花費的支出愈來愈多。因此當產量增加時，變動及總成本快速增加。相反的，如果勞動的邊際產量隨著勞動數量增加而少量減少，則當產量增加時，成本不會增加的那麼快速。

（四）分析小結

以下分析生產與成本之間的關係，並將焦點放在廠商的成本，此一廠商可以用固定的工資率雇用任何數量的勞動。記得短期邊際成本SMC是每一單位產量改變時，短期變動成本的改變（即 $=\triangle SVC/\triangle q$），但短期變動成本是額外勞動的每單位成本w，乘以額外勞動的數量$\triangle L$，故我們可得出下列關係式（11-7）：

$$SMC = \Delta SVC / \Delta q = \omega \cdot \Delta L / \Delta q \tag{11-7}$$

回想勞動邊際產量MP_L是每單位勞動投入的改變所造成的

產量改變（$\triangle q/\triangle L$），因此要得到額外一單位產量所需要的額外勞動，就是$\triangle L/\triangle q = 1/MP_L$。

因此，可進而得出如下（11-8）的結果：

$$SMC = \omega / MP_L \qquad\qquad (11\text{-}8)$$

式（11-8）表示在短期，邊際成本等於變動投入的價格除以其邊際產量。例如，假設勞動的邊際產量是3，而工資率是每小時30，故一小時的勞動會增加產量3個單位，因此1個單位的產量需要1/3小時的勞動，也就是需要10的成本。生產每單位該產品的邊際成本是10，即工資30除以邊際勞動力的產量3。低的勞動邊際產量，代表為生產更多的產量需要大量額外的勞動，此會造成高的邊際成本。高邊際產量代表了對勞動的要求較低，而邊際成本也較低。一般而言，當勞動的邊際產量下降時，生產的邊際成本就上升，反之亦然。

三、短期成本曲線的推導

（一）短期總成本、平均成本與邊際成本

由（表11-1）之資料，可進一步瞭解各項成本的關係。在產量增減時，固定成本總數保持50不變，變動成本與總成本隨著產量增減而變化，平均固定成本隨產量增加而下降，邊際成本、平均成本、平均變動成本均隨著產量增加呈現先降後升的趨勢。根據（表11-1）的資料，我們可以描繪成如（圖11-2）所示的成本曲線。

（圖11-2）描繪有短期邊際成本（SMC）、短期平均成本（SAC）、短期平均變動成本（SAVC）曲線。由圖中可以看到，短期邊際成本、短期平均成本、短期平均變動成本，雖全數隨產量的增加而先降後升，呈U型曲線，但這三條曲線有著明顯區

圖11-2　短期總成本、平均成本與邊際成本的關係

別。由於短期平均變動成本不含平均固定成本，故小於短期平均成本，因此，SAVC曲線在SATC曲線的下方，且其最低點比SATC線的最低點較早來臨。短期平均變動成本SAVC在產量為7時，達到最低點25；短期平均成本SATC在產量為8時，達到最低點31.8。

　　如果短期邊際成本小於短期平均變動成本（或短期平均成

本）時，則短期平均變動成本（或短期平均成本）會下降；反之，如果新增加的1單位產品的短期總成本增量大於短期平均變動成本（或短期平均成本）時，則短期平均變動成本（或短期平均成本）會上升。所以，短期邊際成本變動比短期平均變動成本（或短期平均成本）變動來得快，例如，短期邊際成本在產量為4時，就已達到最低點14。

　　短期平均固定成本隨產量的增加而下降，也就是說當產量愈多時，其分攤單位產品的固定成本會愈少；短期平均變動成本變化呈U型趨勢。短期平均成本開始時隨產量增加而下降，當產量增加至相當程度後，則會隨產量增加而增加，參考（圖11-2）的SATC曲線。

　　短期邊際成本的變化呈現U型趨勢，在產量增加的最初階段，短期邊際成本隨產量增加而呈下降趨勢，當產量增加到相當程度後，短期邊際成本會隨產量增加而上升，參考（圖11-2）中的SMC曲線。

（二）短期成本線關連

　　短期邊際成本變化趨勢的此一特點，成為決定供給數量的關鍵因素，廠商生產時都會考慮短期邊際成本的變化趨勢，以決定產品的生產量。更一般化的短期總成本、短期平均成本與短期邊際成本，繪於（圖11-3）中。針對這些短期成本線的關係，簡短地歸納如下三點：

（1）STC線或SVC線任意一點切線的斜率，即為該點對應的SMC，此由於SMC＝ΔSTC/Δq＝ΔSTVC/Δq。因此，當STC線或STVC線處於轉折點時，即對應於（圖11-2）產出為4，SMC線達最低點。

（2）STC線上任一點與原點連線的斜率，為該點對應的SATC；SVC線上任一點與原點連線的斜率，為該點對應的SAVC；FC線上任一點與原點連線的斜率，為該點

對應的SAFC。因此，（圖11-2）中的SATC線、SAVC線，分別於產出為8、7時達到最低點。

(3) 當SMC低於SATC，SATC線處於遞減階段；當SMC高於SATC，SATC線處於遞增階段。同理，當SMC低於SAVC，SAVC線處於遞減階段；當SMC高於SAVC，SAVC線處於遞增階段。因此，SMC曲線與SAVC、SATC線，相交於SAVC、SATC的最低點。

四、邊際報酬遞減法則

邊際報酬遞減代表當勞工雇用數增加時，勞動的邊際產量減少。於是，當邊際報酬遞減時，邊際成本將隨著產出增加而增加，此可由（表11-1）中邊際成本的資料看出。產量由0到4時，短期邊際成本遞減，產量由4到11時，短期邊際成本遞增，此為邊際報酬遞減的反映。

（圖11-2）說明不同的成本如何隨著產出變動而變動，圖形的上半部顯示短期總成本、短期變動成本與固定成本；下半部顯示短期邊際成本與短期平均成本。這些依（表11-1）的資訊所顯示的短期成本曲線，提供了不同的訊息。觀察（圖11-2）（a）可知，在水平線的固定成本FC為50，並不會隨著產量而變動。當產量為0時，短期變動成本VC是0，但會隨著產量的增加而持續增加。短期總成本線STC是由固定成本曲線與短期變動成本曲線垂直加總而得，因固定成本是不變的，所以短期變動成本及短期總成本之間的垂直距離永遠是50。

（圖11-2）（b）顯示對應的短期邊際及短期平均變動成本曲線，因為總固定成本是50，平均固定成本曲線AFC會持續由50降至0。所剩下的短期成本曲線的形狀，是由短期邊際及短期平均成本曲線間的關係而決定。當短期邊際成本在短期平均成本之下時，短期平均成本曲線往下降；當短期邊際成本在短期平

均成本之上時，短期平均成本曲線往上升；當短期平均成本是最小值時，短期邊際成本等於短期平均成本。

在（表11-1）中，當產量為5時，短期邊際成本18低於短期平均變動成本26，短期平均成本會隨產量增加而下降。但是當短期邊際成本是29時，因係大於短期平均成本25.5，故短期平均成本隨產量增加而上升。最後當短期邊際成本25及短期平均成本25相同時，短期平均變動成本25保持不變。

SATC曲線顯示生產的短期平均總成本，因為短期平均總成本是短期平均變動成本及平均固定成本的總和，且AFC曲線在每個地方都是往下降的，故當產量增加時，SATC及SAVC曲線的垂直距離會減少。SAVC成本曲線與SATC曲線相比，前者在較低的產量達到最低點，這是因為SMC＝SAVC發生在SAVC的最低點b'，且SMC＝SATC發生在SATC的最低點c'。又因SATC永遠大於SAVC，且短期邊際成本曲線SMC是往上升的，故SATC曲線的最低點c'，必須在SAVC曲線最低點b'的右方。

若以另一種方式來瞭解短期總成本曲線、短期平均與短期邊際成本曲線之間的關係，可觀察（圖11-2）（a）中，點a為短期總成本曲線的反曲點，該點對應的短期邊際成本點a'為最低值。另由原點到b點的連線，其斜率所衡量的是短期平均變動成本。SVC曲線上的斜率代表短期邊際成本，當產量是7時，此射線與SVC曲線相切於b點。因為短期平均變動成本在此產量時最小，放在b點短期邊際成本是25，等於短期平均變動成本的25。

值得注意的是一個廠商的產量，可以用流量來衡量。因廠商每年生產某特定的數量，故其短期總成本可以是一個流量，例如，每年一定數量的金額，短期平均及邊際成本是以每單位的金額來衡量。為求簡單起見，我們將時間因素丟掉，只考慮總成本的金額及產量的單位數，但我們應記得廠商的生產及成本花費是發生在特定的時段裡。同樣為了簡化，我們只使用短期成本來代表短期總成本，使用短期平均成本來代表短期平均

總成本。

　　短期邊際及短期平均成本是重要的觀念，對於在需求情況有相當變動之環境內運作的廠商而言，瞭解短期成本的資訊是特別重要的。如果廠商目前的產量是短期邊際成本急遽的增加，且需求在將來也可能會增加，則此廠商可能會擴充產能以避免較高的成本。

11.3 長期成本函數與曲線

　　就長期而言，廠商可以改變他所有的投入。在本章節中將探討如何選擇各種不同組合的投入，以使特定產出下的生產成本達最小化。本章節並將探討長期成本與產量間的關係。我們先仔細說明廠商使用資本設備的成本，然後再分析此成本如何與勞動成本一起進入生產決策。

一、資本設備的使用者成本

　　廠商常常租用生產過程中，所使用的設備、廠房與其他資本設備，而有些時候，資本設備是買來的。在我們的分析中，最好都假設為租的，因為在經濟上，即使該公司能夠一次付出巨額費用，此項購買總價也會依其使用年限逐年分攤。如此可使該公司以年為基礎，來比較收益與成本。到目前為止，我們忽略了一項事實，即若不購買該設備，廠商可以用購置的款項來賺取利息；此項未賺到的利息屬於機會成本，應該要計入。因此，資本設備的**使用者成本**（user cost of capital），即擁有並使用該設備的年成本，等於經濟折舊與若將資金用於他處所應賺取利息之和。如下公式所示：

資本設備的使用者成本＝經濟折舊＋（利率）（資本設備價值）

　　長期來說，廠商可以改變他所有的投入。現在我們將探討如何選擇各種不同組合的投入，以使特定產出下的生產成本最小化。然後，再進一步探討長期成本與產量間的關係。

二、成本最小的投入選擇

　　現在分析所有廠商都會面對的基本問題：如何在產量固定下選擇成本最小的投入。簡單而言，對應兩種變動投入：勞動（以每年工作時數來衡量）及資本（以每年機器使用時數來衡量）。廠商雇用勞動與資本的數量，決定於投入的價格。假設兩種投入都在競爭市場中，故廠商無法影響其價格。因此，勞動的價格就是工資率w，而資本的價格為何呢？

　　資本的價格在長期，廠商可以調整其資本的使用量。即使資本設備中，包括沒有其他用途的特殊機器設備，此設備的支出也還不算是沈入成本，而必須被計入長期成本，廠商會決定未來需要多少資本設備。然初期花費大量支出於資本設備是必須的，此與勞動支出不同。為了要比較廠商在資本設備上的支出與進行中的勞動成本，我們將資本支出以流量表示，即每年花費的金額。資本支出必須依使用年限分攤，並將其若投資於他處所能賺得的利息計入。這正是我們之前計算資本設備使用者成本的方式。如前所述，資本的價格就是其使用者的成本，即等於折舊率加利率。

三、資本設備的租金費率

　　有時候資本設備是租賃而非購買的，例如，辦公大樓中的辦公空間，其價格是**租金費率**（rental rate），即每年租用一單位的成本。當我們決定資本設備的價格時，是否要區分資本設備是買的或租的？不需要。如果資本市場是競爭的，租金費率應

該等於使用者成本。因為在競爭市場中，擁有資本設備的廠商預期可將其出租以賺取競爭下的報酬，此報酬包括將資金用於他處也能賺得的利益，加上補償資本設備折舊的金額。此種競爭下的報酬，就是資本設備使用者的成本。

一般常簡單假設，所有資本設備都以租金費率r出租。此種假設是合理的，但是你應該瞭解為什麼這樣假設：購買資本設備，可以當作是以租金費率租用，並等於資本設備使用者的成本。因此，本章節的其餘部分將假設廠商以租金費率租用所有的資本設備，或者說資本設備的價格為r，就像以工資率雇用勞動時的價格為w一樣。現在我們可以討論廠商如何將這些價格納入考量，並決定如何使用資本與勞動。

四、長期成本與曲線

在長期成本分析中，與規模產量增加相對應的有：**長期總成本曲線**（long-run total cost curve，**簡稱LTC**）、**長期平均成本**（long-run average cost，**簡稱LAC**）及**長期邊際成本**（long-run marginal cost，**簡稱LMC**）等。從長期總成本可以推導出長期邊際成本與長期平均成本，長期平均成本可以由短期平均成本求得。

（一）長期總成本

長期總成本指廠商長期在各種不同產量條件下，經由改變生產規模所能達到的最低總成本。在長期來看，廠商可以對全部生產要素的投入量進行調整，改變企業的生產規模，故廠商總是可以在每一個產量選擇較佳的生產規模進行生產。長期總成本曲線（LTC）的變化與短期總成本（STC）曲線的變化是一樣的，隨著產量增加，開始時增加的速度稍緩，以後增加的速度稍快。但產量等於零時，長期總成本等於零，所以長期總成本曲線的起點

圖11-3　長期總成本曲線

是原點，如（圖11-3）長期總成本曲線所示。當產量增加時，長期總成本也會增加。長期總成本曲線是由一組短期總成本曲線如 STC_1、STC_2 與 STC_3，且針對產量從其中做比較，選出最低之短期總成本部分所形成的**包絡曲線**（envelope curve）。

（二）長期平均成本

在長期下，針對每一個產量水準，生產之規劃必須要能使單位成本達到最低。茲將長期平均成本（LAC）定義為（11-9）式：

$$LAC = LTC/q \qquad\qquad (11-9)$$

長期總成本曲線可以透過短期總成本曲線求得，同理，長期平均成本曲線也可以透過短期平均成本曲線求得。

（三）長期與短期平均成本的關係

（圖11-4）以平均成本為例說明，長期平均成本與短期平均

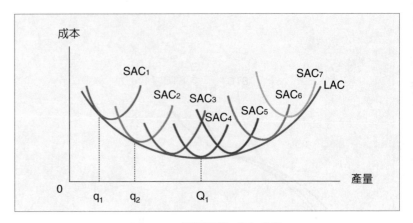

圖11-4　長期平均成本曲線

成本的關係。生產者根據產量的大小來決定生產規模，其目標是要使平均成本降至最低。

短期平均成本曲線（SAC）表示廠商在最初較小生產規模下，所達到的平均成本曲線。在產量為q_1時，要選擇SAC_1這一規模，此時平均成本最低，如果選擇SAC_2這一規模，則平均成本較高。當產量為q_2時，則要選用SAC_2這一規模，依此類推。在廠商透過調整生產要素來擴大生產規模後，就會達到另一條新的較前為低的短期成本曲線SAC。

假設廠商連續多次擴大生產規模，就會相對應有較多的短期成本曲線：當生產規模報酬處於遞增階段時，各條短期成本曲線依次遞減，當生產規模報酬處於遞減階段時，各條短期成本曲線依次遞增。所有這些短期成本曲線先降後升的趨勢，決定了長期平均成本的走勢亦是先降後升。由於長期間可供廠商選擇的生產規模很多，理論上可以假定生產規模是可以無限細分，就可以有無數條SAC曲線，從中可求得長期平均成本曲線，該曲線同所有的短期平均成本線相切，並從下面包圍各條短期平均成本曲線，LAC曲線為各條SAC曲線的包絡曲線。

長期平均成本曲線變動會經歷成本遞減、成本不變與成本

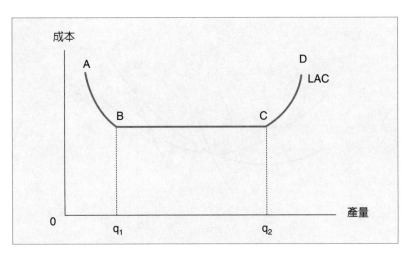

圖11-5　長期平均成本曲線的形狀

遞增三個階段，如（圖11-5）所示。在AB階段，LAC隨著產量的增加而遞減；在BC階段，LAC不因產量增加而改變；在CD階段，LAC隨著產量的增加而遞增。

　　長期平均成本曲線的特徵，是由長期生產中的規模報酬遞增，規模報酬固定及規模報酬遞減所決定的。由於在長期中全部生產要素均可以隨時調整，從規模報酬遞增到規模報酬遞減，有較長的規模報酬不變階段，所反映的是製造產業的生產特徵。

（四）長期邊際成本

　　長期邊際成本曲線（LMC）是由短期邊際成本曲線（SMC）所決定的，故可以從短期邊際成本曲線推導出來。在（圖11-6）中，每一個代表最適生產規模的短期平均成本曲線上，都有一條相對應的短期邊際成本SMC曲線。廠商生產產品的數量由邊際成本決定，在q_1產量，短期邊際成本為aq_1。由於SAC_1曲線與SMC_1曲線代表在長期中，生產該產量的最適生產規模，所以aq_1既是短期邊際成本也是長期邊際成本，即$LMC＝SMC_1＝aq_1$。

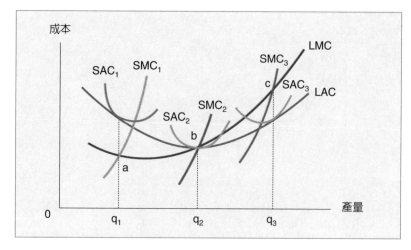

圖11-6　長期邊際成本曲線

在生產規模可以無限細分的條件下，可以得到無數個類似與a、b與c的點，以及對應的長期邊際成本，將這些點連結起來，即可得到一條較為平滑的長期邊際成本曲線。

　　長期平均成本與長期邊際成本之間的關係，以及與短期平均成本、短期邊際成本的關係，具有相同特點，即當LAC處於下降階段時，LMC一定處於LAC之下方；當LAC處於上升階段時，LMC一定處於LAC的上方；而LMC與LAC必定相交於LAC曲線的最低點。

（五）等成本線

　　首先我們討論廠商雇用因素投入的成本，此可由**等成本線**（isocost line）來表示。一條等成本線，包括由一固定金額的總成本，所可以買到的各種勞動及資本的不同組合。要瞭解什麼是等成本線，讓我們回顧生產任一特定產量的總成本C，可由廠商的勞動成本wL，以及其資本成本rK的加總而得，如（11-10）式：

$$C = wL + rK \qquad (11\text{-}10)$$

對於每一個不同的總成本，式（11-26）有一條不同的等成本線。如果將總成本方程式重寫，並以直線來表示，可得如下（11-11）式：

$$K = C/r - (wL)/r \qquad (11\text{-}11)$$

等成本線的斜率是 $\triangle K/\triangle L = -(w/r)$，即工資率與資本的租用成本之比，此斜率很類似於消費者所面對的預算線斜率。這告訴我們如果廠商放棄一單位的勞動（在成本上省下w），而以每單位r元購買w/r單位資本，其生產總成本會保持不變。例如，工資率是10，而資本的租用成本是5，廠商可以將1單位之勞動，以2單位的資本取代，而總成本保持不變。

11.4 規模經濟

一、規模經濟

就長期而言，當產量改變時，廠商可能會想要改變投入的比例。當投入比例改變時，規模報酬的觀念就不再適用。長期平均成本曲線形狀取決於內部因素，廠商若因消費者擴增需求而擴大生產規模時，長期平均成本曲線將隨著產量增加而下降，如（圖11-7）所示，廠商的生產量從 q_1 增加為 q_2 時，其長期平均成本曲線呈現為 $\overline{AB}$ 曲線型態，顯示該廠商具有**規模經濟**（economies of scale）的特性。若長期平均成本隨產量增加而增加，則為**規模不經濟**（diseconomies of scale）的階段，如（圖11-7）中產量大於 q_3 後，長期平均成本從C點以後開始遞增的 $\overline{CD}$ 曲線型態；在 q_2 與 q_3 之間的產量下，長期平均成本則維持不變，我們稱之為規模報酬不變。

規模經濟
economies of scale

長期平均成本曲線將隨著產量增加而下降，顯示該廠商具有規模經濟的特性。

規模不經濟
diseconomies of scale

若長期平均成本隨產量增加而增加，則為規模不經濟的階段。

圖11-7　規模經濟與規模不經濟

　　規模報酬遞增是規模經濟的一個特殊狀況；規模經濟比較一般化，因為當廠商改變產量時，它允許投入組合的改變，在此更一般化的情形下，U形的長期平均成本曲線，與廠商在較低產量下所面對的規模經濟，以及較高產量下的規模不經濟是一致的。

　　規模經濟通常會以成本／產量彈性E_C來衡量，而E_C是產量增加百分之一，所造成生產平均成本變動的百分比，如（11-12）式所示：

$$E_C = (\triangle C/C) / (\triangle q/q) \tag{11-12}$$

　　要瞭解E_C與傳統上對成本所作的衡量有何相關，可以將（11-12）的公式寫成（11-13）式：

$$E_C = (\triangle C/\triangle q) / (C/q) = MC/AC \tag{11-13}$$

　　由（11-13）式可發現當邊際成本等於平均成本時，$E_C = 1$，成本會隨產量增加而按比例增加，此時既不是規模經濟，也不是規模不經濟（如果投入比例是固定時，則為固定規模報

酬）。在規模經濟情況下（成本增加的比例小於產量的增加），邊際成本小於平均成本（兩者都是遞減），則$E_C<1$。最後，當規模不經濟時，邊際成本大於平均成本，故$E_C>1$。

二、內部規模經濟

產生規模經濟的原因，可分爲內部與外部因素，由於廠商本身有利因素所造成的結果，稱爲**內部規模經濟**（internal economies of scale），而由本身不利因素所造成的結果，稱爲**內部規模不經濟**（internal diseconomies of scale）。至於，由於廠商本身以外有利因素所造成的結果，稱之爲**外部規模經濟**（external economies of scale），而由於外部不利因素所造成的結果，稱爲**外部規模不經濟**（external diseconomies of scale）。

導致內部規模經濟的因素，可概分下列幾點（王鳳生，2004）：

（一）技術經濟

一般而言，技術經濟指分工與專業程度的提升。在大公司，通常比較能發揮分工（division of labor）的好處。例如，若只是要一個小產出，我們就不可能完整地訓練一個員工，去從事一個製程或一樣工作。然而，當產出提高，提升專業程度就會顯得有其必要。當員工對某一個活動的專業性提高，他的生產力相對地就增加了。

（二）管理經濟

公司通常能擁有專業的管理幕僚，每一個幕僚都有專精的領域，但是小公司就無法這樣做，而管理成本將不會跟公司的規模成比例的上漲。例如，當公司規模增加到兩倍時，卻不一定需要增加幕僚人數到兩倍，這將會降低每一產出的平均管理成本。

（三）行銷經濟

行銷經濟可以由買與賣兩方面來說，當一個公司購買原物料時，其可能得到較好的待遇及較大的折扣，因為其採購量較大；而且一個大公司也可以用轉換至其他地方採購來威脅供應商，以獲得更好的折扣，如此一來，可使得單位成本降低。在賣的時候，可以指派專業的銷售人員，通常比較可能獲得較大的訂單，行政、運輸、廣告、包裝的成本，也能因為大訂單而分散。

（四）風險承擔經濟

大製造商通常比較能分散風險，因為他們不需要把雞蛋放在同一個籃子裡。他們可以經由不同的供應商獲得原物料，而且比較能避免短缺的問題，大公司通常也比較能製造更多種類的產品。

（五）資本使用經濟

大廠商有較多的資金來購買品質良好、效率高的機器設備，因而可以降低其單位成本。

（六）規模報酬遞增

在長期營運時，當廠商擴大生產規模，經由各方的良好配合，往往能夠使得總產出增加的比例大過於生產要素增加的比例，這種情況我們稱之為規模報酬遞增，此時長期平均成本必然下降。另一種情形是總產出增加的比例，剛好等於生產要素增加的比例，則我們稱之為規模報酬不變。

三、內部規模不經濟

在擴大生產規模時，有時也會因廠商本身的因素，而導致

長期平均成本上升，我們稱之為**內部規模不經濟**（internal diseconomies of seale），其原因有可能為：

（一）規模報酬遞減

在擴大生產規模時，若總產出增加的比例小於生產要素增加的比例，則我們稱之為規模報酬遞減。也就是說，在擴大生產規模後，若所有生產要素均增加一倍的使用量，但是總產出的增加量卻不及原先的一倍時，我們就稱這種情形為規模報酬遞減。在其他情況不變之下，此時的長期平均成本當然是增加的。

（二）管理不經濟

若公司採集權式管理，隨著公司規模的擴大，組織變得龐大複雜，使管理層級增加，造成訊息傳遞困難，且監督考核指示成本上升，加以各部門的控制與協調失靈，將會降低管理效率，此時會使長期平均成本增加。

當內部規模經濟的程度大過於內部規模不經濟之程度時，會使長期平均成本遞減；反之，將使長期平均成本遞增。一般而言，在擴大生產規模之初，廠商通常處於前述的階段，當產量達到某一水準時，則會處於後面的階段，故長期平均成本曲線會呈先降後升的U型曲線。

四、外部規模經濟

由於廠商本身以外的因素改變，如產業因素與整體經濟環境變動，常會影響廠商的長期平均成本。例如，廠商支付原料等投入要素的價格，可能會隨著需求量的多寡而改變。擁有議價能力的個別廠商，也可以由要素供給者處獲得較大折扣。此外，投入要素的價格也會視整個產業擴張的結果而定，如果要素需求提升可以使要素供給者達到經濟產量，進一步降低要素

價格，使長期平均成本向下偏移，即為**外部規模經濟**（external economies of scale）。

反之，由於產業的擴展，對某些要素需求量增加反而促使要素價格上升，例如，勞動投入的支付價格，會因勞動需求增加而上升。其原因是當產業擴展時，勞動力相對不足，廠商必須提供更多誘因才能吸引其他廠商的勞工前來，並留住自己的勞工。這種因產業擴展，勞動力需求增加，使得勞動投入的支付價格上升，此現象即是一個**外部規模不經濟**（external diseconomies of scale）的例子，個別廠商的長期平均成本向上偏移。

11.5 範疇經濟

一、範疇經濟意涵

許多廠商生產一種以上的產品，有時廠商的產品會跟其他產品緊密相關，例如，養雞場會生產雞肉與雞蛋，汽車廠會生產汽車與貨車，大專院校會提供教學與研究。但有些時候，廠商生產的東西並不相關。然而不論何種情形下，當廠商生產兩種以上的產品時，會具備某些生產或成本上的優勢。這些優勢可能來自於投入或生產設備的共同使用，或共同行銷，或由於相類似的行政工作而減少成本。在某些情形下，生產一種產品會自動產生另一種對廠商有價值的副產品，例如，薄金屬板的製造商，在生產薄金屬板時，也會生產出可供轉賣的廢鐵與鐵片。

二、產品轉換曲線

為研究聯合生產的經濟利益，我們假設有一家汽車廠生產兩種產品，即汽車與貨車。兩種產品都需使用資本（工廠與機

器）及勞動作爲投入，汽車與貨車通常會在同一個工廠生產，但它們可以共用相同的管理資源，且此兩者的生產通常倚賴類似的機器與技術勞力，公司的管理者必須決定每種產品的產量。（圖11-8）說明兩條**產品轉換曲線**（product transformation curve），每條曲線顯示以一定的勞動及機器之投入，所生產不同組合的汽車及貨車。曲線T_1說明能以較低的投入水準所生產的兩種產品之所有組合；曲線T_2說明兩倍投入所對應的生產組合。

產品轉換曲線
product transformation curve

產品轉換曲線顯示以一定的勞動及機器之投入，所生產不同組合的兩種財貨（汽車及貨車）。

產品轉換曲線是負斜率的，因爲要增加其中一種產品時，廠商必須放棄部分的另一種產品。例如，一個廠商如果強調汽車的生產時，則必須投入較少的資源來生產貨車。在此情形下，曲線T_2與原點的距離，是兩倍於T_1與原點的距離，代表廠商在生產兩種產品的過程時，有固定規模報酬的現象。

如果曲線T_1爲一條直線，則聯合生產將不會造成任何獲益（或損失）。由一家比較小的公司專門生產汽車，以及另一家公

圖11-8　範疇經濟與產品轉換曲線

司專門生產貨車，和另一家生產兩種產品的公司其產量會是相同的。然產品轉換曲線是往外彎的，或謂凹向原點（concave to the original point），因聯合生產通常會有一些優勢，使得單一公司可以使用相同的資源，但比兩家各自生產一種產品的公司，能生產更多的汽車及貨車。這些生產優勢涉及對投入的聯合享用，統一管理通常比分開管理更能有效率安排生產，以及處理會計、財經方面的問題。

三、範疇經濟與範疇不經濟

範疇經濟
economies of scope

單一廠商同時生產兩項以上物品與服務的成本，比分別由專業廠商生產的成本更低廉，廠商的生產存在範疇經濟。

範疇不經濟
diseconomies of scope

如果廠商的聯合產量少於兩家廠商所個別生產的產量，則生產過程就有範疇不經濟。

單一廠商同時生產兩項以上物品與服務的成本，比分別由專業廠商生產的成本更低廉，廠商的生產存在**範疇經濟**（economies of scope）。導致廠商生產出現範疇經濟的原因，可能是來自多元化的經營策略、營運範疇的擴大、資源的分享、投入要素的共同、統一管理的效率、財務會計的優勢，導致生產成本降低的效果。

一般來說，範疇經濟通常是指當一家公司的聯合產量，大於兩家不同公司各自生產單一產品的產量。如果廠商的聯合產量少於兩家廠商所個別生產的產量，則生產過程就有**範疇不經濟**（diseconomies of scope）。這種情形會發生在，當所生產的一種產品會與第二種產品相衝突時。

假設某公司只生產甲財貨的成本為$C(q_1)$，只生產乙財貨的成本為$C(q_2)$，若同時生產甲財貨與乙財貨的總成本，以$C(q_1, q_2)$來表示。如果$[C(q_1) + C(q_2)] > C(q_1, q_2)$，則該廠商同時生產甲財貨與乙財貨，就存在範疇經濟的特性。

在日常生活中，有許多產業可發現存在範疇經濟的現象。例如，波音公司建造多種不同的機型，使各部門可以共同分享設計與製造技術的資源，共用專業的勞動力；航空業者會在同一航線上提供不同等級的服務，或提供各種不同的航線。在數

位經濟時代，中華電信公司透過一條光纖提供客戶聲音與視訊的服務。在虛擬通路上，像Amazon或國內金石堂網路書店，除了賣書外，亦能輕易地在網路銷售光碟或玩具等。範疇經濟說明在不同的產業中，許多廠商會生產各種不同產品的現象。

範疇經濟與前述規模經濟是兩個不同的概念，規模經濟是相對於「專業化」而言，範疇經濟則是相對於「多元化」而言，兩者並沒有直接的關聯，即使生產過程牽涉了規模不經濟，仍然可能會有範疇經濟。例如，同時生產長笛與短笛的廠商具有範疇經濟的特性，但由於該類產品的生產通常具有很高的專業性，因而大規模生產通常是規模不經濟的。同樣的，一個聯合產品的廠商，可能對每一種單獨產品有規模經濟，但卻沒有範疇經濟。又如想像一家很大的整合性公司，其有很多的廠商，這些廠商可以大規模有效的生產，但卻不能利用範疇經濟的優勢，因為他們是分開管理的（劉純之等譯，2002）。

四、範疇經濟的程度

範疇經濟的程度也可由研究一個廠商的成本來決定，如果一個廠商使用不同組合的投入而產量高於兩家獨立廠商所生產的，則單一廠商所生產的兩種產品，其成本會低於個別廠商所花費的成本。為衡量範疇經濟的程度，我們將探討當兩種產品聯合生產之成本與分別生產之成本所節省下的百分比。式（11-14）代表**範疇經濟的程度**（degree of economies of scope，簡稱SC），用來說明所節省的成本：

$$SC = \frac{C(q_1) + C(q_2) - C(q_1, q_2)}{C(q_1, q_2)} \qquad (11\text{-}14)$$

C（q_1）代表生產q_1的成本，C（q_2）代表生產q_2的成本，C（q_1, q_2）代表生產兩種產量的聯合成本。當產量單位是可以相加時，如汽車與貨車的例子，則式子變成C（$q_1 + q_2$）。在範疇經

濟情形下，聯合成本少於個別成本的總和，因此SC大於零。但在範疇不經濟的情形下，SC是負值。一般而言，SC的值愈大，範疇經濟成效就愈大。

 ## 11.6 層次經濟

當某一產業發展至成熟時，由於資訊流通與技術擴散，產業內相關廠商紛紛建立供應鏈系統及策略聯盟，使得專業分工的程度更加明顯，此時**層次生產**（sequential production）有助於廠商透過垂直整合而降低製造成本，達到**層次經濟**（economies of sequence）的效果。假設x為某產品的中間投入要素，q為其最終產品，生產的層次是由多個供應鏈中的上游廠商製造半成品x，其成本為C^U（x），產業內下游廠商搭配設備y，以生產q，其成本為C^D（x）。層次生產過程的最終產品，其成本函數為C（q）。就產品q及半成品x而言，當C^U（x）＋C^D（x）＞C（q）時，即顯現出該產業具有層次經濟之特性，產業內廠商間的整合程度提升，有助於降低最終產品的成本。

**層次生產
sequential production**

當某一產業發展至成熟時，由於資訊流通與技術擴散，產業內相關廠商紛紛建立供應鏈系統及策略聯盟，使得專業分工的程度更加明顯，此時層次生產有助於廠商透過垂直整合而降低製造成本，達到層次經濟的效果。

重點摘錄

+ 會計成本通常稱為外顯成本，是廠商支付外部資源提供者的代價，通常以原始會計憑證做為計價依據。

+ 經濟成本指經營活動中所使用的各項生產要素支出的總和，並不等於會計成本。經濟成本除了會計成本外，還包括並未計入會計成本中，有關廠商自有生產要素的報酬，稱為內隱成本。

+ 機會成本是廠商放棄將資源做最高價值運用之機會的成本。

+ 沉入成本是一種已經使用而無法再恢復的支出，沉入成本通常是看得見的，但當它發生後，一般在作未來的經濟決策時必須把它忽略不考慮。

+ 短期成本指短期內廠商無法變動某些生產要素，所形成的固定生產成本。

+ 長期成本是指廠商調整所有的生產要素，擴大規模條件下的成本。

+ 等成本線是為一固定金額的總成本，所可以買到的各種生產要素（勞動及資本）的不同組合。

+ 廠商長期平均成本曲線隨著產量增加而下降，顯示該廠商具有規模經濟的特性。若長期平均成本隨產量增加而增加，則為規模不經濟。

+ 如果要素需求提升可以使要素供給者達到經濟產量，進一步降低要素價格，使長期平均成本向下偏移，即為外部規模經濟。

+ 產品轉換曲線顯示：以一定的勞動及機器之投入，所生產不同組合的汽車及貨車。

+ 單一廠商同時生產兩項以上物品與服務的成本，比分別由專業廠商生產的成本更低廉，廠商的生產存在範疇經濟。

+ 當某一產業發展至成熟時，由於資訊流通與技術擴散，產業內相關廠商紛紛建立供應鏈系統及策略聯盟，使得專業分工的程度更加明顯，此時層次生產有助於廠商透過垂直整合而降低製造成本，達到層次經濟的效果。

▶▶ 重要名詞 ──────────────────────────────

會計成本（accounting cost）

外顯成本（explicit cost）

經濟成本（economic cost）

內隱成本（implicit cost）

機會成本（opportunity cost）

沉入成本（sunk cost）

短期成本（short-run cost）

長期成本（long-run cost）

總成本（total cost）

固定成本（fixed cost）

變動成本（variable cost）

平均成本（average cost）

邊際成本（marginal cost）

重置成本（replacement cost）

可避成本（avoidable cost）

增量成本（incremental cost）

現金支付成本（out-of-pocket cost）

現金成本（cash cost）

直接變動成本（direct variable cost）

門檻成本（threshold cost）

共同成本（common cost）

聯合成本（joint cost）

設算成本（imputed cost）

短期總成本（short-run total cost）

短期平均成本（short-run average cost）

短期邊際成本（short-run marginal cost）

短期平均總成本（short-run average total cost）

平均固定成本（average fixed cost）

短期平均變動成本（short-run average variable cost）

使用者成本（user cost of capital）

租金費率（rental rate）

長期總成本曲線（long-run total cost curve）

長期平均成本（long-run average cost）

長期邊際成本（long-run marginal cost）

包絡曲線（envelope curve）

等成本線（isocost line）

規模經濟（economies of scale）

規模不經濟（diseconomies of scale）

內部規模經濟（internal economies of scale）

內部規模不經濟（internal diseconomies of scale）

外部規模經濟（external economies of scale）

外部規模不經濟（external diseconomies of scale）

分工（division of labor）

產品轉換曲線（product transformation curve）

凹向原點（concave to the original point）

範疇經濟（economies of scope）

範疇不經濟（diseconomies of scope）

範疇經濟的程度（degree of economies of scope）

層次生產（sequential production）

層次經濟（economies of sequence）

問題討論

1.何謂會計成本？試研析之。

2.何謂經濟成本？試研析之。

3.下列何者是內隱成本？何者是外隱成本？

　（1）員工薪水

　（2）銀行貸款

　（3）老闆自己的車庫

　（4）自己的儲蓄，做為創業之用

4.何謂機會成本？試研析之。

5.何謂沉入成本？試研析之。

6.何謂等成本線？試研析之。

7.何謂規模經濟？何謂規模不經濟？試研析之

8.何謂產品轉換曲線？試研析之。

9.何謂範疇經濟？試研析之。

10.何謂層次經濟？試研析之。

11.請比較規模經濟、範疇經濟、層次經濟與學習曲線間的論述
　　差異所在？試研析之。

Chapter 12

廠商的決策行為

本章節探討廠商的決策行為，討論的議題有：廠商要素投入組合、擴張線與長期成本、長期及短期成本曲線、收益、利潤與利潤極大化、以及實證研究與分析。

12.1 廠商要素投入組合

一、特定產量下的成本極小

假設我們希望生產q_1的產量，應該如何做才能以最小的成本來達成呢？（圖12-1）中，q_1為廠商的等產量曲線，其問題是在等產量曲線上選擇一點，而使得總成本最小，而（圖12-1）顯示了此問題的答案。假設這廠商另花費C_0在投入上，很不幸

圖12-1　廠商成本極小化決策行為

的，沒有任何投入組合可以用C_0的花費，來使廠商達到q_1的產量。q_1的產量可以用C_2的花費來達成，不論是使用K_2單位的資本與L_2單位的勞動，或使用K_3單位的資本與L_3單位的勞動。但C_2不是最小的成本，相同的q_1產量可以用更低的成本來達成，即C_1，此時使用K_1單位的資本與L_1單位的勞動。

事實上，等成本線C_1是可以生產q_1的最低等成本線。等產量線q_1的切點，以及等成本線C_1上的e點，告訴我們成本最小的投入選擇是L_1及K_1，而此可直接從圖中看出。在此時，等產量線的斜率與等成本線的斜率相同。

當所有投入的支出增加時，等成本線的斜率並沒有改變，因為投入的價格沒有改變，但截距增加了。假設任何一種投入，如勞動的價格上升，則等成本線斜率（w/r）的絕對值將增加，並會使成本線變得更陡峭，（圖12-2）顯示出此種情況。起初等成本線是C_1，而廠商使用L_1的勞動力與K_1單位的資本，

圖12-2　投入價格改變所致投入要素間的替代

生產q_1而使成本在A點達到最低。當勞動價格上升時，等成本線變得更加陡峭。等成本線C_2反映了較高價格的勞動，面對此較高價格的勞動，廠商為了使成本最小化，改在f點生產q_1，並使用L_2單位的勞動及K_2單位的資本。廠商為回應較高價格的勞動，在生產過程中以資本來取代勞動，而這與廠商的生產過程有何關係呢？

回想當我們討論生產技術時，勞動對資本的$MRTS_{LK}$是等產量線斜率的負值，且等於勞動與資本邊際產量的比值，如（12-1）式：

$$MRTS_{LK} = \triangle K / \triangle L = -MP_L / MP_K \tag{12-1}$$

由前述，等成本線的斜率是$\triangle K / \triangle L = -w/r$，即當廠商以最低成本來生產某特定產出時，下面的情形就會成立，即：

$$MP_L / MP_K = w/r$$

重寫公式如（12-2）式所示：

$$MP_L / w = MP_K / r \tag{12-2}$$

MP_L / w是每增加一元的勞動投入所得到的額外產出；若工資率是10，而多雇用一位勞工會增加產出20單位，則每元的勞動投入所帶來的額外產出為20/2＝10單位。同理，MP_K / r是每增加一元的資本投入所得到的額外產出。因此，式（12-2）告訴我們成本極小化的廠商，應該選擇投入的數量，使生產過程中任一投入所增加的最後一元價值，能產生相同的額外產出。

為什麼成本極小化必須使（12-2）式成立呢？假設除了工資率為10之外，資本的租金為2，而且每增加一元的資本投入所得到的額外產出亦為20單位。此時，每元的資本投入所帶來的額外產出為20/2＝10單位。因為每元花費在資本設備的生產力，是五倍於每元花在勞動的生產力，廠商的做法會傾向於多用資本少用勞力。若廠商減少勞力而增加資本，勞動的邊際產量會

上升，資本的邊際產量會下降。最後一定會有一點，使任何一種額外的投入所生產的額外產出之成本均相同。此時。廠商的成本達到極小化。

二、變動產量下的成本極小

　　上一節已說明在特定產量下，成本極小化廠商如何選擇各種不同的投入組合來生產。現將此分析延伸，以討論廠商的成本是如何決定於其產量。首先決定廠商對於每種產量的成本極小化之投入數量，然後再計算廠商的總成本。

　　成本極小化所產生的結果，如（圖12-3）所示。我們已經假設廠商可以每小時w＝10雇用勞工L，並以每小時r＝20租用一單位資本K。以這些投入成本，我們可畫出廠商的三條等成本線。每一條等成本以下式表示：

　　C＝（10/每小時）（L）＋（20/每小時）（K）

　　在（圖12-3）中，最低的線代表成本為1,000，中間的線為2,000，而最高的線代表成本為3,000。

　　在（圖12-3）（a）中，a、b、c每一點代表等成本線與等產量線的切點。例如，b點告訴我們，要以最低成本來生產200單位，必須選擇100單位勞動與50單位資本。此一組合位於2,000等成本線之上。同樣的，生產100單位的最低成本為1,000（在點a，L＝50，K＝25）；生產300單位的最低成本為3,000（在點c，L＝150，K＝75）。

　　通過廠商等成本線與等產量曲線切點的線，即為廠商的**擴張線**（expansion path）。此擴張線說明廠商在每種產出水準下，所選擇最低成本的各種不同勞動力及資本的組合。當產量增加而兩種投入的使用也增加時，此曲線將為正斜率。例如，當產量由100單位增至200單位時，資本由25增至50單位，勞動由50增至100單位。對每一產出水準，廠商使用的資本僅為勞動的一

擴張線
expansion path

通過廠商等成本線與等產量曲線切點的線，即為廠商的擴張線。此擴張線說明廠商在每種產出水準下，所選擇最低成本的各種不同勞動力及資本的組合。

半。因此，擴張線為一直線，其斜率等於△L/△K＝（-25）/
（100－50）＝ -1/2。

圖12-3　廠商的擴張曲線與長期總成本線

12.2 擴張線與長期成本

廠商的擴張線包含了與長期總成本線LTC（q）相同的資訊，此可見（圖12-3）（b）。由擴張線移向成本線，則有如下三個步驟：

(1) 選擇（圖12-3）（a）中，一條等成本線所代表的產出水準，然後找出等產量線與等成本線的切點。

(2) 由選定的等成本線，決定所選擇產出水準的最低成本。

(3) 畫出產出與成本的組合，如（圖12-3）（b）。

假設我們由產量為100單位開始，此100單位的等產量線與等成本線的切點，為（圖12-3）（a）的a點。因為a點位於1,000的等成本線上，故我們知道在長期要生產100單位的最低成本為1,000。現將100單位的產出與1,000的成本，畫在（圖12-3）（b）的a'點，故a'點代表以1,000的成本生產100單位。同理，b'點代表以2,000的成本生產200單位，此對應於擴張線上的b點。最後，c'點代表以3,000的成本生產300單位，並對應於c點。對每一產出水準重複上述步驟，可以得到（圖12-3）（b）的長期總成本線，即每一產出水準下的長期最低成本。

在（圖12-3）（a）中，我們看到與擴張線對應的長期總成本曲線，是由原點出發的直線。在這種固定規模報酬的情形下，生產的長期平均成本為固定的；意即當產量增加時，平均成本不會變動。若產量為100，長期平均成本是每單位1,000/100＝10。產量為200時，長期平均成本是每單位2,000/200＝10；產量為300時，每單位平均成本也是10。因為固定的平均成本代表邊際成本亦固定，故長期平均成本與邊際成本曲線，都可以用成本為每單位10的水平線來表示。

經濟分析：學理與實證
Economic Analysis: Theories and Practice

12.3 長期及短期成本曲線

　　在前面章節中，對應的短期平均成本曲線是U字型的，而長期平均成本曲線也是U字型，但這些曲線的形狀是由不同的經濟因素來解釋。在本章節中，我們將會討論長期平均成本及邊際成本曲線，並將強調這些曲線相對於短期曲線的不同處，以瞭解廠商的決策行為。

一、短期生產的僵固性

　　廠商所有的長期投入都是可變動的，因為其計畫期間夠長，所以允許改變工廠的大小，這也使得廠商可以用低於短期的平均成本來生產之可能性。要瞭解其原因，可以比較在短期中資本與勞動都是可變動的情形，以及資本及勞動都是固定的情形。

　　（圖12-4）說明廠商的生產等產量線，其中廠商的長期擴張線，是對應於（圖12-3）中由原點出發的直線。假設資本在短期是固定在K_1，為了要生產q_1的產量，廠商會選擇勞動等於L_1來使其成本最小化，並對應於$\overline{AB}$等成本線的切點。當廠商決定要增產到q_2時，僵固性就出現了。如果資本不是固定的，則可以用資本K_2及勞動L_2生產相同產量，其生產成本可以由等成本線$\overline{CD}$反映。

　　但是固定的資本迫使廠商在g點使用資本K_1，以及勞動L_3來增加產量，g點在等成本線$\overline{EF}$上，其比等成本線$\overline{CD}$有較高的成本。為什麼當資本固定時，生產成本較高呢？因為當廠商增加生產時，無法以較便宜的資本來取代較昂貴的勞動。此種僵固性反映在短期擴張線，即由原點延伸的線在當資本投入到達K_1時成為一條水平線。

圖12-4　短期生產的僵固性

二、長期平均成本

　　在長期中，資本數量可以改變，此會使得廠商能夠降低成本。要瞭解當廠商沿著擴張線移動時成本會如何，可以觀察長期的平均與邊際成本曲線。決定長期平均及邊際成本曲線的最重要因素，需視廠商是否有規模報酬遞增、固定或遞減而定。例如，假設一個廠商的生產過程，在各種產量上呈現固定的規模報酬，當投入加倍會導致產量加倍。因為當產量增加時，投入的價格保持不變，對所有的產量而言，生產的平均成本應該是一樣的。

　　假設廠商的生產過程是規模報酬遞增，加倍的投入會導致一倍以上的產量，則生產的平均成本會隨產量而降低，因為兩倍的成本會生產超過兩倍的產量。以相同的邏輯來看，如果生產過程是規模報酬遞減，則生產的平均成本會隨產量而遞增。

　　就長期而言，大部分廠商的生產技術，起先是呈現規模報酬遞增，而後是固定的規模報酬，最後是規模報酬遞減。

　　如（圖12-5）顯示一個典型的**長期平均成本曲線**（long-run average cost curve ，**簡稱LAC**），而與此種生產過程一致。長期平均成本曲線是U型的，正如**短期平均成本曲線**（short-run average cost curve，**簡稱 SAC**），但是此U形的曲線來源，是遞增與遞減的規模報酬，而不是生產過程中要素的報酬遞減。

　　長期邊際成本曲線（long-run marginal cost curve，簡稱LMC）是由長期的平均成本曲線所決定的，其衡量當產量逐漸上升時，長期總成本的變動。當LAC下降時，LMC是在長期平均成本線之下，當LAC上升時，LMC則在長期平均成本曲線之上。這兩條曲線相交於e點，此時長期平均成本曲線達到最小值。

圖12-5　長期平均與邊際成本

三、短期及長期成本的關係

　　（圖12-6）及（圖12-7）說明短期與長期成本間的關係。假

設廠商對於未來產品的需求是不確定的，且正在考慮三種不同的工廠規模，其短期平均成本曲線分別是SAC$_1$、SAC$_2$、SAC$_3$，如（圖12-6）所示。此決定非常重要，因為一旦工廠建立後，在一段時間內廠商無法改變工廠的大小。

（圖12-6）顯示長期的固定規模報酬。如果廠商期望生產q$_1$單位的產量，則應建立最小的工廠，其生產的平均成本是50；這是最小的成本，因為當兩者均是50時，短期邊際成本SMC$_1$與短期平均成本SAC$_1$相交。如果廠商要生產q$_2$的產量，中型的工廠最好，其生產的平均成本也是50。如果要生產出的產量，則最大的工廠是最好的。因為只有這三種大小的工廠，任何在q$_1$與q$_2$之間的生產選擇，將會導致生產平均成本的增加，如果選擇在q$_2$與q$_3$之間的產量，結果也是一樣。

什麼是廠商的長期成本曲線呢？在長期，廠商可以改變工廠的大小，因此若在一開始選擇生產q$_1$，且希望增加產量到q$_2$或q$_3$，則可以如此做而不會導致平均成本的增加。長期平均成本曲線可由短期平均成本曲線有橫線交叉的部分連接起來，因為這顯示任何產量的最低生產成本。長期平均成本曲線是短期平均成本曲線的**包絡曲線**（envelope curve），因為其包圍有短期平

圖12-6　固定規模報酬下的長期成本

均曲線。

　　現在假設有許多種工廠大小可供選擇，每個選擇都有一個短期平均成本曲線，而其最小值都是50，則長期平均成本曲線是這些短期平均成本曲線的包絡曲線。在（圖12-6）中，即為直線LAC，不論這廠商想要生產多少，其可以選擇工廠的大小，以及資本與勞動的組合，而以最低的平均成本50來生產。

　　在規模經濟及規模不經濟的情形下，其分析仍是相同的，但長期平均成本曲線不再是水平線。（圖12-7）顯示了三種大小工廠都可能被採用的典型例子；中型工廠的最小平均成本是最低的。長期平均成本曲線在一開始是呈現規模經濟，但在較高產量之下，則呈現規模不經濟。同樣的，交叉橫線顯示出所對應三種工廠大小的包絡曲線。

　　為釐清短期與長期成本曲線間的關係，可思考在（圖12-7）中想要生產q_1產量的廠商，如果要建立小型的工廠，短期平均成本曲線SAC_1是適當的，因此生產的平均成本（在SAC_1上的b點）是40，可見一個小型工廠比生產平均成本是50（SAC_2上的a

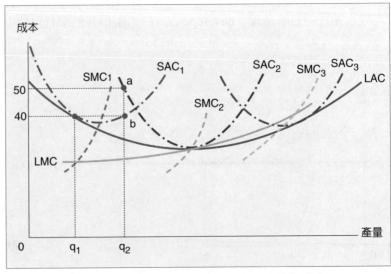

圖12-7　規模經濟與規模不經濟下的長期成本

點）的中型工廠要好。當只有三個工廠大小可以選擇時，b點就會成為長期成本函數裡的一點。如果有其他大小的工廠可供選擇，而且至少有一種工廠的大小，是可以讓廠商以少於每單位40來生產q_2，則b點就不會在長期平均成本曲線上。

在（圖12-7）中，如果任何大小的廠商可以由U形的LAC曲線來建立，則包絡曲線是上升的。注意LAC曲線永遠不會在短期平均成本曲線之上，而且最小廠與最大廠的最低平均成本點，並不會在長期平均成本曲線上，因為就長期而言，具有規模經濟與規模不經濟。例如，一個小工廠以最低平均成本來經營是不太有效率的，因為一個較大的工廠可以利用遞增的規模報酬，而以較低的平均成本生產。

最後，注意長期邊際成本曲線LMC，並不是短期邊際成本曲線的包絡曲線。短期邊際成本可適用於一個特殊的工廠，而長期邊際成本可以應用到各種不同大小的工廠。長期邊際成本曲線上的每一點，是最具成本效益之工廠所對應的短期邊際成本。在（圖12-7）中，SMC_1與LMC之交點所對應之產量，同時亦對應於SAC_1與LAC之切點，此可說明與前述關係是一致的。

12.4 收益、利潤與利潤極大化

廠商進行生產的目的是為達成利潤極大化的目標，因此廠商除瞭解成本的各種概念外，還必須對收益、利潤與利潤極大化的達成條件進一步分析。

一、總收益、平均收益與邊際收益

廠商的收益就是廠商出售產品所得到的收入，廠商的收益可分為總收益、平均收益與邊際收益。**總收益**（total revenue，

簡稱TR）是指廠商按某一價格出售某一定量產品所獲得的全部收入，總收益等於單位產品價格與總銷售量的乘積。如果以P表示價格，q表示銷售量，則總收益TR可用下列（12-3）式表示：

$$TR = P \cdot q \qquad (12\text{-}3)$$

平均收益（average revenue，簡稱AR）是指廠商平均每銷售一單位產品所獲得的收入，即總收益與總銷售量之比值。平均收益的公式可表示為（12-4）式：

$$AR = TR/q \qquad (12\text{-}4)$$

邊際收益（marginal revenue，簡稱MR）是指廠商每增加銷售一單位產品所獲得的收入增加量，邊際收益等於總收入增加量與總銷售量增加量之比值。邊際收益的計算公式為（12-5）式：

$$MR = \Delta TR/\Delta q \qquad (12\text{-}5)$$

成本是用貨幣或價格表示的資源投入，收益則是用貨幣或價格表示的產量。因此，總收益、平均收益與邊際收益間的相互關係，受到總產量、平均產量與邊際產量的影響。

收益是產品數量與價格的函數，故可以由價格不變與價格遞減兩種情況，本來觀察總收益、平均收益與邊際收益的變化。

（一）產品價格不變條件下

如果產品價格不隨產品銷售數量的多寡而變化，廠商出售最後一單位產品的價格與前一單位產品的價格相同，亦即增加一單位產品所獲得的總收益TR增加量等於產品的價格。此時，單位產品的價格P等於平均收益AR，也等於邊際收益MR，其情況如（表12-1）所示。

表12-1 價格不變條件下的收益情況

產量（q）	價格（P＝AR）	總收益（TR）	邊際收益（MR）
1	100	100	100
2	100	200	100
3	100	300	100
4	100	400	100
5	100	500	100
6	100	600	100
7	100	700	100
8	100	800	100

在平面座標上，邊際收益曲線與平均收益曲線重疊，並與座標的橫軸平行，如（圖12-8）中平行於橫軸的P＝AR＝MR曲線。

（二）產品價格遞減的條件下

由於最後一單位產品的售價，即邊際收益小於前一單位產品的售價，故邊際收益小於同一產量下的平均售價，即平均收益，如（表12-2）所示。在座標上，不僅平均收益曲線與邊際

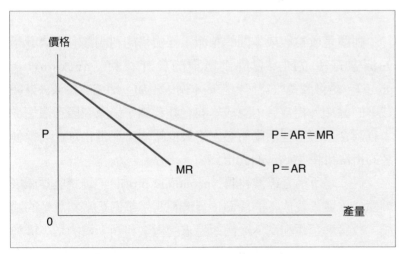

圖12-8 平均收益與邊際收益曲線

表12-2　價格遞減條件下的收益情況

產量（q）	價格（P＝AR）	總收益（TR）	邊際收益（MR）
1	80	80	80
2	75	150	70
3	70	210	60
4	65	260	50
5	60	300	40
6	55	330	30
7	50	350	20
8	45	360	10
9	40	360	0
10	35	350	-10

收益曲線都向右下方傾斜，且邊際收益曲線位於平均收益曲線之下，如（圖12-8）中的P＝AR曲線與MR曲線。

綜合言之，無論在價格遞減或在價格不變的條件下，平均收益都等於平均每單位產品的價格。由於廠商收益等於消費者支出，故平均收益曲線不僅反映廠商收益的銷售曲線，也是反映消費者需求程度的需求曲線。

二、利潤的概念

會計利潤
accounting profit

會計上所稱的會計利潤，是廠商總收益與會計成本間的差額，即總收益減去外顯成本的餘額。

經濟利潤
economic profit

經濟學所稱之經濟利潤，是總收益減去外顯成本與內隱成本的餘額；經濟利潤是超過正常利潤外的利潤，故又稱超額利潤。

利潤是收益與成本間的差額，經濟學的利潤觀念與會計學的觀念有所不同。會計上所稱的**會計利潤**（accounting profit），是廠商總收益與會計成本間的差額，即總收益減去外顯成本的餘額。相當於內隱成本的會計利潤，是廠商願意繼續從事經營企業與管理活動所必須的最低報酬，通常也是企業經營者的**正常利潤**（normal profit）。

經濟學所稱之**經濟利潤**（economic profit），是總收益減去外顯成本與內隱成本的餘額；經濟利潤是超過正常利潤外的利潤，故又稱超額利潤。廠商所追求的極大利潤，指的是經濟利潤。由於經濟利潤等於總收益減去總成本，而總成本中又包含

了正常利潤，因此，當廠商的經濟利潤為零時，廠商仍得到正常利潤。

會計利潤、經濟利潤與各種成本之間的關係，可簡要的以公式表示如下：

會計利潤＝總收益－外顯成本

經濟利潤＝總收益－總成本

　　　　＝總收益－（外顯成本＋內隱成本）

　　　　＝會計利潤－正常利潤（或內隱成本）

　　　　＝超額利潤

三、利潤極大化原則

利潤極大化原則是探討在什麼條件下，總收益與總成本之間的差額為最大。由於價格與產量的變化，影響邊際收益與邊際成本的變化，進而影響總收益與總成本的變化，所以可以從邊際收益與邊際成本的關係中，尋找利潤極大化的條件。

當達到某一價格或產量時，如果邊際收益等於邊際成本，此時總收益與總成本間的差額最大，意謂總利潤為最大。因此，追求利潤極大化的條件為：邊際收益等於邊際成本，用（12-6）式來表示：

$$MR = MC \hspace{4cm} (12\text{-}6)$$

式中，MR代表邊際收益，MC代表邊際成本。

如果MR＞MC，隨著產量的增加，總收益與總成本的差額也會增大，此時，生產量愈多利潤愈大。如果MR＜MC，隨著產量的增加，總收益與總成本的差額就會減少，此時生產量愈多利潤愈小。只有當MR＝MC時，廠商才能得到全部利潤，達到利潤極大化的目標。

由於利潤極大化的條件是邊際收益等於邊際成本，因此廠

商要達成利潤極大化的目標，其經營原則必須根據市場狀況調節供給，在邊際收益大於邊際成本時，擴大產量；在邊際收益小於邊際成本時，減少產量，以維持邊際收益等於邊際成本的條件。唯需要特別注意的是，利潤極大化的一般條件是在某一價格及其一產量上達成的，然價格與產量的變化必須取決於市場的類型。

12.5 實證研究與分析

本章節以養豬戶面對自由化衝擊的實證研究為例，來對當時國內養豬戶面對自由化衝擊經營作經濟分析（楊政學，1997a），可瞭解不同養豬戶經營所受到的衝擊影響，以重新調整原有的產業結構政策，強化國內產業本身的優點與市場競爭能力。

一、研究背景

在台灣積極尋求加入WTO之際，政府勢必須以降低關稅稅率，以及擴大開放進口地區與項目，來符合各會員國對我入會條件的要求。就毛豬產業而言，豬腹脅肉及豬內臟，均須依WTO的規範，予以關稅化、關稅配額、或提高關稅後一次開放等方式取消管制。加上國外豬腹脅肉價格僅為國內價格的三分之一，且國外豬內臟多不食用而價格很低，形成國內外價差甚多，因而開放進口將會對國內毛豬產業，造成不小的實質衝擊影響。因此部位肉而非全肉的進口衝擊評估，確是一個非常重要的研究重點。

不同畜產品的開放進口策略，對該產業及其他相關產業，亦彼此存有因果互動的影響作用，因而在評估部位豬肉產品進

口衝擊時，應同時將其他肉品的開放進口政策考量進來，以更周延地描繪出養豬戶經營所受到的衝擊影響。同時，吾人亦可據此模擬評估結果，來重新調整原有的產業結構政策，以強化國內產業本身的優點與市場競爭能力。

二、不同經營型態衝擊

就不同經營型態養豬戶之毛利潤而言，於相同生產規模下，由於統合經營戶較肉豬專業戶之平均變動成本為低，因而其養豬毛利潤相對較之為高。同時，在生產規模擴大時，其變動成本降低的幅度中，統合經營戶將隨規模擴大而遞增，但肉豬專業戶卻反倒遞減。因此，在面對相同貿易自由化情況下，統合經營戶受到的衝擊，顯然較肉豬專業戶為小，同時在調適能力上亦相對較佳。

由以上論述可知，國內養豬戶在相同經營型態不同規模別下，生產規模愈小者，受到自由化後的衝擊影響愈大；反之，生產規模愈大者，受到的衝擊影響愈小。另在相同生產規模不同經營型態別下，統合經營養豬戶在面對自由化政策採行後的衝擊上，較肉豬專業戶的影響來得小；同時其在經營結構的調適能力上，亦相對較肉豬專業戶來得好。

三、整體衝擊影響評估

研究發現不論就統合經營戶，抑或肉豬專業戶而言，其養豬毛利潤均隨著生產規模的擴大而增加，同時亦隨豬腹脅肉與豬內臟開放進口，上等豬肉外銷市場成長，以及國內雞肉市場的相繼開放而益形下降，惟牛肉關稅的調降，則有回升的作用。就不同經營型態下養豬毛利潤的差異而言，其說明在相同生產規模下，統合經營戶較肉豬專業戶擁有較高的利潤水準，

並且在平均年成長速率上，亦較肉豬專業戶相對較快，此意謂在長期發展趨勢上，統合經營戶之養豬毛利潤有較大且較穩定的成長空間。

經由楊政學（1997b）構建之台灣畜禽產業供需計量模型，吾人可動態模擬評估貿易自由化下，國內市場開放與國際環境調整等雙重因素考量下，國內不同經營型態與規模養豬戶之毛利潤所承受的衝擊影響與差異。

研究發現：貿易自由化對國內毛豬產業內，不同經營型態下不同生產規模之養豬戶經營利潤，呈現短期衝擊與長期調整的一致性變動。在短期國內市場開放與外銷市場成長下，統合經營戶相對肉豬專業戶，抑或大生產規模相對小生產規模，呈現較佳的因應與調適能力。

同時，在長期產業結構的調整下，統合經營戶亦較肉豬專業戶的毛利潤，有相對較大的成長速率。就長期發展趨勢而言，統合經營戶仍舊有繼續生存與發展的空間，因此，整體國內毛豬產業生產經營結構的調整上，仍宜延續目前的發展趨勢，亦即以統合經營且大生產規模之養豬戶，為未來產業結構調整與發展的方向。

重點摘錄

+ 成本極小化的廠商，應該選擇投入的數量，使生產過程中任一
投入所增加的最後一元價值能產生相同的額外產出。

+ 通過廠商等成本線與等產量曲線切點的線，即為廠商的擴張
線，此擴張線說明廠商在每種產出水準下，所選擇最低成本的
各種不同勞動力及資本的組合。

+ 長期平均成本曲線是短期平均成本曲線的包絡曲線，因為其包
圍了短期平均曲線。

+ 經濟利潤是總收益減去外顯成本與內隱成本的餘額；經濟利潤
是超過正常利潤以外的利潤，故又稱超額利潤。廠商所追求的
極大利潤，指的是經濟利潤。

+ 當達到某一價格或產量時，如果邊際收益等於邊際成本，此時
總收益與總成本之間的差額最大，意謂總利潤為最大。

+ 由於利潤極大化的條件是邊際收益等於邊際成本，因此廠商要
達成利潤極大化的目標，其經營原則必須根據市場狀況調節供
給，在邊際收益大於邊際成本時，擴大產量；在邊際收益小於
邊際成本時，減少產量，以維持邊際收益等於邊際成本的條
件。

▶▶ 重要名詞

擴張線（expansion path）

長期平均成本曲線（long-run average cost curve）

短期平均成本曲線（short-run average cost curve）

長期邊際成本曲線（long-run marginal cost curve）

包絡曲線（envelope curve）

總收益（total revenue）

平均收益（average revenue）

邊際收益（marginal revenue）

會計利潤（accounting profit）

正常利潤（normal profit）

經濟利潤（economic profit）

問題討論

1.何謂廠商的擴張線？試研析之。

2.何謂廠商的經濟利潤？試研析之。

3.何謂廠商利潤極大化的決策行為？試研析之。

4.試想想在國內九二一大地震後，若廠商反思後認為，蓋一棟安全係數最大的房子，遠勝過於蓋一棟經濟利潤最大的房子，你認為廠商的決策行為有何調整？試研析之。

5.在知識經濟時代下，特別強調「人力資本」的累積，你認為其真正的意涵為何？它是種成本的概念嗎？還是該用什麼角度去看待它？請分享你的想法。

6.廠商理論提出效率的議題，即如何在給定的投入，創造更高的產出水準，請想想若切換由生命的角度來看，生活中不斷地追求「更多」、「更大」、「更快」，如追求財富更多、事業更大、速度更快，但我們的生活就會更快樂嗎？生命的品質就會更好嗎？請分享你的想法。

note

嘉言：生活是你的全部，是你唯一的老師。

第四篇　市場篇

文字語言只是你思想的工具，
起心動念才是最原始的語言。

Chapter 13

完全競爭市場

經濟分析：學理與實證
Economic Analysis: Theories and Practice

本章節探討完全競爭市場，討論的議題有：不同市場結構類型、完全競爭市場特性、廠商決策與供給、產業短期與長期供給、以及市場短期與長期供給。

13.1 不同市場結構類型

市場
market

經濟學者以商品為劃分的基礎，將生產同一種商品的所有廠商匯集成一個產業，每一個產業均有一個對應的市場。

市場（market）是一個大家耳熟能詳的名詞，譬如我們常聽到證券市場、超級市場、黃昏市場等，指的是眾多商品買賣的**地方**（place）。但是經濟學所稱的市場與一般我們所熟知的市場不同，經濟學者以**商品**（commodity）為劃分的基礎，將生產同一種商品的所有廠商匯集成一個**產業**（industry），如生產汽車的汽車業、生產電腦及其零組件與周邊設備的資訊業、提供空中運輸服務的航空業等，每一個產業均有一個對應的市場。因此，前述的超級市場，由經濟學的角度來說，即是眾多產業市場的集合，而就單一商品而言，該超級市場的交易僅是此商品市場的小部分。

依市場特性中，（1）廠商人數多寡；（2）產品為同質或異質；以及（3）廠商有無進入障礙等，可將市場區分為**完全競爭**（perfect competition）市場、**獨占性競爭**（monopolistic competition）市場、**寡占**（oligopoly）市場、**獨占**（monopoly）市場等四種不同的市場結構，如（**表13-1**）所示。

我們可以使用廠商競爭的連續圖，來描述廠商所處的市場位置，如（**圖13-1**）所示。在（**圖13-1**）中，廠商A面臨完全競爭的市場結構，他所處的環境是產品差異性低，進入及退出市場的障礙低，其他供應商的數目很多；廠商B位於獨占性競爭的市場結構，其所處的環境中產品差異性高，進入及退出市場的障礙低，其他供應商的數目很多；廠商C位於寡占的市場結構，他所處的環境中其他供應商的數目不多，但產品差異性及進出

表13-1 四種不同市場結構的特性比較

市場結構	廠商人數	商品差異性	進出市場障礙	代表性產業	價格決定能力
完全競爭	眾多	同質	不存在	農產品、證券市場	價格接受者
獨占性競爭	眾多	異質	不存在	餐飲業、成衣業	難具影響力
寡占	少數	同質或異質	小	電信業、汽車、家電業	稍具影響力
獨占	一家	同質	大	自來水、家用天然氣	價格決定者

圖13-1 不同廠商所處市場的競爭關係

市場的障礙均高；廠商D則面臨獨占的市場結構，其所處的環境中其他供應商的數目極少，而產品差異性及進出市場的障礙極高。這些經營環境所存在的差異，對廠商的經濟行為有重大的影響。

13.2 完全競爭市場特性

茲將完全競爭市場的特性，列示說明如下幾點要項：

一、廠商人數衆多

完全競爭的市場中，廠商數目十分龐大，每一個廠商的決策都是理性的，不受其他廠商影響。由於廠商人數衆多，個別廠商只占整體產業的微小比例，其產量改變與價格調整，無法在產業中發揮決定性的影響。

二、廠商提供標準的同質性商品

所謂標準的同質性商品指的是商品本身具有完全的替代性，消費者無法區分不同廠商所生產的商品有何差異，消費者向任何一家廠商購買商品都沒有任何差別。例如散裝的稻米，消費者不能分辨他所吃到的那一碗飯，是由哪一個地區、哪一個農戶生產出來的。由於完全競爭廠商提供標準的同質性商品，消費者向任何一家廠商購買商品均無差別，故廠商間不存在諸如廣告之**非價格競爭**（non-price competition）。

三、廠商可以自由進出市場

在完全競爭市場中，假設所有生產要素具有完全流動性，沒有任何的限制。當市場發生「供不應求」的情形，使得均衡價格上升，產生經濟利潤時，新廠商可以自由的結合生產要素投入生產，增加供給數量。新廠商的加入，使得供給數量增加，均衡價格下跌，一直到產業內所有廠商只能得到正常利

潤,新廠商才會停止加入。相反的,當市場發生「供過於求」的情形,使得均衡價格下降,產生經濟損失時,產業內廠商可以自由的放棄生產,退出市場。舊廠商的退出,使得供給數量減少,均衡價格回升,一直到產業內所有廠商都能得到正常利潤,舊廠商才會停止退出。

四、廠商為市場價格的接受者

完全競爭市場內資訊流通完全,故個別廠商一旦調整商品價格,此一消息立即傳遍整個市場,為所有廠商與消費者所知曉。如果個別廠商調高商品價格,由於所有商品均屬同質,則所有消費者將轉向其他未調高價格的廠商處購買,調高價格的個別廠商其商品出售數量將等於零;相反的,如果個別廠商降低商品價格,則所有消費者將集中向他購買。

然而,在短期內個別廠商的產能固定,降低商品價格的結果將減少他的總收益,對一個理性的廠商而言,調高與降低商品價格均不是一個良好的策略,故個別廠商只能接受整體產業由市場供需條件所決定的均衡價格,做為其訂價的依據,成為**價格的接受者**(price taker)。因此,個別廠商所面對的是一條水平的需求曲線,如(圖13-2)所示。

> **價格的接受者**
> **price taker**
> 對一個理性的廠商而言,調高與降低商品價格均不是一個良好的策略,故個別廠商只能接受整體產業由市場供需條件所決定的均衡價格,做為其訂價的依據,成為價格的接受者。

圖13-2 完全競爭市場中個別廠商為價格接受者

　　根據以上的特性，在現實世界中幾乎沒有任何一種商品或勞務的市場結構，可以稱得上是完全競爭市場，只有農產品、證券及天然礦產市場，勉強可視為較接近完全競爭市場的結構。

 13.3 廠商決策與供給

一、廠商短期決策

　　在短期，由於個別廠商為價格的接受者，在市場價格為$\overline{P}$的情況下，個別廠商的總收益視銷售的數量q而定。因此，總收益$TR = \overline{P} \times q$，為一條由原點往右上角延伸的直線，而其平均收益（AR）及邊際收益（MR）的數學式，則分別列示如（13-1）式及（13-2）式：

$$AR = \frac{TR}{q} = \frac{\overline{P} \times q}{q} = \overline{P} \qquad (13\text{-}1)$$

$$MR = \frac{\Delta TR}{\Delta q} = \frac{\overline{P} \times \Delta q}{\Delta q} = \overline{P} \qquad (13\text{-}2)$$

　　由以上的結果，我們可發現完全競爭廠商的短期邊際收益曲線、平均收益曲線與其面對的需求曲線重疊，等於同一條水平線。此時，個別廠商的收益線，如（圖13-3）所示。

　　廠商存在的目的在於追求利潤的極大化；完全競爭市場的個別廠商如何追求利潤的極大化？我們可以從總收益與總成本，以及邊際收益與邊際成本，兩個角度來進行分析。

圖13-3　個別廠商的總收益、平均收益與邊際收益線

(一) 總收益與總成本分析法

　　利潤（profit，以 π 表示）是廠商總收益減去總成本的餘額，亦即 $\pi = TR - TC$。在（圖13-4）中，個別廠商的產出水準，如小於 q_1 或大於 q_2 時，廠商的總收益小於總成本，利潤均為負值（存在虧損）；產出水準如在 q_1 與 q_2 之間時，廠商的總收

圖13-4　由總收益與總成本分析廠商利潤極大化

益大於總成本，廠商有正的利潤，但只有產出水準為q*時，廠商的總收益與總成本的差距最大，而所得到的利潤也最大。

（二）邊際收益與邊際成本分析法

完全競爭廠商在短期內所願意提供的商品數量，與他的短期邊際收益SMR及短期邊際成本SMC有關。SMR指的是每多銷售一單位商品所額外增加的收益，而SMC指的是每多售出一單位商品所額外增加的成本。當SMR＞SMC時，廠商有正的邊際利潤，願意多生產商品以擴大他的總收益。相反的，當SMR＜SMC時，廠商有負的邊際利潤，多生產商品將其總收益減少，甚至造成虧損，是故廠商將降低生產量。只有在SMR＝SMC時的產出水準，才是追求利潤極大化廠商之最適生產量。

不論是由總收益與總成本分析法，或由邊際收益與邊際成本分析法，分析完全競爭市場個別廠商如何追求利潤極大化，其結果都一樣。以下我們舉一個例子來說明之。

（三）實例應用分析

假設新竹五峰有一位果農從事柿子種植，柿子的價格由市場供需決定，今年的均衡價格為每盒300元，因此該果農只能以每盒300元的價格出售其生產的柿子。該果農為種植柿子所必須投入的固定成本為50萬元，且生產成本在產出水準低時較高。隨著產出水準增加而遞減，但當產出水準到達某一高峰後，生產成本開始隨著產出水準的增加而遞增。茲將該柿農的收益、成本與利潤等資料，列示如（表13-2）所示。

由（表13-2）中，我們可以發現：由總收益與總成本的觀點來看，該果農生產8千盒的柿子時，$\pi =$ STR－STC的差距最大，使得果農可獲得45萬元的最大利潤；而由邊際收益與邊際成本的觀點來看，該果農生產8千盒的柿子時，其SMR＝SMC，果農亦可獲得45萬元的最大利潤。值得注意的是，該果農生產7

表13-2　柿農的收益、成本與利潤資料表　　　　單位：千盒；千元

產出水準 (q)	價格 (P)	總收益 (STR)	邊際收益 (SMR)	總成本 (STC)	邊際成本 (SMC)	利潤 (π＝STR-STC)
0	300	0	-	500	-	-500
1	300	300	300	780	280	-480
2	300	600	300	980	200	-380
3	300	900	300	1,120	140	-220
4	300	1,200	300	1,190	70	10
5	300	1,500	300	1,290	100	210
6	300	1,800	300	1,440	150	360
7	300	2,100	300	1,650	210	450
8*	300*	2,400	300*	1,950	300*	450*
9	300	2,700	300	2,450	500	250
10	300	3,000	300	3,280	830	-280

千盒柿子時，方可同樣得到45萬元的最大利潤，原因是本例提供的資料為**離散**（discrete）型態，利潤曲線的圖形為一個由多個片段相連而成的**平滑曲線**（piecewise smooth curve）。柿農的產出水準在7千盒到8千盒之間，由於每多生產一盒柿子的收益與成本恰好均等於300元，因此在此區間中任何產出水準的最大利潤均為45萬元。

如將（表13-2）中的資料描繪如（圖13-5），我們可更清楚的看出：柿農生產柿子的產出水準為8千盒時，STR曲線與STC曲線的差距最大，如圖中C點所示；SMR曲線與SMC曲線相交於a點；而且又是利潤曲線π的最高點b，故該8千盒是利潤極大化的產量。

二、廠商短期供給曲線

完全競爭廠商在短期間不能自由進出市場，且個別廠商的產能固定不變，因而廠商有可能會有盈餘或虧損的情形發生。廠商的盈虧與他的短期平均成本（SAC）、短期平均變動成本（SAVC）及短期邊際成本（SMC）有關。

圖13-5　柿農的收益、成本與利潤

（一）存在經濟利潤

　　當價格為P_0時，廠商之最適供應量為q_0，因為價格高於廠商生產q_0的短期平均成本，此時廠商得到正的長方形P_0ABC面積的利潤，故廠商樂於繼續提供商品賺取經濟利潤，如（圖13-6）所示。

圖13-6　廠商可賺取經濟利潤

（二）存在正常利潤

當價格為P_1時，廠商之最適供應量為q_1，因為價格等於廠商生產q_1的短期平均成本，此時廠商的利潤為零，廠商繼續提供商品可賺取正常利潤，如（圖13-7）所示，而圖中的點D稱為損益平衡點（break-even point）。

圖13-7　廠商賺取正常利潤

（三）存在經濟損失但仍繼續生產

當價格為P_2時，廠商之最適供應量為q_2，因為價格低於廠商生產的短期平均成本，此時廠商的利潤為負值，遭致長方形$GEFP_2$面積虧損（經濟損失）。即使如此，價格P_2仍高於短期平均變動成本SAVC，廠商繼續提供商品除可回收平均變動成本外，尚可分攤一部分固定成本的損失，如（圖13-8）所示。

（四）存在經濟損失且考慮停止生產

當價格為P_3時，廠商之最適供應量為q_3，此時價格低於生產

圖13-8　廠商經濟損失但仍可分攤部分變動成本

q_3的短期平均成本SAC，但等於短期平均變動成本SAVC，廠商的虧損等於他所投入的固定成本，廠商是否繼續提供商品對於他的盈虧沒有影響，如（圖13-9）中所示之H點，是廠商的**停產點**（shut-down point）。

綜合以上的討論，我們可以整理完全競爭廠商之生產決策

停產點
shut-down point

廠商的虧損等於他所投入的固定成本，廠商是否繼續提供商品對於他的盈虧沒有影響，是廠商的停產點。

圖13-9　廠商經濟損失但僅能回收固定成本

圖13-10 完全競爭廠商生產決策流程

流程，如（圖13-10）所示。圖中我們不難發現：廠商的決策係以市場價格是否高於短期平均成本最低點（SAC_{min}），或是短期平均變動成本最低點（$SAVC_{min}$）為準則。

由以上的討論中，我們可歸納出完全競爭廠商短期供給曲線，其實就是廠商的短期邊際成本線高於短期平均變動成本最低點（$SAVC_{min}$）的那一段，如（圖13-11）中SMC之H點以上部分，此即為廠商在不同市場均衡價格下，願意且能夠提供的商品數量所組合而成的軌跡。

圖13-11 完全競爭廠商的短期供給曲線

13.4 產業短期與長期供給

一、產業短期供給曲線

產業的短期供給曲線為產業內，所有個別廠商短期供給曲線的水平加總。假設某一產業由A、B兩個廠商組成，其中A廠商在價格為P_1時的供給量為q_{A1}，價格為P_2時的供給量為q_{A2}；B廠商在價格P_1為時的供給量為q_{B1}，價格為P_2時的供給量為q_{B2}，則產業在價格為P_1時的供給量，為A廠商與B廠商之供給量的加總，等於$q_{A1}+q_{B1}$，同理，價格為P_2時產業的供給量為$q_{A2}+q_{B2}$，如（圖13-12）所示。

二、產業長期供給曲線

由完全競爭市場的長期均衡中可知，個別廠商的長期供給

圖13-12　完全競爭產業短期供給曲線

曲線，事實上只是由市場價格及其長期平均成本線、長期邊際成本線、短期平均成本線、短期邊際成本線等條件共同決定的一個點。

　　產業的長期供給曲線不再像產業的短期供給曲線一般，可以將個別廠商的長期供給曲線水平加總而得到。產業的長期供給曲線反映的是，在不同市場價格下，廠商調整其產能後整體產業供給量之均衡點組合所形成的軌跡。產業的長期供給曲線依產業需求之增減，牽動個別廠商長期平均成本的變化情形，可分為以下三種情況：

（一）成本遞增產業

　　當產業的需求增加，個別廠商的產出擴張，導致生產要素單位成本，因外部不經濟（external diseconomies）而上漲，使得個別廠商長期平均成本上升，此即為**成本遞增產業**（increasing cost industry）。在此產業中，將需求變動引發的所有長期均衡點連結起來的曲線，即為一條斜率為正的成本遞增產業長期供給曲線，如（圖13-13）所示。

> **成本遞增產業**
> **increasing cost industry**
>
> 當產業的需求增加，個別廠商的產出擴張，導致生產要素單位成本，因外部不經濟而上漲，使得個別廠商長期平均成本上升，此即為成本遞增產業。

圖13-13　成本遞增產業之長期供給曲線

（二）成本遞減產業

當產業的需求增加，個別廠商的產出擴張，導致生產要素單位成本，因**外部經濟**（external economies）而下跌，使得個別廠商長期平均成本下降，此即爲成本**遞減產業**（decreasing cost industry）。在此產業中，將需求變動引發的所有長期均衡點連結起來的曲線，即爲一條斜率爲負的成本遞減產業長期供給曲線，如（圖13-14）所示。

成本遞減產業
decreasing cost industry

當產業的需求增加，個別廠商的產出擴張，導致生產要素單位成本，因外部經濟而下跌，使得個別廠商長期平均成本下降，此即爲成本遞減產業。

圖13-14　成本遞減產業之長期供給曲線

成本不變產業
constant cost industry

當產業的需求增加，雖然個別廠商的產出擴張，生產要素的單位成本仍維持不變，個別廠商長期平均成本不受影響，此即爲成本不變產業。

（三）成本不變產業

當產業的需求增加，雖然個別廠商的產出擴張，生產要素的單位成本仍維持不變，個別廠商長期平均成本不受影響，此即爲**成本不變產業**（constant cost industry）。在成本不變的產業中，其長期供給曲線爲一條水平線，如（圖13-15）所示。

圖13-15 成本不變產業之長期供給曲線

13.5 市場短期與長期供給

一、市場短期供給曲線

　　如同市場需求曲線為所有消費者個人需求曲線的水平加總一樣，市場的短期供給曲線，亦是所有廠商短期供給曲線的水平加總。例如，在（圖13-16）中，假設X財貨市場只存在著三家廠商，其短期供給曲線分別為SS_A、SS_B與SS_C，當市場價格低於P_2，但高於P_1時，只有第三家廠商有意願生產並提供該財貨，故點S_0至點S_1的SS_C曲線，即為上述價格區間所對應的短期市場供給曲線；當市場價格為P_2時，三家廠商願意生產並提供的產出水準分別為2單位、5單位與8單位，此時市場總供給量為15單位，可得出點S_2。

　　同理，當市場價格為P_3時，三家廠商願意生產並提供的產出水準為4單位、7單位與10單位，市場的總供給量為21單位，

圖13-16　短期市場供給曲線

可得出點S_3。吾人可將市場供給點加以連結，所形成的軌跡即為短期市場的供給曲線SS_T，如（圖13-16）所示。此概念與先前的產業短期供給曲線一樣，僅是範圍界定的差異不同而已。

二、短期生產者剩餘

（一）個別廠商的生產者剩餘

生產者剩餘
producer surplus

生產者剩餘為：廠商實際收進價格與最低願意接受價格的差距。

　　如同前面章節消費者剩餘的定義，**生產者剩餘**（producer surplus，簡稱PS）的定義為：廠商實際收進價格與最低願意接受價格的差距。在完全競爭市場裡，廠商實際收進價格即為市場交易價格，而最低願意接受價格則為邊際成本的概念。因此，生產者剩餘又可被定義為市場價格與邊際成本的差距。

　　在（圖13-17）中，廠商SAVC與SMC曲線如圖所示，當市場價格為P*時，廠商若依利潤最大的方式，即以邊際收益等於邊際成本的方式作決策，則產出水準為q*。此時該廠商所獲得的生產者剩餘，等於P*水平線以下及SMC曲線以上所圍起來的

圖13-17　個別廠商的生產者剩餘

陰影面積。由於產出水準由0到q*所對應的邊際成本，累積起來
剛好等於變動成本（＝SAVC×q），故該廠商的生產者剩餘又等
於總收入（＝P*×Q*）減掉變動成本（＝SAVC×q），亦即等
於圖中長方形ABCD的面積。

（二）整個市場的生產者剩餘

　　整個市場生產者剩餘的衡量，以（圖13-18）說明，圖中市
場需求曲線與供給曲線所決定的市場價格P*與交易量Q*，由於
短期市場供給曲線為個別廠商短期邊際成本曲線的水平加總，
故短期市場供給曲線又代表整個市場的MC曲線。因此，整個市
場的生產者剩餘等於P*水平線以下，以及供給曲線以上所圍起
來的陰影面積，亦即就是生產者實際的收益比期望的收益多出
來的差額。

圖13-18 整個市場的生產者剩餘

三、市場的長期均衡

　　在長期追求利潤最大化的廠商，仍然依據其長期邊際成本等於市場價格的條件，來尋找最適的生產量。完全競爭廠商可以自由進出市場，同時廠商不使用固定生產要素，如果該產業有利可圖，將吸引新廠商的加入。在其他條件不變的情況下，新廠商所帶來的額外產能將使得市場供給曲線右移，市場均衡價格下跌，迫使產業內個別廠商必須調整其產量，一直到市場內所有廠商的利潤都為零時才會停止。相反的，如果該產業景氣低迷，不堪虧損的現有廠商將退出市場。在其他條件不變的情況下，現有廠商的退出使得產業內的產能下降，市場供給曲線左移，市場均衡價格上升，激勵產業內尚未退出的個別廠商調整其產量，一直到市場內所有廠商的利潤回復到零時為止。

　　由以上的分析，我們可知完全競爭市場的長期均衡必須滿足如下要項：

　　（1）市場價格等於廠商長期邊際成本，即$P=MR=AR=$

LMC。

（2）廠商會尋找一個最適的生產規模從事生產，即LAC＝SAC。

（3）個別廠商的利潤為零，即P＝AR＝LAC。

（4）由於LAC與SAC均在最低點相切，故LMC通過LAC的最低點，SMC通過SAC的最低點，因而LMC與SMC亦相交於LAC與SAC的切點上。

綜合以上論述可知，完全競爭市場的長期均衡條件，可以用如下等式表示：

P＝AR＝LMC＝LAC＝SAC＝SMC

亦即完全競爭市場長期均衡時，需求曲線（平均收益線、邊際收益線）、長期平均成本線、長期邊際成本線、短期平均成本線、短期邊際成本線等五條線相交於E點，如（圖13-19）所示。

圖13-19　完全競爭市場的長期均衡

重點摘錄

+ 經濟學所稱的市場係以商品為劃分的基礎，將生產同一種商品的所有廠商匯集成一個產業。

+ 依市場特性中：廠商人數多寡；產品為同質或異質；以及廠商有無進入障礙等，可將市場區分為完全競爭市場、獨占性競爭市場、寡占市場、獨占市場等四種不同的市場結構。

+ 完全競爭市場的特性：廠商人數眾多；廠商提供標準的同質性商品；廠商可以自由進出市場；廠商為市場價格的接受者。

+ 對一個理性的廠商而言，調高與降低商品價格均不是一個良好的策略，故個別廠商只能接受整體產業由市場供需條件所決定的均衡價格，做為其訂價的依據，成為價格的接受者。

+ 只有在短期邊際收益等短期邊際成本時的產出水準，才是追求利潤極大化的廠商之最適生產量。

+ 完全競爭廠商短期供給曲線，其實就是廠商的短期邊際成本線高於平均變動成本的那一段，此即為廠商在不同市場均衡價格下，願意且能夠提供的商品數量所組合而成的軌跡。

+ 產業的長期供給曲線反映的是，在不同市場價格下，廠商調整其產能後整體產業供給量之均衡點組合所形成的軌跡。

+ 當產業的需求增加，個別廠商的產出擴張，導致生產要素單位成本，因外部不經濟而上漲，使得個別廠商長期平均成本上升，此即為成本遞增產業。

+ 當產業的需求增加，個別廠商的產出擴張，導致生產要素單位成本，因外部經濟而下跌，使得個別廠商長期平均成本下降，此即為成本遞減產業。

+ 當產業的需求增加，雖然個別廠商的產出擴張，生產要素的單位成本仍維持不變，個別廠商長期平均成本不受影響，此即為成本不變產業。

+ 在完全競爭市場裡，廠商實際收進價格即為市場交易價格，而最低願意接受價格則為邊際成本的概念。因此，生產者剩餘又可被定義為市場價格與邊際成本的差距。

✦ 完全競爭市場長期均衡時，需求曲線（平均收益線、邊際收益線）、長期平均成本線、長期邊際成本線、短期平均成本線、短期邊際成本線等五條線相交於一點。

▶▶ 重要名詞 ─────────────────────────────────●

市場（market）

地方（place）

商品（commodity）

產業（industry）

完全競爭（perfect competition）

獨占性競爭（monopolistic competition）

寡占（oligopoly）

獨占（monopoly）

非價格競爭（non-price competition）

價格的接受者（price taker）

利潤（profit）

離散（discrete）

平滑曲線（piecewise smooth curve）

損益平衡點（break-even point）

停產點（shut-down point）

外部不經濟（external diseconomies）

成本遞增產業（increasing cost industry）

外部經濟（external economies）

成本遞減產業（decreasing cost industry）

成本不變產業（constant cost industry）

生產者剩餘（producer surplus）

問題討論

1. 何謂市場？市場類型可劃分爲哪些種類結構？試研析之。

2. 完全競爭市場的特性爲何？試研析之。

3. 何謂完全競爭廠商短期供給曲線？試研析之。

4. 何謂產業的長期供給曲線？試研析之。

5. 何謂成本遞增產業？何謂成本遞減產業？試研析之。

6. 何謂生產者剩餘？試研析之。

7. 完全競爭市場長期均衡時，有哪些曲線會同時相交於一點？試研析之。

8. 目前國內教育環境面臨全球化衝擊，你認爲國內高等教育市場屬於何種市場結構？理由爲何？試研析之。

9. 當柿子市場價格嚴重偏低時，我們常會見到柿農讓整片柿子園內的柿子脫落樹枝掉在地上腐壞而不採取，你能解釋柿農的苦衷嗎？爲何他的決策是如此？

10. 某完全競爭廠商的成本函數爲$TC = 0.1q^3 - 10q^2 + 400q + 520$，試求：

（假設長短期成本函數均爲上式）

（1）廠商的短期供給曲線？

（2）廠商的長期供給曲線？

（3）廠商的短期停業條件？

（4）廠商的長期退出條件？

（5）假設產品價格爲$P = 230$，廠商產量應爲多少？其利潤 $= ?$

（6）如果市場需求函數$Q = 5260.3 - P$，長期之下該產業會有多少家廠商（假設每一家廠商均相同）？

note

嘉言：所謂生命的柔軟度，就只是我是否還願意。

Chapter 14

完全競爭與福利評估

本章節探討完全競爭與福利評估，討論的議題有：資源配置與經濟效率、社會福利與市場失靈、價格管制的福利評估、租稅與補貼的福利評估、保證價格與休耕的福利評估、關稅與配額的福利評估、以及政策評估實證模式。

 14.1 資源配置與經濟效率

一、資源配置效率

在評估市場產出時，我們常會問是否已達到**經濟效率**（economic efficiency），即是否極大化消費者與生產者的整體剩餘。在市場中資源要如何配置才算是有效率？一個簡單的定義是：當市場內的某一方獲益必然使另一方遭受損失，此時資源的配置是有效率的。以經濟學的說法表達即是：當市場中額外增加的一單位產品，其**邊際利益**（marginal benefit）等於**邊際成本**（marginal cost）時，資源配置效率即可達成。其原因在於，邊際利益是消費者對該單位產品所認同的價值，而邊際成本是廠商生產該單位產品所付出的代價，兩者相等表示此商品在市場中交易，生產與消費雙方沒有人可以在不損及他方的情況下得到更多的利益。

二、經濟剩餘與經濟效率

在前面章節曾提到市場供給與市場需求相等時，市場達到**均衡**（equilibrium）。由生產者的角度來看，市場供給曲線即是生產者在各個產出量上，最有效率邊際成本MC的點所連成的軌跡；由消費者的角度來看，市場需求曲線即是消費者在各個消

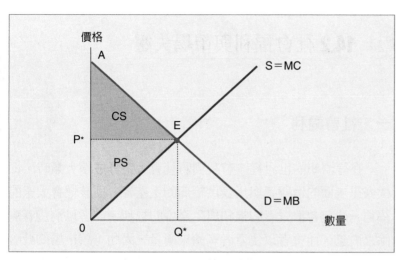

圖14-1 完全競爭市場效率

費量上,最有效益邊際利益MB的點所連成的軌跡。我們由(圖14-1)可以清楚看出,到達均衡點E時,不論生產者或消費者均不願脫離市場的均衡價格P*及均衡數量Q*,此時資源配置效率達到最高。

　　由市場供給及需求曲線的定義可知,供給曲線代表的是生產者在不同的價格下,願意且能供給的數量,而需求曲線代表的是消費者在不同的價格下,願意且能消費的數量。事實上,生產者及消費者在均衡時,是以市場價格交易;**生產者剩餘**(producer surplus,簡稱PS)已知為三角形OEP*。就消費者來說,均衡時他的實際支出為長方形OQ*EP*,較其心目中期待的支出梯形OQ*EA減少三角形AEP*,此減少的支出△AEP*即為**消費者剩餘**(consumer surplus,簡稱CS)。因此,均衡時生產者及消費者的總剩餘達到最大。

14.2 社會福利與市場失靈

一、社會福利

在經濟學的世界裡，若我們將社會大眾分成兩大類時，即代表需求面的消費者與代表供給面的生產者，則該社會大眾的福利，即包含消費者的福利與生產者的福利。前者以消費者剩餘來衡量，而後者以生產者剩餘來衡量，因此，該市場的**社會福利**（social welfare，簡稱SW）就等於消費者剩餘加上生產者剩餘。

上述關係，可以數學式（14-1）表示之：

$$SW = CS + PS \qquad (14\text{-}1)$$

此外，在（圖14-1）中，社會福利即為圖中消費者剩餘與生產者剩餘所共同形成的陰影面積。當然如此討論之結果，乃是基於將社會大眾分為消費者與生產者兩大類時，且不將政府或中間進出口商的角色納入討論所得。

二、市場失靈

一個人可能會認為如何達到經濟效率是唯一目標，那麼競爭性市場最好是任其自然，如此說法有時正確，但並不永遠正確。在某些情況下，會發生**市場失靈**（market failure），意即價格無法提供正確的訊息給消費者與生產者，以至於未管制的競爭市場沒有效率，而不會極大化整體消費者與生產者的剩餘。

一般而言，主要有兩種情形會導致市場失靈的發生：

（一）外部性

　　有時候消費者或生產者的行為，會導致成本或利益無法反映在市場價格時，這些成本或利益稱之為**外部性**（externality），因為這些是在市場之外的。一個外部性的例子，就是鐵工廠業者導致環境污染的成本。若沒有政府的干預，這些生產者將沒有誘因來思考污染的社會成本。

（二）缺乏訊息

　　當消費者對於產品的品質或本質缺乏訊息時，市場失靈也會發生，以致於無法作出效用最大化的購買選擇，故此時政府的干預是有需要的。在沒有外部性也未缺乏訊息的情形下，一個未干預的競爭市場的確會導致經濟有效率的產出水準。

外部性
externality

有時候消費者或生產者的行為，會導致成本或利益無法反映在市場價格時，這些成本或利益稱之為外部性。

三、經濟剩餘的應用

　　用消費者及生產者剩餘的觀念，可來評估政府干預市場的**福利效果**（welfare effects），如（圖14-2）所示的分析。我們可以決定誰由干預中獲利或損失，數額是多少。政府認為生產者若讓價格超過規定上限是違法的，而這種低於均衡價格的上限管制，會壓抑生產並增加需求，造成供給短缺或謂超額需求。

（一）消費者剩餘的改變

　　由於價格管制政策，有些消費者變得更好，有些則更差。那些更差的消費者，在配額有限下已離開市場，生產及銷售從Q_0降至Q_1。對那些仍可購買到財貨的消費者，現在則變得更好，因為其可以用較低的價格P_c來購買。

　　每一群組會更好或更壞多少呢？那些仍可購買到財貨的消費者享受了消費者剩餘的增加，即長方形A的部分。此一長方形

圖14-2　價格管制所導致消費者及生產者剩餘的改變

衡量的是每單位減少的價格，乘上消費者能以較低價格購買的數量。另一方面，那些不再能買到此財貨的消費者，損失了消費者剩餘；此損失的部分是三角形B的區域，此三角形衡量的是消費者因產量由Q_0降至Q_1所減少的淨價值，故消費者剩餘的淨改變是（A－B）。在（圖14-2）中，長方形A大於三角形B，因此消費者剩餘的淨改變是正的，所以對消費者是有利的。

（二）生產者剩餘的改變

在價格管制下，有些生產者（有相對較低之成本者）仍會留在市場中，但其產出的銷售價格較低，而其他廠商則會退出市場，此兩類廠商都損失生產者剩餘。那些仍在市場且生產Q_1的生產者，現在收到較低的價格，其損失的生產者剩餘是長方形A的區域。然而總生產已經下降，故在三角形C的區域，衡量

的是那些離開市場或者留在市場但產量減少的廠商，其生產者剩餘的額外損失。因此生產者剩餘的總改變是（－A－C），在價格管制下，生產者很明顯的受到損失。

（三）社會無謂損失

在價格管制下的損失是否會與消費者得到的利益相抵銷呢？答案是：不會的。如（圖14-2）所示，價格管制導致總剩餘的淨損失，稱之為**社會無謂損失**（social deadweight loss）。前述消費者剩餘的改變是（A－B），而生產者剩餘的改變是（－A－C），因此剩餘的總改變是（A－B）＋（－A－C）＝（－B－C），故存在著社會無謂損失，如（圖14-2）中兩個三角形區域B與C的加總。此社會無謂損失是由價格管制所造成的無效率，也就是生產者剩餘的損失超過消費者剩餘增加的部分。

14.3 價格管制的福利評估

一、價格下限管制

價格下限（price floor）是政府為保護特定的弱勢生產者，為他們生產的商品或服務訂定一個最低的價格，使得他們不致在完全競爭的市場結構中收入偏低。例如，政府為了保障農民的收入，訂定有稻米保障收購價格；台灣菸酒公司（以前的菸酒公賣局）以較高的價格，收購契作的葡萄及菸草等。政府訂定的價格下限必然高於市場均衡價格，否則生產者只要以市場均衡價格出售商品或服務，即可得到比保證價格更多的收入。

政府訂定一個較市場均衡價格高的價格下限，生產者在此高價下願意生產Q_2的數量，但在此價格下，消費者只願消費Q_1

價格下限
price floor

價格下限是政府為保護特定的弱勢生產者，為他們生產的商品或服務訂定一個最低的價格，使得他們不致在完全競爭的市場結構中收入偏低。

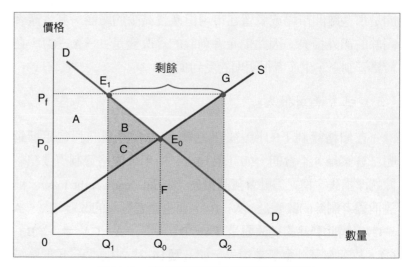

圖14-3　政府訂定價格下限的福利效果

的數量。過多的產出使得市場出現$Q_2 - Q_1$的**超額供給**（excess supply），如（圖14-3）所示。此時如果有一部分生產者偷偷的以比價格下限P_f略低的價格出售，則有一部分消費者將因而得利，同時又不會影響其他生產者及消費者的利益，我們知道此時市場並非處於有效率的狀態。此外，在社會福利方面，由於價格下限的存在，造成生產者及消費者剩餘產生變化。

消費者剩餘減少了A與B的面積；生產者剩餘增加了A的面積，減少了C與F的面積；合計社會福利減少了B、C與F的面積加總。當消費者剩餘與生產者剩餘都會發生變動時，我們可得到社會福利的變動量如下：

$$\triangle SW = \triangle CS + \triangle PS$$

其中，$\triangle CS$、$\triangle PS$與$\triangle SW$分別代表消費者剩餘、生產者剩餘與社會福利的變動量。

若以數學式表示，則上述價格下限的福利效果分析如下：

$$\triangle CS = -A - B$$
$$+ \quad \triangle PS = +A - C - F$$
$$\overline{\triangle SW = -B - C - F}$$

由於F的面積通常很大，故（＋A－C－F）的面積非常可能為負的。因此，價格下限的福利效果分析所帶給我們的政策性含意為：在政府未採進一步配合措施前，價格下限不僅會使消費者與整個社會福利遭受損失，亦討好不了所有的生產者，故政府訂定價格下限會造成市場的無效率及**社會無謂損失**（social deadweight loss，**簡稱DWL**）的後果。

二、價格上限管制

　　價格上限（price ceiling）是政府為保護經濟條件較差的消費者，對特定的商品或服務訂定一個最高的價格，免除消費者受物價上漲之苦。例如，過去法國政府為改善住在巴黎市區房客不受房東高房租的剝削，訂定出了房租的上限；又如我國中央政府授權各縣市政府依各地方特性訂出公共交通費率、有線電視費率等均屬之。政府訂定的價格上限必然低於市場均衡價格，否則消費者只要以市場均衡價格購買商品或服務，即可得到節省支出的目的。

　　在實務運作上，政府訂定一個較市場均衡價格低的價格上限P_c，生產者在此低價下只願意生產Q_1的數量，但在此低價下，消費者願消費更多的數量Q_2。過多的消費需求使得市場出現$Q_2 - Q_1$的**超額需求**（excess demand），如（圖14-4）所示。商品過度缺乏使得部分消費者願意以比價格上限P_c高的價格向**黑市**（black market）政府訂定價格下限的福利效果於價格上限的價格出售的生產者購買，這些生產者因而得利，但並未影響其他生產者及消費者的利益，此時市場並非處於有效率的狀態。在社會福利方面，由於價格上限的存在，也會造成生產者及消

價格上限
price ceiling

價格上限是政府為保護經濟條件較差的消費者，對特定的商品或服務訂定一個最高的價格，免除消費者受物價上漲之苦。

費者剩餘產生變化。

消費者剩餘會從原來的FE_0P_0三角形面積變爲FGE_1P_c梯形面積，減少了B的面積，但卻增加了A的面積；生產者剩餘會從P_0E_0H三角形面積變爲P_cE_1H三角形面積；減少了A與C的面積；加總起來，社會福利減少了B與C的面積。因此，上述價格上限的福利效果可以數學方式表示如下：

$$\triangle CS = +A - B$$
$$+ \triangle PS = -A - C$$
$$\overline{\triangle SW = -B - C}$$

其中，因爲實施價格上限所導致社會福利損失（$\triangle SW = -B - C$）被稱之爲社會無謂損失，亦即政府實施價格上限的社會成本（social cost）。

在（圖14-4）中，生產者剩餘與社會福利的變動方向都非常確定爲負的；但消費者剩餘的變動方向，則取決於A與B面積的比較。若A的面積大於B的，則消費者剩餘在實施價格上限後會增加；反之，若A的面積小於B的，則消費者剩餘會減少。

圖14-4　政府訂定價格上限的福利效果

圖14-5　市場需求相對缺乏彈性下價格上限的福利效果

　　但在什麼情況下，A的面積會大於（或小於）B的？其答案則取決於市場需求與供給曲線的相對彈性。若市場需求相對於供給缺乏彈性的話，如（圖14-5）所示，則A的面積會小於B的，且消費者剩餘會減少；反之，若市場需求相對於供給具有彈性的話，如（圖14-6）所示，則A的面積會大於B的，且消費者剩餘會增加。此一結果的**政策性含意**（policy implication）為：在市場需求相對於市場供給缺乏彈性的市場裡，實施價格上限措施恐怕連消費者都討好不了。由以上的討論可知，政府訂定價格上限同樣會造成市場的無效率，以及發生社會無謂損失的後果。

圖14-6　市場需求相對具有彈性下價格上限的福利效果

 14.4 租稅與補貼的福利評估

一、租稅福利效果

　　為籌措財源或降低交易者的交易誘因，政府會在某一產品市場課徵租稅。除了分析租稅歸宿外，此干預行為對該產品市場的消費者剩餘、生產者剩餘與社會福利之影響到底為何？值得我們進一步探討。如在（圖14-7）中，政府未課徵租稅前，原有市場需求與供給曲線相交點E_0為市場均衡點，市場價格與交易量分別為P_0與Q_0。現若政府對該產品每單位課徵t元的從量稅，稅後市場供給曲線就會從S移到S'，新的市場均衡點E_1，新的市場價格與交易量分別為P_b與Q_1；扣掉從量稅後，廠商實收價格為P_s。

　　與稅前均衡點相比，消費者剩餘減少了A與B的面積；生產

圖14-7　政府課徵從量稅的福利效果

者剩餘減少了C與F的面積；但政府的租稅收入卻增加了A與C的面積（＝$t \times Q_1$），就理論而言，這部分應該會用在社會大眾身上，而使社會福利增加；合計起來，社會福利減少了B與F的面積。

令$\triangle$GT代表政府稅收變動量，則上述福利效果分析可以數學式表示如下：

$$\triangle CS = -A - B$$
$$\triangle PS = -C - F$$
$$+ \triangle GT = +A + C$$
$$\overline{\triangle SW = -B - F}$$

其中，因政府課徵租稅所造成社會福利損失（$\triangle SW = -B - F$），亦被稱為社會無謂損失或社會成本。

二、補貼福利效果

與課徵租稅的動機相反的，政府為提高交易者的交易誘

因，會在某一些產品市場提供補貼。此干預行爲對該產品市場的消費者剩餘、生產者剩餘與社會福利之影響如何？亦值得分析。以（圖14-8）爲例，在政府未進行補貼政策之前，市場需求曲線D與供給曲線S相交於均衡點E_0，原有的市場價格與交易量分別爲P_0與Q_0。現若政府對該產品實施**從量補貼**（specific subsidy），每單位補貼s元，市場供給曲線會從S向右下方移爲S'，新的均衡點爲點E_1，新的市場價格與交易量分別爲P_b與Q_1，亦即消費者於補貼政策實施後每單位只要付P_b；但加上從量補貼s後，生產者每單位實收P_s。相對於原有均衡點，消費者剩餘增加了C與F的面積；生產者剩餘增加了A與B的面積；爲了提供補貼，政府支出增加了A、B、C、F與G的面積（＝s×Q_1），羊毛出在羊身上，這部分的支出必定透過租稅或規費的徵收，而來自於社會大衆，形同社會福利的減項；合計起來，社會福利減少了G的面積。

　　令△GS代表政府補貼支出的變動量，補貼的福利效果亦可用數學方式表達如下：

圖14-8　政府從量稅補貼的福利效果

$$\triangle \text{CS} = +\text{C} + \text{F}$$
$$\triangle \text{PS} = +\text{A} + \text{B}$$
$$+\triangle \text{GS} = -\text{A} - \text{B} - \text{C} - \text{F} - \text{G}$$
$$\overline{\triangle \text{SW} = -\text{G}}$$

上述補貼福利效果的分析結果顯示，補貼政策的實施對整體社會還是會造成無謂損失或存在社會成本。

三、租稅負擔的討論

如果政府對每個賣出的某項財貨課徵1元的稅，則該財貨的價格會如何變化？很多人會回答價格將上升1元，因消費者現在必須比未課稅前多支付1元，但這答案是錯的。事實上，稅的負擔一部分是落在消費者身上，一部分則是落在生產者身上。更進一步的說，由誰將錢放在盒子裡無關緊要，上述的兩種方法都要耗費消費者相同數量的金錢。以下將說明，由消費者所分擔的稅，是決定於供給與需求曲線的形狀，且特別是供給及需求相對的彈性。對我們的第一個問題而言，1元的稅的確會使價格上升，但通常上升會低於1元，有時會更少。要瞭解為什麼，可使用供給與需求曲線來瞭解當對產品課稅時，消費者及生產者會如何受到影響，以及價格及產量會有何變化。

（一）從量稅的效果

為了簡單起見，我們以**從量稅**（specific tax）為例，即對於所出售的每單位課徵一定數量的金額，此不同於**從價稅**（ad valorem tax），即針對所出售財貨的售價高低來課徵一定比率的金額。

假設政府對每單位的某項財貨課徵t元的稅，假設每人都遵守法令，此表示消費者所付出的價格必須超過生產者所獲得的淨價格t元。沿用上節（圖14-7），其顯示簡單的會計關係及觀

念，P_0與Q_0分別代表稅前的市場價格及數量，P_b是稅後消費者所付的價格，P_s是稅後生產者所獲得的淨價格，故$P_b-P_s=t$，所以政府樂於有此稅收。

我們如何決定課稅後市場的產量是多少，消費者及生產者應該各負擔多少稅？首先，請記得消費者所關心的是他們所必須支付的價格P_b。消費者會購買的數量是以需求曲線為準，在價格是P_b時，我們也可以從需求曲線上找出對應的數量Q_1。同樣的，生產者所關心的是他們所獲得的淨價格P_s。他們所生產的數量可從供給曲線上得出；最後生產者所出售的數量必須等於消費者所購買的數量。解決的方法是，找出對應的數量，使其在需求曲線上的價格P_b，以及供給曲線上的價格P_s，符合P_b-P_s的差額等於稅t的條件，在（圖14-7）中此數量是Q_1。

誰將負擔此稅呢？在（圖14-7）中因供需曲線的彈性相等，故此負擔由消費者與生產者平均分擔。市場價格（即消費者所付出的價格）提高的部分為稅的一半，而生產者所獲價格下降的程度即為稅的一半。

如（圖14-7）所示，當租稅加入之後有四個條件必須被滿足：

1.所銷售的數量及消費者價格P_b必須在需求曲線上（因為消費者只在意所必須支付的價格）。
2.所銷售的數量及生產者價格P_s必須在供給曲線上（因為生產者只關心他們在稅後所獲得的淨價格）。
3.需求的數量必須等於供給的數量（在圖中的Q_1）。
4.消費者所付出的價格與生產者所獲得價格間的差額必須等於稅t。

這些條件可以下列四個方程式來作總結：

$$Q^D=Q^D（P_b） \tag{14-2}$$
$$Q^S=Q^S（P_s） \tag{14-3}$$

$$Q^D = Q^S \qquad\qquad (14\text{-}4)$$

$$P_b - P_s = t \qquad\qquad (14\text{-}5)$$

如果我們知道需求曲線Q^D、供給曲線Q^S、以及稅t的多少，就可以求解出消費者價格P_b、生產者價格P_s、以及需求的總數量Q^D與供給的總數量Q^S。

在（圖14-7）中，稅是由消費者與生產者平均分擔，但並非經常如此。如果需求是相對不具彈性，而供給是相對有彈性時，稅的負擔幾乎會落在消費者身上。如（圖14-9）（a）顯示出為什麼在價格上要有相當大的提升，才能使消費者在需求上減少極少的數量，而只需少量的價格下降，即可減少生產者的供給。例如，抽菸是會上癮的，所以需求彈性很小，因此聯邦政府與州政府的香菸稅，大部分是由消費者所負擔。在（圖14-9）（b）顯示出一個相反的例子，即如果需求是相對有彈性，而供給是相對不具彈性，稅的負擔幾乎會落在生產者身上。

圖14-9　稅負擔的比率決定於供需彈性的大小

因此，即使我們只有供給與需要的點彈性估計值，或對一小範圍的價格及數量的彈性作估計，而不是對整個需求及供給曲線來作需求供給彈性的估計，我們仍然可以粗略地決定誰將要負擔大部分的稅。一般而言，如果 $\varepsilon_d / \varepsilon_s$ 很小，即需求彈性相對很小，則稅大部分會落在消費者身上。反之，如果 $\varepsilon_d / \varepsilon_s$ 很大，即供給彈性相對很小，則稅大部分會落在生產者身上。

事實上，我們可以使用下列轉嫁的公式（14-6），來計算由生產者與消費者各自負擔稅的比例：

$$轉嫁比率 = \varepsilon_s / (\varepsilon_s - \varepsilon_d) \qquad (14\text{-}6)$$

此公式告訴我們多少比例的稅，會以較高價格的方式轉嫁給消費者。例如，當需求完全無彈性時，因為 ε_d 是0，此轉嫁的比率是100%，所有的稅都由消費者來負擔。當需求是完全具有彈性時，轉嫁的部分是0，則改由生產者負擔所有的稅。

14.5 保證價格與休耕的福利評估

除價格下限管制外，為了確保或提升生產者的福利水準，政策實務操作上，政府還會有其他措施可採用。以台灣農業為例，政府就曾對稻米、菸草、製糖用白甘蔗、葡萄等農產品，實施過**保證價格收購**（price support）與**休耕**（supply restriction）政策（王國樑，2004）。這些政策的福利效果如何？絕對是有趣且值得探討的課題。

先從保證價格收購政策開始，以（圖14-10）為例，在保證價格收購政策未實施前，該農產品原有市場需求與供給曲線相交之均衡點為E_0，市場價格與交易量分別為P_0與Q_0。為了提升農民福利水準，現若政府把保證價格訂在P_s，且為了保證農產品的價格能維持在P_s，政府進場採購了Q_s（$=Q_2-Q_1$）的該項

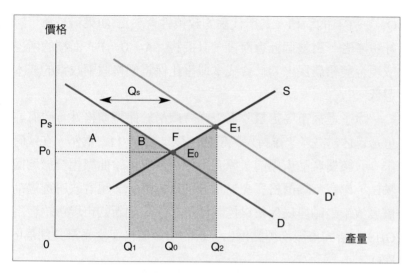

圖14-10 政府訂定保證價格收購的福利效果

農產品。

於是，市場需求曲線乃從D往右上方移為D'，新的均衡點變為點E_1，新的市場價格與交易量分別為P_s與Q_2。結果，消費者剩餘減少了A與B的面積；生產者剩餘增加了A、B與F的面積；為了以$P_s \times Q_s$或$P_s \times (Q_2 - Q_1)$，這筆收購支出當然是要透過租稅與規費的徵收而來自於社會大眾，故對社會福利而言，它是一筆減項；合計起來，社會福利就增加了F的面積，但減少了$P_s \times (Q_2 - Q_1)$。

同樣地，上述保證價格收購政策的福利效果分析，可以數學方式表示如下：

$$\triangle CS = -A - B$$
$$\triangle PS = +A + B + F$$
$$+ \triangle GE = -Ps \times (Q_2 - Q_1)$$
$$\overline{\triangle SW = +F - Ps \times (Q_2 - Q_1)}$$

其中，$\triangle GE$代表政府支出的變動量。此分析結果顯示，保證價格收購所造成的社會無謂損失或社會成本為〔$P_s \times (Q_2 -$

經濟分析：學理與實證
Economic Analysis: Theories and Practice

Q_1）－F〕的面積。其所代表的政策性含義爲:如果只是爲了討好生產者，對整個社會而言，直接將（A＋B＋F）面積的所得或現金發給農民，其社會成本似乎比保證價格收購政策的成本還低。

除了進入市場定量收購來維持價格於保證價格外，政府亦可透過休耕減產來維持保證價格。以（圖14-11）爲例，在政府未介入該農產品市場前，原有市場需求與供給曲線相交於均衡點E_0，原有市場價格與交易量分別爲P_0與Q_0。現若政府透過補償發放來鼓勵農民休耕以控制產量於Q_1，則新的市場供給變爲GHS'，新的市場均衡點爲E_1，新的市場價格與交易量分別爲P_s與Q_1。

消費者剩餘減少了A與B的面積；爲了鼓勵休耕且有效地控制產量於Q_1，政府需發放的休耕補償爲B、C與F的面積，此項政府支出亦必須透過租稅或規費徵收而來自於社會大眾，爲社會福利的減項；未領休耕補償前，生產者剩餘增加了A的面積，減少了C的面積；領了休耕補償後，生產者剩餘增加了A、B與F的面積；以上合計起來，社會福利減少了B與C的面積。令△GE代表政府爲發放休耕補償所增加的支出，上述休耕措施的福利效果分析，可以數學方式表達如下：

$$\triangle CS = -A-B$$
$$\triangle PS = （+A-C）+（B+C+F）$$
$$\underline{+ \triangle GE = -B-C-F}$$
$$\triangle SW = -B-C$$

其中，因政府實施休耕措施所導致的社會福利損失（△SW＝－B－C），稱爲社會無謂損失或社會成本。

378

圖14-11 政府實施休耕政策的福利效果

14.6 關稅與配額的福利評估

為保護國內廠商的生存或確保其獲利,在1980年代中期以前的台灣,政府會對國外進口商品課徵高關稅或採取進口配額管制,這些措施當然會使國內市場的產品價格,比沒有**進口障礙**(import barriers)情況下還高,導致消費者遭受損失,國內生產者「可能」獲利,但對整體社會而言,到底是**利得**(gain)或**損失**(loss)?實有必要深入探討。

以(圖14-12)為例,在未有進口競爭情況下,原有市場需求與供給曲線相交點E_0,即為市場均衡點,原有市場價格與交易量分別為P_0與Q_0。若開放進口競爭,且該產品的**國際價格**(the world price)為P_w,在政府未對該產品課徵進口關稅或實施進品配額管制前,該產品原有市場供給曲線的點G右上方線段,就變成$\overline{GS'}$水平線段,亦即市場供給曲線變為$\overline{OGS'}$,新的市場均衡點為E_1,新的市場價格與交易量分別為P_w與Q_d;但在Q_d中,

圖14-12　政府採行進口關稅與配額的福利效果

只有Q_s為國內廠商所生產，（Q_d-Q_s）為進口量。現若政府對該產品課徵每單位T元的進口關稅，則該產品的國際價格會上漲為P^*（$=P_w+T$），新的市場供給曲線變為$\overline{OG'S''}$，課徵關稅後的新市場均衡點、新市場價格與交易量分別為點E_1'、P^*與Qd'，新的進口量為（$Q_d'-Q_s'$）。結果，消費者剩減少了A、B、C與F的面積；生產者剩餘增加了A的面積；政府的關稅收入為F的面積$=T\times$（$Q_d'-Q_s'$），理論上而言，這部分會用在社會大眾身上，故對社會福利為加項。合計起來，社會福利減少了B與C的面積。

以數學方式表達，上述進口關稅的福利效果分析可表示如下：

$$\triangle CS=-A-B-C-F$$
$$\triangle PS=+A$$
$$+\ \triangle GT=+F$$
$$\overline{\qquad\qquad\qquad}$$
$$\triangle SW=-B-C$$

其中，$\triangle GT$代表政府的關稅收入；而$\triangle SW=-B-C$代表

380

課徵進口關稅來保護國內廠商的社會成本。事實上，若欲把該產品的國內價格維持在P^*，除了課徵關稅外，政府還可採用進口配額管制措施，將進口量直接限制在（$Q_d' - Q_s'$）水準。於是，市場供給曲線會從S外移動變為S'''，新的市場均衡點與課徵關稅的情形一樣，還是會在點E_1'，新的市場價格與交易量仍分別為P^*與Q_d'。消費者剩餘與生產者剩餘的變動量仍一樣；政府的關稅收入（$\triangle GT = +F$）跑到國外廠商口袋裡，變成它們的利潤，故社會福利減少B、C與F的面積。

如以數學方式表示如下：

$$\triangle CS = -A - B - C - F$$
$$+ \triangle PS = +A$$
$$\overline{\qquad\qquad\qquad\qquad\qquad}$$
$$\triangle SW = -B - C - F$$

其中，$\triangle SW = -B - C - F$代表利用進口配額來保護國內廠商的社會成本。將上述福利效果與課徵進口關稅作比較，其政策含義為：若欲把某一產品的國內價格維持在較高水準，進口配額所要付的社會成本會高於進口關稅的社會成本。

綜合本章節的福利效果分析，我們不難發現：無論是價格上限、價格下限、租稅、補貼、保證價格收購、休耕補償、進口關稅或進口配額等管制，只要政府介入完全競爭市場的運作，就一定會有社會無謂損失或社會成本產生。此一結論強烈凸顯，若某一產品或生產要素市場屬完全競爭市場，唯有讓該市場自由運作，社會福利方能達到最大。

14.7 政策評估實證模式

本章節以可計算一般均衡的實證研究為例，來對可計算一般均衡在農業政策評估上的應用作介紹（楊政學，1997c）。

一、前言

農業政策的評估，大抵可使用部分均衡模型及一般均衡模型。前者研究的範圍為單一部門，或該部門內的某些產業，至於其他部門的影響，則假設為給定或予以忽略。後者則將經濟體系，視為一個整體來研究，亦因此能探討各部門間要素的移動，以及總體變數對個別部門的影響。

投入要素在部門間的移動無法確知，為部分均衡模型主要的缺點之一。此外，該模型亦因經濟理論架構的不夠嚴謹而遭批評，此乃因其使用的供需彈性，很少能與消費者偏好、生產技術及要素移動的假設連結一起，而使分析結果產生不一致性的質疑。

而一般均衡理論，自Walras創立以來，到1950年代，理論上已大致發展到一個相當完整的階段。1960年代，Johansen提出多部門（multi-sectoral）線性化一般均衡模型，為此分析方法開啟了實證研究之門。而後1970年代至1980年代，更在Scarf，及其兩位學生Shoven與Whalley，以及Hertel、Robinson、Jorgerson、Kilkenny與Hanson等人大力拓展下，使得目前所謂應用性的一般均衡（Applied General Equilibrium，簡稱AGE）模型，或可計算的一般均衡（Computable General Equilibrium，簡稱CGE）模型，漸臻成熟的階段。AGE模型及CGE模型的應用，在不同學者的研究開發下，其領域亦各自不同，而呈現出多元化發展的景象（Shoven & Whalley，1984）。

就CGE模型而言，其理論架構基本上採新古典學派的利潤極大化與效用極大化的假設，且大部分模型為區域性（spatial）模型，又受限於Armington的假設，因此只得以產品出口國，來設定進口需求。由於許多模型受到標準化與簡單化的影響，而使許多結論備受批評，另尚需承擔較大設定偏誤之風險成本。惟因其仍具有展現農業部門與其他部門間經濟互動的優點，且

在開發中國家,農業部門不再是個很小的部門,因此CGE模型的分析架構,對部門間相互影響的探討很重要。

一般均衡分析的應用上,若以研究議題的導向來概分,在已開發國家,大致有稅賦改革及農產貿易問題的分析等兩大研究方向。而在開發中國家的應用上,則偏重於所得分配、農業自由化及國家發展策略等問題的研究。再者,若以模型涵蓋的國家數目來說,則可分為**區域性**(spatial)或**非區域性**(non-spatial)模型。前者研究的重點在於,同時考量不同國家間或不同區域間的相互貿易物流關係;而後者的研究側重在單一國家,國內政策變化的效果,亦即不考慮貿易的流向,僅探討淨貿易額的演變。

本章節之目的在於透過,個人對CGE模型的初淺瞭解,以農業政策評估為主軸,擇取較具代表性的研究文獻,輔以美國、歐洲、澳洲、亞洲等地區,以及其他較具代表性的個別研究為方向,有系統地介紹可計算一般均衡在農業政策評估上的應用,以展現該分析工具在農業與非農業部門間,研究問題探討上的發展歷程。

二、美國農業CGE模型

美國農業CGE模型的研究發展,主要有兩大方向,一為美國農部經濟研究處(USDA－ERS)的CGE模型(Robinson, Kilkenny & Hanson,1990),二為普渡大學農業CGE模型。

(一) 美國農部經濟研究處

美國農部經濟研究處之CGE模型,目的在於透過一個多部門模型之架構,來探討外來衝擊對農業部門、非農業部門,以及農村經濟、整體經濟體系的影響。迄至1990年為止,該構建模型為一個10部門的模型,其中涵蓋有3個農業部門、1個農產

加工部門、1個農業投入部門、以及5個其他相關部門。據以分析國內農產品貿易自由化政策，以及烏拉圭回合協議中各國削減邊境措施，對美國整體經濟體系的影響。

　　早期研究集中於農產貿易自由化問題上，而農業政策的模擬分析，則以生產者補貼當量（PSE）的設定方式來進行。而後改以明確的農業保護政策，以及傳統從價（ad valorem）保護政策等，兩種不同設定的方式加以模擬比較（Kilkenny & Robinson，1989）。模擬結果發現，兩者設定之進口量、農民收入及國民生產毛額皆有差異。而傳統從價稅設定模式，呈現較低附加價值，較高市場價格，以致造成政府農業補貼經費低估的現象發生。

　　再者，用來模擬生產要素不同移動程度，搭配節省之農業補貼支出不同處理方式的組合下，美國單邊或多邊農產貿易自由化，對個別部門資源配置，以及總體變數的影響（Kilkenny & Robinson，1990）。文中構建一個包括3個農業部門、5個製造業部門、2個服務業部門的10部門CGE模型。同時設定有取消目標價格、限制耕作面積、非償回式貸款、進口數量限制及出口補貼，五種表示農業自由化的政策。

　　而搭配模擬的情況共有九種：其中生產要素移動程度上，區分為只有土地可移動"LAD"，土地與勞動可移動"LABOR"，以及土地、勞動與資本皆可移動"FULL"等三種。而節省農業支出處理方式上，區分成移轉給家計部門"TRANSFER"，轉作投資用途"INVEST"，以及平衡貿易雙赤字"BOP"等三種。

　　模擬結果指出：農業之產值雖小，但其自由化政策的施行，卻會顯著影響整體經濟情況；而影響程度的大小，取決於生產要素移動程度、節省農業支出處理方式、以及各部門現存特殊的扭曲情況。其中，要素移動程度影響各農業部門較深，但未必移動愈快，利得愈大；而節省農業支出處理方式，則對

各非農業部門的影響較大。

進一步結合多商品部分均衡模型（SWOPSIM），作多邊農業自由化模擬時發現，在勞動可移動的情況下，國民生產毛額及出口雖會增加；惟因同時會減少農業就業機會，以及個別農民之農業所得，故農業自由化政策尚不足以替代農業補貼方案。最後，作者認為能夠獲得最大效率利得，且最不痛苦的農家所得調整政策，是將節省的農業補貼支出，用於彌補政府或貿易雙赤字的情況。

美國農部第二代CGE模型，即所謂FPGE GAMS模型（Kilkenny，1991），細分為包括8個農業部門、14個農產加工及相關產業部門的30部門，而家計單位亦區分為一個農家、三個非農家，且將過去政策模擬採用的生產者補貼當量，予以內生化處理。其所探討的農業政策模擬分析，是以1985年農業條款（1985 Farm Act），所包含的農業政策為主體。

其中涵蓋的農業政策包括有：（1）直接給付：即農業所得不足額給付（Deficiency Payments）；（2）超額供給控制：**休耕**（Acreage Reduction）；（3）農業現金流通穩定政策：包含**無償貸款與收購**（Nonrecourse Loan and Purchase Program）。

晚近用於美國1990年代貿易赤字減少，以及處於GATT談判成功與否的不同國際貿易體系下，整體經濟結構衝擊影響的探討（Hanson, Robinson & Tokarick，1993）。該文以1988年資料為基期年，建構一個30部門的CGE模型，其中包含有16個農業部門，並將模型**投射**（project）到1995年。而依GATT談判成功與否，單一或全體部門提高關稅保護，以及資本與勞動可否移動等不同情況，來搭配組合以模擬出多種狀況下的結果。

由實證模擬結果可知，在GATT談判成功的情況下，農業貿易條件將獲改善，而政府花在農業補貼的經費亦可同時降低。反之，若GATT談判失敗，則政府花在農業補貼措施的經費，將較談判成功時的情況多出許多。

此外，在GATT談判失敗下，有下列幾種結果產生：（1）單一部門提高關稅保護，而資本固定但勞動可移動的狀況下，被保護的該部門附加價值會增加，國內生產毛額會減少，資源配置發生無效率的現象。（2）全體部門提高關稅保護，而資本固定但勞動可移動的狀況下，會發生個別部門保護有利，但在全體部門皆受保護時，個別部門反而有害的情形。（3）全體部門提高關稅保護，而資本與勞動皆可移動的狀況下，由於各部門的要素密集度不一致，導致Stolper-Samuelson的所得分配效果不顯著。又因其**有效貿易偏向指數**（effective trade bias index）大於一，代表進口關稅之Lerner對稱性成立，此時對進口課稅如同對出口課稅，不利於出口成長。

（二）美國普渡大學

普渡大學農經系的Hertel教授，為目前美國農業CGE模型最具代表性的學者之一。首先，利用CGE模型來分析美國1977年取消農產品及食品優惠賦稅後，對價格、產出、政府支出、家計單位福利的影響（Hertel & Tsigas，1988）。文中除考量所得稅外，尚考慮其他諸如社會保險捐、其他保險給付、財產稅、貨物稅及銷售稅等稅賦，以分析這些稅賦對農產品及食品有何不同的衝擊效果。

該文援用BFSW（Ballard, Fullerton, Shoven & Whalley，1985）的基本稅率計算公式，來計算個人要素所得稅。而建構的模型係參考Keller（1980）的CGE模型，共包含有40個部門，其中農業部門有7個。供給以固定彈性替代函數（CES）連結國內與國外的生產活動，原始要素投入為**超越對數**（Translog）生產函數之型態，而商品的國內消費與國外出口，則以固定彈性轉換函數（CET）來連結。基於家計部門對休閒與儲蓄需求固定，以及政府的購買對價格變動沒有反應之假設，可知家計部門的商品需求，只對價格變動有反應，而政府的購買則決定於

立法。

由政策模擬的結果可得：

（1）在價格效果上，資本稅增加時，生產價格雖上升，但市場價格並未增加。

（2）在福利效果上，短期內由於農業勞動及資本固定，因而取消租稅優惠，對家計部門的淨福利會增加。但在長期下，因農業勞動及資本可充分移動，且出口需求彈性高，因此取消租稅優惠後，土地擁有者的報酬降低，而政府與國外家計部門的福利水準同樣會減少。此外，又因出口需求彈性高，故國內農產價格上升，會引發出口減少，進口增加的衝擊效果。

（3）對農產品及食品給予優惠稅賦，可降低食品成本，而對消費者有利。中短期內，農業的勞動及資本的稅後報酬增加；長期下，土地可維持高報酬，但政府的稅收將減少。估計1977年美國政府對農產品及食品給予優惠稅賦後，稅收會減少55至65億美元，超出保證價格及所得給付所需的38億美元支出許多。

由此可見，稅賦體系，在決定美國農產品及食品的體系大小與組合成份上，極具重要的角色。

（三）其他個別研究

個別研究文獻上，有學者使用該分析工具，來探討美國農業自由化政策，對其總體經濟體系的影響（Robinson, Kilkenny & Adelman，1989）。再者，利用所建構的12個生產部門、6個消費團體、政府部門及國外部門的CGE模型，來對美國1986年的稅制改革效果進行探討（Boyd & Newmam，1991）。模型的理論基礎主依循BFSW模型，其中12個生產部門間，特別含括有4個使用土地的農林業部門，如林業（forestry）、計畫作物（program crops）、畜牧（livestock）、以及其他農業生產等四個農業

部門。

　　而模型中所使用的生產函數與消費函數，皆採巢式的固定彈性替代函數（nested CES）。其中生產結構上有四層，較特殊處爲四個使用土地的部門，屬三層的巢式CES，最下層由資本與土地所共組。消費結構有三層，第一層說明現在與未來消費間的抵換（trade-off）關係，第二層包含儲蓄與效用的綜合需求，第三層則是休閒與消費品共同組成的一個目前綜合效用。

　　文中特將部分均衡與一般均衡模型的實證結果，做了一番具體的比較。其中，部分均衡模型只包含四個使用土地的部門，而所用的各函數和一般均衡模型相同，但投入要素的價格以及產品的需求，皆假設爲固定不變，即只考慮供給面的因素。此外，亦針對各部門要素的替代彈性做敏感度測驗，過程中係將替代彈性數值由0（固定係數型態）變化到1（Cobb-Douglas型態），甚或到1.5（近似線性型態），以測試敏感度的大小。

　　綜合政策模擬的結果可得：

（1）一般均衡模型中，投入要素價格與產品需求都有負面的影響。此影響效果遠小於部分均衡模型的同一影響效果，此乃因爲一般均衡模型，由於部門間及供需兩面的相互聯結，使得衝擊的效果變得較爲緩和。

（2）敏感度測試結果顯示，模型參數值的取捨對模擬結果有相當大的影響。

（3）蔬菜及其他作物別部門，受到1986年稅制改革的影響最小，此乃因其能夠吸收釋出之較低成本的資本及土地，以增加其生產量。

　　此外，de Melo & Tarr（1992），出版的 "A General Equilibrium Analysis of U. S. Foresign Trade Policy" 一書中，針對一般均衡分析工具，在美國對外貿易政策評估上，尤其是農業自由化政策，有非常清楚的理論與實證架構介紹，以及政策

模擬評估的探討分析。

三、歐洲農業CGE模型

在歐洲方面，農業CGE模型的應用，以世界經濟開發合作組織（OECD）所研究的模型為最主要。目前的發展上，所建立的模型主要有RUNS（Rural Urban North South）模型，以及WALRAS（World Agricultural Liberalization Study）模型。

（一）RUNS 模型

RUNS模型為世界銀行（World Bank）支持下所構建的模型（Burniaux & Mensbrugghe，1990），其主要特色為，考慮都市失業的可能性，因此較符合實際勞動市場的情形，且將鄉村與都市部門區隔出來，因而亦能進而探討所得分配的問題。其中，除詳細的農業部門描述外，模型更將非農業部門細分為許多次級的部門，如肥料、資本財、其他製造業、能源及服務業等，故其能對鄉村與都市間，政治、社會及經濟的內涵加以充分探討分析。

進而針對先進國家（North）的低度經濟成長，對落後國家（South）食物以及農業影響的評估（Burniaux, Mensbrugghe & Waelbroeck，1993），設計了一個所謂GYPR（Get Your Prices Right）效果的機制，將實質工資向下僵固的特性，同政府規範食品價格的行為連結在模型架構中。

模型中針對一般均衡模型無法模擬的凱因斯式需求拉動產出的現象，特別透過**利潤函數**（profit function），來回應需求增加時，所推動產出增加的機制。反之，當供給面衝擊發生時，由於**生產工資**（product wage）上升，利潤下降，致使產出與就業減少。而在**消費工資**（consumption wage）固定下，任何非國內生產的都市商品價格上漲，將會使得生產成本指數相對價格

指數提高，以致生產工資提高，利潤下降，產出和就業亦同時減少。

文中以開發中國家對穀物的進口，或對基本食物產品的淨進口量，來定義所謂的**食物缺口**（food gap）。傳統以部分均衡模型研究結果顯示，在落後國家未來幾年中，此食物缺口將益形擴大，導致國際收支失衡的發生。但作者以RUNS模型模擬的結果發現，在價格機能發揮作用的狀況下，落後國家未來的食物成本將大於其食物需求成長率，因此部分均衡模型研究中，所稱食物缺口益形擴大的現象不會發生。

農業保護政策自由化衝擊的評估，亦是文中探討的重點。其模擬結果發現，當農業政策全面自由化，而國際間食物價格上漲時，將使開發中國家之鄉村地區的人口獲利，而都市地區的人口受損。而若只有非農業部門採自由化時，則都市人口受損程度將趨緩和，但其效果相當有限。此外，文中亦對農業部門投資增加的效果加以分析發現，在開發中國家的投資，由都市地區轉移到鄉村地區時，所有國家的實質平均所得、國民生產毛額、鄉村地區國民生產毛額、以及國際貿易條件，均會獲得改善，惟都市地區的國民生產毛額會有小幅的下跌。

整體而言，RUNS模型非為一個真正的區域性模型，其僅藉由Armington方法，來呈現非農業部門產品的進口需求，且其農業部門產品假設為具同質性。而模型另一特色為，國內價格不僅反應出國際價格，同時亦反應出都市價格，此現象說明了都市與鄉村所得分配的差異，為決定農業政策的一項重要因素。

（二）WALRAS 模型

WALRAS模型為世界經濟開發合作組織與統計部門，為評估其組成國家農業政策施行效果而研發出來的模型。該模型主要有：

（1）著眼農業部門與非農業部門間互動關係。

（2）量化OECD國家農業政策採行效率與福利變動效果等兩
　　大目的。模型中包括有澳洲、加拿大、歐體、日本、
　　紐西蘭及美國等六個OECD成員國家。至於，其他國家
　　及地區，則爲一個殘差總合項。

　　每個國家或地區的模型，可由生產、消費、政府、外貿投
資與儲蓄等5個區塊（block）的產業來構建，共分成5個農業部
門，以及8個非農業部門的13部門模型。其中，農業部門包括畜
牧與其他農業等2個農場部門，以及肉類、乳酪與其他食品等3
個食品生產部門。非農業部門則包括初級產業、各種製造業及
服務業。模型中農業政策工具衡量的指標爲，生產者補貼當量
（PSE），及消費者補貼當量（CSE），加以農業部門供給面控制
的設定，使得其較RUNS模型更能詳細評估農業政策。

　　在政府預算與經常帳不變的封閉法則下，針對上述OECD國
家1986至1988年間，平均農業援助的水準進行評估分析
（Burniaux, Mensbrugghe & Waelbroeck，1993）。模擬結果指出：

（1）在世界貿易方面：取消農業援助，將造成歐體與日本
　　等高關稅國家，其農業進口量的增加。同時，移除農
　　業保護，亦將導致國際價格，以及大多數農產品數量
　　的上升。

（2）在部門產出方面：農業自由化政策的施行，除造成澳
　　洲及紐西蘭的農業產出上升外，對加拿大、歐洲、日
　　本及美國的農業產出均有下降的影響效果。

（3）在要素價格方面：農地價格除在紐西蘭及澳洲，分別
　　有大小幅度的上升外，在加拿大、歐洲、日本及美國
　　均大幅下降；而勞動與資本的報酬，亦大都呈下降情
　　況，但其變動幅度均小於農地價格。

（4）在貿易條件方面：貿易條件對日本、歐洲、加拿大及
　　美國，均略微下降，但對澳洲及紐西蘭則大幅上升。

整體而言，WALRAS模型著眼於工業化國家的探討，而非

經濟開發合作組織的成員，則歸類成一個世界其他國家之總項。該模型較RUNS模型，在非農業部門的涵蓋上更爲詳盡，但其僅考慮2個初級，以及3個中間產品組別的5個農產品組別。其特色爲Armington方法，在進口與出口兩方面的應用；且其勞動市場假設爲充分就業，但允許農業與非農業部門間，勞動可局部移動的情況。

（三）其他個別研究

個別的研究文獻上，有專文嘗試利用CGE模型來探討，西德農業自由化及整體自由化的影響效果（Dicke, Donges, Gerken & Kirkpatrick，1988）。

文中係假設稅後實質工資，以及政府支出固定不變下，來進行模擬分析，結果發現農業自由化後，技術與非技術勞工就業增加，貿易結構改變，而農業及食品加工部門之產出下降，進口增加。再者，若整體自由化後，農業部門將因而受到損害，就業及產出將下降達24%，而農地地租將下跌17%，因此必須補貼農民的損失。總之，全面的經濟體系，包括農民，在補貼措施可行的前提下，將會因整體自由化政策的施行而受益。

四、澳洲農業CGE模型

澳洲農業CGE模型發展最出名的爲ORANI模型（Dixon, Parmenter, Sutton & Vincent，1982），而該模型可視爲Johansen（1960）之多部門模型的延伸。澳洲政府當局，在預擬施行一項政策方案時，勢必然會透過該ORANI模型的模擬分析，以評估出農業部門與非農業部門，其部門內各產業的衝擊程度，以及部門間的互動關係。

（一）ORANI 模型

ORANI模型雖延伸於Johansen的多部門模型，但其將澳洲國情的特色及需要，成功地融入到模型架構的設計上，使其具有多項的特點：

(1) 同時考慮產業的多產品產出，以及產品的多產業生產，即將澳洲地理性變數融入模型中。

(2) 將國內生產及國外進口，其產品替代彈性的估計值詳細編入模型中。

(3) 在技術變動效果的分析上，爲一個頗具彈性的工具。

(4) 涵蓋有詳細運銷成本之模型設計。

(5) 模型具備有區域性考量的特點。

(6) 可提供許多政策變數採行後的評估結果。

(7) 給予內生與外生部門重新界定的最大自由空間。

(8) 保有Johansen求解計算方法上的優點，且進而將其缺點予以革除。

而後有文獻，利用ORANI模型來說明，在競爭資源的觀點下，澳洲政府對製造業的諸多進口保護措施，其實乃是變相的對國內農業課稅（Higgs，1988）。文中使用的ORANI模型，共包含有112個部門，而農業部門有8個。

實證結果顯示，在移除澳洲農業保護兩年後，農業產出水準平均下降2.5%，農業規模縮小，導致經濟規模稍微下降；加上國內**進口競爭性**（import-competing）部門，因國內價格及成本的下降，而影響力變強，在以上雙重影響下，總體的進口情況將下降。但另一方面，政府的借貸狀況，卻會因節省下來的農業補貼，而獲得改善的機會。

再者，移去製造業之保護後，國內包括農產品的進口價格會下跌，使若干受到高度保護的部門，其產出水準下降，首次的消費者物價指數（**CPI**）下降，工資水準亦下降，連帶地使得

往後的CPI降得更多。因此，促使貿易活動的競爭力增加，兩年後農業產出平均增加3.4%左右。

此外，若將農業與製造業的保護同時取消，將使得總就業量與實質國內生產毛額增加，政府的借貸狀況改善，而兩年後的農業淨產出約可增加1%。由此可知，澳洲政府對製造業的補貼，即是對農業的課稅。

而ORANI模型的新近發展，即是進一步將其予以動態化，即ORANI-F模型的提出（Horvidge, Parmenter & Pearson，1993），該模型將存貨流量累積的關係融入原先構建的ORANI模型之中，使其涵蓋有資本存量與投資，以及國外債務與貿易赤字之間的互動關係。

（二）SALTER 模型

由澳洲當局負責研發出來的SALTER模型，則是世界一般均衡貿易模型的最近發展，該模型將思考的廣度，由澳洲國內政策的模擬分析，推展到考慮貿易對手國的行為反應效果，因而模型對包含東協（ASEAN）的亞洲地區，有非常深入且詳細的闡述及分析。

此外，該模型主要為立基於既存理論，所延伸出的一個校準的（calibrated）及綜合的（synthetic）模型，整個模型相當注重基期年資料的一致性，特別是有關於貿易物流（trade flow）的資料。

五、亞洲農業CGE模型

在本節特別提出亞洲農業CGE模型研究的介紹，乃基於對亞洲地區農業CGE模型應用發展的瞭解。由於並無大型團體或組織來支持模型的構建，因而僅就南韓、日本、台灣、及中國大陸等國家，其較具代表性的研究文獻來討論。

（一）南韓

CGE模型在南韓農業政策評估上，係利用CGE模型針對南韓取消農業保護後，國內產業的衝擊效果進行探討（Vincent，1989a）。作者認為在亞洲地區，如日本、南韓、台灣等國，由於出口發展導向的產業發展太快，使得農業保護的措施太多。而農業保護的程度愈大，占國內生產毛額的比率就愈小，導致對農業的補貼愈大。此外，就國內農業生產者而言，於農業保護措施下，進口量下降，國內產品價格上升，國內生產量增加20%，就業量增加達60%。一旦政府取消農業保護，則進口量將增加一倍以上。

模型架構的理論基礎源自Dixon等人（1982）之ORANI模型，涵蓋有13個部門，其中有3個農業部門，2個資源使用的部門。而農業保護取消的政策模擬，分成（1）允許貿易赤字發生，固定各國工資；以及（2）不允許貿易赤字發生，維持充分就業，兩種狀況來進行探討。

政策模擬結果顯示，取消農業保護措施後，因農地價格的高漲，農民所得顯著提高，尤其是穀物部門的農民增加最多。此外，國內產品價格亦因而下降，實質工資上升，出口利得增加；而在固定實質工資下，就業量亦會增加。整體出口量約可成長44,840億韓元，就業市場約增加58萬個工作機會，平均每個工人的工資增加25萬韓元。

（二）日本

CGE模型在日本農業政策評估上，為使用CGE模型來探討日本境內農業補貼的移除，邊境保護的取消，以及實質國內支出的增加，對國內生產毛額、貿易、勞動市場以及各產業的影響（Vincent，1989b）。所構建的CGE模型，包括19個部門，其中有3個農業部門。模型模擬結果發現，移除境內補貼比取消邊

境保護的衝擊影響小。而在各國工資固定的假設下，農產品出口所得不足以抵消進口支出，因而使得貿易餘額下降。此外，由於消費者物價指數下降的結果，使其實質工資上升。

至於，個別部門的模擬結果方面，受到高度保護的作物，其進口量上升，國內生產下降，就業水準亦下降，而該作物的實質淨農民所得，以及作物的土地價格，亦出現下降的結果。整體而言，實質國內支出增加5.58%，貿易餘額下降的幅度為國內生產毛額的4%，總出口量降幅高達25%，而總進口量增加3.75%。關於日本農業保護是否占貿易順差很大比率，Vincent認為應是日本儲蓄率偏高所致，而非採行農業保護措施的結果。

（三）台灣

CGE模型在台灣農業政策評估上，有學者利用線性化的CGE模型，來探討台灣面臨關稅減讓的經濟效果（Su, Min-Jiun，1990）。進而估計關稅的邊際社會價值，以及台灣關稅改革的邊際成本收益比率。構建的CGE模型，包括10個部門，其中有3個農業部門。而模型模擬的結果指出，中間產品關稅減少的福利效果，小於最終產品關稅減少的福利效果。

就單一部門而言，降低其中間產品的關稅水準，將使其附加價值上升。而若降低該部門最終產品之關稅，則將會使其附加價值下降。但不論減少其中間產品或最終產品的關稅，皆會使其國內進口價格、生產價格以及單位成本均下降，而總進口量增加。此外，對出口量、國內生產以及就業量的增減，則呈未確定的狀態。

另外，針對澳洲與台灣雙邊貿易影響的研究上，則有專文探討澳洲國內需求上升，以及農產品與初級產品的**隱藏性關稅**（implicit tariffs）下降，對台灣產出及貿易的影響（Rodviguez, Gunasekera & Leu, Gwo-Jiun，1992）。所建立的模型包括17個部門，其中有6個農業部門，由小幅度變動的政策模擬發現，其對

貿易量的影響非常可觀。

而整體政策模擬結果，可依以下幾種狀況來討論：（1）當實質國內需求相對國內生產毛額上升時，農產品與能源產品的進口增加，尤以煤的增加最爲顯著。（2）當主要農產品進口關稅下降時，國內農產品生產下降，進口量增加，但羊毛製品的部門擴張，故其出口量增加。（3）當能源產品稅率下降時，其進口量增加，產出下降，但鋁製品因原料價格下降，故產出反倒增加，出口量亦增加。

至於，國內農業CGE模型的發展，較具代表性者爲中華經濟研究院（1994），所構建之「建立我國台灣地區農業政策評估模型之研究」，其爲行政院農委會所委託的研究計畫，目的在於建立一個**農業可計算一般均衡模型**（Agricultural Computable General Equilibrium Model，簡稱ACGE），以探討（1）我國加入GATT或WTO，關稅與非關稅貿易障礙等市場的開放，對我國農業各產業的衝擊；（2）兩岸開放直接貿易，對我國農業各產業的影響；（3）政府採行各種因應措施，如價格補貼或直接給付等，其經濟效益與所得分配的評估。

該模型共有17個部門，其中包括有6個農業部門及7個農業相關部門。文中以關稅削減36%、境內支持削減20%、稻米限量開放進口、非關稅貿易障礙削減、以及上述四種政策同時採行的綜合政策等，五種情況來模擬評估。經由GAMS電腦軟體的求算可得，加入GATT的開放政策，整體而言，可能造成農業與非農業相關部門產值萎縮220億元，其中尤以非關稅貿易障礙的削減影響最大，但農家所得、實質國內生產毛額仍將增加，而農家生活成本指標也將下降。

由於該模型爲單國模型，因而大陸對台灣的貿易，只能單方面探討我國的反應，至於我國對大陸進口貿易變動，致使大陸經濟發生變動，而對台灣進出口貿易的第二波效應，在模型中則無法加以掌握。

此外，曾偉君（1994）在其碩士論文中，採用Dixon、Parmenter、Sutton 及 Vincent （1982）發展出的ORANI-MO模型，結合Su, Min-Jiun（1990）對部門的分類方法，將台灣全國的產業，分成13個部門，其中包括有6個農業部門。文中使用所建立的CGE模型，來探討農地轉用對土地價格及總體變數的影響。農地的釋出模擬，採單一部門或全體部門，以及水旱田不同組合比例之釋出；而農地的轉用，分成純為工業使用與轉為工商業使用兩種用途。

模型中對農地轉用的模擬分析，採用GEMPACK電腦軟體加以計算，其模擬結果發現：

(1) 農地釋出對獲得土地產業的地價有抑制作用，尤其是營造公用、服務業及農業相關營造業等部門。

(2) 任一部門農地釋出，將提高6個農業部門的土地實質價格，使得農業土地報酬增加，農民所得及財富上升。

(3) 整體而言，農地轉用有助於改善政府財政負擔。

(4) 水旱田轉為工業用地，能大幅降低製造業土地價格及成本，而對商業、住宅及公共建設用地之地價，則無降低的作用。

(5) 農地轉成為工業用地，將使不同部門的人受益或受損，尤其製造業部分勞工，因受害而轉業甚或失業，而產生土地替代勞動的現象。

最後，作者認為台灣加入GATT後，農業部門貿易保護的取消上，土地宜優先考慮准予轉用，而且農地的轉用，可抑制通貨膨脹。因此，作者有條件贊成農地釋出的政策。

（四）中國大陸

CGE模型在中國大陸農業政策評估上，乃透過建立的CGE模型，來分析中國大陸農業政策改革，對部門間相互影響的效果（Hanson, Halbrendt, Webb, Shwu-Eng & Sundaresan，1994）。

而農業政策改革衝擊程度的評估，涵蓋有相對價格、產出水準、貿易物流、以及要素使用與報酬等。模型中社會會計矩陣（SAM），依1987年的產業關聯表編製而成，且理論架構主要以Dervis、de Melo及Robinson（1982）發展出的CGE模型爲基礎。

模型中全國產業共包括有8個部門，部門生產**複合商品**（composite commodity），供國內需求及國外出口之用。原始投入要素有勞動與資本，且假設其在部門間無法移動。總體國內需求部分包括有消費、中間產品、政府及投資等四個組成團體，且進口商品與國內商品間具部分替代性。

農業政策改革的模擬，分境內生產者補貼當量（PSEB）、境內消費者補貼當量（CSEB）、國內鄉村消費者補貼當量（CSEU），以及上述三種補貼當量皆移除等四種狀況，另搭配浮動匯率但穩定貿易餘額，以及固定匯率但允許貿易餘額調整等兩種總體設定，共八種模擬組合，以用來評估農業政策改革的效果。而模型模擬時使用GAMS電腦軟體來估算，模擬結果發現，在這些所謂的**市場扭曲**（market distortions）移除，農業政策進行改革時，農業本身及鄉村家計單位的所得，皆有顯著的影響效果產生。

六、其他個別農業CGE模型

農業CGE模型的應用，除上述四種較具規模或具地域性的研究方向外，在不同研究取向下，對農業政策評估上的應用，亦有不少的文獻發表。以下僅就一些較新發展或較具代表性的文獻，來做闡述及探討。

首先，係利用應用性的一般均衡模型（AGE），來評估農業自由化對農產品價格、數量、福利變動，以及相互部門間的影響效果（McDonald，1989）。模型中共包括有7個部門，其中農業部門占有6個。原始投入要素分成資本、勞動及土地三種，其

中土地依不同產品部門劃分為四種用途的土地。而全世界在該
文中，被分成美國、日本、歐體及其他國家等四個地區。

當政策模擬上述任一地區片面採行農業自由化政策時，該
地區農產品的價格會上升，非農產品價格會下降，資源會由農
業部門流向非農業部門，致使非農業部門的供給增加。而在需
求方面，由於消費稅的移除，使得農產品的消費與中間投入間
相互替代，所需的農產品及中間投入之價格上升。此外，當模
擬的狀況為，世界各地區同時採行農業自由化措施時，美國農
業的貿易餘額將增加26億美元，歐體的農業貿易餘額約維持不
變，而日本的農業貿易赤字將增加87億美元。

總體而言，當全世界同時採行農業自由化政策時，除日本
的福利水準下降外，美國、歐體及世界其他國家的福利水準皆
會上升。而相同的結果，亦發生在日本單一國家，片面施行農
業自由化的模擬結果。

再者，利用一個38部門的CGE模型來探討次佳理論（sec-
ond-best theory）的運用（Beghin & Karp，1992）。該模型的特
點為，過去的研究文獻中，各部門的扭曲通常以**關稅等量**（tar-
iff equivalents）來加以處理，而作者由7個農業部門中，將其中3
個部門內的扭曲，分成關稅以及部門別的補貼，其餘35個部門
仍採關稅等量來處理，概因作者認為用關稅等量來處理部門別
的特殊補貼，可能在結果上會有偏誤產生。

實際上，許多重要的政策亦只針對某些特別的生產者，因
此只對該部門的生產者有直接的影響，若以關稅等量的方式處
理，則由於關稅導致國內價格和國際價格全面的不同，其影響
是整體性的。文中提及次佳理論的研究方向有二：一方面朝尋
求某一**改革**（reform）可能改進福利的充分條件；另一方面朝在
某些扭曲現狀的限制前提下，尋求最適的扭曲或稱最適關稅。
而作者係採後者的方式來進行探討，意即將其他非農業部門的
扭曲現況固定，以計算農業部門的最適扭曲。模擬結果發現，

除棉花部門外,次佳理論並不支持農業部門保持高度保護的作法。

最後,更是將一般均衡模型拓展到農企業的領域,如針對荷蘭1984至1985年間,施行的**牛奶配額政策**(milk quota policy)效果,以及要素移動效果進行評估(Peerlings,1993)。文中構建的應用性一般均衡模型,包括有19個部門,其中農業部門有4個,而農企業部門有6個。該模型的特點為:

(1) 中間投入部門因考慮產品的部分替代性,而捨Leontief 函數型態,改採CES函數。

(2) 原始投入在各產業間為不完全(imperfectly)移動。

(3) 模型係以**對偶**(dual)之型態構建而成。

(4) 模型中包含有牛乳的供給配額。

基本上,模型仍沿用Armington的傳統,但在國別的區分上,則將歐體(EC)特別區隔出來,形成荷蘭、歐體及世界其他國家等三個區域,因而進口與出口所用以連結的CET與CES函數,都包括了這三個地區。研究結果顯示,荷蘭在採行牛奶配額政策後,其福利水準小幅上升。而當要素移動的程度愈大時,配額在酪農間所產生的**配額租**(quota rent)會愈小。

七、結語

部分均衡模型與一般均衡模型,在農業問題分析上的缺失與批評之探討。如Hertel(1990a),以專文比較部分均衡分析與一般均衡分析的優缺點。文中作者認為部分均衡模型的缺點有:

(1) 忽略經濟資源的有限性。

(2) 未考慮支付補貼的納稅人。

(3) 缺乏對家計部門預算限制的明確標示。

(4) 缺少對模型經濟理論與模型數據間一致性的檢測。

反之，一般均衡模型用來評估農業政策時，則具有：

（1）理論上的一致性。

（2）會計上的平衡。

（3）產業關聯效果的處理。

（4）福利得失的分析。

（5）部門間比較靜態的對照等優點。

該文進一步以對農產品補貼的實例，來說明**多產品**（multi-commodity）的分析，其中雖多考慮了產品間的交叉彈性，但仍屬於部分均衡分析，因而存有許多的缺失有待改進。相對地，亦突顯出一般均衡分析的強度所在。最後，Hertel提出，CGE模型雖比部分均衡模型具有多項的優點，但若認為可利用其來解決所有的農業問題就錯了，其較適合應用來解決某些特殊的問題，以及過程中尚需倚賴其他學者的研究成果，故對CGE模型的應用需持正確的觀念才是。

此外，Hertel（1990b），又再為文強調CGE模型在應用時須注意到其目的所在。其認為一般性目的之CGE模型，可以不必太過詳細地劃分部門；但對具特殊目的之模型，如農業部門模型，則不但須將該部門劃分出來，且其相關之農產加工品部門亦須加以一併考慮。

進而，Hertel由農業的觀點，對一般CGE模型提出以下幾方面的批評（中華經濟研究院，1994）：

（1）農業通常為一種**複產品**（multi-product）的產業，除了傳統CGE模型所考慮的**聯合投入**（joint input）外，可能亦須同時考慮**聯合產出**（joint output）的問題。

（2）在小農經營的情況下，農家平均成本曲線是下斜的曲線，具規模報酬的特性，跟傳統CGE模型採用固定規模報酬的假設不同。

（3）各年度中農業產值受有天候及其他不確定因素的影響，若僅取單年產值為基年值，可能會發生嚴重之偏

誤,因此有必要採多年加權平均後的**代表性基年值**
(representative year benchmark),以消除因不可抗拒因
素所導致的偏誤。

(4) 參數值的設定上,消費需求體系認為一般CGE模型所
採用的**明確可加性需求體系**(explicitly additive demand
system),無法充分掌握各種農產品需求對價格反應的
差異性。又因其忽略中間投入間之替代,在農業生產
中的重要性,因此對中間投入採固定係數的作法亦須
加以修正。而進出口彈性上,出口需求函數只考慮產
品本身的價格,而忽略價格交叉彈性的設定,其適當
性亦頗值懷疑。

(5) 由於短期內,各種農作物的生產無法調整,故當有供
給面衝擊發生時,價格上下波動大,因此須考慮存貨
累積的問題。而在投入要素流通上,一般的長期處理
為,假設要素在部門間可完全流通;但在處理農業模
型時,應該有所修正,尤其是土地的轉用,常受各種
地理、氣候、灌溉等因素的影響而無法完全流通。最
後,供給彈性取捨上,長期的價格彈性常被低估,故
在取捨上宜多加注意。

(6) 在農業用地上,由於土地的異質性,可能會限制土地
在部門間的流通,且非農業土地的投入使用,是否會
影響到農地價格亦須加以考慮。

(7) 農業政策中常有屬於自願性參與的政策,如休耕、減
產等計畫,此等計畫如何在模型中建立是個問題。而
農業補貼可能透過農產加工品的購買而來,此間接式
的補貼政策,其互動關係又如何在模型中建構,亦是
另一問題。至於經費來源與政策實施的關係,以及全
面性經濟政策的影響等,亦須加以考量。

(8) 其他諸如農產品分級、市場力量等問題的考量,亦是

值得重視的研究議題。

Hertel提出的上述論點，為往後農業CGE模型的應用，指出一個改進的方向，亦同時提供後續研究者，在模型構建上多角度及更周延思考的途徑。

關於CGE模型分析上的**限制**（limitations），Shoven 與 Whalley（1992），就具體提出：

（1）母數的設定流於主觀，如彈性值的給定標準。

（2）充分就業及完全競爭的假設。

（3）政策變動能否具體且適當呈現在模型上。

（4）模型的設定無法用統計的方法來加以檢定等問題。

綜合以上研究文獻可知，CGE模型的分析確實為農經學者提供了頗具價值的研究工具，不過依Hertel的看法，其認為CGE模型僅與個別部門模型「同樣好」，而未來農業CGE模型的分析仍需加以改進。再者，其強調研究報告中應明確說明模型研究上的限制，以免誤導農政主管當局及社會大眾，以嚴守學者研究的客觀立場。

重點摘錄

+ 當市場中額外增加的一單位產品,其邊際利益等於邊際成本時,資源配置效率即可達成。

+ 由生產者的角度來看,市場供給曲線即是生產者在各個產出量上,最有效率邊際成本的點所連成的軌跡;由消費者的角度來看,市場需求曲線即是消費者在各個消費量上,最有效益邊際利益的點所連成的軌跡。

+ 社會大眾的福利,即包含消費者的福利與生產者的福利。前者以消費者剩餘來衡量,而後者以生產者剩餘來衡量,故該市場的社會福利等於消費者剩餘加上生產者剩餘。

+ 當價格無法提供正確的訊息給消費者與生產者,以至於未管制的競爭市場沒有效率,而不會極大化整體消費者與生產者的剩餘,謂之為市場失靈。

+ 導致市場失靈發生的原因:外部性;缺乏訊息。

+ 有時候消費者或生產者的行為,會導致成本或利益無法反映在市場價格時,這些成本或利益稱之為外部性。

+ 當消費者對於產品的品質或本質缺乏訊息時,市場失靈也會發生,以至於無法作出效用最大化的購買選擇,故此時政府的干預是有需要的。

+ 在沒有外部性也未缺乏訊息的情形下,一個未干預的競爭市場的確會導致經濟有效率的產出水準。

+ 以消費者及生產者剩餘的觀念,可用來評估政府干預市場的福利效果。我們可以決定誰由干預中獲利或損失,數額是多少。

+ 政府認為生產者若讓價格超過規定上限是違法的,而這種低於均衡價格的上限管制,會壓抑生產並增加需求,造成供給短缺或謂超額需求。

+ 在政府未採進一步配合措施之前,價格下限不僅會使消費者與整個社會福利遭受損失,它亦討好不了所有的生產者,故政府訂定價格下限會造成市場的無效率及社會無謂損失的後果。

✦ 當需求完全無彈性時，此轉嫁的比率是1，所有的稅都由消費者來負擔。當需求是完全彈性時，轉嫁的部分是0，則生產者負擔所有的稅。

✦ 不管是價格上限、價格下限、租稅、補貼、保證價格收購、休耕補償、進口關稅或進口配額等管制，只要政府介入完全競爭市場的運作，就一定會有社會無謂損失或社會成本產生。意謂若某一產品或生產要素市場屬完全競爭市場，唯有讓該市場自由運作，社會福利方能達到最大。

▶▶ 重要名詞

經濟效率（economic efficiency）

邊際利益（marginal benefit）

邊際成本（marginal cost）

均衡（equilibrium）

生產者剩餘（producer surplus）

消費者剩餘（consumer surplus）

社會福利（social welfare）

市場失靈（market failure）

外部性（externality）

福利效果（welfare effects）

社會無謂損失（social deadweight loss）

價格下限（price floor）

超額供給（excess supply）

價格上限（price celing）

超額需求（excess demand）

黑市（black market）

社會成本（social cost）

政策性含意（policy implication）

從量補貼（specific subsidy）

從量稅（specific tax）

從價稅（ad valorem tax）

保證價格收購（price support）

休耕（supply restriction）

進口障礙（import barriers）

利得（gain）

損失（loss）

國際價格（the world price）

多部門（multi-sectoral）

應用性的一般均衡（Applied General Equilibrium，AGE）

可計算的一般均衡（Computable General Equilibrium，CGE）

區域性（spatial）

非區域性（non-spatial）

從價（ad valorem）

不足額給付（Deficiency Payments）

休耕（Acreage Reduction）

無償貸款與收購（Nonrecourse Loan and Purchase Program）

投射（project）

有效貿易偏向指數（effective trade bias index）

超越對數（Translog）

林業（forestry）

計畫作物（program crops）

畜牧（livestock）

巢式的固定彈性替代函數（nested CES）

抵換（trade-off）

利潤函數（profit function）

生產工資（product wage）

消費工資（consumption wage）

食物缺口（food gap）

區塊（block）

進口競爭性（import-competing）

校準的（calibrated）

綜合的（synthetic）

貿易物流（trade flow）

隱藏性關稅（implicit tariffs）

農業可計算一般均衡模型（Agricultural Computable General Equilibrium Model，ACGE）

複合商品（composite commodity）

市場扭曲（market distortions）

次佳理論（second-best theory）

關稅等量（tariff equivalents）

改革（reform）

牛奶配額政策（milk quota policy）

不完全（imperfectly）

對偶（dual）

配額租（quota rent）

多產品（multi-commodity）

複產品（multi-product）

聯合投入（joint input）

聯合產出（joint output）

代表性基年值（representative year benchmark）

明確可加性需求體系（explicitly additive demand system）

限制（limitations）

問題討論

1. 所謂資源配置效率達成的條件為何？試研析之。

2. 何謂社會福利？其衡量方式為何？其可應用於哪些方面？試研析之。

3. 何謂市場失靈？其發生的原因為何？試研析之。

4. 何謂外部性？請分別列舉正向與負向外部性的兩個實例為何？寫下你的觀察心得。

5. 政府認為生產者若讓價格超過規定上限是違法的，而這種低於均衡價格的上限管制，會造成什麼後果？試研析之。

6. 政府訂定價格下限會造成哪些影響效果？試研析之。

7. 當需求完全無彈性時，所有的稅都由生產者來負擔。你同意此論述嗎？理由為何？

8. 若某產品或生產要素市場屬完全競爭市場，為使社會福利達到最大，請問政府該採取何種措施來配合？試研析之。

9. 政府為照顧或保障農民權益，政府會採用農產品保證收購價格或休耕補償等措施，亦有人建議直接採現金給付方式。請問在照顧農民福利相同不變的情況下，上述三項政策工具中，何種的政府支出最大？何種的社會成本最低？

10. 政府為保護國內廠商，通常會採用高關稅或減少進口配額的措施來控管進口量的多寡。若假定兩政策的進口量相同，由社會福利的觀點而言，上述兩種政策工具何者較佳？理由為何？

note

嘉言：付出其實不是一種努力，而該是一種自然的回饋。

Chapter 15

生產要素市場

本章節探討生產要素市場，討論的議題有：生產要素與市場特性、勞動市場供需與均衡、勞動市場經濟分析、資本市場供需與均衡、以及其他生產要素市場。

15.1 生產要素與市場特性

一、生產要素的需求

一般而言，生產要素的需求，有如下三項特質：

（一）是一種衍生的需求（derived demand）

廠商之所以對生產要素會產生需求，乃是因為生產要素能夠被用來生產消費者想要的產品。若沒有消費者對產品的需求，就不會有廠商對生產要素的需求。

相互依存的需求
interdependent
demand

在生產過程中，某一種生產要素的使用，必定要配有其他要素的使用，才能生產出所需要的產品，因此各種生產要素在生產過程中相互依存度甚高。

（二）是一種與其他生產要素相互依存的需求（interdependent demand）

在生產過程中，某一種生產要素的使用，必定要配有其他要素的使用，才能生產出所需要的產品，因此各種生產要素在生產過程中相互依存度甚高。

（三）是一種技術決定的需求（technologically determined demand）

生產要素的使用量與生產技術有密切關係，當一種新技術的引進，會導致某種生產要素的使用量減少，或導致另一種生產要素的使用量增加，因此技術水準的高低會影響生產要素的需求量。

生產要素市場對生產要素的需求，是依據產品市場消費者對最終產品的需求所決定的引申需求，這也是生產要素市場與產品市場的重要區別。因此，產品市場上某種產品的需求增加，廠商就會增加該種產品的要素需求。

生產要素的需求具有互補性與替代性。在技術條件不變下，要增加產量就必須依比例增加勞動與資本，這說明勞動與資本的要素需求具有互補性；當勞動價格比資本價格增加得更快時，廠商就會增加資本的投入，減少勞動的投入，改變生產要素中資本與勞動投入的比率，此亦同時說明對勞動與資本的要素需求具有替代性。

生產技術條件也會影響生產要素的需求。如果生產技術屬於資本密集，則對資本要素需求量大；而如果生產技術是屬勞動密集，則對勞動要素的需求量大。一旦生產技術提高，生產相同數量的產品對生產要素的需求就會減少。

二、生產要素的供給

生產要素的供給決定於生產要素的成本，而生產要素的成本，就是廠商使用要素所支付的價格。一般而言，各種要素的供給與價格呈現正向關係；而不同的生產要素，各自具有不同的如下特點：

(1) 屬於自然資源類的生產要素，包括土地、礦藏等自然界的產物，其供給有限，而供給的多寡並非決定於價格。
(2) 勞動的供給決定於工資水準與人口特性，包括年齡、性別、教育、勞動者的生理與心理等因素。
(3) 資本的供給來自於家計單位的儲蓄，短期資本的供給固定不變，長期資本的供給則受利率等經濟因素的影響。

三、生產要素市場特性

　　若我們以S基金會提供洗車服務的例子來看，廠商要提供消費者產品或服務，必須具備勞動、資本、土地與企業家精神四種生產要素，廠商必須在生產要素市場，向生產要素的所有者購買生產所需的生產要素。例如：在勞動市場雇用勞工洗車，在土地市場租用或自行提供洗車場地，在資本市場募集資金以購買洗車設備，再交由合適的人管理；當萬事皆備，才能使生產要素充分被利用，以賺取利潤。此外，在不同的要素市場，各種要素的使用價格及使用數量，皆由各該要素市場的供需決定：地租及土地使用面積由土地市場決定；工資及雇用勞動量由勞動市場決定；利息水準取決於資本市場；利潤則歸屬於企業家精神的報酬。

　　另一方面，家計部門提供要素給廠商，在要素市場中，家計部門為賣方，廠商則為買方。家計部門與廠商在要素市場中，所扮演的角色恰與其在產品市場中所扮演的角色相反，家計單位是生產要素的所有者，提供廠商生產要素可以從廠商處獲得相對的報酬。如勞動的供給者可以提供勞力，以賺取工資所得；資本供給者可以經由購買股票或債券提供資金，以賺取利息所得；土地供給者可以提供土地、礦產等自然資源，以獲得地租；企業家精神的提供者可以承擔商業經營的風險，以獲得薪資與利潤。這些廠商支付的報酬，就是生產要素所有者的收入。我們可以從S基金會洗車服務的例子瞭解，產品市場與生產要素市場彼此密切相連，相互依存。

　　H汽車公司之所以需要雇用勞力，是因為需要生產汽車來滿足消費者的需求，洗車廠之所以需要洗車設備，是為了要滿足車主清洗愛車服務的滿足，其實廠商對資本、勞動、土地等生產要素的需求，是反映消費者在商品市場對商品或勞務的需求。廠商提供洗車服務，並非是只提供勞動力就可完成，還需

要洗車設備、洗車場地甚至需要良好的管理，才能創造出更好的洗車效率與服務水準。由於勞動、土地、資本等生產要素的相互依賴性，以及生產要素創造價值的無法獨立分離，使得要素的需求與供給更加複雜。

　　從以上的說明可以知道，生產要素市場具有下列幾項特性：

(1) 生產者與消費者在不同市場所扮演的角色不同。在要素市場，要素的需求者為廠商，供給者為家計單位，此與產品市場的供需雙方角色恰好相反。

(2) 在要素市場，要素需求是由產品需求中引申出來的間接需求，即衍生的需求（derived demand）；在產品市場，產品的最終需求來自個人慾望的滿足，屬於**直接需求**（directive demand）。

(3) 要素市場的價格是指廠商使用要素所支付的價格，廠商僅有一定期限內的使用權利；產品市場的價格則是指消費者支付產品本身的價格，產品購買以後，消費者即擁有產品的所有權。

(4) 生產產品必須結合勞動、資本、土地與企業家精神四種要素。在要素市場，要素價格決定了要素所有者的報酬；在產品市場，產品的價格決定了廠商的收入。

(5) 要素市場與產品市場彼此相依。要素價格取決於要素的供需狀況，要素的供需則取決於產品市場狀況，如果產品市場景氣變化，會影響消費者對最終產品的需求，間接影響廠商對生產要素的需求，進而影響要素的價格；反之，要素價格變化也會影響產品價格的變化。

> **衍生的需求**
> derived demand
>
> 在要素市場，要素需求是由產品需求中引申出來的間接需求，即衍生需求。

　　從上述特性可知，產品市場與生產要素市場關係密切，產品市場的需求影響生產要素市場的需求，生產要素的供給成本影響產品市場的供給，兩個市場的供需相互影響。

15.2 勞動市場供需與均衡

一、勞動需求曲線

勞動需求曲線（labor demand curve）是一條負斜率的曲線 D_L，如（圖15-1）所示。勞動需求曲線為何是一條負斜率的曲線？這是因為廠商對額外一單位勞動雇用所願意支付的工資率，等於此一單位勞動雇用為廠商增加的總收益；也就是說，勞動需求曲線與勞動的邊際產量（marginal product of labor，簡稱MP_L）及產品的邊際收益（marginal revenue，簡稱MR）兩者有關。

我們將增加一單位勞動雇用量為廠商增加的總收益，稱之為勞動的邊際產出收益（marginal revenue product of labor，簡稱MRP_L），並將之分解如下：

圖15-1　勞動需求曲線

$$MRP_L = \triangle TR / \triangle L$$
$$\quad = \triangle TR / \triangle Q \times \triangle Q / \triangle L$$
$$\quad = MR \times MP_L$$

$$(15\text{-}1)$$

由（15-1）式可以看出，勞動的邊際產出收益（MRP_L）確實是產品的邊際收益（MR）與勞動的邊際產量（MP_L）兩項的乘積。在短期，廠商在土地及資本設備方面的投資是固定的，因此每增加一單位勞動的雇用量，會造成勞動的邊際產量遞減，此乃是**邊際生產力遞減法則**（principle of diminishing marginal productivity）發生作用，由於勞動的邊際產量隨著勞動雇用量的增加而遞減，故在產品的邊際收益不變或是遞減的情況下，廠商所願意支付的工資率自然會隨著勞動雇用量的增加而遞減。

造成負斜率的勞動需求曲線的另一項原因，即產品的邊際收益。只有在完全競爭的產品市場型態下，廠商的邊際收益曲線是一條水平線，其不會隨著銷售量的增加而改變；但是在其他的產品市場型態下，廠商的邊際收益是會隨著銷售量的增加而減少的。將勞動的邊際產量及產品的邊際收益一併考量，我們發現勞動的邊際產出收益（MRP_L）必定會隨著勞動雇用量的增加而減少。此乃因為不論產品市場屬於何種市場型態，即MR是否隨著勞動雇用量的增加而減少，而勞動的邊際產出收益中的MP_L部分，總是隨著勞動雇用量的增加而減少。綜上所述，可知勞動的邊際產出收益曲線就是勞動的需求曲線，如（圖15-2）所示。

勞動需求曲線是負斜率的曲線，但此曲線的斜率會受產品市場競爭狀況的不同而有差異。例如，廠商在完全競爭的產品市場銷售產品時，其勞動需求曲線會較其他型態的產品市場的勞動需求曲線平坦。此乃因在完全競爭的產品市場，勞動的邊

邊際生產力遞減法則
principle of
diminishing marginal
productivity

在短期，廠商在土地及資本設備方面的投資是固定的，因此每增加一單位勞動的雇用量，會造成勞動的邊際產量遞減，此乃是邊際生產力遞減法則。

圖15-2　勞動的邊際產出收益曲線

際產出收益中的MR部分，不隨勞動雇用量的增加而改變；但在
其他的市場結構下，勞動的邊際產出收益中的MR會隨著勞動雇
用量的增加而遞減。換句話說，在不完全競爭或獨占的市場結
構下，勞動的邊際產出收益會隨著勞動雇用量的增加而下降的
比較快，但在完全競爭的市場則下降的比較慢。

　　另外，將勞動的邊際產出收益中的MR部分，以產品的市場
價格P取代，其所產生的數值，稱之為**勞動的邊際產值**（value of
marginal product of labor，**簡稱**VMP_L），其數學關係式如（15-2）
式：

$$VMP_L = P \cdot MP_L \qquad\qquad (15\text{-}2)$$

　　在（15-2）式中，P代表產品的市場價格，也就是廠商的平
均收益（average revenue，**簡稱**AR）。因此，勞動的邊際產值之
定義是：增加一單位勞動雇用量所增加的產量之市價等值。在
完全競爭的產品市場型態下，由於產品的價格維持不變，以致
於會等於邊際收益，因為$P = AR = MR$，故$MRP_L = VMP_L$。換言
之，勞動的需求曲線等於勞動的邊際產出收益曲線，也等於勞

圖15-3　完全競爭市場下的勞動邊際產值曲線

動的邊際產值曲線，如（圖15-3）所示，得出$D_L = MRP_L = VMP_L$。

　　在不完全競爭的產品市場型態下，由於每一單位產量的產品價格，即平均收益，皆高於其邊際收益，也就是$P > MR$，因此$VMP_L > MRP_L$，如（圖15-4）所示。

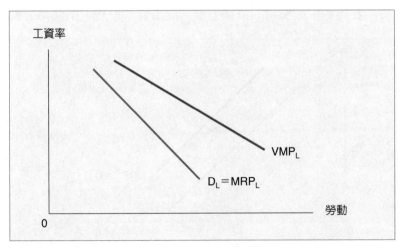

圖15-4　不完全競爭市場下的勞動邊際產值與邊際產出收益曲線

二、勞動需求的決定因素

前述說明了廠商對**勞動的需求量**（quantity of labor demanded）是受工資率（w）的影響，或說工資率反映了在每一勞動雇用量水準的MRP_L。若工資率下降，則廠商會增加對勞動的雇用量或稱需求量；若工資率上升，則廠商會減少對勞動的雇用量。因此，工資率的改變，會引起沿著同一條勞動需求曲線的移動。另外，有些因素的變化，則會引起整條勞動需求曲線的向內或向外移動。決定**勞動需求**（demand for labor）的幾項因素，如下所示：

（一）產品的價格

倘若產品的價格（P）上升，而工資率（w_0）不變，則廠商會增加對勞動的需求，而使整條MRP_L曲線向右移動，如（圖15-5）所示。此時，在原來的工資率w_0下，勞動雇用量含由L_0增加爲L_1。

（二）其他生產要素的價格

若其他生產要素的價格上漲，而工資率不變，則使用勞動

圖15-5 勞動需求曲線的移動

的成本相形較低，而使廠商對勞動的需求增加，於是整條勞動需求曲線會向右移動，亦如（圖15-5）所示，使得勞動雇用量增加。

（三）技術水準

技術水準改變會影響廠商對不同**技能**（skill）勞工的需求。通常技術進步會使廠商增加對有**技能勞工**（skilled worker）的需求，而減少對**非技能勞工**（unskilled worker）的需求，如（圖15-6）所示。

圖15-6　技術進步對不同技能勞工的影響

三、勞動供給曲線

勞動供給曲線（labor supply curve）的導出，可由個人及市場兩方面來分析。**個人勞動供給曲線**（individual supply curve of labor）是一條正斜率，但在較高的工資率水準下會產生**後彎**（backward-bending）的曲線S_L，如（圖15-7）所示。

工資率上升使得**休閒**（leisure）的機會成本增加，因此勞動者會願意多工作來增加所得，以工作取代休閒，此為工資率上

個人勞動供給曲線
individual supply
curve of labor

個人勞動供給曲線是一條正斜率，但在較高的工資率水準下會產生後彎的曲線。

圖15-7　個人勞動供給曲線

升所產生正的**替代效果**（substitution effect）。工資率上升，同時也會使得勞動者感受到工作同樣時數卻有更高的所得，因此可以選擇多休閒而少工作，此為工資率上升所產生負的**所得效果**（income effect）。

　　（圖15-7）顯示，當工資率還在低水準時（如480元／小時），工資率上升所產生的正的替代效果會大於負的所得效果，使得個人勞動者有意願工作更多的小時來增加所得。但是當工資率已達到相當高的水準時（如900元／小時），工資率再繼續上升所產生正的替代效果會小於負的所得效果，而使勞動者減少工作而增加休閒。因此，在高工資率水準下，個人勞動供給曲線是後彎的。

　　市場勞動供給曲線（market supply curve of labor）是所有個人勞動供給曲線在每一個工資率的水平加總。市場勞動供給曲線是一條正斜率，但不後彎的曲線S_L，這是因為每個人對工資高低的感受不同；在每一個更高的工資率，都會有更多的勞動者願意加入工作或提供更多的工作小時。因此，市場勞動供給曲線是一條正斜率的曲線，如（圖15-8）所示。

市場勞動供給曲線
market supply curve of labor

市場勞動供給曲線是所有個人勞動供給曲線在每一個工資率的水平加總；是一條正斜率，但不後彎的曲線。

圖15-8 市場勞動供給曲線

四、市場競爭與勞動供給

市場勞動供給曲線是一條正斜率的曲線，但個別廠商所面對的勞動供給曲線是何形狀，則要依生產要素市場競爭狀況而定（劉亞秋，2003）。以下可分兩種情況來討論：（1）生產要素市場是完全競爭狀態；（2）生產要素市場是不完全競爭狀態。

（一）生產要素市場完全競爭

倘若生產要素市場是完全競爭狀態，則廠商不論雇用多少勞工，都可支付相同的工資率。如此，廠商所面對的勞動供給曲線是一條水平線，如（圖15-9）所示。

（圖15-9）顯示，當生產要素市場是完全競爭狀態時，廠商所面對的勞動供給曲線（S_L）是一條水平線。在此狀況下，廠商每增加一單位勞動雇用量所增加的成本，即等於工資率（w或P_L）。我們將廠商增加一單位勞動雇用量所增加的成本，稱之為**勞動的邊際要素成本**（marginal factor cost of labor，簡稱MFC_L）。在生產要素市場是完全競爭狀態時，MFC_L可分解如下：

圖15-9　生產要素市場完全競爭下廠商的勞動供給曲線

$$MFC_L = \triangle TC/\triangle C$$
$$= \triangle (w \times L) / \triangle L$$
$$= w \times (\triangle L) / \triangle L$$
$$= w \tag{15-3}$$

（15-3）式顯示，MFC_L是衡量增加一單位勞動雇用量，所帶給廠商的總成本變量。總成本變量又與**變動生產要素**（variable production factor）的使用有關，亦即與勞動成本的變動（$\triangle w \times L$）有關。由於在完全競爭狀態下的生產要素市場，單位勞動成本（w）固定不變，而單位勞動成本乃是**勞動的平均要素成本**（average factor cost of labor，**簡稱AFC_L**），因此不變的平均要素成本，意味著勞動的邊際要素成本等於平均要素成本，意即$MFC_L = AFC_L = w$。換句話說，勞動的邊際要素成本（MFC_L）曲線就是勞動的供給曲線（S_L），如（圖15-9）所示。

（二）生產要素市場不完全競爭

　　若生產要素市場處在不完全競爭狀態，則要素供給者對勞動的提供決定於工資率的高低；工資率愈高，提供的勞動力愈

多，因此，勞動供給曲線（S_L）在此狀況下是正斜率的曲線，如（圖15-10）所示。

（圖15-10）顯示，在不完全競爭狀態的勞動市場中，勞動的邊際要素成本曲線（MFC_L）位於勞動供給曲線（S_L）的上方，代表在任一水準的勞動雇用量，皆是$MFC_L > w$。由於勞動供給曲線是正斜率，因此單位勞動成本（w）與勞動雇用量（L）互相影響，w不再是一常數，使得（15-3）式中的MFC_L不再等於w，而可分解如下（15-4）式：

$$
\begin{aligned}
MFC_L &= \frac{\Delta TC}{\Delta L} = \frac{\Delta(w \cdot L)}{\Delta L} \\
&= w \cdot \frac{\Delta L}{\Delta L} + L \cdot \frac{\Delta W}{\Delta L} \\
&= w\,(1 + \frac{L}{W} \cdot \frac{\Delta W}{\Delta L}) \\
&= w\,(1 + \frac{1}{\varepsilon_s}) \tag{15-4}
\end{aligned}
$$

在（15-4）式中，ε_s代表勞動供給曲線的彈性。由於勞動供給曲線是正斜率，因此 $\varepsilon_s > 0$；如此一來，勞動的邊際要素成本MFC_L，總是大於w。因此，勞動的邊際要素成本曲線

圖15-10　生產要素市場不完全競爭下廠商的勞動供給曲線

（MFC_L），必是位於勞動供給曲線（S_L）的上方。

五、勞動市場的均衡

在勞動市場中，勞動需求曲線與勞動供給曲線的交叉點，決定勞動的價格（即工資率）及勞動雇用量。勞動市場的均衡狀況，可以就產品市場與生產要素市場的競爭情形，分三種情形來討論：

（一）產品市場是完全競爭，生產要素市場也是完全競爭

若產品市場是完全競爭，則勞動需求曲線（D_L）與勞動邊際產值曲線（VMP_L）為同一條曲線。若生產要素市場是完全競爭，則勞動供給曲線（S_L）與勞動邊際要素成本曲線（MFC_L）也是同一條曲線，而且是一條水平線，如（圖15-11）所示。

（圖15-11）顯示，勞動市場均衡點落在$MRP_L＝MF_L$之E_0，此即是使廠商利潤最大化的條件。由此所決定的最適勞動雇用量為L_0^*，均衡工資率為w_0^*。

圖15-11　產品市場與生產要素市場均是完全競爭的勞動市場均衡

（二）產品市場是獨占，生產要素市場是完全競爭

若產品市場是**獨占**（monopoly），則勞動需求曲線（D_L）仍是MRP_L曲線，但VMP_L曲線則位於MRP_L曲線的上方。若生產要素市場是完全競爭，則勞動供給曲線（S_L）即是勞動邊際要素成本曲線（MFC_L），且是一條水平線，如（圖15-12）所示。

（圖15-12）顯示，均衡發生在$MRP_L＝MFC_L$之E_1點。由此所決定的最適勞動雇用量是L_1^*，均衡工資率是w_1^*。

圖15-12　產品市場獨占，生產要素市場完全競爭的勞動市場均衡

（三）產品市場是完全競爭，生產要素市場是獨買

若產品市場是完全競爭，則勞動需求曲線（D_L）即是勞動邊際產值曲線（VMP_L）。若生產要素市場為**獨買**（monopsony），則勞動供給曲線（S_L）是一條正斜率的曲線，且MFC_L曲線位於S_L曲線的上方，如（圖15-13）所示。

（圖15-13）顯示，均衡發生在$MRP_L＝MFC_L$之E_2點。由此所決定的最適勞動雇用量為L_2^*。在L_2^*的雇用量水準，工資率由勞動供給曲線S_L決定，因此均衡工資率為w_2^*。

圖15-13　產品市場完全競爭，生產要素市場是獨買的勞動市場均衡

 15.3 勞動市場經濟分析

一、工會對工資的影響

要素市場通常是不完全競爭的市場，廠商一方面是產品的銷售者，一方面是要素的購買者。在生產要素市場上，要素的供需存在幾種情況：一種是要素市場上的「獨賣」，即要素供給者組成工會，壟斷了勞動的供給；另一種是要素市場上的「獨買」，即廠商在產品市場具有獨占力量，成為要素市場的獨買者，或多家廠商透過組成公會，集體購買生產要素，形成要素需求的獨家買主，壟斷了勞動的需求；另一種是雙邊獨占，即要素市場的買方與買方均只有一位。

如果全台只有一家生化科技公司，則此公司為唯一生化科技人才的唯一買方，如果生化科技人員都隸屬於同一工會，由

工會與公司協商人才提供事務，則工會是生化科技人才的唯一賣方，構成生技人力市場的**雙邊獨占**（bilateral monopoly）。

工會為勞動者的組織，憑藉其對勞動力的壟斷，可以運用下列方法達到提高工資之目的：

（1）工會運用各種合法的手段、方式，限制非工會會員受雇，迫使政府通過強制退休、禁止使用童工、限制移民、減少工作時間等法律途徑，以減少勞動的供給，達到提高工資的目的。如（圖15-14）所示，這種方法使得勞動的供給曲線向左方移動，由S_{L0}移到S_{L1}。勞動的需求與供給相等的均衡點，也因此由E_0點移到E_1點。這時的工資水平w_1顯然比原有的工資水平w_0提高，即$w_1 > w_0$，此時勞動雇用量比原有的雇用量減少，即由原來的L_0減少到L_1。

雙邊獨占
bilateral monopoly

當某公司為唯一生化科技人才的唯一買方，工會是生化科技人才的唯一賣方，即構成生技人力市場的雙邊獨占。

圖15-14　工會對勞動供給的影響

（2）工會透過議會立法或其他活動，以增加出口、限制進口、實行保護貿易政策等方法來提高對勞動的需求，從而達到提高工資的目的。如（圖15-15）所示，這種

方法使得勞動的需求曲線向右上方移動，由D_{L0}移到D_{L1}。勞動的需求與供給相等的均衡點，也因此由E_0點移到E_1點。此時工資率w_1比原有工資率w_0提高，即$w_1 > w_0$，勞動雇用量也比原有的雇用量增加，即由原來的L_0增加至L_1。

圖15-15　工會對勞動需求的影響

（3）工會運用各種途徑，促使政府設定基本工資，以使工資維持在一定的水準之上，目的在維護勞工的收入水準，但此種作法同時亦會減少勞動雇用量。

二、基本工資訂定

最低工資
minimum wage
政府為保障勞動市場中基層勞工、弱勢勞工最基本的生活，往往會依照當時生活水準、勞動生產力狀況，設定勞動市場的工資下限，即基本工資或最低工資，造成勞動市場供需及價格的變化。

　　政府為保障勞動市場中基層勞工、弱勢勞工最基本的生活，往往會依照當時生活水準、勞動生產力狀況，設定勞動市場的工資下限，即基本工資或最低工資（minimum wage），造成勞動市場供需及價格的變化。

　　我國為規定勞動條件最低標準，保障勞工權益，加強勞雇

關係，促進社會與經濟發展，於1984年7月30日制定公布實施勞動基準法；該法第二條將工資定義為勞工因工作而獲得之報酬：包括工資、薪金及按計時、計日、計月、計件以現金或實物等方式給付之獎金、津貼及其他任何名義之經常性給與均屬之。同法第二十一條（工資之議定及基本工資）規定工資由勞雇雙方議定之，但不得低於基本工資。基本工資由中央主管機關擬訂後，報請行政院核定之；目前的基本工資是15,840元，自1997年10月16日調整以來至今未變（王鳳生，2004）。

如（圖15-16）所示，在完全競爭的勞動市場，勞動的需求曲線D_L與供給曲線S_L相交於點E_0，決定了工資水準w_0，就業量L_0。如果政府為照顧勞工基本生活，而設定基本工資，或工會運用各種合法手段，迫使政府通過立法，規定最低工資$\bar{w}$，此時存在兩種情況：

（1）如果最低工資$\bar{w}$設定低於均衡工資w_0，此一規定對勞動市場不會產生任何影響。

（2）如果最低工資設定高於均衡工資，即$\bar{w} > w_0$，在勞動市場上，此工資水準使得勞動供給增加為L_B，但勞動

圖15-16　設定最低工資對勞動市場的影響

需求降低爲L_A，如（圖15-16）所示。工資由w_0提高
爲$\bar{w}$，市場產生$\overline{L_AL_B}$的超額勞動供給，勞動供給量大
於勞動需求量，因此會產生失業（unemployment）。

實際的工資水準，由勞動市場的供需與勞動邊際生產力來
決定。若邊際生產力低於設定的基本工資，邊際生產力低於基
本工資的勞動者，將會面臨失業的困境，邊際生產力高於基本
工資的勞動者，將會獲得保障。如果基本工資調得愈高，失業
的人數將會更多。

以我國2002年製造業每人月平均薪資爲38,208元，遠高於現
行基本工資15,840元的情況來看，現行基本工資對勞動市場的影
響有限。不過，時薪制之提出、政府規定外勞薪資不得低於國
內基本工資、國際勞工組織「最低工資公約」與「歧視（就業
與職業）公約」的規範，以及加入WTO後有關工作條件的平等
對待等議題，都將直接衝擊勞動市場的供需與價格（王鳳生，
2004）。

三、外勞對工資影響

外勞是指從事較低階工作、體力勞動，或幫傭的外國勞
工，他們大多來自生活條件較差的東南亞等地，與一般印象中
從事美語教學或者管理階層工作的外國人不同。

政府自1989年起爲因應國家十四項重大公共工程建設的需
要，解決國內產業缺乏基層勞工的窘境，行政院勞工委員會公
布「十四項重要工程人力需求因應實施方案」，六大行業十五職
種可引進外勞，同意六年國建工程廠商引進首批外勞，爲外勞
政策之執行揭開序幕。1992年就業服務法通過後，開始引進製
造業、家庭幫傭、監護工，1996年外勞引進累積人數爲236,555
人，2002年引進累積人數爲303,684人，外勞的供給仍呈現增加
的趨勢（王鳳生，2004）。

圖15-17　引進外勞對勞動市場的影響

　　一般外勞從事低技術層次的工作，按開放項目區分，從事
政府重大工程的累積人數已有逐年下降的趨勢，從事監護工作
的累積人數則呈現逐年上升的趨勢。以2002年12月底資料顯
示，外勞所從事行業別方面，以製造業最多，約占所有外勞總
數的52%，其次是社會及個人服務業，即外籍女傭、監護工占
39.7%，營造業占7.7%，農業接近1%，顯見製造業外勞比例偏
高，但從事監護工作的人數則逐漸增加（王鳳生，2004）。

　　依照目前外勞進用的趨勢，可以仔細分析其對勞動市場的
影響。如（圖15-17）所示，在未引進外勞前，勞動市場的供需
均衡為E_0，此時均衡工資水準為w_0，勞動供給量為L_0。依目前
經濟狀況，假設國內製造業對勞動的需求維持不變，外勞引進
會造成勞動供給增加，勞動供給曲線外移至S_{L1}，將會使工資水
準降低為w_1，由於工資下降具有僵固性，在w_1工資水準下，勞
動供給為L_2，將會產生$\overline{L_0L_2}$的失業。

15.4 資本市場供需與均衡

一、資本市場特性

資本市場（capital market）是資金取得之處。企業在資本市場籌措**貨幣資金**（money capital），是因為這些貨幣資金可以用來購買**實體資本**（physical capital），例如，廠房設備及機器等。資金在資本市場雖然是以**貨幣**（money）的型態被取得，但其所代表的經濟意義，乃是實體資本。實體資本具有生產力，可以為使用者帶來報酬，故只要使用實體資本所帶來的報酬率，高於借用資金所須支付的利率，企業就願意為借用資金而支付利息。

利率
interest rate

貨幣資金的價格是利率，利率的高低視資本市場可貸資金的供需情況而定。

貨幣資金的價格是**利率**（interest rate），利率的高低視資本市場**可貸資金**（loanable funds）的供需情況而定。可貸資金的供給來自企業的盈餘及家計單位的儲蓄；可貸資金的需求則可能來自企業、家計單位及政府。企業為投資而需要資金，家計單位為購買房屋、汽車或子女教育費用而需要資金，政府為公共建設或其他預算費用而需要資金。均衡的利率是由可貸資金的供給曲線與需求曲線的交叉點決定，如（圖15-18）所示。

二、利率決定因素

通貨膨脹溢酬
inflation premium

當通貨膨脹發生時，貨幣的購買力減弱，因此貸款者在將錢借出之際，必定要考慮借錢期間可能發生的通貨膨脹率，稱之為預期通貨膨脹率，並將之納入所要求的利率之中，以免得不償失。

所有利率皆包含兩項基本成員：即（1）**實質無風險利率**（real risk-free rate of interest）；（2）**通貨膨脹溢酬**（inflation premium）（劉亞秋，2003）。

圖15-18　可貸資金的供需決定均衡利率

（一）實質無風險利率

實質無風險利率是在市場預期沒有通貨膨脹發生的情況下，投資人對於完全沒有風險的投資所要求的報酬率。

（二）通貨膨脹溢酬

當通貨膨脹發生時，貨幣的購買力減弱，因此貸款者在將錢借出之際，必定要考慮借錢期間可能發生的通貨膨脹率，稱之為預期通貨膨脹率，並將之納入所要求的利率之中，以免得不償失。因此，利率中必有成員稱之為通貨膨脹溢酬，是債權人在投資期間因承擔預期通貨膨脹率所得的報償。

每一種利率皆包含以上兩項共同成員，但是在任何時點，市場上又同時存有各種不同的利率。利率會有差異，在於借款者不同、借款的期間長短不一等因素。一般而言，利率會有差異的原因有三項，如下所述：

（1）違約風險：若貸款（或投資）的倒閉可能性較高，即借款者無法償債的可能性較高，則貸放者（lender）或

435

投資人（investors）會要求取得較高的**風險溢酬**（risk premium），作為承受較高**違約風險**（default risk）的報償。因此，違約風險愈高，債權人所要求的此項溢酬愈高，利率因此愈高。

(2) 到期期限：貸款或投資的期限愈長，則不確定性因素增多，風險相對增高，於是貸款者會要求較高的溢酬，以補償其所承擔之風險，此項溢酬稱之為**到期期限溢酬**（maturity premium）。投資期限愈長，到期期限溢酬愈高，利率也愈高。

(3) 流動性：**流動性**（liquidity）是指投資工具變現的能力。若投資人可將其手中持有的投資標的，隨時在市場上賣出而不須折價，即表示該投資工具之流動性高，投資人所要求的溢酬就會較低。反之，若投資工具之流動性低，即投資人須將其所持有的金融資產大幅降價才得賣出，則投資人對此投資標的會要求取得較高的流動性溢酬，以補償其可能的虧損。因此，投資標的流動性愈高者，其利率愈低。

綜合以上所述，任何一項投資標的之利率水準，包含下列五項因素：

(1) 實質無風險利率。
(2) 通貨膨脹溢酬。
(3) 違約風險溢酬。
(4) 到期期限溢酬。
(5) 流動性溢酬。

三、資本的需求

利息取決於資本的邊際生產收益。基於邊際生產力遞減法則，資本的邊際生產收益會隨資本投入量的增加而遞減。從需

求面來看，廠商是資本需求者，廠商所以需要資本，是因為借入資本投入生產可以為其帶來收益，但是廠商使用資本是有成本的，其成本就是利息。基於追求利潤極大化之目標，廠商進行投資時，就必須使資本的邊際要素成本等於其邊際生產收益。

　　如果資本的邊際生產收益大於資本的邊際要素成本，亦即借入最後一單位資本的收益大於所支付的利息，廠商就會增加資本的需求；反之，如果資本的邊際生產收益小於資本的邊際要素成本，亦即借入最後一單位資本的收益小於所支付的利息，廠商就會減少資本的需求。因此，廠商要不要額外借入資本來購買一部機器設備投入生產，取決於購買此部機器設備的收益是否大於借入資本的利息支出而定。

　　廠商借入資本以增加資本財的決策，取決於該資本財於未來期間可創造的生產收益折算成現值後，是否大於該資本財的投入成本。若收益現值大於投入成本，廠商就願意購買該資本財；但收益現值小於投入成本，廠商就不願意購買該資本財。由於利率愈高，邊際生產收益的現值愈低，投資獲利的可能性降低，廠商對資本之需求將減少；反之，當利率愈低時，邊際生產收益的現值愈大，投資獲利的可能性提高，廠商對資本之需求亦將提高。當其他情況不變時，利率與資本需求呈反向關係，兩者之關係可繪成（圖15-19）之資本需求曲線，橫軸代表資本量K，縱軸代表利率i。

　　此外，如同產品市場的需求曲線類似，仍存在些會影響資本需求的非價格因素，造成資本需求曲線的移動。就資本的需求而言，利率與技術進步都是影響資本需求變動的重要因素。當利率變動，資本財邊際生產收益的現值隨之變動，進而影響資本的需求；利率上升，資本的需求減少；利率下降，資本的需求增加。科技進步會提升生產效率，使資本的邊際生產收益增加。

利率

D_K

0   資本

圖15-19　資本的需求曲線

　　以Intel生產的CPU為例，CPU功能愈來愈多，處理速度愈來愈快，個人電腦可以提供更多、更快、更好的服務，使得電腦的需求增加，廠商可以售出更多的CPU來增加收益。除此之外，廠商對於銷貨情況的預期心理與所得的增減變動，都會影響廠商對資本的需求；此外，產品價格與其他生產要素價格，也會影響廠商對資本的需求。

四、資本的供給

　　在資本的供給面，資本的供給成本取決於利率；利息是對放棄當期消費的資本提供者補償其效用的損失。家計單位若欲將當前的消費，延後至未來再消費時就會進行儲蓄，儲蓄之大小決定於家計單位所得之高低、當時利率之大小、預期未來所得之高低。在其他情況不變下，家計單位所得愈高，儲蓄就愈多；利率愈高，資本供給者就愈願意延遲消費，增加儲蓄；利率愈低，就會增加當期消費，減少儲蓄；預期未來所得愈低，則儲蓄愈多。因此，利率與資本供給量呈正向變化關係，資本

的供給曲線會呈現一條向右上方傾斜的曲線，如（圖15-20）所示。

圖15-20　資本的供給曲線

　　在其他情況不變下，家計單位儲蓄受利率之影響，可分別以替代效果及所得效果說明。當利率提高時，因儲蓄可提高未來之所得，故會以儲蓄取代消費，儲蓄必定增加，此即為替代效果。所得效果則視**貸放者**（lender）及**借款者**（borrower）而定，就貸放者而言，利率提高時，將資金借與他人可得較高之所得，所得提高其儲蓄亦提高，故所得效果為正；但對借款者而言，利率提高，向他人借用資金之成本提高，其所得降低，儲蓄亦必降低，故所得效果為負。就經濟整體而言，替代效果必大於所得效果，故利率增加會造成資本量增加，資本供給曲線乃如（圖15-20）所示之S_K曲線。

五、資本市場均衡

　　市場利率由資本的供需雙方共同決定，由（圖15-21）可以瞭解市場均衡利率的達成。圖中橫軸K代表資本量，縱軸i代表

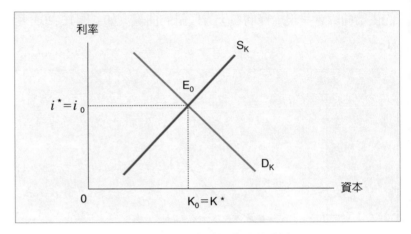

圖15-21　資本供需與市場利率

利率；D_K為資本的需求曲線，S_K為資本的供給曲線，這兩條線相交於E_0點，代表資本供需相等的均衡點E_0點代表資本的供給者願意以均衡利率i_0，提供K_0的均衡資本量，而資本的需求者也願意以均衡利率i_0，使用K_0均衡資本量。

當實際利率低於i_0時，資本提供者願意提供的資本量小於資本的需求量，資本供給不足，會使利率回升到i_0的均衡水準；反之，當實際利率高於i_0時，資本的需求量小於資本的供給量，資本過剩會使利率下跌，回復到i_0的均衡水準。

六、政府干預

如果政府干預資本市場，經由人為手段提高或降低利率，都會使資本供需失去均衡。假設政府規定利率的最高限為i_1，此時，資本的供給量為K_1，資本的需求量為K_2，資本需求量大於資本供給量，資本短缺$\overline{K_1K_2}$，廠商無法充分獲得投資所需資本，如（圖15-22）之（a）所示。

如果政府規定利率的最低限為i_2，此時，資本的供給量為K_4，資本的需求量為K_3，資本供給量大於資本需求量，資本過

圖15-22　政府干預資本市場

剩 $\overline{K_3K_4}$，多餘資本閒置不能發揮作用，降低資本使用的效率，
如（圖15-22）（b）所示。

15.5 其他生產要素市場

　　本章節針對土地與地租，以及企業家精神與利潤，做進一
步瞭解與討論。其中，使用土地所付的報償即為地租，而發揮
企業家精神所得到的報償是為利潤。

一、土地與地租

　　土地是生產過程中所必須使用到的一種投入（input），其供
給完全沒有彈性；而地租（rent）是使用土地所提供的生產性勞
務所給付的報酬。由於土地的供給固定不變，因此供給曲線是
一條垂直線，故地租完全是由需求曲線決定，如（圖15-23）所
示。

地租
rent

地租是使用土地所提供
的生產性勞務所給付的
報酬。

441

圖15-23　土地地租的決定

　　地租不是土地本身的價格，土地本身的價格是土地在未來每年所帶來的預期**地租現值**（present value）的加總。地租或可看作是一種多餘的報償，因為即使不付地租，土地的供給仍然存在。因此，地租的概念可以運用到任何供給量固定，或呈有限狀態的生產要素上。

經濟地租
economic rent

經濟地租其定義為：使用某生產要素所支付的市場價格與其機會成本之間的差額。由於經濟地租是市場均衡價格大於供給價格的部分，因此是一種剩餘的概念。

　　經濟學上將地租的概念一般化後，稱之為**經濟地租**（economic rent），其定義為：使用某生產要素所支付的市場價格與其機會成本之間的差額。使用某生產要素的機會成本，是指將該生產要素留置在目前生產用途上所必須給付的最低報酬，即該生產要素的供給價格。由於經濟地租是市場均衡價格大於供給價格的部分，因此是一種剩餘（surplus）的概念。

　　土地的供給量固定不變，不因供給價格的改變而增加或減少；縱使供給價格為零，土地的供給量仍存在不變。因此，土地所有人因提供土地而得到的報酬，全部都是經濟地租，如（圖15-23）中的$\square r^* E\ L^* 0$所示。經濟地租的概念若應用到其他供給量有限的生產要素上，則如（圖15-24）所示。

　　（圖15-24）顯示，某生產要素的供給量雖非固定，但仍是

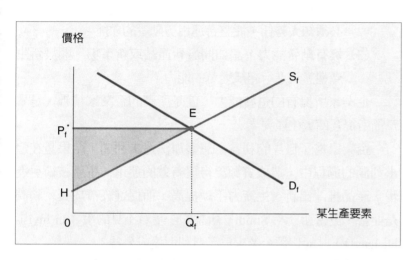

圖15-24　供給量有限下生產要素經濟地租的決定

有限，其經濟地租為▷P_f^*EH。該生產要素持有者所得到的經濟地租，與產品市場生產者所得到的**生產者剩餘**（producer surplus）概念相同。

二、企業家精神及利潤

　　利潤（profit）是企業在支付完工資、利息及地租後，所剩餘的、屬於企業家（entrepreneur）的報酬。企業家經營企業，未必總是獲得利潤，但未來的**潛在利潤**（potential profit）是驅使企業家不斷創新、勇於承擔風險，以及努力增進生產效率的原動力。利潤是市場經濟中的一項重要指標，**超額利潤**（excess profit）的存在會吸引廠商加入產業；**超額損失**（excess loss）或利潤低於正常利潤水準的情況，又會使部分廠商離開產業。

　　企業家是承擔所有經營風險，或透過創新將各種生產要素有效組織，以從事生產、獲取利潤的人。企業家必須具備三方面的才能，包括：

　　（1）能夠掌握生產與市場動態，擁有經營管理企業的才能。

利潤
profit

利潤是企業在支付完工資、利息及地租後，所剩餘的、屬於企業家的報酬。

（2）必須知人善任，能整合運用勞動者的才能。

（3）擁有創新能力，諸如開發新產品或新市場、開發新生產型態或進行組織變革的能力。

企業家所擁有的這些能力，就是所謂的企業家精神，是本章節所提及四大生產要素之一。

企業家為了自身的利益，想盡辦法追求利潤，結果是在追求利潤的過程中，造成資源獲得更有效的運用、生產技術更進步、產品推陳出新、生產力不斷提高，而促進經濟成長。利潤是亞當‧史密斯（A. Smith）所說的一隻看不見的手（an invisible hand），其能帶領企業家為了自利而達成公益。

利潤是企業家發揮其才能所獲得的報酬，雖是企業的**剩餘價值**（residual value），其重要性絕不亞於其他生產要素的報酬。利潤提供企業家誘因，將各種生產要素作適當的配置，以共同達到社會福利的增進。

重點摘錄

+ 生產要素的需求,有如下三項特質:是一種衍生的需求;是一種與其他生產要素相互依存的需求;是一種技術決定的需求。

+ 廠商要提供消費者產品或服務,必須具備勞動、資本、土地與企業家精神四種生產要素,廠商必須在生產要素市場,向生產要素的所有者購買生產所需的生產要素。

+ 生產要素市場具有下列幾項特性:生產者與消費者在不同市場所扮演的角色不同;要素需求是從產品需求中引申出來的引申需求;要素市場的價格是指廠商使用要素所支付的價格;生產產品必須結合勞動、資本、土地與企業家精神四種要素;要素市場與產品市場彼此相依。

+ 勞動的邊際產出收益曲線就是勞動的需求曲線;工資率反映了在每一勞動雇用量水準的邊際生產力。

+ 決定勞動需求的因素:產品的價格;其他生產要素的價格;技術水準。

+ 工會運用各種合法的手段、方式,限制非工會會員受雇,迫使政府通過強制退休、禁止使用童工、限制移民、減少工作時間等法律途徑,以減少勞動的供給,達到提高工資的目的。

+ 工會透過議會立法或其他活動以增加出口、限制進口、實行保護貿易政策等方法來提高對勞動的需求,從而達到提高工資的目的。

+ 政府為保障勞動市場中基層勞工、弱勢勞工最基本的生活,往往會依照當時生活水準、勞動生產力狀況,設定勞動市場的工資下限,即基本工資或最低工資,造成勞動市場供需及價格的變化。

+ 貨幣資金的價格是利率,利率的高低視資本市場可貸資金的供需情況而定。

+ 利率會有差異的原因有三項:違約風險;到期期限;流動性。

+ 任何一項投資工具的利率水準,包含:實質無風險利率;通貨膨脹溢酬;違約風險溢酬;到期期限溢酬;流動性溢酬。

＋經濟地租是為使用某生產要素所支付的市場價格與其機會成本之間的差額；由於經濟地租是市場均衡價格大於供給價格的部分，因此是一種剩餘。

＋利潤是企業在支付完工資、利息及地租之後所剩餘的、屬於企業家的報酬。企業家經營企業，未必總是獲得利潤，但未來的潛在利潤是驅使企業家不斷創新、勇於承擔風險及努力增進生產效率的原動力。

＋利潤是企業家發揮其能力所獲得的報酬，雖是企業的剩餘價值，其重要性絕不亞於其他生產要素的報酬。利潤提供企業家誘因，將各種生產要素作適當的配置，共同達到社會福利的增進。

▶▶ 重要名詞

衍生的需求（derived demand）

相互依存的需求（interdependent demand）

技術決定的需求（technologically determined demand）

直接需求（directive demand）

勞動需求曲線（labor demand curve）

勞動的邊際產量（marginal product of labor）

邊際收益（marginal revenue）

勞動的邊際產出收益（marginal revenue product of labor）

邊際生產力遞減法則（principle of diminishing marginal productivity）

勞動的邊際產值（value of marginal product of labor）

平均收益（average revenue）

勞動的需求量（quantity of labor demanded）

勞動需求（demand for labor）

技能（skill）

技能勞工（skilled worker）

非技能勞工（unskilled worker）

勞動供給曲線（labor supply curve）

個人勞動供給曲線（individual supply curve of labor）

後彎（backward-bending）

休閒（leisure）

替代效果（substitution effect）

所得效果（income effect）

市場勞動供給曲線（market supply curve of labor）

勞動的邊際要素成本（marginal factor cost of labor）

變動生產要素（variable production factor）

勞動的平均要素成本（average factor cost of labor）

獨占（monopoly）

獨買（monopsony）

雙邊獨占（bilateral monopoly）

最低工資（minimum wage）

失業（unemployment）

資本市場（capital market）

貨幣資金（money capital）

實體資本（physical capital）

貨幣（money）

利率（interest rate）

可貸資金（loanable funds）

實質無風險利率（real risk-free rate of interest）

通貨膨脹溢酬（inflation premium）

投資人（investors）

風險溢酬（risk premium）

違約風險（default risk）

到期期限溢酬（maturity premium）

流動性（liquidity）

貸放者（lender）

借款者（borrower）

投入（input）

地租（rent）

地租現值（present value）

經濟地租（economic rent）

剩餘（surplus）

生產者剩餘（producer surplus）

利潤（profit）

企業家（entrepreneur）

潛在利潤（potential profit）

超額利潤（excess profit）

超額損失（excess loss）

看不見的手（an invisible hand）

剩餘價值（residual value）

問題討論

1. 生產要素的需求有何特質？試研析之。

2. 生產要素市場具有哪些特性？試研析之。

3. 勞動的需求曲線代表何種經濟意涵？工資率又反映什麼經濟意涵？試研析之。

4. 決定勞動需求的因素有哪些？試研析之。

5. 工會若想要達到提高工資之目的，可使用哪些方法來使勞動供給減少？或是使用哪些方法來使勞動需求增加？試研析之。

6. 政府為保障勞動市場中基層勞工、弱勢勞工最基本的生活，可設定基本工資或最低工資來達到，你同意此看法嗎？理由為何？

7. 為何在球場上會出現超級巨星，其年薪高得難以想像；而在大學校園內即使某教授講課非常受到歡迎，其年薪亦僅能提高到某一水準而已，請談談你對勞動市場內出現超級巨星現象的看法。

8. 利率的經濟意涵為何？其存有差異的原因為何？試研析之。

9. 何謂經濟地租的經濟意涵？談談你的看法為何？

10. 利潤的經濟意涵為何？其在企業經營管理上扮演何種角色？寫下你的觀察心得。

note

嘉言：所謂無條件的學習，就只是願意成為、願意做。

第五篇 實證篇

經歷是全部的擁有；
體會是真正的得到；
分享是付出的開始。

Chapter 16

核心模式學理與建構

　　本章節探討核心模式學理與建構，討論的議題有： 建構背景與目的、模式建構理念、核心模式架構、次模式設定概念、以及核心模式應用。

16.1 建構背景與目的

一、背景與動機

　　經貿自由化是股無法抗拒的國際潮流，台灣亦已於2002年元旦成為第144個會員國。台灣的入會除肯定我國在全球經貿的地位外，更意謂國內產業從此將面對更激烈競爭環境的挑戰。在面對貿易自由化的競爭下，農產品的市場開放與關稅減讓，對於國內生產成本較國際價格為高，或長期受政府保護或管制的農產品，將立即受到開放進口之衝擊，因此國內農業所面臨的挑戰相較其他產業益形艱鉅。因應全球化競爭及知識經濟的時代，農業部門必須加速本身產業結構的調整與轉型，且在兼顧產業競爭力、農民福祉與生態保育前提下，透過整體性、前瞻性的規劃，來爭取全民的認同與支持，讓本土農業更切合現代生活需要，以維護台灣農業之永續發展與經營。

　　我國在加入WTO後，必須履行市場開放與削減境內支持之承諾。在市場開放方面，包括逐年調降目前自由進口之農漁產品之關稅，以及取消稻米、雞肉等41種農產品之非關稅保護；在境內支持方面，2000年須削減基期年AMS之20%，因此目前國內設有保證價格收購之產品，勢必要逐年實施減產計畫，以降低AMS之總額。預期入會後因農產品進口量增加，將使國內部分農產品價格下跌、產量減少；其中尤以目前為限制進口之農產品所受之衝擊較大。就我國畜禽產品而言，國內飼養成本

較美、加、泰等國高,且由於國人偏好之雞腿、雞翅及畜禽雜
碎等產品,為國外之低價產品,國內外價差大,因此開放進口
將衝擊國內生產(楊政學,1997b)。

在我國加入WTO後,國內畜禽部門不同產品市場開放下,
除進口肉品自身低廉價格所產生的價格效果外,尚會影響到其
他肉品消費的替代或互補效果,因而產生各類肉品消費結構的
重新調整,且此些消費需求結構的變動,會對畜禽產業內各個
部門的生產供給造成不同程度的影響(Wahl, Hayes & Williams,
1991;Wahl, Hayes & Johnson,1992;Tsai,1994;楊政學,
1996g)。因此,國內畜禽部門產品間,不論是消費需求,抑或
是政策採行上,彼此存在著因果互動之關係,實有必要加以全
面性考量,而非單獨以單一產品市場的靜態或比較靜態角度,
來解析市場開放後衝擊影響的程度(楊政學,1996g)。

二、方法與目的

本章節以**質性研究**(qualitative research)的方法,提出**核
心模式**(core model)的建構概念,亦即掌握台灣畜禽產業中,
重要畜禽產品與政策的特徵,再應用經濟學理、計量方法、以
及電腦工具之相互搭配,來建立一個具有相當彈性的模型,且
能靈活且適切地加以調整與擴充,以便因應不同貿易政策或管
理方案模擬所需(楊政學,2003b)。因此,本章節在畜禽產品
核心模式,抑或各次模式經濟計量模型之建構概念上,係著眼
於生產經營層面涵蓋較廣,進口保護措施較多,同時保護削減
後影響較大之毛豬、肉牛與肉雞等三個主要畜禽產業。

本章節主要在於建構一個結合有毛豬、肉雞與肉牛等主要部
門的台灣畜禽產品核心模式,用以正確反映出目前國內毛豬、肉
雞與肉牛產業的供需結構等相關特性。同時,模型中三個畜禽產
品部門的供給計量次模式,則透過國內**肉品幾近理想化消費需求**

核心模式
core model

核心模式的建構概念,
亦即掌握台灣畜禽產業
中,重要畜禽產品與政
策的特徵,再應用經濟
學理、計量方法、以及
電腦工具之相互搭配,
來建立一個具有相當彈
性的模型,且能靈活且
適切地加以調整與擴
充,以便因應不同貿易
政策或管理方案模擬所
需。

體系（Meat Almost Ideal Demand System）來彼此加以相互連結（楊政學，1998），並進而提供評估台灣在加入WTO後，國內主要畜禽產業所承受衝擊影響之評估模式，以供農政當局於不同產業發展與因應貿易政策的模擬參考。

16.2 模式建構理念

一、模式建構範圍

本章節所建構之核心模式，雖僅包括毛豬、肉牛及肉雞等三個主要部門，但其產值已接近整體畜禽產業產值，因而代表性足以合理接受。同時，模型爲因應不同關稅配額管理方案或貿易措施之模擬需要，而將豬肉產品劃分爲上等（冷凍與生鮮冷藏）豬肉、豬腹脅肉、下等豬肉與豬內臟等四項部位豬肉產品（楊政學，1996d）；牛肉產品劃分爲上等（特殊品級）牛肉與中下（一般品級）牛肉等二項不同等級牛肉產品；雞肉產品劃分爲白肉雞肉與有色雞肉等二種不同品系雞肉產品，以更適切政策模擬的實證操作分析。在肉品消費需求體系上，除上述提及之畜禽肉品外，亦同時將魚肉的消費需求納入肉品需求體系中，以更完整呈現整體肉品的消費需求結構與關連。

二、模式建構概念

基於本章節之目的，在於建構一個台灣畜禽產品核心模式，且以核心模式彈性調整，用以說明目前國內畜禽產業的供需結構，以做爲將來豬腹脅肉、豬內臟與（白肉雞）雞肉開放進口、不同等級（特殊與一般品級）牛肉的關稅降低，以及上

等（冷凍與冷藏）豬肉出口市場變動等，國內整體畜禽產品政策調整之模擬評估（楊政學，1998）。同時，爲使不同畜禽部門供給間的相互影響效果，亦能加以模擬評估，乃透過肉品消費**幾近理想化需求體系**（Almost Ideal Demand System，簡稱AIDS）模式（Deaton & Muellbauer，1980a），將其需求面的相互關係加以連結。再者，將此消費結構改變所致價格波動的效果，傳遞回饋到生產面的供給調整。

茲將本章節核心模式具體的建構概念，條列說明如下：

（1）由於各部位豬肉而非全肉的開放進口衝擊評估，是模型模擬分析的重點，因此特將傳統之總合豬肉零售市場，劃分爲上等（冷凍與冷藏）豬肉、豬腹脅肉、下等豬肉、以及豬內臟等四個部位豬肉零售市場。

（2）將毛豬與豬肉次模式中，所包含的毛豬產地市場與各部位豬肉零售市場，應用**聯合產品**（joint products）概念，並透過各部位豬肉占毛豬活體重的比例（切割技術係數），加以相互連結。同時考量各部位豬肉不同進出口貿易的問題，再透過市場的供需均衡，來共同決定出各部位豬肉的零售價格。爾後再依序決定出總合豬肉零售價格、毛豬交易價格、以及毛豬產地價格。

（3）由於考量肉品消費需求間彼此具有替代性或互補性，因此將國內畜禽產品的消費需求，建構成一個肉品消費需求體系（Meat-AIDS模式），以反應不同肉品間的相互影響效果。第四、爲因應加入WTO後，我國可能採行的關稅配額管理方案，而將先前列爲進口管制的豬腹脅肉、豬內臟與白肉雞肉，分別以進口量的經濟變數來表示其進口配額，並納入供需計量模型的設定中。不同等級牛肉，則是透過從價關稅課徵的方式，將（國際）進口價格與國內價格加以相互連結，以便對畜禽產業衝擊影響，作不同管理方案的模擬評估。

幾近理想化需求體系
Almost Ideal Demand System

爲使不同畜禽部門供給間的相互影響效果，亦能加以模擬評估，乃透過肉品消費幾近理想化需求體系模式，將其需求面的相互關係加以連結。再者，將此消費結構改變所致價格波動的效果，傳遞回饋到生產面的供給調整。

16.3 核心模式架構

一、模式建構實例

　　台灣畜禽產品核心模式建構概念，如（圖16-1）所示。架構中毛豬與豬肉（hog and pork）、肉牛與牛肉（cattle and beef）、肉雞與雞肉（chicken and chicken meat）、以及魚肉與其他（fish meat and others）等四個次模式間，彼此以各自肉品消費支出比例函數式，來組構肉品消費需求體系（meat demand system），以反映不同肉品消費需求間的關連性。依本章節建構之核心模式，吾人可彈性調整不同關稅配額管理方案的模擬評估，同時可兼顧相關部門產品間的互動影響（楊政學，2003b）。

　　核心模式內個別次模式產銷價格，係透過彼此價格傳遞式相互連結一起；次模式內的供需數量，則彼此透過市場均衡式，加以相互結合；而四個次模式間消費數量與零售價格，則是經由第五個次模式，肉品消費需求體系，來加以相互連繫，而此相互影響的效果，再透過各自價格傳遞式，回饋傳遞到各畜禽產業的生產供給面，以適當地加以調整其個別供給反應（楊政學，1996g；楊政學，1998）。進而依此理念來建構個別部門之方程式體系，以將此核心模式構念予以操作化，來因應加入WTO後的經貿環境下，不同配套管理措施之模擬分析。

　　基於次模式的建構理念上，主要為部位肉而非全肉開放進口的衝擊評估。首先，將模型中的豬肉零售市場劃分為上等豬肉、豬腹脅肉、下等豬肉與豬內臟等四個部位豬肉零售市場，來對此議題加以深入探討與解析。其次，不同等級牛肉產品，亦有不同關稅課徵方式與幅度，因而在牛肉產品上，亦將其劃分為上等牛肉及中下牛肉兩部位肉產品。再者，雞肉的開放進

圖16-1 畜禽產品核心模式之概念架構
資料來源：楊政學（2003b）。

口，主要是白肉雞肉的進口問題，因而將雞肉零售市場，乃至
肉雞產地市場，劃分為白肉雞與有色雞兩種不同品系。最後，
期透過上述不同部位豬肉、不同等級牛肉、以及不同品系雞肉
的區分，來更為妥切地模擬評估畜禽產品開放進口後，個別畜
禽產品與整體畜禽產業的衝擊影響。

二、方程體系建構

國內畜禽產品市場因長期受有政府進口政策的保護，使得
國內市場呈現自由市場機能與政府干預進口的相互影響現象，

為便於對畜禽產品市場進行開放進口之模擬評估，而將畜禽產品市場結構，利用計量模型加以說明，以便進行政策模擬分析。台灣畜禽產品市場依其用途及來源，概可分為生產、消費、進口及出口等四部分，此四部分又透過價格機制相互影響。畜禽產品市場的價格機制，大體上可分為產地價格及零售價格等兩部分。其中，由於毛豬各切割部位豬肉、上等牛肉與中下牛肉、以及白肉雞肉與有色雞肉等消費量資料缺無，而必須經由屠宰供給量來加以轉換得到，因此暫時無法考量肉品存貨變動量的問題。

基於上述數量與價格等六部分，以及配合本章節研究目的下，可將台灣畜禽產品核心模式之整體架構，大體劃分為：（1）毛豬與豬肉次模式；（2）肉牛與牛肉次模式；（3）肉雞與雞肉次模式；（4）魚肉與其他次模式；以及（5）肉品消費需求體系等五個次模式。其中係透過肉品消費需求體系，而將豬、牛、雞及魚等次模式的消費需求面加以連結，再透過價格傳遞式的作用，而將消費面的衝擊影響，回饋傳遞到生產面的結構調整。

個別畜禽部門次模式大抵由：（1）供給反應函數；（2）需求行為函數；（3）價格傳遞函數；以及（4）市場供需均衡式等關係式來加以建構，以探討畜禽產品市場供需結構變動與產銷價格，所形成的彼此因果互動關係。

 16.4 次模式設定概念

一、毛豬與豬肉次模式

在毛豬與豬肉次模式上，台灣毛豬與豬肉市場結構，可透

過毛豬供給反應、豬肉需求行為、價格傳遞函數、以及市場供需均衡等層面來建構，如（圖16-2）所示。在毛豬供給反應式設定上，由於養豬戶在飼養上有時間落遲的現象，而採部分調整的模式，來設定其飼養之決策行為（Rosen，1987）。在預期利潤上，則採適應性預期的模式，來設定養豬戶未來出售成豬的預期利潤。經濟因素主要為未來成豬出售的預期利潤，就台灣毛豬與飼料兩價格的實際波動而言，飼料價格的波動較小（楊政學，1996e），因而以兩者價格比的方式表示，將會有較好的實證分析結果。此外，豬肉的國內供給數量，係透過屠體肉與豬內臟占毛豬活體重的比例，再乘上豬肉總合切割技術係數而得。

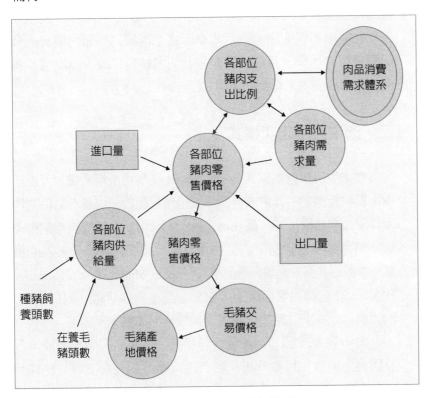

圖16-2　毛豬與豬肉次模型
資料來源：楊政學（2003b）。

在豬肉需求行為式設定上，研究重點在於部位豬肉而非全肉的開放進口衝擊評估，且在豬肉零售市場的實際交易活動，豬肉亦是以不同部位豬肉的型式銷售。特將豬隻屠體部分（不含豬內臟），劃分為上等豬肉、豬腹脅肉與下等豬肉等三大部位豬肉產品。各部位豬肉產品的消費，在整體肉品消費需求空間內，必須同時考量其他肉類產品的替代或互補性，因而在主要畜禽產品之消費需求上，係透過肉品消費需求體系的模式加以相互連結，而模型方程體系架構，係以各畜禽產品消費支出比例函數式，即透過幾近理想化需求體系（AIDS）模式來表示。

模型中毛豬與豬肉市場，或謂產地、批發與零售市場價格的連結，乃透過價格傳遞函數式相互連繫。總合豬肉整體零售價格的決定，則是透過聯合豬肉產品的概念，來加以表示如下。在豬肉市場的供給上，本章節透過屠體肉與豬內臟占毛豬活體總重的比例，再乘上豬肉總合切割技術係數，以取得豬肉與毛豬市場間供需均衡的連結。

二、肉牛與牛肉次模式

在肉牛與牛肉次模式上，台灣肉牛與牛肉市場結構，可透過肉牛供給反應、牛肉需求行為、價格傳遞函數、以及市場供需均衡等層面來建構，如（圖16-3）所示。養牛戶在牛隻飼養到牛肉屠宰供應間，有時間上的落遲性現象，故採存貨部分調整的模式，來設定其飼養頭數調整反應式（Rosen, Murphy & Scheinkman，1993），在經濟影響因素上，由於牛隻生物性落遲（約為二年）的因素，而視上二期牛肉實質產地價格的高低來決定。

肉牛需求行為上，考量不同等級牛肉產品的消費差異，以及因應不同政策模擬分析，特將牛肉產品劃分為上等（特殊品級）牛肉與中下（一般品級）牛肉，前者主由美國輸入牛肉供應，而後者則由紐、澳輸入牛肉供應。模型中不同等級牛肉，

圖16-3　肉牛與牛肉次模型
資料來源：楊政學（2003b）。

國內零售市場與進口市場價格的連結，牛肉產地與零售市場價格的連結，乃透過價格傳遞函數式連結。國產牛肉零售價格，則可透過不同等級國產牛肉零售價格，依其切割技術係數大小加權平均而得。

三、肉雞與雞肉次模式

　　在肉雞與雞肉次模式上，台灣肉雞與雞肉市場結構，可透過肉雞供給反應、雞肉需求行為、價格傳遞函數、以及市場供需均衡等層面來建構，如（圖16-4）所示。由於肉雞的生長週期約為數週，因而在以年頻率資料為實證分析時，養雞戶肉雞供給的調整上，擬以肉雞屠宰隻數之反應函數式來表示。另基於國內養雞業之衝擊壓力，為白肉雞肉的開放進口，因而特將國內肉雞屠宰隻數的供給反應函數式，劃分為白肉雞與有色雞

圖16-4　肉雞與雞肉次模型
資料來源：楊政學（2003b）。

兩種，同時考量養雞戶飼養與屠宰調整之時間落遲的現象，而採存貨部分調整的模式，來設定其飼養或屠宰之決策行為。

　　在經濟影響因素上，則視本期養雞利潤，即雞肉產地價格與雞用飼料價格比的高低而定。模型中白肉雞、有色雞產地與零售市場價格的連結，乃透過價格傳遞函數式連結。基於國內養雞業所關注的進口衝擊，乃是白肉雞的開放進口，因而在此次模式中，市場供需均衡式將劃分為白肉雞與有色雞兩種品系。

四、肉品消費需求體系

　　由前述每人各部位豬肉、不同等級牛肉、不同品系雞肉之消費支出，以及每人肉品總消費支出，吾人可定義出魚肉消費

支出式。再者，每人魚肉消費數量，可經由魚肉消費支出，與魚肉零售價格來加以定義，因而定義出魚肉消費支出比例。模型中所謂的肉品消費價格指數的對數值，等於模型中八項肉類產品零售價格的對數值，依個別消費支出比例大小加權平均。

在肉品消費需求體系上，由於前述八項肉類產品，其消費需求間彼此存有某種程度的替代或互補關係，因此任一項肉品零售價格的漲跌，將會影響到其餘每一項肉品的消費，而使整體肉類產品的消費結構發生變化。此消費需求面的變動，將會重新調整國內畜禽產品的零售價格，再透過價格傳遞式的作用，而造成產地價格不同程度的波動，最終將使得畜禽生產之飼養與屠宰供給面，產生重新調整反應後的效果。

在實證估測上，幾近理想化需求體系（AIDS）為一種滿足選擇公設的任意一階近似之需求函數模式（Deaton & Muellbauer，1980b）。在理論基礎上，該函數模式結合有**鹿特丹**（Rotterdom）模型及**超越對數**（Translog）模型理論的優點，且在實證估計上，同線性支出體系（LES）般簡易，即避免了非線性的估計問題。再者，AIDS體系具直接非可加性之假設，因此可解決使用直接可加系統時（如LES模式），背後須假設產品間具獨立邊際效用的問題。

經由肉品消費需求體系之理論推導，吾人可得出台灣肉品消費需求體系中，八項肉品消費支出比例函數式，惟在實證估計上，為避免線性重合的發生，並不將魚肉及其他肉消費支出比例式置入模型體系內來一起迴歸估計，而是經由其他支出比例式依體系限制的應用，來加以推求式中的參數值（楊政學，1998）。同時，由於模型方程體系係以**非線性**（nonlinear）之方程式型式表示，因此，實證操作上擬採用**非線性近似無相關迴歸法**（Nonlinear Seeming Unrelated Regression，簡稱NSUR），來做模型體系之實證估計。

經濟分析：學理與實證
Economic Analysis: Theories and Practice

16.5 核心模式應用

一、模式實證估測

　　模型體系之實證估計，擬以NSUR之方法，同時估計包含有毛豬與豬肉、肉牛與牛肉、肉雞與雞肉、魚肉與其他，以及肉品需求體系等五個次模式的方程式體系。在估計工具使用上，以SAS統計分析軟體來進行實證估計，且電腦程式以一般化型式（general form），即將誤差項寫在等號左號之型式，來撰寫模型方程體系；同時體系中兩變數的相除，可直接以非線性的方式逕自表示，而無需重新定義新的變數來替代，因此對模型體系將來的預測工作，有達到簡單易懂及操作方便的效果。

　　本章節研究焦點在於核心模式概念的提出，並不作實證分析的驗證，惟依本人早期研究的實證心得（楊政學，1996g；楊政學，1998），吾人可得在實證估計上，不同估計方法的擇取，常因研究目的取向、實際觀察資料、以及模型設計偏誤等問題的綜合考量而定。再者，本章節模型體系建構之目的，並不純粹在解釋經濟變數間的相互關連，亦即不單純是面臨估計上的計量處理問題，而是希望藉由模型體系所構築的變數關係，來做更進一步的政策（關稅配額管理方案）模擬分析，因此模型模擬預測能力的強度，亦是模式日後實證操作上所關注的重點。

二、核心模式特性

　　本章節所提出核心模式概念之最大特性，是為模型中畜禽供給部門，考量有動態生物性，同時透過肉品需求體系來加以

466

相互連結。經由本章節所建構的台灣畜禽產品核心模式，吾人可加以實證估計，並進而在政府參與WTO後，模擬評估不同貿易措施或關稅配額管理方案，對國內個別與整體畜禽產業的衝擊影響。藉由計量經濟模型的量化評估，來提供農政當局一個源自於經濟學理，且較具客觀之邏輯推理的參考數值，以方便政府相關因應政策與措施的制定與採行。

　　本章節目前僅提出核心模式的概念性架構，其中可彈性組構不同大小數量的次模式，如在魚肉與其他次模式中，再劃分出所欲納入研究探討的次模式，以動態連結的方式來回應部門間彼此的因果互動，如此設計的模型架構，有別於傳統供需計量模型作靜態與比較靜態的設定。同時，亦可解決模式中太多變項之參數，在實證估計上所面對估計符號經濟意義合理性的考量。

　　整體而言，本章節所提之核心模式概念，在實務應用上並不局限於畜禽產品部門的討論，亦可擴及更大部門的應用，抑或農（畜、漁）產品部門的探討；而肉品消費需求體系，亦相對同步擴大爲農產品消費需求體系。惟在實證估計上，要面對與克服更多的困難，且在資料頻率上，改用月資料來作迴歸分析與模擬預測。

重點摘錄

+ 在面對貿易自由化的競爭下，農產品的市場開放與關稅減讓，對於國內生產成本較國際價格為高，或長期受政府保護或管制的農產品，將立即受到開放進口之衝擊，因此國內農業所面臨的挑戰相較其他產業益形艱鉅。

+ 因應全球化競爭及知識經濟的時代，農業部門必須加速本身產業結構的調整與轉型，且在兼顧產業競爭力、農民福祉與生態保育前提下，透過整體性、前瞻性的規劃，來爭取全民的認同與支持，讓本土農業更切合現代生活需要，以維護台灣農業之永續發展與經營。

+ 國內畜禽部門產品間，不論是消費需求，抑或是政策採行上，彼此存在著因果互動之關係，實有必要加以全面性考量，而非單獨以單一產品市場的靜態或比較靜態角度，來解析市場開放後衝擊影響的程度。

+ 本章節以質性研究的方法，提出核心模式的建構概念，亦即掌握台灣畜禽產業中，重要畜禽產品與政策的特徵，再應用經濟學理、計量方法、以及電腦工具之相互搭配，來建立一個具有相當彈性的模型，且能靈活且適切地加以調整與擴充，以便因應不同貿易政策或管理方案模擬所需。

+ 本章節主要在於建構一個結合有毛豬、肉雞與肉牛等主要部門的台灣畜禽產品核心模式，用以正確反映出目前國內毛豬、肉雞與肉牛產業的供需結構等相關特性。同時，模型中三個畜禽產品部門的供給計量次模式，則透過國內肉品幾近理想化消費需求體系來彼此加以相互連結。

+ 模型為因應不同關稅配額管理方案或貿易措施之模擬需要，而將豬肉產品劃分為上等（冷凍與生鮮冷藏）豬肉、豬腹脅肉、下等豬肉與豬內臟等四項部位豬肉產品；牛肉產品劃分為上等（特殊品級）牛肉與中下（一般品級）牛肉等二項不同等級牛肉產品；雞肉產品劃分為白肉雞肉與有色雞肉等二種不同品系雞肉產品，以更適切政策模擬的實證操作分析。

✦ 在肉品消費需求體系上,除模型所提及之畜禽肉品外,亦同時將魚肉的消費需求納入肉品需求體系中,以更完整呈現整體肉品的消費需求結構與關連。

✦ 核心模式內個別次模式產銷價格,係透過彼此價格傳遞式相互連結一起;次模式內的供需數量,則彼此透過市場均衡式,加以相互結合;而四個次模式間消費數量與零售價格,則是經由第五個次模式,肉品消費需求體系,來加以相互連繫,而此相互影響的效果,再透過各自價格傳遞式,回饋傳遞到各畜禽產業的生產供給面,以適當地加以調整其個別供給反應。

✦ 在實證估測上,幾近理想化需求體系為一種滿足選擇公設的任意一階近似之需求函數模式。在理論基礎上,該函數模式結合有鹿特丹模型及超越對數模型理論的優點,且在實證估計上,同線性支出體系般簡易,即避免了非線性的估計問題。再者,AIDS體系具直接非可加性之假設,因此可解決使用直接可加系統時,背後須假設產品間具獨立邊際效用的問題。

✦ 由於模型方程體系係以非線性之方程式型式表示,因此,實證操作上擬採用非線性近似無相關迴歸法,來做模型體系之實證估計。

✦ 核心模式的概念性架構,可彈性組構不同大小數量的次模式,如在魚肉與其他次模式中,再劃分出所欲納入研究探討的次模式,以動態連結的方式來回應部門間彼此的因果互動,如此設計的模型架構,有別於傳統供需計量模型作靜態與比較靜態的設定。同時,亦可解決模式中太多變項之參數,在實證估計上所面對估計符號經濟意義合理性的考量。

✦ 本章節所提之核心模式概念,在實務應用上並不局限於畜禽產品部門的討論,亦可擴及更大部門的應用,抑或農(畜、漁)產品部門的探討;而肉品消費需求體系,亦相對同步擴大為農產品消費需求體系。惟在實證估計上,要面對與克服更多的困難,且在資料頻率上,改用月資料來作迴歸分析與模擬預測。

▶▶ 重要名詞

質性研究（qualitative research）

核心模式（core model）

肉品幾近理想化消費需求體系（Meat Almost Ideal Demand System）

幾近理想化需求體系（Almost Ideal Demand System，AIDS）

聯合產品（joint products）

毛豬與豬肉（hog and pork）

肉牛與牛肉（cattle and beef）

肉雞與雞肉（chicken and chicken meat）

魚肉與其他（fish meat and others）

肉品消費需求體系（meat demand system）

鹿特丹（Rotterdom）

超越對數（Translog）

非線性（nonlinear）

非線性近似無相關迴歸法（Nonlinear Seeming Unrelated Regression）

一般化型式（general form）

1. 在面對貿易自由化的競爭，國內有哪些產業面臨的挑戰相較益形艱鉅？而又有哪些產業相較反而獲益？試研析之。

2. 因應全球化競爭及知識經濟的時代，農業部門應如何調整與轉型本身的產業結構，以維護台灣農業之永續發展與經營？試研析之。

3. 在解析市場開放後衝擊影響的程度上，應以全面性產品關連為考量，而非單獨以單一產品市場的靜態或比較靜態角度來分析。你同意此看法嗎？試研析之。

4. 核心模式的建構概念與實務應用有哪些特點，你個人有何看法？試研析之。

5. 對本章節所建構的台灣畜禽產品核心模式有哪些特點，你個人有何看法？試研析之。

6. 在實證估測上，幾近理想化需求體系有哪些特點，你個人有何看法？試研析之。

note

嘉言:很多人一輩子專精於得到,但忘記應該是願意給
出別人的需要。

Chapter 17

需求體系建構與實證

本章節探討需求體系建構與實證，討論的議題有：需求彈性估計與應用、聯合產品理論與應用、需求體系學理與應用、需求體系估計與評估、以及需求體系的應用分析。

17.1 需求彈性估計與應用

一、體系建構目的

值此國際貿易自由化潮流衝擊，以及台灣積極尋求加入WTO之際，政府必然以降低關稅稅率，抑或擴大開放進口地區與項目，以開放國內目前尚有保護措施之農產品市場，來符合各會員國對我入會條件的要求。因此，農產品需求結構與型態的改變，對國內農業未來產銷結構，以及因應加入WTO後農產品市場行銷策略的調整，均有相當密切且重要的關連性。就國內主要農產品市場的開放而言，除該進口農產品本身低廉價格所引發的價格效果外，尚會影響到其他農產品消費的替代或互補效果，進而導致國內各類農產品消費需求結構的重新調整，且此消費需求結構的變動，亦會對各農產品的生產供給造成不同程度的影響（楊政學，1998；1996g）。

由此可知，國內主要農產品零售市場上，產品的消費需求行為，亦即多項農產品需求體系的估測與分析，乃為迫切極需瞭解的研究議題。同時，多項農產品消費需求型態變動之探討，以及需求彈性矩陣之編製，在相關市場行銷策略理論之應用下，亦可提供相關產業之廠商，在進行市場行銷策略規劃與調整時，較為具體且重要的數量化參考依據。

由以上論述，可歸納得知本章節較為具體的研究目的，茲條列說明如下：

（1）建構台灣多項農產品需求體系（Taiwan Almost
Complete Demand System，簡稱TACDS）之計量經濟
模式，並進而加以實證估測。

（2）編製多項農產品需求彈性矩陣表，求得體系內不同產
品間消費需求的關係。

（3）結合估測之需求彈性與行銷策略理論，來探討國內主
要農產品因應加入WTO後市場行銷策略的調整。

二、需求彈性估計

農產品需求之國內外研究文獻上，常因不同模式之基本假
設、方法論、資料及解釋變數的互異，而有不同的詮釋及分
析；惟大抵可區分為個別產品需求之分析，以及產品需求體系
之估測。在研究方向上，前者著重在尋找一組可適切解釋需求
量變動之解釋變數，並估測出各變數對需求量的影響程度；後
者則以個體經濟之消費理論為基礎，來探討消費者在一定預算
限制下，追求效用極大的理性選擇行為。

若以實證分析而言，前者係假設使用的樣本資料，滿足誤
差結構的一般性條件，而以**普通最小平方法**（Ordinal Least
Square，簡稱OLS）來估計，其所採用的函數型態，主要有**雙對
數**（double-log）或**直線式**（linear）兩種模式；後者則使用需求
體系分析模式，來估測需求體系之結構參數，同時可驗證使用
之樣本資料，是否滿足效用極大化條件，亦即可處理**對稱性**
（symmetry），以及**可加性**（adding-up）等限制條件的設入或檢
定。

三、個別產品需求分析

在國內研究文獻上，若以肉品需求的研究為例，早期係以

個別產品需求之分析爲主，目的在於透過一組解釋變數，來說明需求量變動的原因，同時估測出個別變數影響程度的大小，惟針對研究目的之不同，而採用不同的函數型態來估測，其中或以雙對數函數型態（夏漢容，1963；胡宏渝、陳保恆，1977a；張之義，1979；簡義聰，1981；李慶餘、楊垣進、黃炳文，1986；許文富，1987）；或採直線式函數型態（阮全和，1983；何京勝，1985；廖香蘭，1987；郭義忠，1991）；或以半對數（semi-log）函數型態（李登輝、陳希煌，1964；黃瑞祺，1975）；或採Box-Cox函數型態（張素梅，1984；鄒季博，1988）來估計。

就需求理論與實證估測而言，雙對數型態之需求函數，隱含不論在任何價格與所得水準下，其所估得的價格與所得彈性皆爲固定值，此結果並不符合實際生活的情況。再者，恩格爾加總條件，亦僅在所估得的所得彈性值等於一時才成立。在直線型需求函數上，隱含估測的所得彈性，會隨所得的增加而加大，此現象亦可能與實際生活有所差距，因爲就長期而言，肉品的所得彈性可能隨所得的增加而遞減。因此，雙對數與直線型之需求函數，在實證分析上會有先驗性限制的問題存在。

在Box-Cox型態之需求函數的實證應用上，張素梅（1984）以Zarembka變數轉換法（1974），來分析台灣地區總合肉品（豬肉、牛肉、羊肉與禽肉）需求之一般化函數，並以Box-Cox之最大概似法，對方程式中之參數值加以測定。鄒季博（1988）則將習慣因子納入肉類需求體系中，導出肉類需求動態模式做實證，並對習慣形成（habit formation）的效果進行分析，且對所造成之動態需求體系進行均齊性（homogeneity）條件之檢定。模式中需求函數乃採Houthakker 與 Taylor（1970）所提出之狀態調整模型（State Adjustment Model，簡稱SAM），再配合Box-Cox轉換法（1964），將之應用到豬肉、牛肉、禽肉與魚肉等四種肉品的需求，以求得一般化函數型式。

四、產品需求體系估測

　　產品需求體系之實證估測上，乃以個體經濟之消費理論為基礎，來探討消費者的理性選擇行為。一般較常使用的需求體系有兩種型式，一為**超越對數**需求體系（Transcendental Logarithmic Demand System）模式（Christensen, Jorgenson & Lau，1975），二為**幾近理想化需求體系**（Almost Ideal Demand System，**簡稱AIDS**）模式（Deaton & Muellbauer，1980b），抑或實證上常用的線性近似幾近理想化需求體系（LA/AIDS）模式，惟此兩種模式可經由係數設定之改變而相互轉換。完整需求體系理論基礎之構建，有賴於**完整需求函數體系**（Complete Demand Function System）模式的提出（Wohlgenant，1989），同時在估測分析的能力上亦有提升。修正型線性近似幾近理想化需求體系模式的提出（Buse，1994），亦使需求體系之實證估測益形便利。

　　以國內肉品需求研究為例，迄1990年代時，已普遍使用需求體系之模式來做實證估測，其中或以**市場占有率**（market share）模式及**一般化選擇**（generalized choice）模式（Chern & McClernan，1984），來聯立估測豬肉、牛肉、禽肉與漁類四項產品之參數值（林灼榮、鄒季博，1987、1992），或結合系統需求方式之理論，以及超過對數函數之特性，而以聯立方程式**成長率**（growth rate）模式，分別估測豬肉、牛肉、雞肉與其他肉類（李順成，1989），以及豬肉、牛肉、禽肉、養殖漁類與非養殖漁類等肉品需求體系（李順成，1993），或以**固定彈性**（constant elasticity）模式，來估測豬肉、牛肉、雞肉、魚肉、蛋與其他肉品等六種產品之彈性值（黃錦儀，1992），或分別以超越對數函數（TLDS）模式，以及線性近似幾近理想化需求體系（LA/AIDS）模式，來同時估測四大類十種漁畜產品的需求彈性值（李皇照，1992），亦即嘗試同時估測分析多項產品之需求體

系。

李皇照（1992）研究中，對樣本需求資料之一致性，採用**無母數**（nonparameter）需求分析法來檢定，同時將代表人口數統計變數的家庭規模，以及婦女就業率，納入需求體系中，以考量偏好型態改變的影響。林灼榮、陳正亮（1992），以幾近理想化需求體系（AIDS）模式，來檢定台灣肉類（豬肉、牛肉、禽肉與魚肉）消費之偏向型態，並推估結構性變遷前後肉類需求彈性之差異程度。洪美惠（1993）則以線性近似幾近理想化需求體系（LA/AIDS）模式，來探討台灣主要肉品（豬肉、牛肉、禽肉與魚肉）的需求結構情形。楊政學（1996h）則以LA/AIDS模式與聯合產品理論，來分析台灣主要部位肉與全肉產品需求的結構與型態。

五、多產品需求體系研究

近年來多產品需求體系之估測，似乎是股發展的趨勢，這當中必須克服實證估測上的諸多問題，如資料觀察期間少於研究體系產品數目，即自由度不夠的困境，以及**變數間高度線性相關**（muti-collinear）的存在問題（Heien，1982；李皇照，1993；Huang，1993）。在上述研究中，Heien（1982）率先提出**近似完整需求體系**（Almost Complete Demand System，**簡稱**ACDS）模式，以分析不同**組群**（groups）間多產品的相互需求關係，並提出克服實證估測的方法。李皇照（1993）亦沿用ACDS模式，來估測國內五大類十七項主要農產品的需求體系，且假設各類（組群）產品間彼此滿足**互斥性**（mutually exclusive）及**完整性**（completeness）。楊政學（2001）採用ACDS模式，來估測國內六大組群十九項主要農產品的需求體系。

Huang（1993）考量一個含有自身價格、交叉價格與支出（所得）彈性之食品消費完整體系，以為美國食品消費預測與政

策模擬分析之用。同時提出一套更爲完善的研究方法，來更新與改良先前研究（Huang，1985）所估得的需求彈性值；文中以1953～1990年之樣本資料，來研究包括三十九項食品與一項非食品等四十項產品之需求體系，而研究的食品中依消費特性劃分有七大類；在估計函數型態上，係採用差分型態（differential-form）函數式來構建需求體系，且模型估得之參數值即爲需求彈性值，此對研究者的分析工作很便利。同時，文中使用替代法（substitution approach）之受限制的最大概似法，配合隱含的參數限制條件，如齊次性（homogeneity）、恩格爾加總條件（Engel aggregation）、對稱性（symmetry）、以及史拉斯基方程式（Slutsky equation）等，來達到減少需求體系參數值的估測數目。

由上述文獻的發展可知，農產品（肉品）需求之研究，已由傳統個別產品之分析模式，發展爲整體產品需求體系之估測研究，且研究產品的範圍愈趨擴大爲多產品需求體系之研究，且以劃分組群的方式來解決實證估測的計量處理問題。再者，國內外環境的快速變動與日益開放，其對不同產業與產品間，均產生不同程度的關連性影響，因而在評估其衝擊影響與研擬因應對策，以及分析消費型態與調整行銷策略時，藉由多項產品需求體系的整體思考，可謂是個合理且適宜的研究方向。

17.2 聯合產品理論與應用

一、部位肉與全肉產品需求

本章節說明如何將模型體系估得之各部位豬肉產品的需求彈性，經由聯合產品（Houck，1964）所陳述，部位肉與全肉需

求彈性之關連，來導求出總合豬肉產品之需求彈性值。

首先，假設豬肉的消費數量為Q，可分割為上等豬肉（Q_1）、豬腹脅肉（Q_2）、下等豬肉（Q_3）、以及豬內臟（Q_4）等四項部位豬肉產品，而各部位豬肉所占總合豬肉的比例（切割技術係數），固定為r_1、r_2、r_3及r_4。因此，我們可得出各部位豬肉與總合豬肉（全肉）產品間數量的關係式，如（17-1）式至（17-4）式：

$$Q_1 = r_1 \times Q \tag{17-1}$$

$$Q_2 = r_2 \times Q \tag{17-2}$$

$$Q_3 = r_3 \times Q \tag{17-3}$$

$$Q_4 = r_4 \times Q \tag{17-4}$$

其次，假設各部位肉消費間相互獨立，且各具有不同的市場需求，其在零售市場上的價格分別為P_1、P_2、P_3及P_4。此外，總合豬肉在零售市場銷售時的加權價格，設定為P。由此可知，總合豬肉與各部位豬肉零售價格，彼此間的關係式，如（17-5）式所示：

$$P = r_1 P_1 + r_2 P_2 + r_3 P_3 + r_4 P_4 \tag{17-5}$$

將（17-5）式偏微分，可得（17-6）式：

$$1 = r_1\left(\frac{\partial P_1}{\partial Q}\right)\left(\frac{\partial Q}{\partial P}\right) + r_2\left(\frac{\partial P_2}{\partial Q}\right)\left(\frac{\partial Q}{\partial P}\right)$$
$$+ r_3\left(\frac{\partial P_3}{\partial Q}\right)\left(\frac{\partial Q}{\partial P}\right) + r_4\left(\frac{\partial P_4}{\partial Q}\right)\left(\frac{\partial Q}{\partial P}\right) \tag{17-6}$$

移項整理後，可得（17-7）式：

$$\frac{\partial Q}{\partial P} = \left[r_1\left(\frac{\partial P_1}{\partial Q}\right) + r_2\left(\frac{\partial P_2}{\partial Q}\right) + r_3\left(\frac{\partial P_3}{\partial Q}\right) + r_4\left(\frac{\partial P_4}{\partial Q}\right)\right]^{-1} \tag{17-7}$$

將（17-7）式乘以（**P/Q**），可得（17-8）式：

$$\frac{\partial Q}{\partial P}\frac{P}{Q}=\left[\begin{array}{l} r_1Q\left(\dfrac{\partial P_1}{\partial Q}\right)+r_2Q\left(\dfrac{\partial P_2}{\partial Q}\right) \\[2ex] +r_3Q\left(\dfrac{\partial P_3}{\partial Q}\right)+r_4Q\left(\dfrac{\partial P_4}{\partial Q}\right) \end{array}\right]^{-1}P$$

（17-8）

進而可將（17-8）式，改寫成（17-9）式：

$$\frac{\partial Q}{\partial P}\frac{P}{Q}=\left[\begin{array}{l} r_1Qr_1\left(\dfrac{\partial P_1}{\partial Q_1}\right)+r_2Qr_2\left(\dfrac{\partial P_2}{\partial Q_2}\right) \\[2ex] +r_3Qr_3\left(\dfrac{\partial P_3}{\partial Q_3}\right)+r_4Qr_4\left(\dfrac{\partial P_4}{\partial Q_4}\right) \end{array}\right]^{-1}P$$

$$=\left[\begin{array}{l} P_1r_1\dfrac{Q_1}{P_1}\left(\dfrac{\partial P_1}{\partial Q_1}\right)+P_2r_2\dfrac{Q_2}{P_2}\left(\dfrac{\partial P_2}{\partial Q_2}\right) \\[2ex] +P_3r_3\dfrac{Q_3}{P_3}\left(\dfrac{\partial P_3}{\partial Q_3}\right)+P_4r_4\dfrac{Q_4}{P_4}\left(\dfrac{\partial P_4}{\partial Q_4}\right) \end{array}\right]^{-1}P$$

（17-9）

式中，利用 $\dfrac{\partial P_i}{\partial Q}=r_i\left(\dfrac{\partial P_i}{\partial Q_i}\right)$ ，i＝1,2,3，以及，i＝1,2,3，來做上式的改寫。

由（17-9）式，我們可再進而改寫爲彈性的型式，來加以表示，如（17-10）式所示：

$$\varepsilon=\left[(P_1r_1)\frac{1}{\varepsilon_{11}}+(P_2r_2)\frac{1}{\varepsilon_{22}}+(P_3r_3)\frac{1}{\varepsilon_{33}}+(P_4r_4)\frac{1}{\varepsilon_{44}}\right]^{-1}P$$

$$=\frac{P_1r_1+P_2r_2+P_3r_3+P_4r_4}{(\frac{P_1r_1}{\varepsilon_{11}}+\frac{P_2r_2}{\varepsilon_{22}}+\frac{P_3r_3}{\varepsilon_{33}}+\frac{P_4r_4}{\varepsilon_{44}})}$$

（17-10）

式中 $\varepsilon=\dfrac{\partial Q}{\partial P}\dfrac{P}{Q}$ ，代表總合豬肉產品需求的自身價格彈性；

$\varepsilon_{ii}=\dfrac{\partial Q_i}{\partial P_i}\dfrac{P_i}{Q_i}$ 代表各部位豬肉產品需求的自身價格彈性。

最後，我們可將（17-10）寫成（17-11）式：

$$\varepsilon = \left(\sum_{i=1}^{4} \frac{w_i}{\varepsilon_{ii}} \right)^{-1} \tag{17-11}$$

式中，$w_i = \dfrac{P_i r_i}{\sum\limits_{i=1}^{4} P_i r_i} = \dfrac{P_i(Q_i/Q)}{\sum\limits_{i=1}^{4} P_i(Q_i/Q)} = \dfrac{P_i Q_i}{\sum\limits_{i=1}^{4} P_i Q_i}$ 代表第 i 種部位豬肉支出，占總合豬肉消費支出的百分比例，且 $\sum\limits_{i=1}^{4} w_i = 1$ 。

經由（17-11）式可知，豬肉聯合產品需求具有以下特性：

（1）若各部位豬肉（切割技術係數）固定不變，則總合豬肉需求彈性，等於上等豬肉、豬腹脅肉、下等豬肉、以及豬內臟等自身需求彈性**調和加權**（weighted harmonic）平均而得，其權數為各部位豬肉支出，占總合豬肉支出的百分比例。

（2）若各部位豬肉需求的自身價格彈性不變，則總合豬肉需求彈性，將隨各部位豬肉支出比例而變化，而支出比例的大小，又決定於各部位豬肉價格與數量。

（3）若各部位豬肉支出比例相等，則總合豬肉需求彈性，等於上等豬肉、豬腹脅肉、下等豬肉、以及豬內臟等自身需求彈性**簡單調和**（simple harmonic）平均值。

二、修正之部位肉與全肉產品需求

在各部位豬肉產品實際消費習性上，各部位豬肉產品之消費需求間，彼此應具有某種程度的替代或互補性（林灼榮、陳益壯、陳智凰，1993），因此有必要修正聯合產品中，各部位豬肉消費相互獨立的假設；而依此所推演出來的各部位肉與全肉產品，其需求彈性之轉換關係，在實證應用分析上將更為合理。

因此，我們可將前述（17-6）式修正爲（17-12）式，如下所示：

$$
\begin{aligned}
1 = &r_1\left(\frac{\partial P_1}{\partial Q}\frac{\partial Q}{\partial P} + \frac{\partial P_1}{\partial Q_2}\frac{\partial Q_2}{\partial Q}\frac{\partial Q}{\partial P} + \frac{\partial P_1}{\partial Q_3}\frac{\partial Q_3}{\partial Q}\frac{\partial Q}{\partial P} + \frac{\partial P_1}{\partial Q_4}\frac{\partial Q_4}{\partial Q}\frac{\partial Q}{\partial P}\right) \\
+ &r_2\left(\frac{\partial P_2}{\partial Q}\frac{\partial Q}{\partial P} + \frac{\partial P_2}{\partial Q_1}\frac{\partial Q_1}{\partial Q}\frac{\partial Q}{\partial P} + \frac{\partial P_2}{\partial Q_3}\frac{\partial Q_3}{\partial Q}\frac{\partial Q}{\partial P} + \frac{\partial P_2}{\partial Q_4}\frac{\partial Q_4}{\partial Q}\frac{\partial Q}{\partial P}\right) \\
+ &r_3\left(\frac{\partial P_3}{\partial Q}\frac{\partial Q}{\partial P} + \frac{\partial P_3}{\partial Q_1}\frac{\partial Q_1}{\partial Q}\frac{\partial Q}{\partial P} + \frac{\partial P_3}{\partial Q_2}\frac{\partial Q_2}{\partial Q}\frac{\partial Q}{\partial P} + \frac{\partial P_3}{\partial Q_4}\frac{\partial Q_4}{\partial Q}\frac{\partial Q}{\partial P}\right) \\
+ &r_4\left(\frac{\partial P_4}{\partial Q}\frac{\partial Q}{\partial P} + \frac{\partial P_4}{\partial Q_1}\frac{\partial Q_1}{\partial Q}\frac{\partial Q}{\partial P} + \frac{\partial P_4}{\partial Q_2}\frac{\partial Q_2}{\partial Q}\frac{\partial Q}{\partial P} + \frac{\partial P_4}{\partial Q_3}\frac{\partial Q_3}{\partial Q}\frac{\partial Q}{\partial P}\right)
\end{aligned}
$$

（17-12）

移項整理後，可得（17-13）式：

$$
\frac{\partial Q}{\partial P} = \left[
\begin{aligned}
&r_1\left(\frac{\partial P_1}{\partial Q} + \frac{\partial P_1}{\partial Q_2}\frac{\partial Q_2}{\partial Q} + \frac{\partial P_1}{\partial Q_3}\frac{\partial Q_3}{\partial Q} + \frac{\partial P_1}{\partial Q_4}\frac{\partial Q_4}{\partial Q}\right) \\
+ &r_2\left(\frac{\partial P_2}{\partial Q} + \frac{\partial P_2}{\partial Q_1}\frac{\partial Q_1}{\partial Q} + \frac{\partial P_2}{\partial Q_3}\frac{\partial Q_3}{\partial Q} + \frac{\partial P_2}{\partial Q_4}\frac{\partial Q_4}{\partial Q}\right) \\
+ &r_3\left(\frac{\partial P_3}{\partial Q} + \frac{\partial P_3}{\partial Q_1}\frac{\partial Q_1}{\partial Q} + \frac{\partial P_3}{\partial Q_2}\frac{\partial Q_2}{\partial Q} + \frac{\partial P_3}{\partial Q_4}\frac{\partial Q_4}{\partial Q}\right) \\
+ &r_4\left(\frac{\partial P_4}{\partial Q} + \frac{\partial P_4}{\partial Q_1}\frac{\partial Q_1}{\partial Q} + \frac{\partial P_4}{\partial Q_2}\frac{\partial Q_2}{\partial Q} + \frac{\partial P_4}{\partial Q_3}\frac{\partial Q_3}{\partial Q}\right)
\end{aligned}
\right]^{-1}
$$

（17-13）

將（17-13）式乘以 $\left(\frac{P}{Q}\right)$，且進而將其改寫成彈性的型式，來加以表示，則結果如（17-14）式所示：

$$
\varepsilon = \left[
\begin{aligned}
&P_1 r_1\left(\frac{1}{\varepsilon_{11}} + \frac{1}{\varepsilon_{12}} + \frac{1}{\varepsilon_{13}} + \frac{1}{\varepsilon_{14}}\right) + P_2 r_2\left(\frac{1}{\varepsilon_{21}} + \frac{1}{\varepsilon_{22}} + \frac{1}{\varepsilon_{23}} + \frac{1}{\varepsilon_{24}}\right) \\
+ &P_3 r_3\left(\frac{1}{\varepsilon_{31}} + \frac{1}{\varepsilon_{32}} + \frac{1}{\varepsilon_{33}} + \frac{1}{\varepsilon_{34}}\right) + P_4 r_4\left(\frac{1}{\varepsilon_{41}} + \frac{1}{\varepsilon_{42}} + \frac{1}{\varepsilon_{43}} + \frac{1}{\varepsilon_{44}}\right)
\end{aligned}
\right]^{-1} P
$$

$$= \frac{P_1r_1+P_2r_2+P_3r_3+P_4r_4}{P_1r_1(\frac{1}{\varepsilon_{11}}+\frac{1}{\varepsilon_{12}}+\frac{1}{\varepsilon_{13}}+\frac{1}{\varepsilon_{14}})} + \frac{P_1r_1+P_2r_2+P_3r_3+P_4r_4}{P_2r_2(\frac{1}{\varepsilon_{21}}+\frac{1}{\varepsilon_{22}}+\frac{1}{\varepsilon_{23}}+\frac{1}{\varepsilon_{24}})}$$

$$+ \frac{P_1r_1+P_2r_2+P_3r_3+P_4r_4}{P_3r_3(\frac{1}{\varepsilon_{31}}+\frac{1}{\varepsilon_{32}}+\frac{1}{\varepsilon_{33}}+\frac{1}{\varepsilon_{34}})} + \frac{P_1r_1+P_2r_2+P_3r_3+P_4r_4}{P_4r_4(\frac{1}{\varepsilon_{41}}+\frac{1}{\varepsilon_{42}}+\frac{1}{\varepsilon_{43}}+\frac{1}{\varepsilon_{44}})}$$

（17-14）

最後，我們可將（17-14）寫成（17-15）式：

$$\varepsilon = \left(\sum_{i=1}^{4}\sum_{j=1}^{4}\frac{w_i}{\varepsilon_{ij}}\right)^{-1}$$

（17-15）

式中，w_i代表第i種部位豬肉支出，占總合豬肉支出比例的

百分比例，且 $\sum_{i=1}^{4}w_i=1$ 。

經由（17-15）式，我們可知，修正後豬肉聯合產品需求具
有以下特性：

（1）若各部位豬肉切割技術係數固定不變，則總合豬肉需
求彈性，可由各部位豬肉需求之自身價格（ε_{ii}）與交
叉價格彈性（ε_{ij}）等調和加權平均而得，其權數爲各
部位豬肉的消費支出比例。

（2）若各部位豬肉需求的自身與交叉價格彈性不變，則總
合豬肉需求的價格彈性，將隨各部位豬肉支出比例而
變化，而支出比例的大小，又決定於部位豬肉價格與
數量。

（3）若各部位豬肉支出比例相等，則總合豬肉需求彈性可
簡化爲各部位豬肉需求之自身價格與交叉價格彈性的
簡單調和平均值。

事實上，肉品消費需求體系之實證估測，係將豬內臟之消
費，視爲不同於屠體部位肉品消費，即其消費市場可大致區隔
開來，此設定較符合實際生活的現況。因此，我們可再將（17-

15）式修改為（17-16）式，以求得更適切於實際生活的豬肉需求價格彈性之計算式，如下所示：

$$\varepsilon = \left(\sum_{i=1}^{3} \sum_{j=1}^{3} \frac{W_i}{\varepsilon_{ij}} + \frac{W_4}{\varepsilon_{44}} \right)^{-1} \tag{17-16}$$

三、零售與產地市場的運銷價差

生產者在產地市場所面臨的需求彈性，必須進一步考量運銷價差的大小與型態。我們假設每一單位豬肉（Q）的運銷價差為M，則產地價格（P^f）可改寫成（17-17）式：

$$P^f = P - M = r_1 P_1 + r_2 P_2 + r_3 P_3 + r_4 P_4 - M \tag{17-17}$$

將（17-17）式對P^f偏微分，可得（17-18）式：

$$
\begin{aligned}
1 = & r_1 \left(\frac{\partial P_1}{\partial Q} \frac{\partial Q}{\partial P^f} + \frac{\partial P_1}{\partial Q_2} \frac{\partial Q_2}{\partial Q} \frac{\partial Q}{\partial P^f} + \frac{\partial P_1}{\partial Q_3} \frac{\partial Q_3}{\partial Q} \frac{\partial Q}{\partial P^f} + \frac{\partial P_1}{\partial Q_4} \frac{\partial Q_4}{\partial Q} \frac{\partial Q}{\partial P^f} \right) \\
& + r_2 \left(\frac{\partial P_2}{\partial Q} \frac{\partial Q}{\partial P^f} + \frac{\partial P_2}{\partial Q_1} \frac{\partial Q_1}{\partial Q} \frac{\partial Q}{\partial P^f} + \frac{\partial P_2}{\partial Q_3} \frac{\partial Q_3}{\partial Q} \frac{\partial Q}{\partial P^f} + \frac{\partial P_2}{\partial Q_4} \frac{\partial Q_4}{\partial Q} \frac{\partial Q}{\partial P^f} \right) \\
& + r_3 \left(\frac{\partial P_3}{\partial Q} \frac{\partial Q}{\partial P^f} + \frac{\partial P_3}{\partial Q_1} \frac{\partial Q_1}{\partial Q} \frac{\partial Q}{\partial P^f} + \frac{\partial P_3}{\partial Q_2} \frac{\partial Q_2}{\partial Q} \frac{\partial Q}{\partial P^f} + \frac{\partial P_3}{\partial Q_4} \frac{\partial Q_4}{\partial Q} \frac{\partial Q}{\partial P^f} \right) \\
& + r_4 \left(\frac{\partial P_4}{\partial Q} \frac{\partial Q}{\partial P^f} + \frac{\partial P_4}{\partial Q_1} \frac{\partial Q_1}{\partial Q} \frac{\partial Q}{\partial P^f} + \frac{\partial P_4}{\partial Q_2} \frac{\partial Q_2}{\partial Q} \frac{\partial Q}{\partial P^f} + \frac{\partial P_4}{\partial Q_3} \frac{\partial Q_3}{\partial Q} \frac{\partial Q}{\partial P^f} \right) \\
& - \left(\frac{\partial M}{\partial P^f} \right)
\end{aligned}
\tag{17-18}
$$

將（17-18）式移項整理後，可得（17-19）式：

$$\frac{\partial Q}{\partial P^f} = \begin{bmatrix} r_1\left(\frac{\partial P_1}{\partial Q} + \frac{\partial P_1}{\partial Q_2}\frac{\partial Q_2}{\partial Q} + \frac{\partial P_1}{\partial Q_3}\frac{\partial Q_3}{\partial Q} + \frac{\partial P_1}{\partial Q_4}\frac{\partial Q_4}{\partial Q}\right) \\ +r_2\left(\frac{\partial P_2}{\partial Q} + \frac{\partial P_2}{\partial Q_1}\frac{\partial Q_1}{\partial Q} + \frac{\partial P_2}{\partial Q_3}\frac{\partial Q_3}{\partial Q} + \frac{\partial P_2}{\partial Q_4}\frac{\partial Q_4}{\partial Q}\right) \\ +r_3\left(\frac{\partial P_3}{\partial Q} + \frac{\partial P_3}{\partial Q_1}\frac{\partial Q_1}{\partial Q} + \frac{\partial P_3}{\partial Q_2}\frac{\partial Q_2}{\partial Q} + \frac{\partial P_3}{\partial Q_4}\frac{\partial Q_4}{\partial Q}\right) \\ +r_4\left(\frac{\partial P_4}{\partial Q} + \frac{\partial P_4}{\partial Q_1}\frac{\partial Q_1}{\partial Q} + \frac{\partial P_4}{\partial Q_2}\frac{\partial Q_2}{\partial Q} + \frac{\partial P_4}{\partial Q_3}\frac{\partial Q_3}{\partial Q}\right) \end{bmatrix}^{-1} \left(1 + \frac{\partial M}{\partial P^f}\right)$$

（17-19）

將（17-19）式兩邊同乘（$\frac{P^f}{Q}$）後，再使用（17-13）式，可得（17-20）式：

$$\frac{P^f}{Q}\frac{\partial Q}{\partial P^f} = \left(\frac{P^f}{Q}\frac{\partial Q}{\partial P}\right)\left(1 + \frac{\partial M}{\partial P^f}\right)$$

$$= \left(\frac{P}{Q}\frac{\partial Q}{\partial P}\right)\frac{P^f}{P}\left(1 + \frac{\partial M}{\partial P^f}\right)$$

（17-20）

再進而將（17-20）式改寫成彈性表示的型式，如（17-21）式所示：

$$\varepsilon^f = \varepsilon\,\frac{P^f}{P}\left(1 + \frac{\partial M}{\partial P^f}\right)$$

$$= \varepsilon\left[(P - M)\left(1 + \frac{\partial M}{\partial P^f}\right)\right]P^{-1}$$

（17-21）

若我們假設，豬肉由產地運至零售市場的運銷價差，為線性型式，如（17-22）式：

$$M = M_0 + mP \quad , \quad M_0 \geq 0, \ 1 > m \geq 0$$

（17-22）

則將（17-22）式代入（17-21）式，可得（17-23）式：

$$\varepsilon^f = \varepsilon \left[(P - M_0 - mp)\left(1 + \frac{m}{1-m}\right)\right] P^{-1}$$

$$= \varepsilon \left[1 - \frac{M_0}{(1-m)P}\right] \tag{17-23}$$

在（17-23）式中，若m＝0，亦即運銷價差維持固定常數，則（17-23）式可寫成（17-24）式：

$$\varepsilon^f = \varepsilon \left(1 - \frac{M_0}{P}\right) \tag{17-24}$$

若（17-21）式中M_0＝0之，即運銷價差與零售價格呈固定百分比例，則（17-21）式可寫成（17-25）式：

$$\varepsilon^f = \varepsilon \tag{17-25}$$

由上述理論之推導，我們可知，在運銷價差為 $M = M_0 + mP$ 的線性型式時，產地與零售市場的價格彈性，具有如下的特性：

（1）若常數項（M_0）及斜率項（m）同時存在時，則豬肉的產地市場需求彈性（ε^f），恆小於零售市場需求彈性（ε）。

（2）若產地與零售價格的價差保持固定常數時，即M_0＞0且m＝0，由於M_0恆小於P，因此ε^f必定小於ε。

（3）若運銷價差與零售價格呈固定百分比例時，即M_0＝0且m＞0，則產地市場需求彈性，將等於零售市場需求彈性。

總結本章節探討，我們可透過部位肉產品與全肉產品間，其需求價格彈性間的關係式，來進而將本文模型體系中所估測出來的部位豬肉產品需求彈性，加權轉換為總合豬肉產品的需求彈性。再者，經由零售與產地市場運銷價差，所導求的產銷兩地需求彈性關係式，來進一步說明或推得豬肉產地市場之需

求彈性值。

17.3 需求體系學理與應用

一、完整需求體系理論

（一）學理基礎

在幾近完整需求體系（ACDS）理論探討上，我們首先假設：

(1) 二階段預算分派條件（two-stage budgeting），因而可僅考慮十九種農產品所建構的子效用函數。

(2) 消費者所面對的農產品空間，可分割成n_1至n_6等六大組群，且各組群滿足互斥性（mutually exclusive）與完整性（completeness）。

因此，我們可得出S組群的子效用函數，如（17-26）式所示：

$$U_s = \left(\sum_{i \in s}^{n_s} \beta_{si} q_{si}^{\rho_s} \right)^{\frac{1}{\rho_s}} \qquad (17\text{-}26)$$

式中， $\beta_{si} > 0 , q_{si} > 0 , \rho_s = 1 - \dfrac{1}{\sigma_s}$

σ_s：Allen Elasticity of Substitution；AES

整體效用函數，則如（17-27）式所示：

$$U = \left(\sum_{s=1}^{6} \alpha_s U_s^{\rho} \right)^{\frac{1}{\rho}} \qquad (17\text{-}27)$$

此函數即為「S-組群型」效用函數，其具可加性，並且滿

足**弱分離性特質**（weak separability）。

在分組組群之消費支出預算限制下，即

$$\sum_{i \in s}^{n_s} p_{si} q_{si} = m_s \tag{17-28}$$

求（17-26）式之效用極大，即進行第一階段效用極大化下，所得出之需求方程式，如（17-29）式：

$$q_{si} = \left(\frac{\beta_{si}}{p_{si}}\right)^{\sigma_s} \left[\sum_{j \in s}^{n_s} \left(\frac{\beta_{sj}}{p_{sj}}\right)^{\sigma_s}\right]^{-1} m_s \tag{17-29}$$

將（17-29）式代回（17-27）式，可得出整體效用函數，如（17-30）式：

$$U = \left[\sum_{s=1}^{6} \alpha_s X_s^{\rho(1/\rho - 1)}\right]^{\frac{1}{\rho}} \tag{17-30}$$

式中，$\quad X_s = \sum_{j \in s}^{n_s} \left(\frac{\beta_{sj}}{p_{sj}}\right)^{\rho_s} p_{sj}$

再者，在總消費支出限制下，即

$$\sum_{s=1}^{6} \sum_{j \in r}^{n_r} p_{sj} q_{sj} = \sum_{s=1}^{6} m_s = m \tag{17-31}$$

再進行第二階段之效用極大化，可得出m_s之最適值，如（17-32）式所示：

$$m_s = \left[\frac{\alpha_s^{\rho} X_s^{(\rho-1/\rho_s - 1)}}{\sum_{r=1}^{6} \alpha_s^{\rho} X_s^{(\rho-1/\rho_r - 1)}}\right] \cdot m \tag{17-32}$$

將（17-32）式代回（17-29）式，我們可得出需求函數，如下（17-33）式：

$$q_{si} = \left(\frac{\beta_{si}}{P_{si}}\right)^{\rho_s}\left[\frac{\alpha_s^\rho X_s^{((\rho-1)/(\rho_s-1))}}{\sum_{r=1}^{6}\alpha_s^\rho X_s^{((\rho-1)/(\rho_r-1))}}\right] \cdot m \tag{17-33}$$

（17-33）式所對應之 q_{si} 與 q_{rj} 的AES（ $\sigma_{si,rj}$ ），如（17-34）式所示：

$$\sigma_{si,rj} = \begin{cases} \sigma & s \neq r \\ \sigma + \frac{1}{w_s}(\sigma_s - \sigma) & s = r \end{cases} \tag{17-34}$$

$$\left(\frac{\partial q_{si}}{\partial q_{sj}}\right)^* = \frac{\sigma}{m}(q_{si}q_{rj}), \qquad r \neq s$$

上述需求體系所對應的Slutsky價格斜率（price-slope）矩陣，如（17-35）式：

$$\left(\frac{\partial q_{si}}{\partial q_{sj}}\right)^* = \frac{\partial q_{si}}{\partial q_{rj}} + q_{rj}\left(\frac{\partial q_{si}}{\partial m}\right) \tag{17-35}$$

（17-36）式之矩陣非對角線要素，包括有兩種型式之Slutsky種，其一為各分組組群間，如下所示：

$$\left(\frac{\partial q_{si}}{\partial p_{sj}}\right)^* = \frac{\sigma}{m}(q_{si}q_{sj}) - \frac{(\sigma-\sigma_s)}{m_s}(q_{si}q_{sj}), \qquad r = s \tag{17-36}$$

其二為各分組組群內，如下所示：

$$\left(\frac{\partial q_{si}}{\partial p_{sj}}\right)^* = \frac{\sigma}{m}(q_{si}q_{sj}) - \frac{(\sigma-\sigma_s)}{m_s}(q_{si}q_{sj}), \qquad r = s \tag{17-37}$$

透過（17-36）式及（17-37）式，我們可將需求體系內之自身價格彈性（ $e_{si,si}^p$ ），分組組群內各財貨交叉價格彈性（ $e_{si,sj}^p$ ），以及不同分組組群間之財貨交叉價格彈性（ $e_{si,rj}^p$ ），分別表

示如下：

$$e^p_{si,si} = (\sigma - 1)w_{si} + (\sigma_s - \sigma)v_{si} - \sigma_s \qquad\text{（17-38）}$$

$$e^p_{si,sj} = (\sigma - 1)w_{sj} + (\sigma_s - \sigma)v_{sj} \qquad\text{（17-39）}$$

$$e^p_{si,rj} = (\sigma - 1)w_{rj} \qquad\text{（17-40）}$$

$$e^m_{si} = 1.0 \qquad\text{（17-41）}$$

$$w_{sj} = p_{sj} \cdot q_{sj}/m \qquad\text{（17-42）}$$

$$v_{sj} = p_{sj} \cdot q_{sj}/m_s \qquad\text{（17-43）}$$

$$m_s = \sum_{j \in s}^{n_s} p_{sj} q_{sj} \qquad\text{（17-44）}$$

上述完整需求體系，應滿足下列需求理論的特定條件：

（1）齊次性：$\displaystyle\sum_{r=1}^{6}\sum_{j \in r}^{n_r} e^p_{si,rj} = -e^m_{si}$

（2）對稱性：$\dfrac{e^p_{si,rj}}{w_{rj}} + e^m_{rj} = e^m_{rj} + \dfrac{e^p_{rj,si}}{w_{si}}$

（3）可加性：$\displaystyle\sum_{r=1}^{6}\sum_{j \in r}^{n_r} w_{rj} \cdot e^m_{rj} = 1$

（4）負值性：$e^p_{si,si} < 0$

（二）實證應用

在實證估計模式上，我們可以雙對數之函數型態，來改寫（17-33）式如下：

$$\ln q_{si} = \sum_{r=1}^{6}\sum_{j \in s}^{n_s} e^p_{si,rj} \cdot \ln p_{rj} + e^m_{si} \cdot \ln m \qquad\text{（17-45）}$$

將（17-38）、（17-39）及（17-40）式，代入（17-45）式可得：

$$\ln q_{si} = (\sigma - 1)\ln p + (\sigma_s - \sigma)\ln p_s - \sigma_s \ln p_{si} + \ln m \qquad (17\text{-}46)$$

式中，$p = \prod_{r=1}^{6}\prod_{j \in r}^{n_r} p_{rj}^{w_{rj}}$ ； $p_s = \prod_{j \in s}^{n_s} p_{sj}^{v_{sj}}$

（17-46）式說明，第 s 組群第 i 種財貨需求量，為所有財貨之幾何價格指數、所屬第s分組組群財貨之幾何價格指數、自身價格、以及總消費支出的函數。

基於我們並無充分理由，事先放入需求理論限制條件，因而將該限制條件作為一種待驗證的**臆設檢定**（hypothesis testing），而非前提條件。因此，可將（17-46）式改寫成（17-47）式：

$$\ln q_{si} = a_{si} + b_{si} \cdot \ln p + c_{si} \cdot \ln p_s + d_{si} \cdot \ln p_{si} + e_{si} \cdot \ln m \qquad (17\text{-}47)$$

（1）當驗證齊次性時，可檢定

$$b_{si} + c_{si} + d_{si} + e_{si} = 0, \quad \forall si \qquad (17\text{-}48)$$

（2）當驗證可加性時，可檢定

$$\sum^{6}\sum^{n_s} \overline{w}_{si} \cdot e_{si} = 1.0 \qquad (17\text{-}49)$$

（3）當驗證負值性時，可檢定

$$\sum^{6}\sum^{n_s} \overline{w}_{si} \cdot e_{si} = 1.0 \qquad (17\text{-}50)$$

二、完整需求體系實證

（一）建構方法與步驟

基於本章節涵蓋的農產品項目高達十九種之多，因而在實證估計上，選取幾近完整需求體系（ACDS）之研究方法，來探

討該需求體系內十九項農產品間的消費需求關係，並同時克服實證估測上計量處理的問題。至於，本章節較為具體的研究方法與步驟，依序詳細陳述說明於下：

(1) 蒐集並回顧國內外相關研究文獻，進而加以整理與解析其分析模式與變數設定的方法，以吸取不同研究議題下，多方面思考角度之研究經驗。

(2) 在**理論建構**（theoretical framework）上，利用幾近完整需求體系（ACDS）與計量經濟之學理基礎，來共同構建一個台灣多項農產品需求體系之計量經濟模型。

(3) 在**實證架構**（methodological framework）上，說明多項農產品需求體系架構的整體概念，研討說明本章節所預定使用計量經濟學的實證估計方法，並解說本章節估計模型體系參數值之內涵，並加以評估及說明本章節在解決實際估計時可能出現的資料處理問題，以說明估計方法擇取上的適切性。

(4) 在**實證測試**（empirical testing）上，針對計量模型的模擬預測能力，採用均方根誤差百分比（Root Mean Square Percent Error，RMSPE）、**泰爾不等係數**（Theil Inequality Coefficients，U1、U2）、以及**均方差**（Mean Square Error，Um、Us、Uc）等衡量指標，進行相關的模型測試與評估，以求模型模擬結果的合理性及正確性。

(5) 在**政策研議**（policy suggestion）上，依模型實證估測結果，來研擬國內農產品市場行銷策略之調整方向，以及相關的產業輔導措施，並進而建議可行的途徑與方案。

（二）體系涵蓋產品範圍

本章節探討所涵蓋的農產品項目，主要考量國內目前尚有

進口保護措施之多項主要農產品，且依產品本身消費性質，共計畫分有六大**組群**（groups）十九項（items）產品，而其相互間消費需求之關係，則可組構為一個台灣多項農產品需求體系。

茲將所探討之六大組群農產品項目，條列說明如下：（1）主食類：稻米、麵粉；（2）蔬菜類：蔬菜；（3）水果類：香蕉、柑桔、鳳梨、梨、葡萄；（4）漁畜類：上等豬肉、豬腹脅肉、下等豬肉、豬內臟、牛肉、雞肉、漁產；（5）乳品類：鮮乳；（6）其他類：砂糖、花生與紅豆。

三、需求體系實證模式

依（17-47）式所示之實證估計的理論推導，並採雙對數之函數式表示時，我們可進而將台灣農產品幾近完整需求體系之理論實證估計模式，分別設定如下（17-51）式至（17-74）式所示。

$$LOG\ (Q_{1,1}) = a_{1,1} + b_{1,1}\ LOG\ (P/I_c) + c_{1,1}\ LOG\ (P_1/I_c)$$
$$+ d_{1,1}\ LOG\ (P_{1,1}/I_c) + e_{1,1}\ LOG\ (E/I_c) \qquad (17\text{-}51)$$

式中，$Q_{1,1}$：稻米每人（食用）消費量，P：農產品零售價格指數，P_1：主食類零售價格指數，$P_{1,1}$：稻米零售價格，E：農產品消費支出，I_c：消費者物價指數。

$$LOG\ (Q_{1,2}) = a_{1,2} + b_{1,2}\ LOG\ (P/I_c) + c_{1,2}\ LOG\ (P_1/I_c)$$
$$+ d_{1,2}\ LOG\ (P_{1,2}/I_c) + e_{1,2}\ LOG\ (E/I_c) \qquad (17\text{-}52)$$

式中，$Q_{1,2}$：麵粉每人消費量，$P_{1,2}$：麵粉零售價格。

$$LOG\ (Q_{2,0}) = a_{2,0} + b_{2,0}\ LOG\ (P/I_c)$$
$$+ d_{2,0}\ LOG\ (P_{2,0}/I_c) + e_{2,0}\ LOG\ (E/I_c) \qquad (17\text{-}53)$$

式中，$Q_{2,0}$：蔬菜每人消費量，$P_{2,0}$：蔬菜零售價格。

$$\text{LOG} \ (Q_{3,1}) = a_{3,1} + b_{3,1} \ \text{LOG} \ (P/I_c) + c_{3,1} \ \text{LOG} \ (P_3/I_c)$$
$$+ d_{3,1} \ \text{LOG} \ (P_{3,1}/I_c) + e_{3,1} \ \text{LOG} \ (E/I_c) \qquad (17\text{-}54)$$

式中，$Q_{3,1}$：柑桔每人消費量，P_3：農產品實質零售價格指數，$P_{3,1}$：柑桔零售價格。

$$\text{LOG} \ (Q_{3,2}) = a_{3,2} + b_{3,2} \ \text{LOG} \ (P/I_c) + c_{3,2} \ \text{LOG} \ (P_3/I_c)$$
$$+ d_{3,2} \ \text{LOG} \ (P_{3,2}/I_c) + e_{3,2} \ \text{LOG} \ (E/I_c) \qquad (17\text{-}55)$$

式中，$Q_{3,2}$：香蕉每人消費量，$P_{3,2}$：香蕉零售價格。

$$\text{LOG} \ (Q_{3,3}) = a_{3,3} + b_{3,3} \ \text{LOG} \ (P/I_c) + c_{3,3} \ \text{LOG} \ (P_3/I_c)$$
$$+ d_{3,3} \ \text{LOG} \ (P_{3,3}/Ic) + e_{3,3} \ \text{LOG} \ (E/Ic) \qquad (17\text{-}56)$$

式中，$Q_{3,3}$：鳳梨每人消費量，$P_{3,3}$：鳳梨零售價格。

$$\text{LOG} \ (Q_{3,4}) = a_{3,4} + b_{3,4} \ \text{LOG} \ (P/Ic) + c_{3,4} \ \text{LOG} \ (P_3/Ic)$$
$$+ d_{3,4} \ \text{LOG} \ (P_{3,4}/Ic) + e_{3,4} \ \text{LOG} \ (E/Ic) \qquad (17\text{-}57)$$

式中，$Q_{3,4}$：梨每人消費量，$P_{3,4}$：梨零售價格。

$$\text{LOG} \ (Q_{3,5}) = a_{3,5} + b_{3,5} \ \text{LOG} \ (P/I_c) + c_{3,5} \ \text{LOG} \ (P_3/Ic)$$
$$+ d_{3,5} \ \text{LOG} \ (P_{3,5}/I_c) + e_{3,5} \ \text{LOG} \ (E/I_c) \qquad (17\text{-}58)$$

式中，$Q_{3,5}$：葡萄每人消費量，$P_{3,5}$：葡萄零售價格。

$$\text{LOG} \ (Q_{4,1}) = a_{4,1} + b_{4,1} \ \text{LOG} \ (P/I_c) + c_{4,1} \ \text{LOG} \ (P_4/I_c)$$
$$+ d_{4,1} \ \text{LOG} \ (P_{4,1}/I_c) + e_{4,1} \ \text{LOG} \ (E/I_c) \qquad (17\text{-}59)$$

式中，$Q_{4,1}$：上等豬肉每人消費量，P_4：漁畜類零售價格指數，$P_{4,1}$：上等豬肉零售價格。

$$\text{LOG} \ (Q_{4,2}) = a_{4,2} + b_{4,2} \ \text{LOG} \ (P/I_c) + c_{4,2} \ \text{LOG} \ (P_4/I_c)$$
$$+ d_{4,2} \ \text{LOG} \ (P_{4,2}/I_c) + e_{4,2} \ \text{LOG} \ (E/I_c) \qquad (17\text{-}60)$$

式中，$Q_{4,2}$：豬腹脅肉每人消費量，$P_{4,2}$：豬腹脅肉零售價格。

$$LOG (Q_{4,3}) = a_{4,3} + b_{4,3} LOG (P/I_c) + c_{4,3} LOG (P_4/I_c)$$
$$+ d_{4,3} LOG (P_{4,3}/I_c) + e_{4,3} LOG (E/I_c) \quad (17\text{-}61)$$

式中，$Q_{4,3}$：下等豬肉每人消費量，$P_{4,3}$：下等豬肉零售價格。

$$LOG (Q_{4,4}) = a_{4,4} + b_{4,4} LOG (P/I_c) + c_{4,4} LOG (P_4/I_c)$$
$$+ d_{4,4} LOG (P_{4,4}/I_c) + e_{4,4} LOG (E/I_c) \quad (17\text{-}62)$$

式中，$Q_{4,4}$：豬內臟每人消費量，$P_{4,4}$：豬內臟零售價格。

$$LOG (Q_{4,5}) = a_{4,5} + b_{4,5} LOG (P/I_c) + c_{4,5} LOG (P_4/I_c)$$
$$+ d_{4,5} LOG (P_{4,5}/I_c) + e_{4,5} LOG (E/I_c) \quad (17\text{-}63)$$

式中，$Q_{4,5}$：牛肉每人消費量，$P_{4,5}$：牛肉零售價格。

$$LOG (Q_{4,6}) = a_{4,6} + b_{4,6} LOG (P/I_c) + c_{4,6} LOG (P_4/I_c)$$
$$+ d4,6 LOG (P4,6/I_c) + e4,6 LOG (E/I_c) \quad (17\text{-}64)$$

式中，$Q_{4,6}$：雞肉每人消費量，$P_{4,6}$：雞肉零售價格。

$$LOG (Q_{4,7}) = a_{4,7} + b_{4,7} LOG (P/I_c) + c_{4,7} LOG (P_4/I_c)$$
$$+ d_{4,7} LOG (P_{4,7}/I_c) + e_{4,7} LOG (E/I_c) \quad (17\text{-}65)$$

式中，$Q_{4,7}$：漁產每人消費量，$P_{4,7}$：漁產零售價格。

$$LOG (Q_{5,0}) = a_{5,0} + b_{5,0} LOG (P/I_c)$$
$$+ d_{5,0} LOG (P_{5,0}/I_c) + e_{5,0} LOG (E/I_c) \quad (17\text{-}66)$$

式中，$Q_{5,0}$：鮮乳每人消費量，$P_{5,0}$：鮮乳零售價格。

$$LOG (Q_{6,1}) = a_{6,1} + b_{6,1} LOG (P/I_c) + c_{6,1} LOG (P_6/I_c)$$
$$+ d_{6,1} LOG (P_6,1/I_c) + e_{6,1} LOG (E/I_c) \quad (17\text{-}67)$$

式中，$Q_{6,1}$：花生每人消費量，$P_{6,1}$：花生零售價格。

$$LOG（Q_{6,2}）＝a_{6,2}+b_{6,2} LOG（P/I_c）+c_{6,2} LOG（P_6/I_c）$$
$$+d_{6,2} LOG（P_{6,2}/I_c）+e_{6,2} LOG（E/I_c） \qquad （17\text{-}68）$$

式中，$Q_{6,2}$：砂糖每人消費量，P_6：其他類零售價格指數，
$P_{6,2}$：砂糖零售價格。

$$LOG（Q_{6,3}）＝a_{6,3}+b_{6,3} LOG（P/I_c）+c_{6,3} LOG（P_6/I_c）$$
$$+d_{6,3} LOG（P_{6,3}/I_c）+e_{6,3} LOG（E/I_c） \qquad （17\text{-}69）$$

式中，$Q_{6,3}$：紅豆每人消費量，$P_{6,3}$：紅豆零售價格。

此外，主食類、水果類、漁畜類與其他類等，各分組組群
零售價格指數之定義式，如下所示：

$$LOG（P_1）＝\Sigma V_{1,j}\times LOG（P_{1,j}）；j＝1,2 \qquad （17\text{-}70）$$

式中，P_1：主食類零售價格指數；$V_{1,j}$：稻米或麵粉消費支
出占主食類消費支出的比例。

$$LOG（P_3）＝\Sigma V_{3,j}\times LOG（P_{3,j}）；j＝1,2,3,4,5 \qquad （17\text{-}71）$$

式中，P_3：水果類零售價格指數；$V_{3,j}$：柑桔、香蕉、鳳
梨、梨或葡萄消費支出占水果類消費支出的比例。

$$LOG（P_4）＝\Sigma V_{4,j}\times LOG（P_{4,j}）；j＝1,2,3,4,5,6,7 （17\text{-}72）$$

式中，P_4：漁畜類零售價格指數；$V_{4,j}$：上等豬肉、豬腹脅
肉、下等豬肉、豬內臟、牛肉、雞肉或漁產消費支出占漁畜類
消費支出的比例。

$$LOG（P_6）＝\Sigma V_{6,j}\times LOG（P_{6,j}）；j＝1,2,3 \qquad （17\text{-}73）$$

式中，P_6：其他類零售價格指數；$V_{6,j}$：花生、砂糖或紅豆
消費支出占其他類消費支出的比例。

至於，農產品零售價格指數定義式，則如下所示：

$$LOG（P）= \Sigma\, w_{i,j} \times LOG（P_{i,j}）\tag{17-74}$$

式中，P：農產品零售價格指數；$w_{i,j}$：第i組群第j項農產品消費支出占體系內所有農產品消費支出的比例。

此外，產品需求之自身價格、交叉價格、以及消費支出彈性，則可透過實證估測之參數值，來加以計算得到，其計算式如下所示：

$$e^{p}_{si,si} = b_{si} \cdot \overline{w}_{si} + c_{si} \cdot \overline{v}_{si} + d_{si}\tag{17-75}$$

$$e^{p}_{si,sj} = b_{si} \cdot \overline{w}_{sj} + c_{si} \cdot \overline{v}_{sj}\tag{17-76}$$

$$e^{p}_{si,rj} = b_{si} \cdot \overline{w}_{rj}\tag{17-77}$$

$$e^{m}_{si} = e_{si}\tag{17-78}$$

式中，$e^{p}_{si,si}$：自身價格彈性，$e^{p}_{si,sj}$：分組組群內各財貨交叉價格彈性，$e^{p}_{si,rj}$：不同分組組群間之財貨交叉價格彈性，e^{m}_{si}：消費支出彈性。

17.4 需求體系估計與評估

一、需求體系實證估計

本章節所建立之台灣多項農產品需求體系（TACDS），在估計方法上採用**非線性近似無相關迴歸法**（Nonlinear Seeming Unrelated Regression）來估計。茲將模型體系內迴歸參數之估計結果，條列於（表17-1）。另外，各方程式之經濟涵義，分別陳述說明於后，而個別估計式中，t值加註之 *、** 與 *** 分別代表，在顯著水準10%、5%與1%統計檢定下，估計之參數值顯著不等於零。

表17-1 台灣多項主要農產品需求體系迴歸參數估計結果

農產品	每人每年可供消費量估計式	序號
稻米	$\text{LOG}(Q_{1,1}) = 12.8421 + 0.7093\,\text{LOG}(P/I_c) + 5.1316\,\text{LOG}(P_1/I_c) - 4.1361\,\text{LOG}(P_{1,1}/I_c) - 1.4439\,\text{LOG}(E/I_c)$ $(4.56)\ ^{***}\quad(1.54)\quad\quad(13.29)\ ^{***}\quad\quad(-12.30)\ ^{***}\quad\quad(-3.30)\ ^{***}$	(17-79)
麵粉	$\text{LOG}(Q_{1,2}) = 0.5845 - 0.5921\,\text{LOG}(P/I_c) + 0.0935\,\text{LOG}(P_1/I_c) - 0.8197\,\text{LOG}(P_{1,2}/I_c) + 0.7430\,\text{LOG}(E/I_c)$ $(0.24)\quad(-1.48)\quad\quad(3.01)\ ^{***}\quad\quad(-31.32)\ ^{***}\quad\quad(1.93)\ ^{*}$	(17-80)
蔬菜	$\text{LOG}(Q_{2,0}) = -1.4655 - 1.7263\,\text{LOG}(P/I_c) + 0.0706\,\text{LOG}(P_{2,0}/I_c) + 1.3094\,\text{LOG}(E/I_c)$ $(-0.65)\quad(-4.61)\ ^{***}\quad\quad(3.44)\ ^{***}\quad\quad(3.64)\ ^{***}$	(17-81)
柑桔	$\text{LOG}(Q_{3,1}) = -15.5177 - 1.4571\,\text{LOG}(P/I_c) - 0.0836\,\text{LOG}(P_3/I_c) - 0.2953\,\text{LOG}(P_{3,1}/I_c) + 2.5996\,\text{LOG}(E/I_c)$ $(-6.74)\ ^{***}\quad(-4.02)\ ^{***}\quad\quad(-0.69)\quad\quad(-4.41)\ ^{***}\quad\quad(7.16)\ ^{***}$	(17-82)
香蕉	$\text{LOG}(Q_{3,2}) = -1.0505 + 1.0162\,\text{LOG}(P/I_c) - 0.9127\,\text{LOG}(P_3/I_c) - 0.5830\,\text{LOG}(P_{3,2}/I_c) + 0.3838\,\text{LOG}(E/I_c)$ $(-0.13)\quad(0.78)\quad\quad(-4.12)\ ^{***}\quad\quad(-4.78)\ ^{***}\quad\quad(0.29)$	(17-83)
鳳梨	$\text{LOG}(Q_{3,3}) = -23.2266 - 0.8233\,\text{LOG}(P/I_c) - 2.5223\,\text{LOG}(P_3/I_c) + 0.0600\,\text{LOG}(P_{3,3}/I_c) + 3.8022\,\text{LOG}(E/I_c)$ $(-2.88)\ ^{**}\quad(-0.64)\quad\quad(-11.82)\ ^{***}\quad\quad(1.07)\quad\quad(2.97)\ ^{***}$	(17-84)
梨	$\text{LOG}(Q_{3,4}) = -4.6980 - 0.8354\,\text{LOG}(P/I_c) + 0.3051\,\text{LOG}(P_3/I_c) - 0.3063\,\text{LOG}(P_{3,4}/I_c) + 0.9953\,\text{LOG}(E/I_c)$ $(-1.03)\quad(-1.15)\quad\quad(2.48)\ ^{**}\quad\quad(-13.71)\ ^{***}\quad\quad(1.38)$	(17-85)
葡萄	$\text{LOG}(Q_{3,5}) = -6.7741 + 0.8360\,\text{LOG}(P/I_c) + 1.8361\,\text{LOG}(P_3/I_c) - 1.0996\,\text{LOG}(P_{3,5}/I_c) + 0.2094\,\text{LOG}(E/I_c)$ $(-0.75)\quad(0.57)\quad\quad(9.77)\ ^{***}\quad\quad(-11.91)\ ^{***}\quad\quad(0.15)$	(17-86)
土豬	$\text{LOG}(Q_{4,1}) = -13.2098 - 0.4112\,\text{LOG}(P/I_c) + 0.4630\,\text{LOG}(P_4/I_c) - 0.5032\,\text{LOG}(P_{4,1}/I_c) + 1.8111\,\text{LOG}(E/I_c)$ $(-4.59)\ ^{***}\quad(-1.07)\quad\quad(4.45)\ ^{***}\quad\quad(-12.49)\ ^{***}\quad\quad(4.57)\ ^{***}$	(17-87)

經濟分析：學理與實證
Economic Analysis: Theories and Practice

(續) 表17-1　台灣多項主要農產品需求體系內迴歸參數估計結果

農產品	每人每年可供消費量估計式	序號
豬腹	$\text{LOG}(Q_{4,2}) = -17.9820 + 0.2655\,\text{LOG}(P/I_c) + 0.5428\,\text{LOG}(P_4/I_c) - 0.8281\,\text{LOG}(P_{4,2}/I_c) + 2.0269\,\text{LOG}(E/I_c)$ *** (-6.19) *** $\quad(0.74)\quad (4.86)$ *** $\quad(-26.34)$ *** $\quad(5.36)$ ***	(17-88)
下豬	$\text{LOG}(Q_{4,3}) = -15.3409 + 0.3233\,\text{LOG}(P/I_c) - 0.1860\,\text{LOG}(P_4/I_c) - 0.1308\,\text{LOG}(P_{4,3}/I_c) + 1.6716\,\text{LOG}(E/I_c)$ *** (-4.84) *** $\quad(0.76)\quad (-1.82)$ * $\quad(-9.06)$ *** $\quad(3.82)$ ***	(17-89)
豬臟	$\text{LOG}(Q_{4,4}) = -8.8227 + 0.2688\,\text{LOG}(P/I_c) - 0.1993\,\text{LOG}(P_4/I_c) - 0.2863\,\text{LOG}(P_{4,4}/I_c) + 1.1456\,\text{LOG}(E/I_c)$ *** (-3.25) *** $\quad(0.73)\quad (-2.38)$ ** $\quad(-68.43)$ *** $\quad(3.03)$ ***	(17-90)
牛肉	$\text{LOG}(Q_{4,5}) = -8.1739 - 0.1937\,\text{LOG}(P/I_c) + 0.4440\,\text{LOG}(P_4/I_c) - 1.3656\,\text{LOG}(P_{4,5}/I_c) + 1.4126\,\text{LOG}(E/I_c)$ *** $(-1.56)\quad(-0.25)\quad (3.65)$ *** $\quad(-57.47)$ *** $\quad(1.81)$ *	(17-91)
雞肉	$\text{LOG}(Q_{4,6}) = -3.4487 + 0.8760\,\text{LOG}(P/I_c) - 0.1119\,\text{LOG}(P_4/I_c) - 1.0729\,\text{LOG}(P_{4,6}/I_c) + 0.7697\,\text{LOG}(E/I_c)$ *** $(-0.90)\quad(1.79)$ * $\quad(-0.81)\quad (-29.93)$ *** $\quad(1.51)$	(17-92)
漁產	$\text{LOG}(Q_{4,7}) = -7.7341 - 0.7554\,\text{LOG}(P/I_c) - 0.0174\,\text{LOG}(P_4/I_c) - 0.0499\,\text{LOG}(P_{4,7}/I_c) + 1.4778\,\text{LOG}(E/I_c)$ *** (-2.85) ** $\quad(-2.11)$ ** $\quad(-0.20)\quad (-1.43)\quad (4.01)$ ***	(17-93)
鮮乳	$\text{LOG}(Q_{5,0}) = -40.2406 + 1.0837\,\text{LOG}(P/I_c) - 0.1138\,\text{LOG}(P_{5,0}/I_c) + 3.7549\,\text{LOG}(E/I_c)$ *** (-5.30) *** $\quad(0.87)\quad (-1.81)$ * $\quad(3.12)$ ***	(17-94)
花生	$\text{LOG}(Q_{6,1}) = -1.2375 - 0.9271\,\text{LOG}(P/I_c) + 1.8578\,\text{LOG}(P_6/I_c) - 0.8581\,\text{LOG}(P_{6,1}/I_c) + 0.3372\,\text{LOG}(E/I_c)$ *** $(-0.37)\quad(-1.68)\quad (15.52)$ *** $\quad(-15.09)$ *** $\quad(0.64)$	(17-95)
砂糖	$\text{LOG}(Q_{6,2}) = -5.5238 - 0.6117\,\text{LOG}(P/I_c) - 0.0504\,\text{LOG}(P_6/I_c) - 0.0329\,\text{LOG}(P_{6,2}/I_c) + 1.1544\,\text{LOG}(E/I_c)$ *** (-2.57) ** $\quad(-1.71)\quad (-1.36)\quad (-2.51)$ ** $\quad(3.35)$ ***	(17-96)
紅豆	$\text{LOG}(Q_{6,3}) = -5.7179 - 0.9668\,\text{LOG}(P/I_c) - 2.1064\,\text{LOG}(P_6/I_c) - 0.2803\,\text{LOG}(P_{6,3}/I_c) + 1.8032\,\text{LOG}(E/I_c)$ *** $(-0.41)\quad(-0.42)\quad (-6.32)$ *** $\quad(-18.47)$ *** $\quad(0.80)$	(17-97)

資料來源：楊政學 (2001)。

由（表17-1）之估測結果，我們可知不同農產品消費之特性，如：

在（17-79）式中，$Q_{1,1}$：稻米每人（食用）消費量，P：農產品零售價格指數，P_1：主食類零售價格指數，$P_{1,1}$：稻米零售價格，E：農產品消費支出，I_c：消費者物價指數。由實證估計結果可得，主食類實質零售價格指數，以及稻米實質零售價格對稻米每人消費量，有顯著性影響效果；而農產品實質消費支出，則對稻米每人消費量，有顯著性的負向影響效果。以上結果說明，在支出效果上，當農產品實質消費支出變動1%時，稻米每人消費量將反方向變動1.44%，意謂每人的稻米消費量，將隨其農產品消費支出的增加而減少。

在（17-80）式中，$Q_{1,2}$：麵粉每人消費量，$P_{1,2}$：麵粉零售價格。由上式實證估計結果可得，主食類實質零售價格指數，以及麵粉實質零售價格，均對麵粉每人消費量，有顯著性影響效果；而農產品實質消費支出，則對麵粉每人消費量，有顯著性的正向影響效果，消費支出彈性約為0.74。在（17-81）式中，$Q_{2,0}$：蔬菜每人消費量，$P_{2,0}$：蔬菜零售價格。由上式實證估計結果可得，農產品實質零售價格指數，以及蔬菜實質零售價格，均對蔬菜每人消費量，有顯著性影響效果；而農產品實質消費支出，則對蔬菜每人消費量，有顯著性的正向影響效果。消費支出彈性約為1.31。

在（17-82）式中，$Q_{3,1}$：柑桔每人消費量，P_3：農產品實質零售價格指數，$P_{3,1}$：柑桔零售價格。由上式實證估計結果可得，水果類實質零售價格指數，以及柑桔實質零售價格，均對柑桔每人消費量，有顯著性的影響效果；而農產品實質消費支出，則對柑桔每人消費量，有顯著性的正向影響效果，消費支出彈性約為2.60。在（17-83）式中，$Q_{3,2}$：香蕉每人消費量，$P_{3,2}$：香蕉零售價格。由上式實證估計結果可得，水果類實質零售價格指數，以及香蕉實質零售價格，均對香蕉每人消費量，

有顯著性影響效果。

在（17-84）式中，$Q_{3,3}$：鳳梨每人消費量，$P_{3,3}$：鳳梨零售價格。由上式實證估計結果可得，水果類實質零售價格指數，對鳳梨每人消費量，有顯著性影響效果；而農產品實質消費支出，則對鳳梨每人消費量，有顯著性的正向影響效果，消費支出彈性約為3.80。在（17-85）式中，$Q_{3,4}$：梨每人消費量，$P_{3,4}$：梨零售價格。由上式實證估計結果可得，水果類實質零售價格指數以及梨實質零售價格，對梨每人消費量，有顯著性影響效果。在（17-86）式中，$Q_{3,5}$：葡萄每人消費量，$P_{3,5}$：葡萄零售價格。由上式實證估計結果可得，水果類實質零售價格指數以及葡萄實質零售價格，對葡萄每人消費量，有顯著性影響效果。

在（17-87）式中，$Q_{4,1}$：上等豬肉每人消費量，P_4：漁畜類零售價格指數，$P_{4,1}$：上等豬肉零售價格。由上式實證估計結果可得，漁畜類實質零售價格指數以及上等豬肉實質零售價格，對上等豬肉每人消費量有顯著性影響效果。而農產品實質消費支出，則對上等豬肉每人消費量，有顯著性的正向影響效果，消費支出彈性約為1.81。在（17-88）式中，$Q_{4,2}$：豬腹脅肉每人消費量，$P_{4,2}$：豬腹脅肉零售價格。由上式實證估計結果可得，漁畜類實質零售價格指數以及豬腹脅肉實質零售價格，對豬腹脅肉每人消費量，有顯著性影響效果；農產品實質消費支出，則對豬腹脅肉每人消費量，有顯著性的正向影響效果，消費支出彈性約為2.03。

在（17-89）式中，$Q_{4,3}$：下等豬肉每人消費量，$P_{4,3}$：下等豬肉零售價格。由上式實證估計結果可得，漁畜類實質零售價格指數，以及下等豬肉實質零售價格，均對下等豬肉每人消費量，有顯著性影響效果；而農產品實質消費支出，則對下等豬肉每人消費量，有顯著性的正向影響效果，消費支出彈性約為1.67。在（17-90）式中，$Q_{4,4}$：豬內臟每人消費量，$P_{4,4}$：豬內

臟零售價格。由上式實證估計結果可得，漁畜類實質零售價格指數以及豬內臟實質零售價格，對豬內臟每人消費量，有顯著性影響效果；而農產品實質消費支出，則對豬內臟每人消費量，有顯著性的正向影響效果，消費支出彈性約為1.15。

在（17-91）式中，$Q_{4,5}$：牛肉每人消費量，$P_{4,5}$：牛肉零售價格。由上式實證估計結果可得，漁畜類實質零售價格指數以及牛肉實質零售價格，對牛肉每人消費量，有顯著性影響效果；而農產品實質消費支出，則對牛肉每人消費量，有顯著性的正向影響效果，消費支出彈性約為1.41。在（17-92）式中，$Q_{4,6}$：雞肉每人消費量，$P_{4,6}$：雞肉零售價格。由上式實證估計結果可得，農產品實質零售價格指數以及雞肉實質零售價格，對雞肉每人消費量，有顯著性影響效果。

在（17-93）式中，$Q_{4,7}$：漁產每人消費量，$P_{4,7}$：漁產零售價格。由上式實證估計結果可得，農產品實質零售價格指數，對漁產每人消費量，有顯著性影響效果；而農產品實質消費支出，則對漁產每人消費量，有顯著性的正向影響效果，消費支出彈性約為1.48。在（17-94）式中，$Q_{5,0}$：鮮乳每人消費量，$P_{5,0}$：鮮乳零售價格。由上式實證估計結果可得，鮮乳實質零售價格，則對鮮乳每人消費量，有顯著性影響效果；而農產品實質消費支出，則對鮮乳每人消費量，有顯著的正向影響效果，消費支出彈性約為3.76。

在（17-95）式中，$Q_{6,1}$：花生每人消費量，$P_{6,1}$：花生零售價格。由上式實證估計結果可得，其他類實質零售價格指數，以及花生實質零售價格，對花生每人消費量，有顯著性影響效果。在（17-96）式中，$Q_{6,2}$：砂糖每人消費量，P_6：其他類零售價格指數，$P_{6,2}$：砂糖零售價格。由上式實證估計結果可得，砂糖實質零售價格，對砂糖每人消費量，有顯著性影響效果；而農產品實質消費支出，則對砂糖每人消費量，有顯著的正向影響效果，消費支出彈性約為1.15。在（17-97）式中，$Q_{6,3}$：

紅豆每人消費量，$P_{6,3}$：紅豆零售價格。由上式實證估計結果可得，其他類實質零售價格指數，以及紅豆實質零售價格，均對紅豆每人消費量，有顯著性影響效果。

由以上台灣多項農產品幾近完整需求體系（TACDS）之模型設定，我們可知模型方程體系共計有十九條實證方程式，以及十九個內生變數，亦即各項農產品每人每年可供消費量，二十六個外生變數，共計四十五個變數。此外，體系內各組群農產品與整體農產品，其零售價格指數之定義式，亦分別設定如上文所示。

由（表17-1）需求體系之參數估測結果，我們可先就個別解釋變數，來獲致如下幾點實證估計結論：

(1) 體系內整體農產品價格指數（P）迴歸係數上，十九項產品有十五項產品不具統計檢定之顯著性，僅蔬菜、柑桔、雞肉與漁產等四項產品迴歸係數具統計顯著性。

(2) 體系內各組群產品價格指數（P_i）迴歸係數上，除柑桔、雞肉、漁產與砂糖等四項產品迴歸係數不具統計檢定之顯著性外，其餘十五項產品迴歸係數均具統計顯著性。

(3) 體系內各項產品自身價格（$P_{i,j}$）迴歸係數上，除鳳梨與鮮乳兩項產品迴歸係數不具統計檢定之顯著性外，其餘十七項產品迴歸係數均具統計顯著性。

(4) 體系內所有農產品消費支出（E）迴歸係數上，除香蕉、梨、葡萄、雞肉、漁產、花生與紅豆等七項產品迴歸係數不具統計檢定之顯著性外，其餘十二項產品迴歸係數均具統計顯著性。

綜觀以上模型體系的估計結果，值得加以說明的是，在各農產品每人每年可供消費量行為式中，所含括的價格效果，隱含有體系內所有十九項農產品價格的影響在內，而呈現於外的

迴歸參數估計值，則細分有該產品本身零售價格、該產品所屬組群之零售價格指數、以及所探討體系內整體農產品之零售價格指數等三個部分。

　　因此，當我們在解釋該產品自身零售價格此變數，其參數估計值的經濟意義時，該數值之符號與大小，並不全然代表該產品消費需求的自身價格彈性值，而並須同時考量隱含在該產品所屬組群零售價格指數，以及體系內所有農產品零售價格指數之內的價格效果，如此才能真正確認與衡量出產品自身價格彈性值的符號與大小，亦即必須透過相關之計算公式來加以轉換。至於，如何透過參數估計值來求算產品需求之自身價格彈性值，抑或交叉價格彈性值，則可參見（17-75）式至（17-78）式的計算公式與說明。

二、需求彈性矩陣推估結果

　　由前述模型方程體系之參數估計結果，我們可進而透過（17-75）式至（17-78）式之彈性推估公式，來推估台灣多項農產品完整需求體系（TACDS）之自身價格、交叉價格與消費支出等彈性值，其中交叉價格彈性，包括有同一組群內與不同組群間不同產品之交叉彈性值。茲將台灣多項農產品完整需求體系內，十九項農產品需求之價格與支出彈性值，以需求彈性矩陣之型式，表列於（表17-2）。

（一）自身價格彈性

　　由（表17-2）之需求彈性矩陣推估結果，我們可知，在農產品需求之自身價格彈性中，（1）主食類：稻米約爲0.1035，麵粉約爲-0.8183；（2）蔬菜類：蔬菜約爲-0.5835；（3）水果類：柑桔約爲-0.3930，香蕉約爲-0.6573，鳳梨約爲-0.3970，梨約爲-0.2722，葡萄約爲-0.8982；（4）漁畜類：上等豬肉約爲

表17-2　台灣多項農產品需求體系之彈性矩陣

數量＼價格	稻米	麵粉	蔬菜	柑桔	香蕉	鳳梨	梨	葡萄	上豬	豬腹	下豬	豬腿	牛肉	雞肉	漁產	鮮乳	花生	砂糖	紅豆	支出
稻米	0.1035	1.0055	0.2688	0.0278	0.0051	0.0100	0.0081	0.0061	0.0813	0.0275	0.0064	0.0150	0.0069	0.0380	0.0509	0.0068	0.0124	0.0242	0.0008	-1.4439
麵粉	-0.0026	-0.8183	-0.2243	-0.0232	-0.0042	-0.0083	-0.0068	-0.0051	-0.0679	-0.0229	-0.0053	-0.0125	-0.0058	-0.0317	-0.0424	-0.0057	-0.0103	-0.0202	-0.0007	0.7430
蔬菜	-0.2278	-0.0482	-0.5835	-0.0676	-0.0123	-0.0243	-0.0197	-0.0149	-0.1980	-0.0669	-0.0156	-0.0365	-0.0169	-0.0924	-0.1237	-0.0166	-0.0301	-0.0589	-0.0020	1.3094
柑桔	-0.1923	-0.0407	-0.5521	-0.3930	-0.0179	-0.0352	-0.0286	-0.0214	-0.1671	-0.0564	-0.0131	-0.0308	-0.0142	-0.0780	-0.1044	-0.0140	-0.0254	-0.0497	-0.0017	2.5996
香蕉	0.1341	0.0284	0.3851	-0.4032	-0.6573	-0.1469	-0.1188	-0.0878	0.1165	0.0394	0.0092	0.0215	0.0099	0.0544	0.0728	0.0097	0.0177	0.0347	0.0012	0.3838
鳳梨	-0.1087	-0.0230	-0.3119	-1.2565	-0.2313	-0.3970	-0.3698	-0.2739	-0.0944	-0.0319	-0.0074	-0.0174	-0.0080	-0.0440	-0.0590	-0.0079	-0.0144	-0.0281	-0.0010	3.8022
梨	-0.1103	-0.0233	-0.3165	0.1154	0.0213	0.0421	-0.2722	0.0251	-0.0958	-0.0324	-0.0075	-0.0177	-0.0082	-0.0447	-0.0599	-0.0080	-0.0146	-0.0285	-0.0010	0.9953
葡萄	0.1103	0.0233	0.3168	0.9239	0.1700	0.3360	0.2719	-0.8982	0.0959	0.0324	0.0075	0.0177	0.0082	0.0447	0.0599	0.0080	0.0146	0.0285	0.0010	0.2094
上豬	-0.0543	-0.0115	-0.1558	-0.0161	-0.0029	-0.0058	-0.0047	-0.0036	0.3845	0.0405	0.0094	0.0220	0.0103	0.0564	0.0748	-0.0039	-0.0072	-0.0140	-0.0005	1.8111
豬腹	0.0351	0.0074	0.1006	0.0104	0.0019	0.0037	0.0030	0.0023	0.2249	-0.7517	0.0177	0.0416	0.0193	0.1061	0.1413	0.0026	0.0046	0.0091	0.0003	2.0269
下豬	0.0427	0.0090	0.1225	0.0127	0.0023	0.0045	0.0037	0.0028	-0.0296	-0.0101	-0.1332	-0.0055	-0.0026	-0.0142	-0.0187	0.0031	0.0056	0.0110	0.0004	1.6716
豬腿	0.0355	0.0075	0.1019	0.0105	0.0019	0.0038	0.0031	0.0023	-0.0406	-0.0139	-0.0032	-0.2938	-0.0035	-0.0193	-0.0256	0.0026	0.0047	0.0092	0.0003	1.1456
牛肉	-0.0256	-0.0054	-0.0734	-0.0076	-0.0014	-0.0027	-0.0022	-0.0017	0.1369	0.0466	0.0108	0.0253	-1.3538	0.0648	0.0861	-0.0019	-0.0034	-0.0066	-0.0002	1.4126
雞肉	0.1156	0.0245	0.3319	0.0343	0.0063	0.0123	0.0100	0.0076	0.0603	0.0203	0.0047	0.0111	0.0051	-1.0449	0.0376	0.0084	0.0153	0.0299	0.0010	0.7697
漁產	-0.0997	-0.0211	-0.2862	-0.0296	-0.0054	-0.0106	-0.0086	-0.0065	-0.0929	-0.0314	-0.0073	-0.0171	-0.0079	-0.0434	-0.1079	-0.0072	-0.0132	-0.0258	-0.0009	1.4778
鮮乳	0.1430	0.0303	0.4106	0.0424	0.0077	0.0152	0.0124	0.0094	0.1243	0.0420	0.0098	0.0229	0.0106	0.0580	-0.1034	0.0777	0.0189	0.0370	0.0013	3.7549
花生	-0.1224	-0.0259	-0.3513	-0.0363	-0.0066	-0.0130	-0.0106	-0.0080	-0.1063	-0.0359	-0.0084	-0.0196	-0.0091	-0.0496	-0.0665	-0.0089	-0.2624	1.1715	0.0417	0.3372
砂糖	-0.8072	-0.0171	-0.2318	-0.0240	-0.0044	-0.0086	-0.0070	-0.0053	-0.0701	-0.0237	-0.0055	-0.0129	-0.0060	-0.0327	-0.0439	-0.0059	-0.0273	-0.0864	-0.0019	1.1544
紅豆	-0.1276	-0.0270	-0.3663	-0.0379	-0.0069	-0.0136	-0.0110	-0.0084	-0.1109	-0.0374	-0.0087	-0.0204	-0.0094	-0.0517	-0.0693	-0.0093	-0.7106	-1.3972	-0.3300	1.8032

資料來源：楊政學（2001）。

-0.3845，豬腹脅肉約為-0.7517，下等豬肉約為-0.1332，豬內臟約為-0.2938，牛肉約為-1.3538，雞肉約為-1.0449，漁產約為-0.1079；（5）乳品類：鮮乳約為-0.1034；（6）其他類：花生約為-0.2624，砂糖約為-0.0864，紅豆約為-0.3300。

上述主要農產品需求之自身價格彈性值中，僅稻米一項產品的符號未符合理論預期，惟當我們扣除其所得效果（消費支出彈性為-0.2722）後，其純粹之自身價格效果，則彈性值約為-0.0871，符合理論要求。而體系內其餘農產品之純粹價格所反映的彈性值，可參見（表17-3）所示。

再者，除牛肉與雞肉之絕對數值大於一之外，其餘農產品之彈性值均為負值，且其絕對數值大小均小於一。由此可知，體系內大多數農產品，其零售價格的漲跌幅度，將明顯受到數量增減變動的大幅影響；同時，當其自身價格彈性值愈小時，零售價格波動的幅度就愈大。

（二）消費支出彈性

由（表17-2）之需求彈性推估結果，我們亦可知，在農產品需求之消費支出彈性中，（1）主食類：稻米約為-1.4439，麵粉約為0.7430；（2）蔬菜類：蔬菜約為1.3094；（3）水果類：柑桔約為2.5996，香蕉約為0.3838，鳳梨約為3.8022，梨約為0.9953，葡萄約為0.2094；（4）漁畜類：上等豬肉約為1.8111，豬腹脅肉約為2.0269，下等豬肉約為1.6716，豬內臟約為1.1456，牛肉約為1.4126，雞肉約為0.7697，漁產約為1.4778；（5）乳品類：鮮乳約為3.7549；（6）其他類：花生約為0.3372，砂糖約為1.1544，紅豆約為1.8032。

上述需求體系內農產品需求之消費支出彈性值，說明除稻米的彈性值為負值外，其餘農產品之彈性值均為正值，意謂除稻米每人消費數量，會隨農產品消費支出的成長而減少外，其餘農產品之每人消費數量，將會隨農產品消費支出的成長而增

表17-3　台灣多項農產品需求體系之純粹價格彈性矩陣

數量＼價格	稻米	麵粉	蔬菜	柑桔	香蕉	鳳梨	梨	葡萄	上豬	豬腹	下豬	豬贓	牛肉	雞肉	漁產	鮮乳	花生	砂糖	紅豆
稻米	-0.0871	0.9652	-0.2784	-0.0288	-0.0052	-0.0103	-0.0084	-0.0063	-0.0842	-0.0285	-0.0066	-0.0155	-0.0072	-0.0393	-0.0527	-0.0070	-0.0128	-0.0251	-0.000
麵粉	0.0955	-0.7975	0.0572	0.0059	0.0011	0.0022	0.0017	0.0013	0.1730	0.0058	0.0014	0.0032	0.0015	0.0081	0.0108	0.0015	0.0026	0.0052	0.0002
蔬菜	-0.0550	-0.0116	-0.0874	-0.0163	-0.0030	-0.0059	-0.0048	-0.0036	-0.0478	-0.0161	-0.0038	-0.0088	-0.0041	-0.0223	-0.0299	-0.0040	-0.0073	-0.0142	-0.0005
柑桔	0.1508	0.0319	0.4329	-0.2912	0.0007	0.0013	0.0011	0.0010	0.1310	0.0442	0.0103	0.0242	0.0112	0.0611	0.0819	0.0110	0.0199	0.0390	0.0014
香蕉	0.1848	0.0391	0.5305	-0.3882	-0.6545	-0.1415	-0.1144	-0.0845	0.1605	0.0542	0.0126	0.0296	0.0137	0.0749	0.1004	0.0134	0.0244	0.0477	0.0017
鳳梨	0.3932	0.0832	1.1288	-1.1076	-0.2041	-0.3436	-0.3264	-0.2411	0.3416	0.1154	0.0269	0.0630	0.0291	0.1594	0.2135	0.0286	0.0519	0.1016	0.0035
梨	0.0211	0.0045	0.0606	0.1544	0.0284	0.0561	-0.2608	0.0337	0.0183	0.0062	0.0014	0.0034	0.0016	0.0086	0.0115	0.0015	0.0028	0.0055	0.0002
葡萄	0.1380	0.0292	0.3961	0.9321	0.1715	0.3389	0.2743	-0.8964	0.1199	0.0448	0.0094	0.0221	0.0102	0.0559	0.0749	0.0100	0.01822	0.0357	0.0012
上豬	0.1848	0.0391	0.5304	0.0548	0.0100	0.0197	0.0160	0.0121	-0.1768	0.1106	0.0257	0.0603	0.0280	0.1533	0.2047	0.0134	0.0244	0.0477	0.0017
豬腹	0.3026	0.0640	0.8686	0.0898	0.0164	0.0322	0.0262	0.0198	0.4573	-0.6732	0.0360	0.0844	0.0391	0.2145	0.2866	0.0220	0.0400	0.0782	0.0027
下豬	0.2633	0.0557	0.7559	0.0781	0.0142	0.0280	0.0228	0.0172	0.1621	0.0546	-0.1181	0.0299	0.0138	0.0752	0.1011	0.0191	0.0348	0.0680	0.0024
豬贓	0.1867	0.0395	0.5359	0.0554	0.0101	0.0199	0.0162	0.0122	0.0908	0.0305	0.0071	-0.2696	0.0077	0.0419	0.0565	0.0136	0.0247	0.0482	0.0017
牛肉	0.1609	0.0340	0.4618	0.0477	0.0087	0.0171	0.0139	0.0105	0.2989	0.1013	0.0235	0.0552	-1.3400	0.1404	0.1874	0.0117	0.0212	0.0416	0.0014
雞肉	0.2172	0.0460	0.6236	0.0644	0.0118	0.0231	0.0188	0.0142	0.1486	0.0501	0.0117	0.0274	0.0126	-1.0038	0.0928	0.0158	0.0287	0.0561	0.0019
漁產	0.0954	0.0202	0.2737	0.0283	0.0052	0.0102	0.0083	0.0062	0.0766	0.0259	0.0060	0.0141	0.0065	0.0357	-0.0020	0.0069	0.0126	0.0246	0.0009
鮮乳	0.6386	0.1351	1.8333	0.1894	0.0345	0.0680	0.0553	0.0418	0.5548	0.1874	0.0436	0.1023	0.0473	0.2588	0.3468	-0.0674	0.0843	0.1650	0.0057
花生	-0.0779	-0.0165	-0.2235	-0.0231	-0.0042	-0.0083	-0.0067	-0.0051	-0.0677	-0.0229	-0.0053	-0.0125	-0.0058	-0.0316	-0.0423	-0.0057	-0.2565	1.1830	0.0421
砂糖	0.0716	0.0152	0.2056	0.0213	0.0039	0.0076	0.0062	0.0047	0.0622	0.0210	0.0049	0.0115	0.0053	0.0290	0.0389	0.0052	-0.0071	-0.0470	-0.0005
紅豆	0.1104	0.0234	0.3169	0.0328	0.0060	0.0118	0.0096	0.0072	0.0959	0.0324	0.0075	0.0177	0.0082	0.0447	0.0600	0.0080	-0.6792	-1.3357	-0.3278

資料來源：楊政學（2001）。

加。此外，支出彈性值大於一的農產品，計有蔬菜、柑桔、鳳梨、上等豬肉、豬腹脅肉、下等豬肉、豬內臟、牛肉、漁產、鮮乳、砂糖與紅豆等十二項，惟我們需特別加以說明的是，表中所計算出的消費支出彈性值，並不等於所得彈性值，因此不可貿然使用該數值之符號與大小關係，來逕自判斷該農產品的財貨需求特性。

三、需求體系模擬能力評估

本章節重點雖然在於需求彈性之實證估測，惟為兼顧模型將來後續研究之政策模擬與需求預測，實有必要對該模型之模擬能力加以評估，且將評估結果列示出來以供參考。評估的方法為先在樣本期間進行**歷史模擬**（historical simulation），再以均方根誤差（RMSE）、均方根誤差百分比（RMSPE）、**泰爾不等係數**（Theil Inequality Coefficients，U），以及均方誤差（MSE，U_m、U_s、U_c），來檢定模型之優劣。同時，由於計量模型為聯立非線性之方程式體系，因此採用Newton的方法來進行模擬。

茲將台灣多項農產品幾近完整需求體系（TACDS）中，十九項農產品每人每年可供消費量等十九個內生變數，其依歷史模擬結果所計算出來的均方根誤差（RMSE）、均方根誤差百分比（RMSPE）、泰爾不等係數（U）、以及均方誤差（U_m、U_s、U_c）的數值，列示於（表17-4）中。

由（表17-4）可知，若以RMSPE而言，除葡萄、紅豆與香蕉每人消費量的係數值較大外，其餘產品每人消費量之數值約維持在25%以下，顯示模擬值與實際值間的平均誤差很小，模型的模擬能力尚可接受。另以泰爾不等係數U值而言，亦是除葡萄、紅豆與香蕉每人消費量外，其餘數值皆維持在0.1以下，此顯示模型的模擬能力不錯。此外，若由均方誤差（MSE）所分解出來的U_m、U_s與U_c值來看，模型的模擬能力尚稱良好。其

表17-4　台灣多項農產品需求體系模擬能力之評估

評估係數 內生變數	RMSE	RMSPE	U	U_m	U_s	U_c
稻米	8.4836	7.9439	0.0446	0.002	0.075	0.922
麵粉	1.8476	7.0420	0.0349	0.001	0.109	0.889
蔬菜	7.5491	7.0343	0.0327	0.001	0.152	0.847
柑桔	1.3292	6.5169	0.0308	0.002	0.086	0.912
香蕉	1.3453	26.5062	0.1058	0.016	0.271	0.712
鳳梨	2.3285	24.9005	0.0975	0.021	0.113	0.866
梨	0.6836	14.5040	0.0583	0.004	0.183	0.813
葡萄	0.6475	30.7726	0.1074	0.007	0.010	0.982
上等豬肉	1.1679	6.6678	0.0330	0.001	0.011	0.988
豬腹脅肉	0.5383	6.2906	0.0329	0.001	0.020	0.979
下等豬肉	0.3272	7.4506	0.0357	0.002	0.023	0.975
豬內臟	0.3291	6.6292	0.0310	0.001	0.001	0.998
牛肉	0.2068	14.4696	0.0582	0.000	0.095	0.905
雞肉	1.0882	8.4866	0.0393	0.001	0.004	0.996
漁產	2.5332	6.2279	0.0321	0.001	0.124	0.875
鮮乳	1.1309	24.0402	0.0827	0.025	0.137	0.837
花生	0.4164	9.6825	0.0450	0.002	0.048	0.950
砂糖	1.4638	6.3374	0.0299	0.001	0.072	0.927
紅豆	0.1481	72.8947	0.1552	0.028	0.123	0.849

資料來源：楊政學（2001）。

中，U_m數值幾乎接近於零，顯示系統的偏誤非常之小；U_s值亦大抵在0.2以下，表示模擬值波動振幅與實際值振幅相當一致；而U_c值除鮮乳、香蕉與梨數值在0.8左右外，其餘大致有0.9上下而接近於1，代表非系統的偏誤很小。由以上結果可知，本章節所構建的需求體系計量模型，在歷史模擬的能力上，整體模型的模擬結果評估尚稱良好。

17.5 需求體系的應用分析

一、實證估計結果

（一）參數迴歸估測

（1）體系內整體農產品價格指數迴歸係數上，十九項產品有十五項產品不具統計檢定之顯著性，僅蔬菜、柑桔、雞肉與漁產等四項產品迴歸係數具統計顯著性。

（2）體系內各組群產品價格指數迴歸係數上，除柑桔、雞肉、漁產與砂糖等四項產品迴歸係數不具統計檢定之顯著性外，其餘十五項產品迴歸係數均具統計顯著性。

（3）體系內各項產品自身價格迴歸係數上，除鳳梨與鮮乳兩項產品迴歸係數不具統計檢定之顯著性外，其餘十七項產品迴歸係數均具統計顯著性。

（4）體系內所有農產品消費支出迴歸係數上，除香蕉、梨、葡萄、雞肉、漁產、花生與紅豆等七項產品迴歸係數不具統計檢定之顯著性外，其餘十二項產品迴歸係數均具統計顯著性。

（二）自身價格彈性推估（包含所得效果）

（1）主食類：稻米約為0.1035，麵粉約為-0.8183。

（2）蔬菜類：蔬菜約為-0.5835。

（3）水果類：柑桔約為-0.3930，香蕉約為-0.6573，鳳梨約為-0.3970，梨約為-0.2722，葡萄約為-0.8982。

（4）漁畜類：上等豬肉約為-0.3845，豬腹脅肉約為

-0.7517，下等豬肉約為-0.1332，豬內臟約為-0.2938，牛肉約為-1.3538，雞肉約為-1.0449，漁產約為-0.1079。

（5）乳品類：鮮乳約為-0.1034。

（6）其他類：花生約為-0.2624，砂糖約為-0.0864，紅豆約為-0.3300。

（三）自身價格彈性推估（不含所得效果）

（1）主食類：稻米約為-0.0871，麵粉約為-0.7975。

（2）蔬菜類：蔬菜約為-0.0874。

（3）水果類：柑桔約為-0.2912，香蕉約為-0.6545，鳳梨約為-0.3436，梨約為-0.2608，葡萄約為-0.8964。

（4）漁畜類：上等豬肉約為-0.1768，豬腹脅肉約為-0.6732，下等豬肉約為-0.1181，豬內臟約為-0.2696，牛肉約為-1.3400，雞肉約為-1.0038，漁產約為-0.0020。

（5）乳品類：鮮乳約為-0.0674。

（6）其他類：花生約為-0.2565，砂糖約為-0.0470，紅豆約為-0.3278。

（四）消費支出彈性推估

（1）主食類：稻米約為-1.4439，麵粉約為0.7430。

（2）蔬菜類：蔬菜約為1.3094。

（3）水果類：柑桔約為2.5996，香蕉約為0.3838，鳳梨約為3.8022，梨約為0.9953，葡萄約為0.2094。

（4）漁畜類：上等豬肉約為1.8111，豬腹脅肉約為2.0269，下等豬肉約為1.6716，豬內臟約為1.1456，牛肉約為1.4126，雞肉約為0.7697，漁產約為1.4778。

（5）乳品類：鮮乳約為3.7549。

（6）其他類：花生約為0.3372，砂糖約為1.1544，紅豆約為1.8032。

二、市場行銷策略調整

因應我國加入WTO，國內多項主要農產品市場開放後，所造成的衝擊影響；加以多項農產品需求彈性矩陣之估測結果，我們可由行銷組合政策之角度，即產品、價格、促銷及通路等四個要素，來探討國內主要農產品市場行銷策略之調整。

（一）產品（product）行銷策略

輔導具地方特色與市場競爭力之農產品，如葡萄、梨等水果類產品，建立自有品牌，持續且全面推動國產農產品品質認證制度，以建立質優且精緻的高級禮盒拓展高價位產品市場，有效區隔進口農產品市場，開創國產農產品新鮮、健康、安全之新形象，如推動「吉園圃」標章，並加強進口農產品農藥殘留的抽驗工作；或強化國產良質米，以與進口米作市場區隔，提升國產米競爭力。藉此除可提高附加價值，鞏固消費者信心，增進購買意願外，亦可透過市場競爭力的提升，來減緩開放進口之衝擊，且確保農民收益。

就體系內農產品特性而言，其可行之市場策略調整措施，如稻米生產宜由自給自足調整為供需平衡，建立均衡與安全的糧食體系，且強化種苗繁殖供應體系，研發優良品種，推動品種多樣化，以及開發有機產品，增強國產品的競爭力。養豬業在環保考量下，宜以內銷為主，飼養頭數由養豬戶經營效率與市場機能決定；而養雞業則持續強化專業團體的自主調節功能，且發展具本土性之特殊性能品系，加強種畜禽及種源管理。現行雜糧作物以現金直接給付，取代保價收購制度。花生、紅豆的生產，將優先輔導生產力低、品質差的地區減產，發展以內銷為主之優質鮮食花生與加工產品。原料甘蔗以台糖公司自營農場為主，契作農戶為輔，逐年減產。而乳品部分，輔導開發多種口味乳製品，加強辦理鮮乳標章制度，區隔鮮乳

與保久乳市場。同時，改善肉牛飼養、屠宰、分切技術與設施，提高國產牛肉衛生品質。

另在農產品之產地市場上，亦應強化農民落實農產品分級包裝的作業，同時引入企業經營管理理念，提高市場服務品質，如此，亦可提高農產品附加價值及市場競爭優勢。

（二）價格（price）行銷策略

國內市場因受貿易自由化、市場開放後，廉價進口農產品的低價競爭影響，而承受重大衝擊；加以農產品外銷市場，亦因國內生產成本之大幅增加，以及大陸與東南亞國家低價競爭之壓力，而使國產農產品備受內外夾擊，因此宜強化目標市場之進口商、消費者對我農產品之認識與印象，以保有既存海外市場，並同時積極開拓新市場。

依本研究實證估計結果可得，國內大部分農產品均為自身價格彈性值較小之產品，對日後國內市場開放進口後，國內零售價格滑落所導致的產業衝擊，尤需特別注意與因應，此時產業除適度的價格競爭外，亦應積極在非價格競爭上，努力探索如何擴大新的需求，如以多樣且不同的市場區隔，以及強化本土消費口味的方式，以「非價格競爭策略」來擴大新的需求，以維持業者或廠商本身合理的收益水平，因應市場開放後的衝擊影響。

就非價格競爭策略而言，我們可強化國產良質米品質，來區隔進口米市場；整合開發「吉園圃」安全蔬菜，或無農藥有機蔬菜，維持合理價格水準；建立水果產地自有品牌，以高級禮盒的方式，拓展高價位水果產品市場；建立「台灣豬肉」、「台灣土雞」等本土消費口味品牌，俾與國外產品區隔；開發符合國人口味乳製品，以及高溫短時間殺菌乳，且區隔鮮乳與保久乳市場；在雜糧作物上，可開發高級紅豆餡及高價大粒紅豆外銷。

此外，亦應加強行銷資訊系統的使用，以掌握即時性農產品市場之價量資訊，以及消費市場之嗜好趨向。同時，政府宜加強電腦拍賣及資訊管理系統，改進市場交易制度，期能有效維持合理的農產品價格水準，穩定且保障農民收益。

（三）促銷（promotion）行銷策略

先期規劃並選擇促銷之重點產品，透過參加國際性綜合展或專業農產品特展之機會，提升國產農產品之國際形象與知名度，增加外銷機會，拓展國外市場。再者，針對農產品特性，透過各傳播媒體等管道，辦理促銷、品嚐等活動，有系統的向海外傳遞我農產品之市場訊息，藉以和其他地區產品有所區隔，促進國產農產品之外銷。

在國內亦應透過各種宣傳促銷活動，來確立國產品牌農產品的形象及地位，其具體作法上，可設定功能都會區農產品交易中心，且融合產業、飲食與民俗文化，透過兼具教育性、實用性與娛樂性的活潑方式來辦理，以有效減輕進口產品的衝擊影響，確保農民收益之平穩。

（四）通路（place）行銷策略

由於國內業者多屬中小規模之企業，故在經濟規模考量下，宜整合國內產業與國外企業結盟，利用國外既有之銷售管道，由我方長期供應農產品，以建立我出口業者與海外業者之合作模式，期能營造雙方互蒙其利之條件。

在國內應發展高效率、高鮮度的物流配送系統，透過批發市場、連鎖量販店及農產品直銷中心等多元且普及的農產品運銷網路，並針對消費大眾加強提供產品資訊，以強化國產農產品之市場競爭力。就家禽現代化產銷管道之建立，宜加強產地市場飼養與屠宰效率，消費市場低溫物流系統；加強遠洋魚貨包裝及保鮮處理，強化運銷通路，提升產品加工層次；且強化

沿近海冰藏魚貨之保鮮、包裝與儲運，擴大直銷與配送能力，區隔進口冷凍魚貨之市場；建立養殖漁產品品牌與直銷網，研發加工技術，採多角化經營，發展觀光休閒漁業、假日魚市，以增加產業附加價值。

三、實證分析結論

茲將本章節實證分析的研究心得，列示如下幾點結論：

（1）在解釋該產品自身零售價格此變數，其參數估計值的經濟意義時，該數值之符號與大小，並不全然代表該產品消費需求的自身價格彈性值，而必須同時考量隱含在該產品所屬組群零售價格指數，以及體系內所有農產品零售價格指數之內的價格效果，如此才能真正確認與衡量出產品自身價格彈性值的符號與大小。

（2）在估得之農產品需求自身價格彈性值中，僅稻米（0.1035）一項產品的符號未符合理論預期，惟當我們扣除其所得效果（消費支出彈性為-0.2722）後，其純粹之自身價格效果，則彈性值約為-0.0871，符合理論要求。

（3）在估得之農產品需求自身價格彈性值中，除牛肉與雞肉之絕對數值大於一之外，其餘農產品之彈性值均為負值，且其絕對數值大小均小於一。由此可知，體系內大多數農產品，其零售價格的漲跌幅度，將明顯受到數量增減變動的大幅影響；同時，當其自身價格彈性值愈小時，零售價格波動的幅度就愈大。

（4）在估得之農產品消費支出彈性值中，除稻米的彈性值為負值外，其餘農產品之彈性值均為正值，意謂除稻米每人消費數量，會隨農產品消費支出的成長而減少外，其餘農產品之每人消費數量，將會隨農產品消費

支出的成長而增加。消費支出彈性值大於一的農產品，計有蔬菜、柑桔、鳳梨、上等豬肉、豬腹脅肉、下等豬肉、豬內臟、牛肉、漁產、鮮乳、砂糖與紅豆等十二項，惟需特別加以說明的是，文中所計算出的消費支出彈性值，並不等於所得彈性值，因此不可貿然使用該數值之符號與大小關係，來逕自判斷該農產品的財貨需求特性。

(5) 在行銷組合之產品策略上，輔導具地方特色與市場競爭力之農產品，建立自有品牌，持續且全面推動國產農產品品質認證制度，有效區隔進口農產品市場，開創國產農產品新鮮、健康、安全之新形象。藉此提高附加價值，鞏固消費者信心，增進購買意願，同時透過市場競爭力的提升，來減緩開放進口之衝擊，且確保農民收益。

(6) 在行銷組合之價格策略上，宜強化目標市場之進口商、消費者對我農產品之認識與印象，以保有既存海外市場，並同時積極開拓新市場。產業除適度的價格競爭外，亦應積極以「非價格競爭策略」來擴大新的需求。加強行銷資訊系統的使用，以掌握即時性農產品市場之價量資訊，以及消費市場之嗜好趨向。同時加強電腦拍賣及資訊管理系統，改進市場交易制度，期能有效維持合理的農產品價格水準，穩定且保障農民收益。

(7) 在行銷組合之促銷策略上，先期規劃並選擇促銷之重點產品，透過參加國際性綜合展或專業農產品特展之機會，提升國產農產品之國際形象與知名度，拓展國外市場。針對農產品特性，透過各傳播媒體等管道，辦理促銷、品嚐等活動，有系統的向海外傳遞我農產品之市場訊息。在國內亦應透過各種宣傳促銷活動，

來確立國產品牌農產品的形象及地位，其具體作法上，可設定功能都會區農產品交易中心，且融合產業、飲食與民俗文化，透過兼具教育性、實用性與娛樂性的活潑方式來辦理，以有效減輕進口產品的衝擊影響，確保農民收益之平穩。

(8) 在行銷組合之通路策略上，在經濟規模考量下，宜整合國內產業與國外企業結盟，利用國外既有之銷售管道，由我方長期供應農產品，以建立我出口業者與海外業者之合作模式，期能營造雙方互蒙其利之條件。在國內應發展高效率、高鮮度的物流配送系統，透過批發市場、連鎖量販店及農產品直銷中心等多元且普及的農產品運銷網路，並針對消費大眾加強提供產品資訊，以強化國產農產品之市場競爭力。

重點摘錄

+ 農產品需求結構與型態的改變,對國內農業未來產銷結構,以及因應加入WTO後農產品市場行銷策略的調整,均有相當密切且重要的關連性。

+ 就國內主要農產品市場的開放而言,除該進口農產品本身低廉價格所引發的價格效果外,尚會影響到其他農產品消費的替代或互補效果,進而導致國內各類農產品消費需求結構的重新調整,且此消費需求結構的變動,亦會對各農產品的生產供給造成不同程度的影響。

+ 多項農產品消費需求型態變動之探討,以及需求彈性矩陣之編製,在相關市場行銷策略理論之應用下,亦可提供相關產業之廠商,在進行市場行銷策略規劃與調整時,較為具體且重要的數量化參考依據。

+ 就需求理論與實證估測而言,雙對數型態之需求函數,隱含不論在任何價格與所得水準下,其所估得的價格與所得彈性皆為固定值,此結果並不符合實際生活的情況。再者,恩格爾加總條件,亦僅在所估得的所得彈性值等於一時才成立。

+ 在直線型需求函數上,隱含估測的所得彈性,會隨所得的增加而加大,此現象亦可能與實際生活有所差距,因為就長期而言,肉品的所得彈性可能隨所得的增加而遞減。因此,雙對數與直線型之需求函數,在實證分析上會有先驗性限制的問題存在。

+ 產品需求體系之實證估測上,一般較常使用的需求體系有兩種型式,一為超越對數需求體系模式,二為幾近理想化需求體系模式,抑或實證上常用的線性近似幾近理想化需求體系模式,惟此兩種模式可經由係數設定之改變而相互轉換。

+ 完整需求體系理論基礎之構建,有賴於完整需求函數體系模式的提出,同時在估測分析的能力上亦有提升。修正型線性近似幾近理想化需求體系模式的提出,亦使需求體系之實證估測益形便利。

✦ 農產品需求之研究，已由傳統個別產品之分析模式，發展為整體產品需求體系之估測研究，且研究產品的範圍愈趨擴大為多產品需求體系之研究，且以劃分組群的方式來解決實證估測的計量處理問題。再者，國內外環境的快速變動與日益開放，其對不同產業與產品間，均產生不同程度的關連性影響，因而在評估其衝擊影響與研擬因應對策，以及分析消費型態與調整行銷策略時，藉由多項產品需求體系的整體思考，可謂是個合理且適宜的研究方向。

✦ 本章節所建立之台灣多項農產品需求體系，在估計方法上採用非線性近似無相關迴歸法來估計。模型方程體系共計有十九條實證方程式，以及十九個內生變數，亦即各項農產品每人每年可供消費量，二十六個外生變數，共計四十五個變數。

✦ 彈性矩陣表中所計算出的消費支出彈性值，並不等於所得彈性值，因此不可貿然使用該數值之符號與大小關係，來逕自判斷該農產品的財貨需求特性。

✦ 因應國加入WTO，國內多項主要農產品市場開放後，所造成的衝擊影響；加以多項農產品需求彈性矩陣之估測結果，我們可由行銷組合政策之角度，即產品、價格、促銷及通路等四個要素，來探討國內主要農產品市場行銷策略之調整。

▶▶ 重要名詞 ───────────────────────────●

台灣多項農產品需求體系（Taiwan Almost Complete Demand System，TACDS）

普通最小平方法（Ordinal Least Square，OLS）

雙對數（double-log）

直線式（linear）

對稱性（symmetry）

可加性（adding-up）

半對數（semi-log）

習慣形成（habit formation）

均齊性（homogeneity）

狀態調整模型（State Adjustment Model）

超越對數需求體系（Transcendental Logarithmic Demand System）

幾近理想化需求體系（Almost Ideal Demand System，AIDS）

完整需求函數體系（Complete Demand Function System）

市場占有率（market share）

一般化選擇（generalized choice）

成長率（growth rate）

固定彈性（constant elasticity）

無母數（nonparameter）

變數間高度線性相關（muti-collinear）

近似完整需求體系（Almost Complete Demand System，ACDS）

組群（groups）

互斥性（mutually exclusive）

完整性（completeness）

差分型態（differential-form）

替代法（substitution approach）

齊次性（homogeneity）

恩格爾加總條件（Engel aggregation）

對稱性（symmetry）

史拉斯基方程式（Slutsky equation）

調和加權（weighted harmonic）

簡單調和（simple harmonic）

二階段預算分派條件（two-stage budgeting）

弱分離性質（weak separability）

價格斜率（price-slope）

臆設檢定（hypothesis testing）

理論建構（theoretical framework）

實證架構（methodological framework）

實證測試（empirical testing）

均方根誤差百分比（Root Mean Square Percent Error）

泰爾不等係數（Theil Inequality Coefficients）

均方差（Mean Square Error）

政策研議（policy suggestion）

組群（groups）

項（items）

非線性近似無相關迴歸法（Nonlinear Seeming Unrelated Regression）

歷史模擬（historical simulation）

產品（product）

價格（price）

促銷（promotion）

通路（place）

問題討論

1. 產品需求結構與型態的改變,對國內產業未來產銷結構,以及因應加入WTO後市場行銷策略的調整,有相當密切且重要的關連性。你同意此看法嗎?試研析之。

2. 多項農產品消費需求型態變動之探討,以及需求彈性矩陣之編製,在實證研究與應用上,有何重要的參考價值?試研析之。

3. 就需求理論與實證估測而言,需求函數型態的取捨間有何考量?試研析之。

4. 產品需求體系之實證估測上,一般較常使用的需求體系有哪兩種型式?兩者間有何關連性?試研析之。

5. 多項產品需求體系的整體思考,可謂是個合理且適宜的研究方向?你同意此論點嗎?試研析之。

6. 請簡略描述本章節所建構之台灣多項農產品需求體系?在實證估計與測試上,將面臨有哪些的限制必須克服?試研析之。

7. 因應加入WTO後,國內多項主要農產品市場開放所造成的衝擊影響;加以本章節多項農產品需求彈性矩陣之估測結果,請問其市場行銷策略之調整爲何?試研析之。

note

嘉言：世上真正的貧窮是「計較」；世上最大的愚蠢是
「精明」。

Chapter 18

供需模式建構與實證

本章節探討供需模式建構與實證，討論的議題有：動態動物經濟模式、供需計量模式建構、供需模式估計與測試、市場衝擊影響評估、產業衝擊影響評估、以及供需模式實證分析。

18.1 動態動物經濟模式

一、畜禽供給反應模式

　　早期國外有關家畜屠宰的供給反應，均簡單的設定為產地價格及飼料價格的函數式，但時常出現估計符號與理論預期相反，而發生理論與實證不一致的結果。迄1960年代，始認為牛隻具有轉換飼料投入成為牛肉，以供應牛肉市場需求的功能，因而可將其視為**資本財**（capital goods）；另在牛隻生長過程中，生產者亦可依據市場需求而將其屠宰出售，因而亦可將其視為**消費財**（consumption goods），依此雙重特性而建立牛隻的供給反應函數式（Reutlinger，1966）。當生產者面對牛隻價格逐漸上揚時，必須決定立即出售，以獲取現金的收入；抑或繼續留養，以獲得更高的預期價格，亦即作為所謂**保留需求**（reservation demand）的牛隻（Myers & Havlicek，1967）。

　　1970年代以後，在研究文獻上，出現或經由牛與豬之月**頻率**（monthly）供需計量模式的構建，來深入探討市場供需數量與價格預期間的互動關係（Hayenga & Hacklander，1970），或對牛、豬及羊等三種家畜，分別設立屠宰及飼養頭數反應函數式，並利用資料來做實證估計（Tryfos, 1974）；或應用資本財理論（Jorgenson，1963），來闡述生產者供給反應的決策行為，以建立完整的理論基礎，且引用阿根廷牛隻資料做實證分析（Jarvis，1974）；或進而結合生產者運銷、存貨或再投資的決

策法則，來建立更為精確與實用的供給反應理論模式（Nelson & Spreen，1978）。

　　Jarvis（1974）指出，在假設牛隻為資本財下，生產者為資本財的管理者，其經營目標在於追求不同畜齡、性別及生殖能力牛隻之資產組合（portfolio），而來建立屠宰供給反應模式。同時，認為價格因素有很強的影響力，且對長期與短期的屠宰供給行為，分別出現正向與負向的不同結果，此現象說明當價格上漲時，在短期間生產者未必增加，反倒減少屠宰供給量，以繼續留養來追求往後較大的利潤，惟在長期之決策行為上，價格的上漲仍會增加屠宰供給量。至於短期屠宰供給價格彈性出現負值的評述，可以透過當期價格與預期價格的同時考量，來加以合理解釋生產者之供給決策行為（Elam，1975）。

　　毛豬與飼料價格比，時常用來表示養豬戶利潤之**代理變數**（proxy variable），惟此設定方式在玉米價格大幅波動時，所得分析結果可能產生偏差。Meilke（1977），研究美國玉米價格於1970～1975年間大幅波動時，分別援用毛豬與飼料價格比，或毛豬與飼料價格分開的**多項式分配落遲**（Polynomial Distribution Lag，**簡稱**PDL）結構，再加入時間趨勢及季節虛擬變數，來建立兩種毛豬屠宰供給反應模式。同時，其實證結果發現，在1960～1969年期間，以毛豬與飼料價比的多項式分配落遲結構，所得的結果較佳；但在1970～1975年，即飼料價格大幅波動的期間，則以毛豬價格與飼料價格，分開為兩個解釋變數的多項式分配落遲結構，所得的結果較佳。因此，我們必先確認飼料價格波動的情況，以決定採用何種設定模式來做實證分析。

　　Nelson與Spreen（1978）除充分應用資本財理論分析之外，更發展出生產者的運銷、存貨或再投資的決策法則，以建立起更為精確且實用的畜產供給反應之理論基礎。兩人對於市場預期價格的處理，僅採用**價格的趨勢推估法**（extrapolation of price trends）來建立價格的預期，且屠宰供給反應式的設立，並未考

慮到牛隻飼養的生物週期；惟其所發展出來的生產者決策法則，實有助於多階段畜產供給反應的理論基礎。

二、動態動物經濟應用

　　生物性經濟模式最早應用在漁業資源管理的探討上（Gordon，1954），其模式的構建係以生物學上的Shaff模型，即存量與產量相對時間之關係為基礎，因而亦稱為Gordon-Shaff模式。Clark（1976）進而沿用此理論，建立數量化的經濟計量分析模式。Neher（1990）完整構建理論分析模式，遂使該理論的發展益形成熟。此模型與傳統經濟理論不同處，在於一般生產理論的探討上，族群**存量**（stock）通常不會在當期生產決策的考量中，但對生物性的生產而言，當期族群存量會影響到下一期產量，且其影響與時間有關，亦即其具有動態之特性。因此，生產者在做決策時，必須同時考量當期存量與下一期產量的問題，再將往後各期之收益折現後，求取**永續產量的極大**（Maximum Sustainable Yield，**簡稱MSY**），以得出當期之最適產量（陳政位、楊政學，1995a；1995b）。

　　在畜禽生產供給模式的分析上，1980年代以後，由於考量家畜生產不可能只生產一期，因此整體生產期間存量與產量的連續性，即所謂**動態動物經濟**（dynamic animal economics）的考量，且蔚為日後研究的重點（Rosen，1987；Huffaker & Wilen，1991；Rosen, Murphy & Scheinkman，1993）。在上述文獻中，Rosen（1987）認為當期所能供應之頭數（或數量），視上一期期末存量多寡而定，依此來說明豬隻及牛隻的**投資性週期**（inventory cycle）。Huffaker與Wilen（1991）認為畜禽供給之增加，僅能經由生物的繁殖過程，同時飼育成長期間須餵食飼料，因此存量、產量與飼料，三者間的關係很密切與重要；因而當飼料效率固定下，生產者若欲具備經濟效率時，須飼養一

永續產量的極大
Maximum
Sustainable Yield

生產者在做決策時，必須同時考量當期存量與下一期產量的問題，再將往後各期之收益折現後，求取永續產量的極大，以得出當期之最適產量。

定數量以上之繁殖用種畜，因此作生產決策時，除考量預期價格外，畜禽生產與存量多寡有關。Rosen、Murphy與Scheinkman（1993）著眼於生物存量與供給週期之研究，並以美國肉牛為對象，來實證解析牛群存量與供給週期之關係。經由長、短期供給函數所考量因素的差異，如短期供給為期末在養頭數與種畜頭數，長期供給則為種畜頭數，可知肉牛兼具資本財與消費財的特性，且呈現週期性的波動情形。

　　一般而言，在文獻研究上，畜禽供給彈性的大小與符號，常因實證模式所採資料頻率，以及估計方法的不同而異，且常將短期供給彈性視為定值，因此可使用頻率短（月）的資料，來同時研究短、中與長期供給彈性的差異與變化。此問題的探討誠如Marsh（1994），研究發現短期供給彈性未必為定值，且隨樣本觀察時間的延續，符號會由負值轉變為正值。

　　由上述主要國外文獻之發展趨勢可知，畜禽供給反應的發展，不僅趨向於使用資本財與消費財的概念做為理論基礎，而且模型的設立也逐漸細分為屠宰供給反應與飼養頭數供給反應。再者，多項式分配落遲統計方法的運用，更為計量經濟模型的設立輔助頗多，亦促使實證結果與理論模型的配合更趨精密，以提升模型的預測能力與模擬功能。晚近，生物特性的考量，即所謂動態動物經濟模式的應用，更是將畜禽生產之存量、產量與飼料，以及短、中與長期成長週期之不同供給反應，透過模式的設定與分析來加以清楚說明。

三、國內畜禽供給研究

　　國內畜禽供給反應模式的分析，在1970年代左右，均著重於探討生產循環的重要因素，以及對循環週期與型態的認定，進而尋求穩定畜禽生產的對策（黃營杉，1971；王錦堂，1972、1973；胡宏渝、陳保恒，1977b；彭作奎，1977；簡義

聰，1981）。而後廣泛應用計量經濟模式，來測定市場的供需結構與產銷價格（林昌義，1973；黃國雄，1973；傅國瑞，1977；彭作奎，1981；鄭蕙燕，1982；朱宗亮，1985；林祝音，1985；黃傳欽，1986；李慶餘、楊垣進、黃炳文，1986；黃炳文，1986；行政院農委會，簡稱COA模型，1987；郭義忠，1991；黃健兒，1995）。

　　在上述文獻發展趨勢上，黃國雄（1973）透過計量經濟模式，將飼料與毛豬模型加以併合，以探討飼料部門進口與毛豬部門供給的相互影響關係。傅國瑞（1977）則以季資料，來說明國內豬肉市場供需與價格的變化情形。彭作奎（1981）基於研究目的，在於毛豬穩定措施之分析，因而更將資料頻率精細為月資料，以充分掌握毛豬與豬肉市場的供需結構與產銷價格。鄭蕙燕（1982）以**蛛網理論**（cobweb theory）為基礎，再加上乘數分析的應用，來建立毛豬供需之遞迴式動態模式。朱宗亮（1985）則結合**部分調整模式**（partial adjustment model），以及**調適性預期模式**（adaptive expection model），來構建聯立方程體系的計量模式，以分析毛豬供給與豬肉需求之動態經濟關係。

　　林祝音（1985）將毛豬的生物性，引入毛豬多階段供給反應的模式設定中，並利用多項式分配落遲的方法，來分析台灣毛豬動態調整過程與市場預期的關係。COA模型（1987）對毛豬產業所建立的供需計量模型中，毛豬供給反應函數的設定，亦使用多階段供給反應的函數設定，以及多項式分配落遲的分析模式。郭義忠（1991）針對養雞業不同經營型態的特性，而區分有白肉雞與有色雞兩種生產供給模式。黃健兒（1995）以Rosen（1987）之動態動物經濟模型為基礎，同時結合Wahl、Hayes與Williams（1991）之畜牧產業動態調整模式，並配合國內毛豬產業特性，來構建以動態動物經濟模型為分析工具的毛豬供給反應模式。

由上述國內畜禽產業供給反應模式的文獻探討可知，1970年代的研究，著重於生產循環，以及循環週期與型態的認定，而後廣泛應用計量經濟模式，來構建市場供需結構與產銷價格，且基於研究議題的不同，而使用不同頻率資料與理論模式，來設定方程體系模式。生物性因素的動態考量，在1980年代中期以後，有日益發展的趨勢，配合經濟計量模式的構建，可進一步探討畜禽動態調整過程與市場預期的關係。

晚近，由於貿易自由化潮流之衝擊，更加速國內畜禽產業供給結構調整之研究（林灼榮，1994），而在此自由市場機能與政府干預進口同時存在下，經濟計量模式的構建與應用，仍是一個不錯的研究分析工具，因此生物性與經濟性影響因素的同時考量，乃是將來貿易自由化與國內產業結構調整之研究議題的發展趨勢。有鑑於此，本章節仍以經濟計量模式的構建分析工具，來展現自由市場機能與政府干預進口之互動關係，且模擬評估貿易自由化對毛豬產業的衝擊影響，同時在毛豬供給反應模式上，結合生物性與經濟性因素，亦即建構毛豬供給之動態動物經濟模式（楊政學，1996g）。

18.2 供需計量模式建構

一、模型構建方向

基於本章節研究目的，在於構建一個台灣畜禽產業的供需計量模型，用以說明目前國內畜禽產業的供需結構，以做為將來豬腹脅肉、豬內臟與（白肉雞）雞肉開放進口、不同等級（特殊與一般品級）牛肉的關稅降低，以及上等（冷凍與冷藏）豬肉出口市場變動等，國內整體畜禽政策調整之模型評估。同

時，為使不同畜禽供給部門間的相互影響效果，亦能加以模擬評估，乃透過肉品消費需求體系（AIDS模式），將其需求面的相互關係加以連結。再者，將此消費結構改變所致價格波動的效果，傳遞回饋到生產面的供給調整。

茲將本章節模型具體的構建方向，條列說明如下：

(1) 由於各部位豬肉而非全肉的開放進口衝擊評估，是模型模擬分析的重點，因此特將傳統之總合豬肉零售市場，劃分為上等（冷凍與冷藏）豬肉、豬腹脅肉、下等豬肉、以及豬內臟等四個部位豬肉零售市場。

(2) 將毛豬與豬肉計量次模型中，所包含的毛豬產地市場與各部位豬肉零售市場，應用聯合產品概念，並透過各部位豬肉占毛豬活體重的比例（切割技術係數），加以相互連結。同時考量各部位豬肉不同進出口貿易的問題，再透過市場的供需均衡，來共同決定出各部位豬肉的零售價格。爾後再依序決定出豬肉零售價格、毛豬交易價格、以及毛豬產地價格。

(3) 由於考量肉品消費需求間彼此具有替代或互補性，因此將國內畜禽產品的消費需求，建構成一個肉品消費需求體系（AIDS模式），以反應不同肉品間的相互影響效果。

(4) 基於豬肉外銷扮演相當重要的角色，且可能兼具緩和或惡化國內毛豬產業結構調整的功能，因此將冷凍與冷藏豬肉的國外（日本）需求，以及美國與丹麥等國因應自由化而調整其出口政策，同時納入模型中考慮。

(5) 為因應未來加入WTO的談判壓力，以及我國可能接受與採行的措施，而將目前列為進口管制的豬內臟與白肉雞肉，分別以進口量的經濟變數來表示其進口配額，並納入供需計量模型的設定中。豬腹脅肉的開放進口、不同等級牛肉，以及冷凍、冷藏豬肉出口變動，則是透過從價關稅課徵的方式，將（國際）進口

價格與國內價格加以相互連結，以便日後畜禽產業衝
擊影響之政策模擬評估。

二、模型供需流程

台灣畜禽產業計量模型的供需流程架構，如（圖18-1）所
示。其對毛豬與豬肉（hog and pork）、肉牛與牛肉（cattle and
beef）、肉雞與雞肉（chicken and chicken meat）、以及魚肉與其
他（fish meat and others）等四個次模型間數量與價格等變數的
連結，有很清楚的說明。其中，次模型內的產銷價格，係透過
彼此價格傳遞式，而相互連結一起；次模型內的供需數量，則
彼此透過市場均衡式，加以相互結合；而四個次模型間消費數

圖18-1 台灣畜禽產業供需計量模型之流程架構

資料來源：楊政學（1998）。

量與零售價格，則是經由第五個次模型，**肉品需求體系**（meat demand system），來加以相互連繫，而此相互影響的效果，再透過各自價格傳遞式，回饋傳遞到各畜禽產業的生產供給面，以適當地加以調整其個別供給反應（楊政學，1996g）。

基於研究目的在於，部位肉而非全肉開放進口的衝擊評估。首先，將模型中的豬肉零售市場劃分為上等豬肉、豬腹脅肉、下等豬肉與豬內臟等四個部位豬肉零售市場，來對此議題加以深入探討與解析。其次，不同等級牛肉產品，亦有不同關稅課徵方式與幅度，因而在牛肉產品上，亦將其劃分為上等牛肉及中下牛肉兩部位肉產品。再者，雞肉的開放進口，主要是白肉雞肉的進口問題，因而將雞肉零售市場，乃至肉雞產地市場，劃分為白肉雞與有色雞兩種不同品系。最後，期透過上述不同部位豬肉、不同等級牛肉、以及不同品系雞肉的區分，來更為妥切地模擬評估畜禽產品開放進口後，個別畜禽產業與整體畜禽產業的影響效果（楊政學，1997b）。

三、模型方程體系構建

台灣畜禽產品市場因受有政府進口政策的保護，使得國內市場呈現自由市場機能與政府干預進口的相互影響現象，為便於對畜禽產品市場進行開放進口之模擬評估，而將目前畜禽產品市場結構，利用計量模型加以說明，以便進行政策模擬分析。台灣畜禽產品市場依其用途及來源，可分為生產、消費、進口及出口等四部分，此四部分又透過價格機制相互影響。畜禽產品市場的價格機制，大體上可分為產地價格及零售價格等兩部分。其中，由於毛豬各切割部位豬肉、上等牛肉與中下牛肉、以及白肉雞肉與有色雞肉等消費量資料缺無，而必須經由屠宰供給量來加以轉換得到，因此暫時無法考量肉品存貨變動量的問題。

　　基於上述六個部分，並配合本章節研究目的，我們可將台灣畜禽產業供需計量模型的整體架構，大體劃分爲：（1）毛豬與豬肉次模型；（2）肉牛與牛肉次模型；（3）肉雞與雞肉次模型；（4）魚肉與其他次模型；以及（5）肉品消費需求體系等五個次模型。其中係透過肉品消費需求體系，而將豬、牛、雞及魚等次模型的消費需求面加以連結，再透過價格傳遞式的作用，而將消費面的衝擊影響，回饋傳遞到生產面的結構調整。個別畜禽次模型大抵由：（1）供給反應函數；（2）需求行爲函數；（3）價格傳遞函數；以及（4）市場供需均衡式等，四個關係式來加以構建，以探討畜禽產品市場供需結構變動與產銷價格形成的彼此因果互動關係（楊政學，1998）。

（一）毛豬與豬肉次模型

　　台灣毛豬與豬肉市場結構，可透過毛豬供給反應、豬肉需求行爲、價格傳遞函數、以及市場供需均衡等層面，來建構其經濟計量模型。

1.毛豬供給反應

　　種豬投資之目的，主要爲獲取未來成豬出售的預期利潤，惟在種豬飼養頭數的調整上，由於養豬戶在飼養上有時間落遲的現象，而採部分調整的模式，來設定其飼養之決策行爲。在預期利潤上，則採適應性預期的模式，來設定養豬戶未來出售成豬的預期利潤。再者，考量國內種豬飼養的實際投資決策，並不會考量到上二期種豬飼養頭數，加以政府設立核心種豬場政策之輔導。因此，我們可將種豬飼養頭數設定如（18-1）式所示：

$$H_{HS,t} = a_0 + a_1 H_{HS,t-1} + a_2 (P_{PF,t}/P_{HH,t}) + a_3 U_{HS,t} \qquad (18-1)$$

　　其中，$H_{HS,t}$：種豬飼養頭數，$H_{HS,t-1}$：上一期種豬飼養頭數，$P_{PF,t}$：毛豬產地價格，$P_{HH,t}$：豬用飼料農民購進價格，

$U_{HS,t}$：種豬政策變數。式中說明種豬飼養頭數，受到上一期種豬飼養頭數的影響，且影響爲正向效果，此說明國內養豬戶在種豬飼養上的供給反應行爲，亦可解釋成依循毛豬的生物性來作生產調整。

再者，經濟因素的考量，主要爲未來成豬出售的預期利潤，式中以毛豬產地價格與豬用飼料價格比來表示，且養豬戶種豬飼養頭數，將隨預期利潤的加大，而增加其種豬飼養頭數。式中若分開考量毛豬產地價格或豬用飼料價格兩變數，則無法表示養豬利潤的高低，因而以兩者價格比的方式，來表示收入與成本的相對關係，較能表達出養豬戶養豬實得利潤的變動。同時，就台灣毛豬與飼料兩價格的實際波動而言，飼料價格的波動較小（楊政學，1996e），因而以兩者價格比的方式表示，將會有較好的實證分析結果。

在上一期期末所留養以繁殖用之種母豬，經過一年的飼育成長後，將會新增（生產）些豬隻，而此新增豬隻頭數，可經由平均種母豬生育率來加以推估，如（18-2）式：

$$H_{HB,t} = G_{HFS,t} \times H_{HFS,t-1} \tag{18-2}$$

其中，$H_{HB,t}$：新增豬隻頭數，$G_{HFS,t}$：種母豬生育率，$H_{HFS,t-1}$：上一期種母豬頭數。式中說明本期新增豬隻頭數，等於上一期期末種母豬頭數，乘上種母豬生育率。

至於，種母豬飼養頭數，可定義如（18-3）式：

$$H_{HFS,t} = H_{HS,t} - H_{HMS,t} \tag{18-3}$$

其中，$H_{HMS,t}$：本期種公豬頭數。式中說明，種母豬飼養頭數，等於全體種豬頭數，減去種公豬頭數。

本期期末在養毛豬頭數，即毛豬飼養頭數，可表示成本期新增豬隻頭數的函數式，如（18-4）式所示：

$$H_{HL,t} = b_0 + b_1 H_{HB,t} \tag{18-4}$$

其中，$H_{HL,t}$：本期期末在養毛豬頭數。式中說明本期期末在養毛豬頭數的多寡，決定於本期新增豬隻的頭數，且兩者間存在正向的影響效果。

依資本財理論之觀點，當毛豬經過飼育期的成長，大約到體重95公斤之成豬時，養豬戶即面臨出售屠宰或繼續留養的決策選擇，因而可將其視爲製成品。由上述（18-1）至（18-4）式，再配合豬隻存量變動、豬隻死亡、以及豬隻進出口變動等頭數，我們可將本期期末毛豬屠宰頭數，定義如下：

$$H_{HK,t} = H_{HL,t-1} + H_{HB,t} - H_{HL,t} + H_{HNM,t} - H_{HD,t} \qquad (18\text{-}5)$$

其中，$H_{HK,t}$：毛豬屠宰頭數，$H_{HNM,t}$：毛豬進出口變動（進口減出口）頭數，$H_{HD,t}$：毛豬死亡頭數。式中說明本期期末毛豬屠宰頭數，等於上一期期末在養毛豬頭數，加上本期新增豬隻與進出口變動頭數，再減去本期期末在養與死亡毛豬頭數的加總。

此外，豬肉的國內供給數量，係透過屠體肉與豬內臟占毛豬活體重的比例，再乘上豬肉總合切割技術係數而得，如（18-6）式所示：

$$S_{P,t} = (H_{HK,t} \times W_{H,t} \div 1{,}000 \times 85.80\%) \qquad (18\text{-}6)$$

其中，$S_{P,t}$：豬肉國內供給量，$H_{HK,t}$：毛豬屠宰頭數，$W_{H,t}$：平均每頭毛豬重量。式中說明豬肉國內供給數量，等於屠宰毛豬之活體重（除以1,000乃公噸單位之換算），乘上豬肉總合切割技術係數85.80%。

2.豬肉需求行為

（1）國內需求

依古典消費理論，我們可知，消費者在所得預算限制下，追求最大效用時，每人對該產品的消費量，會受到自身價格、替代品價格、其他產品價格、以及每人可支配所得的影響。基

於本章節研究目的，在於部位豬肉而非全肉的開放進口衝擊評估，且在豬肉零售市場的實際交易活動，豬肉亦是以不同部位豬肉的型式銷售。因此，特將豬隻屠體部分（不含豬內臟），劃分爲上等豬肉、豬腹脅肉與下等豬肉等三大部位肉產品。

各部位豬肉產品的消費，在整體肉品消費需求空間內，必須同時考量其他肉類產品的替代或互補性，因而在主要畜禽產品之消費需求上，係透過肉品消費需求體系的模式加以相互連結，而模型方程體系架構，係以各畜禽產品消費支出比例函數式，即透過幾近理想化需求體系（AIDS）模式來表示。因此，我們可將每人每年各部位豬肉產品的消費支出，分別定義如下（18-7）至（18-9）式：

$$E_{PG,t} = W_{PG,t} \times E_t \qquad (18\text{-}7)$$

$$E_{PB,t} = W_{PB,t} \times E_t \qquad (18\text{-}8)$$

$$E_{PL,t} = W_{PL,t} \times E_t \qquad (18\text{-}9)$$

其中，$E_{PG,t}$：每人上等豬肉消費支出，$E_{PB,t}$：每人豬腹脅肉消費支出，$E_{PL,t}$：每人下等豬肉消費支出，$W_{PG,t}$：每人上等豬肉消費支出比例，$W_{PB,t}$：每人豬腹脅肉消費支出比例，$W_{PL,t}$：每人下等豬肉消費支出比例，E_t：每人肉品總消費支出。式中說明每人各部位豬肉產品的消費支出，等於各部位豬肉產品消費支出的比例，乘上每人肉品總消費支出。

此外，每人每年各部位豬肉產品的消費量，則分別定義如下（18-10）至（18-12）式：

$$D_{PG,t} = E_{PG,t} \div P_{PGR,t} \qquad (18\text{-}10)$$

$$D_{PB,t} = E_{PB,t} \div P_{PBR,t} \qquad (18\text{-}11)$$

$$D_{PL,t} = E_{PL,t} \div P_{PLR,t} \qquad (18\text{-}12)$$

其中，$D_{PG,t}$：每人上等豬肉消費量，$D_{PB,t}$：每人豬腹脅肉消費量，$D_{PL,t}$：每人下等豬肉消費量，$P_{PGR,t}$：上等豬肉零售價

格，$P_{PBR,t}$：豬腹脅肉零售價格，$P_{PLR,t}$：下等豬肉零售價格。式
中說明每人各部位豬肉產品消費量，等於每人各部位豬肉產品
的消費支出，除以各部位豬肉產品零售價格。

　　由於豬內臟與其他肉類產品消費間可視為相互獨立，因而
可將市場上個別豬內臟產品，如肝、心、腸等，加總成為一個
模型中所謂的豬內臟產品。因此，我們可將每人每年豬內臟消
費量，依前述個體消費經濟理論，設定如下：

$$D_{PV,t}=c_o+c_1 \ (P_{PVR,t}/I_{C,t}) \ +c_2 \ (Y_{D,t}/I_{C,t}) \tag{18-13}$$

　　其中，$D_{PV,t}$：每人豬內臟消費量，$P_{PVR,t}$：豬內臟零售價
格，$Y_{D,t}$：每人可支配所得，$I_{C,t}$：消費者物價指數。式中說明每
人豬內臟消費量，受到豬內臟零售價格的影響，且其理論預期
符號為負值。可支配所得的影響，若為正值，代表豬內臟為正
常財，反之則為劣等財。此外，式中以消費者物價指數，表示
其他產品的零售價格，而在討論豬內臟消費數量與價格的關係
時，實有必要將其他產品價格的影響消除，因此式中零售價格
與可支配所得，皆以消費者物價指數平減成實質數值。

　　至於，整體豬肉產品國內需求量，可定義為（18-14）式：

$$D_{P,t}= \ (D_{PG,t}+D_{PB,t}+D_{PL,t}+D_{PV,t}) \ \times_{NP,t} \tag{18-14}$$

　　其中，$D_{P,t}$：豬肉國內需求量。式中說明豬肉國內需求量，
等於上等豬肉、豬腹脅肉、下等豬肉及豬內臟等部位肉，其每
人消費量的總和，再乘上人口數而得。

　　（2）國外需求

　　豬肉外銷扮演相當重要的角色，亦可能具有調節或惡化國
內毛豬產業結構的作用，因此本章節供需計量模型的設定上，
將我國豬肉出口貿易的情況，主要是日本的豬肉進口市場，納
入內生化考量以充分反映台灣與日本，以及美國與丹麥等國，
在因應國際經貿新環境的同時，日本豬肉進口政策，以及美國

與丹麥豬肉出口政策的調整，對我國豬肉出口數量產生的變動，以及國內毛豬產業結構承受的衝擊。以更全面與客觀地評估出，政府自由化政策暨未來加入WTO後，上等豬肉外銷市場的變動，對國內毛豬產業的衝擊。由於我國豬肉出口數量的多寡，多半取決於日本政府與商社的政策與影響，加以市場幾乎集中於日本。因此，本章節係以國外需求的角度，來設定台灣輸日上等豬肉數量函數，而所謂內生化處理，乃是以計量模式的觀點來界定，進而剖析其中影響因素的符號關係與數值大小。

我們可將台灣冷凍與冷藏豬肉，即文中所謂上等豬肉出口日本數量，亦即日本進口台灣豬肉數量的函數式，設定成（18-15）式：

$$X_{PG,t} = d_0 + d_1 M_{JP,t} + d_2 P_{DX,t} + d_3 P_{TX,t} + d_4 P_{UX,t} + d_5 R_{JU,t} + d_6 U_{PX,t} \qquad (18\text{-}15)$$

其中，$X_{PG,t}$：上等（冷凍與冷藏）豬肉出口數量，$M_{JP,t}$：日本豬肉總進口數量，$P_{DX,t}$：以美元計算之丹麥輸日豬肉價格，$P_{TX,t}$：以美元計算之台灣輸日豬肉價格，$P_{UX,t}$：以美元計算之美國輸日豬肉價格，$R_{JU,t}$：日圓兌美元匯率，$U_{PX,t}$：日本國內豬肉減產之政策變數。式中說明日本進口台灣豬肉數量，受到日本豬肉總進口量、丹麥輸日豬肉價格、台灣輸日豬肉價格、美國輸日豬肉價格、以及日本國內豬肉減產等變數的影響。

由於台灣、美國及丹麥三國，近十年來平均有八成左右的日本豬肉進口市場占有率；而近三年來市場占有率更平均高達九成，因此（18-15）式中，以台灣及（美國與丹麥）主要對手國之輸日豬肉價格，來做為日本進口台灣豬肉數量增減的主要解釋變數。其中，當台灣輸日豬肉價格上漲時，代表其進口成本增加，因而會使得其進口台灣豬肉數量減少，故其理論預期符號為負值。

　　至於，美國及丹麥輸日豬肉進口價格的變動，對日本進口台灣豬肉數量的影響，可分兩種情況來討論：（1）若我國與其他競爭對手國之豬肉屬同一等級時，其他對手國輸日豬肉價格上漲時，將會使得我國豬肉出口相對具競爭能力，而導致我國豬肉輸日數量增加。（2）若我國豬肉品質相對其他對手國為優或劣時，在對手國輸日豬肉價格上漲，表示其豬肉品質提升，競爭力增強，將取代我國豬肉，最終使得我國輸日豬肉數量減少。因此，目前其理論預期符號，尚無法確定為正值或負值，有待日後的實證分析來確認。

　　再者，由於輸日豬肉價格，均以外銷美元報價，該價格再透過匯率轉換成日圓單價時，即為日本進口豬肉成本的主要部分，因而將日圓兌美元的匯率水準，視為獨立的重要解釋變數，而當日圓相對美元升值，即日圓兌美元匯率變小時，代表日本豬肉進口成本降低，將使其進口數量增加，因而理論預期符號為負值。另外，日本豬肉總進口數量，則是代表日本購買力的大小，可視為整體所得效果之影響，其理論預期符號為正值。

　　最後，式中亦以$U_{PX,t}$之虛擬變數，來解釋1991～1994年間日本國內豬肉的大幅減產，此亦會影響到日本進口台灣豬肉的數量。

3. 價格傳遞函數

　　模型中毛豬與豬肉市場，或謂產地、批發與零售市場價格的連結，乃透過（18-16）式與（18-17）式的價格傳遞函數式，將豬肉零售價格與毛豬交易價格，以及毛豬交易價格與毛豬產地價格相互連繫起來，以說明不同階段（市場）價格機制的相互連結。

$$(P_{PW,t}/I_{W,t}) = e_0 + e_1 \ (P_{PR,t}/I_{C,t}) \qquad (18\text{-}16)$$

$$(P_{PF,t}/I_{W,t}) = f_0 + f_1 \ (P_{PW,t}/I_{W,t}) \qquad (18\text{-}17)$$

其中，$P_{PW,t}$：毛豬交易價格，$P_{PR,t}$：豬肉零售價格，$P_{PF,t}$：毛豬產地價格，$I_{C,t}$：消費者物價指數，$I_{W,t}$：蔓售物價指數。式中說明毛豬交易價格的高低，受到豬肉零售價格漲跌的影響，而毛豬產地價格的高低，受到毛豬交易價格漲跌的影響，且三地市場產銷價格的傳遞，係以實質價格的關係來表示，意即將其他價格（一般價格水準）因素的影響效果，以平減的處理方式移除。

總合豬肉整體零售價格的決定，則是透過（18-18）式的定義，亦即聯合豬肉產品的概念，來加以表示如下：

$$P_{PR,t} = (47.51\%/85.80\% \times P_{PGR,t}) + (17.35\%/85.80\% \times P_{PBR,t}) + (9.71\%/85.80\% \times P_{PLR,t}) + (11.23\%/85.80\% \times P_{PVR,t})$$

$$(18\text{-}18)$$

其中，$P_{PR,t}$：總合豬肉零售價格，$P_{PGR,t}$：上等豬肉零售價格，$P_{PBR,t}$：豬腹脅肉零售價格，$P_{PLR,t}$：下等豬肉零售價格，$P_{PVR,t}$：豬內臟零售價格。式中說明總合豬肉零售價格的決定，乃是透過上等豬肉、豬腹脅肉、下等豬肉、及豬內臟等四部位豬肉聯合產品，以其相對切割技術係數大小加權平均。

藉由（18-16）與（18-17）式，模型可將豬腹脅肉與豬內臟開放進口，以及上等豬肉出口變動後，對其個別部位豬肉產品零售價格的影響，連結到豬肉整體的零售價格，再回饋傳遞到毛豬交易價格與毛豬產地價格，而將各部位豬肉產品零售市場，以及毛豬批發與產地市場相互連結起來。

4. 市場供需均衡

在豬肉市場的供給上，本章節透過屠體肉與豬內臟占毛豬活體總重的比例，再乘上豬肉總合切割技術係數，以取得豬肉與毛豬市場間供需均衡的連結。再者，由於本章節研究重點，在於部位豬肉而非全肉產品，其進口市場開放與出口市場變動之模擬評估，因而特將豬肉零售市場，依研究目的劃分為上等

豬肉、豬腹脅肉、下等豬肉、以及豬內臟等四個部位豬肉產品市場。因此，毛豬與豬肉次模型中，共包括有四條部位豬肉產品的市場供需均衡式。首先，上等豬肉市場供需均衡式，如（18-19）式：

$$(H_{HK,t} \times W_{H,t} \div 1000 \times 47.51\%) + M_{PG,t} = (D_{PG,t} \times N_{P,t}) + X_{PG,t}$$
$$(18\text{-}19)$$

其中，$H_{HK,t}$：毛豬屠宰頭數，$W_{H,t}$：平均每頭毛豬重量，$M_{PG,t}$：上等豬肉進口量，$D_{PG,t}$：每人上等豬肉消費量，$N_{P,t}$：人口數，$X_{PG,t}$：上等（冷凍與冷藏）豬肉出口量。式中說明屠宰毛豬之活體重，乘以上等豬肉切割技術係數47.51%，再加上上等豬肉進口量，等於上等豬肉國內需求量與外銷出口量的加總。

其次，豬腹脅肉市場供需均衡式，如（18-20）式：

$$(H_{HK,t} \times W_{H,t} \div 1000 \times 17.35\%) + M_{PB,t} = (D_{PB,t} \times N_{P,t})$$
$$(18\text{-}20)$$

其中，$M_{PB,t}$：豬腹脅肉進口量，$D_{PB,t}$：每人豬腹脅肉消費量。式中說明屠宰毛豬之活體重，乘上豬腹脅肉切割技術係數17.35%，再加上豬腹脅肉進口量，等於豬腹脅肉國內需求量。

再者，下等豬肉市場供需均衡式，如（18-21）式：

$$(H_{HK,t} \times W_{H,t} \div 1000 \times 9.71\%) + M_{PL,t} = (D_{PL,t} \times N_{P,t})$$
$$(18\text{-}21)$$

其中，$M_{PL,t}$：下等豬肉進口量，$D_{PL,t}$：每人下等豬肉消費量。式中說明屠宰毛豬之活體重，乘上下等豬肉切割技術係數9.71%，再加上下等豬肉進口量，等於下等豬肉國內需求量。

最後，豬內臟市場供需均衡式，如（18-22）式：

$$（H_{HK,t} \times W_{H,t} \div 1,000 \times 11.23\%）＋M_{PV,t}＝（D_{PV,t} \times N_{P,t}）$$
$$（18\text{-}22）$$

其中，$M_{PV,t}$：豬內臟進口量，$D_{PV,t}$：每人豬內臟消費量。式中說明屠宰毛豬之活體重，乘上豬內臟切割技術係數11.23%，再加上豬內臟進口量，等於豬內臟國內需求量。

（二）肉牛與牛肉次模型

台灣肉牛與牛肉市場結構，可透過肉牛供給反應、牛肉需求行為、價格傳遞函數、以及市場供需均衡等層面，來建構其經濟計量模型。

1. 肉牛供給反應

養牛戶在牛隻飼養到牛肉屠宰供應間，有時間上的落遲性現象，故採存貨部分調整的模式，來設定其飼養頭數調整反應式，在經濟影響因素上，由於牛隻生物性落遲（約為二年）的因素，而視上二期牛肉實質產地價格的高低來決定。因此，我們可將肉牛飼養頭數，設定如（18-23）式：

$$H_{CAS,t}＝g_0＋g_1 H_{CAS,t\text{-}1}＋g_2（P_{BF,t\text{-}2}/P_{CAH,t\text{-}2}）\qquad（18\text{-}23）$$

其中，$H_{CAS,t}$：本期肉牛飼養頭數，$H_{CAS,t\text{-}1}$：上一期肉牛飼養頭數，$P_{BF,t\text{-}2}$：上二期牛肉產地價格，$P_{CAH,t\text{-}2}$：上二期肉牛飼料價格。式中說明本期肉牛飼養頭數的多寡，受到上一期肉牛飼養頭數的影響，且影響為正向效果。本期肉牛飼養頭數的經濟考量，主要為上二期牛肉產地與牛用飼料價格比，且養牛戶肉牛飼養頭數，會隨上二期養牛利潤的上漲，而增加本期肉牛飼養頭數。此說明國內養牛戶在牛隻飼養上的供給反應，亦可解釋成依循牛隻生物性來作決策調整。

再者，肉牛屠宰頭數的多寡，則可透過牛隻存量變動、牛隻死亡、以及牛隻進出口變動等頭數，來加以定義，如下所

示：

$$H_{CAK,t} = H_{CAS,t-1} + H_{CAB,t} - H_{CAS,t} + H_{CAM,t} - H_{CAD,t}$$

其中，$H_{CAK,t}$：肉牛屠宰頭數，$H_{CAM,t}$：肉牛進出口變動頭數，$H_{CAD,t}$：肉牛死亡頭數。式中說明本期期末肉牛屠宰頭數，等於上一期期末在養肉牛頭數，加上本期新增肉牛與進出口變動頭數，再減去本期期末在養與死亡肉牛頭數的加總。

惟在國內相關資料的使用上，並無完整細項的一致性時間序列可供實證分析，因而擬採另一定義式，來推算肉牛屠宰頭數，以求與農政當局所公布的資料求得一致性。因而可將肉牛屠宰頭數，定義如（**18-24**）式：

$$H_{CAK,t} = H_{CAS,t} \times G_{CAK,t} \qquad (18\text{-}24)$$

其中，$G_{CAK,t}$：牛隻平均年屠宰率。當中亦同時考量有淘汰乳牛充為肉牛之用在內，因此經由上式所推算的國內肉牛屠宰頭數，應當可視為一個合理的數值。

至於，牛肉國內供給數量，則可經由平均每頭牛屠體重，以及肉牛屠宰隻數，來定義如（**18-25**）式：

$$S_{B,t} = H_{CAK,t} \times W_{CA,t} \div 1,000 \qquad (18\text{-}25)$$

其中，$S_{B,t}$：牛肉國內供給量，$W_{CA,t}$：平均每頭牛屠體重。式中說明牛肉國內供給量，等於肉牛屠宰隻數，乘上平均每頭牛屠體重，再轉換單位為公噸。

2. 牛肉需求行為

如前所述，在主要畜禽產品之消費需求上，係透過肉品消費需求體系的模式加以相互連結，而方程體系架構係以各畜禽產品消費支出比例函數式來表示，即透過幾近理想化需求體系（AIDS）模式表示。同時模型考量不同等級牛肉產品的消費差異，以及因應不同政策模擬分析，特將牛肉產品劃分為上等（特殊品級）牛肉與中下（一般品級）牛肉，前者主由美國輸入

牛肉供應，而後者則由紐、澳輸入牛肉供應。因此，我們可分別將每人上等牛肉及中下牛肉產品的消費支出，定義如（18-26）式與（18-27）式：

$$E_{BG,t} = W_{BG,t} \times E_t \qquad\qquad (18\text{-}26)$$
$$E_{BL,t} = W_{BL,t} \times E_t \qquad\qquad (18\text{-}27)$$

其中，$E_{BG,t}$：每人上等牛肉消費支出，$W_{BG,t}$：上等牛肉消費支出比例，$E_{BL,t}$：每人中下牛肉消費支出，$W_{BL,t}$：中下牛肉消費支出比例，E_t：每人肉品總消費支出。式中說明每人上等（中下）牛肉產品的消費支出，等於上等（中下）牛肉產品的消費支出比例，乘上每人肉品總消費支出。

每人上等與中下牛肉產品的消費量，則分別定義如（18-28）式與（18-29）式：

$$D_{BG,t} = E_{BG,t} \div PB_{BGR,t} \qquad\qquad (18\text{-}28)$$
$$D_{BL,t} = E_{BL,t} \div P_{BLR,t} \qquad\qquad (18\text{-}29)$$

其中，$D_{BG,t}$：每人上等牛肉消費量，$P_{BGR,t}$：上等牛肉零售價格，$D_{BL,t}$：每人中下牛肉消費量，$P_{BLR,t}$：中下牛肉零售價格。式中說明每人上等（中下）牛肉消費量，等於每人上等（中下）牛肉的消費支出，除以上等（中下）牛肉零售價格。

至於，整體牛肉產品國內需求量，可定義為（18-30）式：

$$D_{B,t} = (D_{BG,t} + D_{BL,t}) \times N_{P,t} \qquad\qquad (18\text{-}30)$$

其中，$D_{B,t}$：牛肉國內需求量。式中說明牛肉國內需求量，等於每人上等牛肉與中下牛肉消費量總和，乘上人口數而得。

3. 價格傳遞函數

模型中不同等級牛肉，國內零售市場與進口市場價格的連結，乃透過（18-31）式與（18-32）式的價格傳遞函數式，分別將國外上等與中下牛肉實質進口價格與國產上等與中下牛肉

實質零售價格相互連繫起來，以說明兩國內外市場價格機制的相互連結。

$$(P_{BGR,t}/I_{C,t}) = h_0 + h_1 (P_{BGM,t}/I_{C,t}) \qquad (18\text{-}31)$$
$$(P_{BLR,t}/I_{C,t}) = i_0 + i_1 (P_{BLM,t}/I_{C,t}) \qquad (18\text{-}32)$$

其中，$P_{BGR,t}$：國產上等牛肉零售價格，$P_{BGM,t}$：國外（美國）上等牛肉進口價格（已換算為新台幣），$P_{BLR,t}$：國產中下牛肉零售價格，$P_{BLM,t}$：國外（紐、澳）中下牛肉進口價格（已換算為新台幣），$I_{C,t}$：消費者物價指數。式中說明國產上等（中下）牛肉零售價格的高低，受到國外上等（中下）牛肉進口價格漲跌的影響，且兩價格的傳遞以實質價格的關係來表示，意即將其他價格因素的影響效果移除。

再者，牛肉產地與零售市場價格的連結，乃透過（18-33）式的價格傳遞函數式，將產地價格與零售價格相互連繫起來，以說明兩地市場價格機制的相互連結。

$$P_{BF,t} = j_0 + j_1 P_{BGR,t} + j_2 P_{BLR,t} \qquad (18\text{-}33)$$

其中，$P_{BF,t}$：國產牛肉產地價格，$P_{BGR,t}$：國產上等牛肉零售價格，$P_{BLR,t}$：國產中下牛肉零售價格。式中說明國產牛肉產地價格的高低，受到國產上等牛肉與國產中下牛肉等，不同等級部位牛肉零售價格漲跌的影響。

至於，國產牛肉零售價格，則可透過不同等級國產牛肉零售價格，依其切割技術係數大小加權平均，如（18-34）式：

$$P_{BR,t} = (33.33\% \times P_{BGR,t}) + (66.67\% \times P_{BLR,t}) \qquad (18\text{-}34)$$

其中，$P_{BR,t}$：國產牛肉零售價格，$P_{BGR,t}$：國產上等牛肉零售價格，$P_{BLR,t}$：國產中下牛肉零售價格。

4. 市場供需均衡

經由不同等級牛肉市場供需均衡式，我們可將上等與中下

牛肉進口量，分別定義如（18-35）式與（18-36）式所示：

$$M_{BG,t} = (D_{BG,t} \times N_{P,t}) - (H_{CAK,t} \times W_{CA,t} \div 1000 \times 33.33\%)$$

$$(18\text{-}35)$$

其中，$M_{BG,t}$：上等牛肉進口量，$D_{BG,t}$：每人上等牛肉消費量，$N_{P,t}$：人口數，$H_{CAK,t}$：肉牛屠宰頭數，$W_{CA,t}$：平均每頭牛屠體重量。式中說明上等牛肉進口量，等於上等牛肉國內需求量，加上上等牛肉出口量，再減去上等牛肉國內供給量。至於，上等牛肉國內供給量，等於肉牛屠體總重，乘上其切割技術係數33.33%。

$$M_{BL,t} = (D_{BL,t} \times N_{P,t}) - (H_{CAK,t} \times W_{CA,t} \div 1000 \times 66.67\%)$$

$$(18\text{-}36)$$

其中，$M_{BL,t}$：中下牛肉進口量，$D_{BL,t}$：每人中下牛肉消費量。式中說明中下牛肉進口量，等於中下牛肉國內需求量，加上中下牛肉出口量，再減去中下牛肉國內供給量。至於，中下牛肉國內供給量，等於肉牛屠體總重，乘上其切割技術係數66.67%。

（三）肉雞與雞肉次模型

台灣肉雞與雞肉市場結構，可透過肉雞供給反應、雞肉需求行為、價格傳遞函數、以及市場供需均衡等層面，來建構其經濟計量模型。

1. 肉雞供給反應

由於肉雞的生長週期約為數週，因而在以年頻率資料為實證分析時，養雞戶肉雞供給的調整上，擬以肉雞屠宰隻數之反應函數式來表示。另基於國內養雞業之衝擊壓力，為白肉雞肉的開放進口，因而特將國內肉雞屠宰隻數的供給反應函數式，劃分為白肉雞與有色雞兩種，同時考量養雞戶飼養與屠宰調整

之時間落遲的現象，而採存貨部分調整的模式，來設定其飼養或屠宰之決策行爲。在經濟影響因素上，則視本期養雞利潤，即雞肉產地價格與雞用飼料價格比的高低而定。

經由上述理論設定之推演，我們可分別將白肉雞與有色雞的屠宰供給反應式，設定如（18-37）式及（18-38）式：

$$H_{CWK,t} = k_0 + k_1 H_{CWK,t-1} + k_2 \left(P_{CWF,t}/P_{CHH,t}\right) + k_3 T_t \quad (18\text{-}37)$$
$$H_{CCK,t} = l_0 + l_1 H_{CCK,t-1} + l_2 \left(P_{CCF,t}/P_{CHH,t}\right) + l_3 T_t \quad\quad (18\text{-}38)$$

其中，$H_{CWK,t}$：本期白肉雞屠宰隻數，$P_{CWF,t}$：本期白肉雞產地價格，$H_{CCK,t}$：本期有色雞屠宰隻數，$P_{CCF,t}$：本期有色雞產地價格，$P_{CHH,t}$：本期雞用飼料價格，T_t：時間趨勢。式中說明本期白肉雞（有色雞）屠宰隻數，受到上一期白肉雞（有色雞）屠宰隻數的影響，且影響爲正向效果。本期白肉雞（有色雞）屠宰隻數的經濟考量因素，爲本期養雞利潤，即白肉雞（有色雞）產地價格與雞用飼料價格比的大小，且養雞戶肉雞屠宰隻數，將隨養雞利潤的加大，而增加其屠宰供給數量。時間趨勢變數解釋，白肉雞（有色雞）飼養與屠宰技術進步的影響，其理論預期符號爲正值。

2. 雞肉需求行為

如前所述，在主要畜禽產品之消費需求上，係透過肉品消費需求體系的**AIDS**模式加以相互連結，其方程體系架構係以各畜禽產品消費支出比例函數式來表示。因此，我們可將每人白肉雞與有色雞之雞肉產品的消費支出，分別定義如（18-39）式及（18-40）式：

$$E_{CW,t} = W_{CW,t} \times E_t \quad\quad\quad\quad\quad\quad (18\text{-}39)$$
$$E_{CC,t} = W_{CC,t} \times E_t \quad\quad\quad\quad\quad\quad (18\text{-}40)$$

其中，$E_{CW,t}$：每人白肉雞肉消費支出，$W_{CW,t}$：白肉雞肉消費支出比例，$E_{CC,t}$：每人有色雞肉消費支出，$W_{CC,t}$：有色雞肉

消費支出比例，E_t：每人肉品總消費支出。式中說明每人白肉雞（有色雞）肉產品的消費支出，等於白肉雞（有色雞）肉產品的消費支出比例，乘上每人肉品總消費支出。

再者，每人每年白肉雞與有色雞肉產品的消費量，則分別定義如（18-41）式及（18-42）式：

$$D_{CW,t} = E_{CW,t} \div P_{CWR,t} \qquad\qquad (18\text{-}41)$$
$$D_{CC,t} = E_{CC,t} \div P_{CCR,t} \qquad\qquad (18\text{-}42)$$

其中，$D_{CW,t}$：每人白肉雞肉消費量，$P_{CWR,t}$：白肉雞肉零售價格，$D_{CC,t}$：每人有色雞肉消費量，$P_{CCR,t}$：有色雞肉零售價格。式中說明每人白肉雞（有色雞）肉消費量，等於每人白肉雞（有色雞）肉的消費支出，除以白肉雞（有色雞）肉零售價格。

3. 價格傳遞函數

模型中白肉雞、有色雞與其雞肉產品市場，或謂產地與零售市場價格的連結，乃分別透過（18-43）式及（18-44）式的價格傳遞函數式，將雞肉產地價格與雞肉零售價格相互連繫起來，以說明產銷兩地市場價格機制的相互連結。

$$(P_{CWF,t}/I_{W,t}) = m_0 + m_1\,(P_{CWR,t}/I_{C,t}) \qquad\qquad (18\text{-}43)$$
$$(P_{CCF,t}/I_{W,t}) = n_0 + n_1\,(P_{CCR,t}/I_{C,t}) \qquad\qquad (18\text{-}44)$$

其中，$P_{CWF,t}$：白肉雞產地價格，$P_{CWR,t}$：白肉雞零售價格，$P_{CCF,t}$：有色雞產地價格，$P_{CCR,t}$：有色雞零售價格。式中說明白肉雞（有色雞）肉產地價格的高低，受到白肉雞（有色雞）肉零售價格漲跌的影響，且產銷價格的傳遞，係以實質價格的關係來表示，意即將其他價格因素的影響效果移除。

4. 市場供需均衡

基於國內養雞業所關注的進口衝擊，乃是白肉雞的開放進口，因而在此次模型中，市場供需均衡式將劃分為白肉雞與有

色雞兩種品系，分別定義如（18-45）式及（18-46）式：

$$（H_{CWK,t} \times W_{CHW,t}）+ M_{CHW,t} =（D_{CW,t} \times N_{P,t}）+ X_{CHW,t}$$
$$（18\text{-}45）$$

其中，$H_{CWK,t}$：白肉雞屠宰隻數，$W_{CHW,t}$：平均每隻白肉雞屠體重，$M_{CHW,t}$：白肉雞進口量，$D_{CW,t}$：每人白肉雞消費量，$N_{P,t}$：人口數，$X_{CHW,t}$：白肉雞出口量。式中說明白肉雞國內供給量，加上白肉雞進口量，等於白肉雞國內需求量，加上白肉雞出口量。同時，白肉雞國內供給量等於白肉雞屠宰隻數，乘上平均每隻白肉雞屠體重。

$$（H_{CCK,t} \times W_{CHC,t}）+ M_{CHC,t} =（D_{CC,t} \times N_{P,t}）+ X_{CHC,t}$$
$$（18\text{-}46）$$

其中，$H_{CCK,t}$：有色雞屠宰隻數，$W_{CHC,t}$：平均每隻有色雞屠體重，$M_{CHC,t}$：有色雞進口量，$D_{CC,t}$：每人有色雞消費量，$N_{P,t}$：人口數，$X_{CHC,t}$：有色雞出口量。式中說明有色雞國內供給量，加上有色雞進口量，等於有色雞國內需求量，加上有色雞出口量。同時，有色雞國內供給量，等於有色雞屠宰隻數，乘上平均每隻有色雞屠體重。

（四）魚肉與其他次模型

由前述每人各部位豬肉、不同等級牛肉、不同品系雞肉之消費支出，以及每人肉品總消費支出，我們可將魚肉消費支出，定義如（18-47）式：

$$E_{F,t} = E_t -（E_{PG,t} + E_{PB,t} + E_{PL,t} + E_{BG,t} + E_{BL,t} + E_{CW,t} + E_{CC,t}）$$
$$（18\text{-}47）$$

其中，E_t：每人肉品總消費支出，$E_{F,t}$：每人魚肉消費支出，$E_{PG,t}$：每人上等豬肉消費支出，$E_{PB,t}$：每人豬腹脅肉消費支

出，$E_{PL,t}$：每人下等豬肉消費支出，$E_{BG,t}$：每人上等牛肉消費支出，$E_{BL,t}$：每人中下牛肉消費支出，$E_{CW,t}$：每人白肉雞肉消費支出，$E_{CC,t}$：每人有色雞肉消費支出。

再者，每人魚肉消費數量，可經由魚肉消費支出，與魚肉零售價格來加以定義，如（18-48）式所示：

$$D_{F,t} = E_{F,t} \div P_{FR,t} \tag{18-48}$$

其中，$D_{F,t}$：每人魚肉消費數量，$E_{F,t}$：每人魚肉消費支出，$P_{FR,t}$：魚肉零售價格。式中說明每人魚肉消費數量，等於每人魚肉消費支出，除以魚肉零售價格而得。

至於，魚肉消費支出比例，則可定義如（18-49）式：

$$W_{F,t} = （P_{FR,t} \times D_{F,t}） \div E_t \tag{18-49}$$

其中，$W_{F,t}$：魚肉消費支出比例。式中說明魚肉消費支出比例，等於魚肉零售價格與每人魚肉消費量的乘積，再除以每人肉品消費支出。

此外，模型中所謂的肉品消費價格指數，可以經由（18-50）式來加以定義：

$$\ln I_{M,t} = (W_{PG,t} \times \ln P_{PGR,t}) + (W_{PB,t} \times \ln P_{PBR,t}) + (W_{PL,t} \times \ln P_{PLR,t})$$
$$+ （W_{BG,t} \times \ln P_{BGR,t}） + （W_{BL,t} \times \ln P_{BLR,t}） + （W_{CW,t} \times \ln P_{CWR,t}）$$
$$+ （W_{CC,t} \times \ln P_{CCR,t}） + （W_{F,t} \times \ln P_{FR,t}） \tag{18-50}$$

式中說明，肉品消費價格指數（$I_{M,t}$）的對數值，等於模型中八項肉類產品零售價格的對數值，依個別消費支出比例大小加權平均。

（五）肉品消費需求體系

由於前述八項肉類產品，其消費需求間彼此存有某種程度的替代或互補關係，因此任一項肉品零售價格的漲跌，將會影

響到其餘每一項肉品的消費，而使整體肉類產品的消費結構發生變化。此消費需求面的變動，將會重新調整國內畜禽產品的零售價格，再透過價格傳遞式的作用，而造成產地價格不同程度的波動，最終將使得畜禽生產之飼養與屠宰供給面，產生重新調整反應後的效果。

在肉類產品消費需求體系之實證估測上，幾近理想化需求體系（AIDS）為一種滿足選擇公設的任意一階近似之需求函數模式（Deaton & Muellbauer，1980b）。在理論基礎上，該函數模式結合有**鹿特丹**（Rotterdom）模型及**超越對數**（Translog）模型理論的優點，且實證估計上，同線性支出體系（LES）般簡易，即避免了非線性的估計問題。再者實證分析上，AIDS具直接非可加性之假設，因此可解決使用直接可加系統時（如LES模式），背後須假設產品間具獨立邊際效用的問題。

經由肉品消費需求體系之理論推導，我們可得出台灣肉品消費需求體系中，八項肉品消費支出比例函數式，如（18-51）式至（18-58）式：

首先，在不同部位豬肉消費支出比例上，包括有上等豬肉、豬腹脅肉、下等豬肉消費支出比例函數式：

（1）上等豬肉消費支出比例

$$
\begin{aligned}
W_{PG,t} = q_0 &+ q_1 \ln P_{PGR,t} + q_2 \ln P_{PBR,t} + q_3 \ln P_{PLR,t} + q_4 \ln P_{BGR,t} \\
&+ q_5 \ln P_{BLR,t} + q_6 \ln P_{CWR,t} + q_7 \ln P_{CCR,t} + q_8 \ln P_{FR,t} \\
&+ q_9 \ln (E_t/I_{M,t}) \quad\quad\quad (18\text{-}51)
\end{aligned}
$$

（2）豬腹脅肉消費支出比例

$$
\begin{aligned}
W_{PB,t} = r_0 &+ r_1 \ln P_{PGR,t} + r_2 \ln P_{PBR,t} + r_3 \ln P_{PLR,t} + r_4 \ln P_{BGR,t} \\
&+ r_5 \ln P_{BLR,t} + r_6 \ln P_{CWR,t} + r_7 \ln P_{CCR,t} + r_8 \ln P_{FR,t} \\
&+ r_9 \ln (E_t/I_{M,t}) \quad\quad\quad (18\text{-}52)
\end{aligned}
$$

（3）下等豬肉消費支出比例

$$W_{PL,t} = s_0 + s_1 \ln P_{PGR,t} + s_2 \ln P_{PBR,t} + s_3 \ln P_{PLR,t} + s_4 \ln P_{BGR,t}$$
$$+ s_5 \ln P_{BLR,t} + s_6 \ln P_{CWR,t} + s_7 \ln P_{CCR,t} + s_8 \ln P_{FR,t}$$
$$+ s_9 \ln (E_t/I_{M,t}) \qquad (18\text{-}53)$$

其次，不同等級牛肉消費支出比例上，包括有上等牛肉、中下牛肉消費支出比例函數式，其定義如（18-54）式與（18-55）式：

（1）上等牛肉消費支出比例

$$W_{BG,t} = t_0 + t_1 \ln P_{PGR,t} + t_2 \ln P_{PBR,t} + t_3 \ln P_{PLR,t} + t_4 \ln P_{BGR,t}$$
$$+ t_5 \ln P_{BLR,t} + t_6 \ln P_{CWR,t} + t_7 \ln P_{CCR,t} + t_8 \ln P_{FR,t}$$
$$+ t_9 \ln (E_t/I_{M,t}) \qquad (18\text{-}54)$$

（2）中下牛肉消費支出比例

$$W_{BL,t} = u_0 + u_1 \ln P_{PGR,t} + u_2 \ln P_{PBR,t} + u_3 \ln P_{PLR,t} + u_4 \ln P_{BGR,t}$$
$$+ u_5 \ln P_{BLR,t} + u_6 \ln P_{CWR,t} + u_7 \ln P_{CCR,t} + u_8 \ln P_{FR,t}$$
$$+ u_9 \ln (E_t/I_{M,t}) \qquad (18\text{-}55)$$

再者，不同品系肉雞消費支出比例上，包括有白肉雞肉、有色雞肉消費支出比例函數式，其定義如（18-56）式與（18-57）式：

（1）白肉雞肉消費支出比例

$$W_{CW,t} = v_0 + v_1 \ln P_{PGR,t} + v_2 \ln P_{PBR,t} + v_3 \ln P_{PLR,t} + v_4 \ln P_{BGR,t}$$
$$+ v_5 \ln P_{BLR,t} + v_6 \ln P_{CWR,t} + v_7 \ln P_{CCR,t} + v_8 \ln P_{FR,t}$$
$$+ v_9 \ln (E_t/I_{M,t}) \qquad (18\text{-}56)$$

（2）有色雞肉消費支出比例

$$W_{CC,t} = x_0 + x_1 \ln P_{PGR,t} + x_2 \ln P_{PBR,t} + x_3 \ln P_{PLR,t} + x_4 \ln P_{BGR,t}$$
$$+ x_5 \ln P_{BLR,t} + x_6 \ln P_{CWR,t} + x_7 \ln P_{CCR,t} + x_8 \ln P_{FR,t}$$
$$+ x_9 \ln (E_t/I_{M,t}) \qquad (18\text{-}57)$$

最後，則是魚肉消費支出比例函數式，如（18-58）式：

$$W_{F,t} = z_0 + z_1 \ln P_{PGR,t} + z_2 \ln P_{PBR,t} + z_3 \ln P_{PLR,t} + z_4 \ln P_{BGR,t}$$
$$+ z_5 \ln P_{BLR,t} + z_6 \ln P_{CWR,t} + z_7 \ln P_{CCR,t} + z_8 \ln P_{FR,t}$$
$$+ z_9 \ln (E_t / I_{M,t}) \qquad\qquad (18\text{-}58)$$

惟（18-58）式在實證估計上，爲避免線性重合的發生，並不置入模型體系內來一起迴歸估計，而是經由其他支出比例式依體系限制的應用，來加以推求（18-58）式中的參數值。

綜合以上論述，我們可知台灣畜禽產業供需計量模型體系，共有57條方程式，以及100個變數。其在方程式的結構上，包括有21條行爲式、27條定義式、以及9條均衡式；而在變數的結構上，包括有57個內生變數、7個落遲內生變數、35個外生變數、以及1個落遲外生變數。

18.3 供需模式估計與測試

一、實證估計與分析

在實證估計上，不同估計方法的擇取，常因研究目的取向、實際觀察資料、以及模型設計偏誤等問題的綜合考量而定。再者，本章節模型體系建構之目的，並不純粹在解釋經濟變數間的相互關連，亦即不單純是面臨估計上的計量處理問題，而是希望藉由模型體系所構築的變數關係，來做更進一步的政策模擬分析，因此模型模擬預測能力的強度，亦是本研究關注的重點。

在模型體系之聯立方程式偏誤不太嚴重下，我們可進而考量跨方程式間誤差項相關的計量處理問題，以便估得之參數值

更具有效性；同時，由於模型方程體系係以**非線性**（nonlinear）之方程式型式表示，因此本章節採用**非線性近似無相關迴歸法**（Nonlinear Seeming Unrelated Regression，**簡稱NSUR**），來做模型體系之實證估計。

（一）估計結果探討

如前所述可知，模型體系之實證估計，係以NSUR之方法，同時估計包含有毛豬與豬肉、肉牛與牛肉、肉雞與雞肉、魚肉與其他，以及肉品需求體系等五個次模型的方程式體系。在估計工具使用上，以SAS for windows之電腦軟體來進行實證估計，且電腦程式以**一般化型式**（general form），即將誤差項寫在等號左號之型式，來撰寫模型方程體系，同時體系中兩變數的相除，可直接以非線性的方式逕自表示，而無需重新定義新的變數來替代，因此對模型體系將來的預測工作，有達到簡單易懂及操作方便的效果。惟該一般化型式，由於係將誤差項置於被解釋變數之位置，因此並無法提供R^2數值的大小。為克服上述R^2數值缺無的問題，我們將進而直接提供各內生變數，其**實際觀察值**（actual value）與**歷史模擬值**（predicted value）的配適度統計數值，以權充R^2值的提供。

1. 毛豬與豬肉次模型

（1）種豬飼養頭數

$$H_{HS,t} = -227809 + 0.9745\,H_{HS,t-1} + 52359.99\,(P_{PF,t}/P_{HH,t}) + 80929.76\,U_{HS,t}$$
$$(-12.17)\;*** \qquad (119.01)\;*** \quad (30.78)\;*** \qquad\qquad (40.86)\;***$$
$$(0.9142) \qquad\qquad (0.3468)$$

$$(18\text{-}59)$$

由（**18-59**）式可知，上一期種豬飼養頭數、養豬利潤（毛豬產地與豬肉飼料價比）、以及種豬政策等因素，對本期種豬飼養頭數的多寡，皆有顯著性正向影響效果。式中說明，當上一

期種豬飼養頭數增加1,000頭時，本期將增加約975頭的種豬飼養，此說明養豬戶種豬的飼養行為，主要依其上一年底種豬飼養頭數的多寡來調整，此反映出種豬飼養至成豬的生物性時間落遲。再者，養豬利潤大小，對種豬飼養頭數多寡的影響程度，為當毛豬產地與豬用飼料價比上漲1單位時，將增加約5萬2千頭種豬的飼養，意謂養豬戶種豬飼養的經營型態，大抵仍以留養至成豬，再屠宰出售為主，此現象與國內目前較多比例（七成以上）之統合經營養豬戶的現況相符。至於，政府於1984年起所推行的核心種豬場興建措施，亦對國內種豬的飼養，產生顯著性正面影響效果，因此自1984年起明顯增加了國內種豬的飼養頭數。

（2）毛豬飼養頭數

$$H_{HL,t} = 122981 + 0.6232H_{HB,t} \qquad (18\text{-}60)$$
$$(1.78)\ *\ (398.89)\ ***$$
$$(0.9804)$$

由（18-60）式可知，本期毛豬生產（新增）頭數，對本期毛豬飼養頭數的多寡，有顯著性正向影響效果。式中說明，當本期新增1,000頭毛豬時，約可增加本期期末623頭毛豬的在養，此意謂本期毛豬飼養頭數，主要決定於本期新增毛豬頭數的多寡。

（3）每人每年豬內臟消費量

$$D_{PV,t} = 3.9180 - 0.0135\,(P_{PVR,t}/I_{C,t}) + 0.0245\,(Y_{D,t}/I_{C,t}) \qquad (18\text{-}61)$$
$$(24.43)\ ***\ (-24.56)\ ***\quad (24.91)\ ***$$
$$(-0.2548)\qquad (0.5612)$$

就每人每年豬內臟消費量而言，（18-61）式指出，豬內臟實質零售價格與每人可支配所得，對每人豬內臟消費量，分別有顯著性正向與負向的影響效果。式中說明，當豬內臟實質零

售價格，每公斤上漲1元時，將使每人豬內臟消費量減少0.0135公斤；而當每人可支配所得提高1,000元時，每人豬內臟消費量將增加0.0245公斤，此意謂豬內臟產品，在國人消費習慣上，仍具正常財特性。

（4）上等豬肉出口數量

$$X_{PG,t} = 50065.19 + 0.5065M_{JP,t} + 26008.18P_{DX,t} - 19413.50P_{TX,t}$$
$$(1.47)\quad (19.39)***\quad (6.32)***\quad (-4.09)***$$
$$(1.4007)\quad\quad (1.6266)\quad\quad (-1.2291)$$
$$-12810.59P_{UX,t} - 226.4810R_{JU,t} + 5128.24U_{PX,t}\quad\quad (18\text{-}62)$$
$$(-5.62)***\quad (-3.21)***\quad (1.13)$$
$$(-0.8798)\quad\quad (-0.5353)$$

就上等（冷凍與冷藏）豬肉出口數量而言，（18-62）式指出，日本豬肉進口總量，以及丹麥輸日豬肉價格，對台灣上等豬肉輸日數量，有顯著性正向影響效果。反之，台灣輸日豬肉價格、美國輸日豬肉價格，以及日圓兌換美元匯率等因素，則有顯著性負向影響效果。式中說明，當日本進口豬肉整體增加1,000公噸時，代表其購買能力增強，台灣輸日豬肉數量將因而約增加507公噸。另當丹麥輸日豬肉實質價格，每公斤上漲1美元時，台灣輸日豬肉數量約成長2萬6千公噸，此說明丹麥輸日豬肉與我國輸日豬肉，在日本豬肉的進口市場上，係為品級相近之豬肉產品，彼此間具有相互替代的作用，因此其價格的上漲對我國豬肉的出口反倒有利。

再者，台灣輸日豬肉實質價格，每公斤上漲1美元時，代表日本自台灣進口豬肉的成本增加，台灣輸日豬肉數量將因而減少約1萬9千公噸。另美國輸日豬肉實質價格，每公斤上漲1美元時，台灣輸日豬肉數量將減少約1萬3千公噸，此說明美國輸日豬肉與我國輸日豬肉，在日本豬肉進口市場上，係為不同品級之豬肉產品，因此其價格的上漲，代表該產品品質的提升，因

而導致美國輸日豬肉的增加，因此台灣輸日豬肉的數量，相對呈現減少的情形。

　　此外，日圓兌換美元匯率，代表日本進口豬肉的成本，而當日圓相對美元貶值，亦即日圓兌美元匯率加大1單位時，將使得日本進口豬肉的成本增加，因而導致台灣輸日豬肉數量約減少227公噸。日本國內豬肉生產的情況，亦會影響到其進口台灣豬肉的多寡，惟該項影響因素的作用，在顯著水準10%檢定下並不顯著。

（5）毛豬交易價格

$$(P_{PW,t}/I_{W,t}) = 2562.67 + 21.4974 \ (P_{PR,t}/I_{C,t}) \qquad (18\text{-}63)$$
$$(6.70)\ *** \qquad (7.65)\ ***$$
$$(0.4955)$$

　　就毛豬實質交易價格而言，如（18-63）式，其受到總合豬肉實質零售價格，顯著性正向的影響效果。式中說明，當豬肉實質零售價格，每公斤上漲1元時，將使毛豬實質交易價格，每百公斤上漲21.50元。

（6）毛豬產地價格

$$(P_{PF,t}/I_{W,t}) = -0.3026 + 0.0097 \ (P_{PW,t}/I_{W,t}) \qquad (18\text{-}64)$$
$$(-0.74) \qquad (151)\ ***$$
$$(1.0023)$$

　　另就毛豬實質產地價格而言，如表中（18-64）式，其受到毛豬實質交易價格，顯著性正向的影響效果。同時，式中說明，當毛豬實質交易價格，每百公斤上漲100元時，將使得毛豬實質產地價格，每公斤上漲0.97元。

　　由上述毛豬與豬肉次模型的實證估計結果，我們可知，國內養豬戶種豬飼養的經營型態，大抵仍以留養至成豬再出售屠宰為主，亦即以統合經營的方式來飼養種豬；另毛豬飼養頭數

的多寡，主要取決於毛豬生產的頭數。在台灣輸日上等（冷凍與冷藏）豬肉數量，亦即日本進口台灣豬肉數量的探討上，丹麥豬肉（主要為冷凍豬肉）與我國豬肉，在日本豬肉進口市場上，係屬同一品級之產品，因而有相互替代競爭的作用。

反之，美國豬肉（主要為冷藏豬肉）與我國豬肉，在日本豬肉進口市場上，係屬不同品級之產品，彼此雖無替代之效果，惟該肉品品質提升後，亦將衝擊影響到我國輸日豬肉的數量，因而我國冷凍與冷藏豬肉，除相對價格上的競爭外，產品品質的提升，將是農政當局努力的發展方向。國內毛豬在產銷價格傳遞上，毛豬產地價格受到毛豬交易價格的影響，而毛豬交易價格則受到豬肉零售價格的影響，因此國內毛豬產地市場，係為豬肉零售市場與外銷市場的引申需求，因而養豬戶毛豬飼養供給的調整，雖取決於毛豬產地價格的高低，但該價格的波動卻受豬肉零售市場的影響，因此消費地市場部位豬肉價格的穩定，亦是政府努力的方向。

2. 肉牛與牛肉次模型

（1）肉牛飼養頭數

$$H_{CAS,t} = -10053.31 + 0.9299 H_{CAS,t-1} + 1085.49 \ (P_{BF,t-2}/P_{CAH,t-2})$$
$$(-0.89) \qquad (18.76) *** \qquad (1.81) *$$
$$(1.0009) \qquad (0.0925) \qquad (18\text{-}65)$$

就肉牛飼養頭數而言，（18-65）式指出，上一期肉牛飼養頭數，以及養牛利潤（肉牛產地與牛用飼料價格比），皆對本期肉牛飼養頭數，有顯著性正向的影響效果。式中說明，當上一期肉牛飼養頭數增加100頭時，將使本期肉牛飼養頭數約增加93頭，意謂養牛戶的肉牛飼養仍受上一期頭數很大的影響。另上兩期養牛利潤，亦即前兩年肉牛產地價格與牛用飼料價格比上漲1單位時，將使肉牛飼養頭數增加1,086頭，此說明肉牛由飼養

至屠宰，約有兩年的生物性時間落遲，因此使得市場價格訊
息，需經過兩年的時間落遲，才得以真正影響到供給面的調
整，而無法立即於本期調整其飼養頭數。

（2）國產上等牛肉零售價格

$$(P_{BGR,t}/I_{C,t}) = 190.1007 + 0.3383 \ (P_{BGM,t}/I_{C,t}) \qquad (18\text{-}66)$$
$$(37.93)\ ^{***} \quad (64.27)\ ^{***}$$
$$(0.3024)$$

　　就不同等級牛肉的價格傳遞而言，（18-66）式說明，國產
上等牛肉的實質零售價格，顯著地受到上等（特殊品級）牛肉
實質進口價格的影響，且當上等牛肉實質進口價格，每公斤上
漲1元時，國產上等牛肉實質零售價格，每公斤約上漲0.34元。

（3）國產中下牛肉零售價格

$$(P_{BLR,t}/I_{C,t}) = -43.8648 + 1.7168 \ (P_{BLM,t}/I_{C,t}) \qquad (18\text{-}67)$$
$$(-3.65)\ ^{***} \quad (18.09)\ ^{***}$$
$$(1.3740)$$

　　另由表中（18-67）式可知，國產中下牛肉的實質零售價
格，顯著地受到中下（一般品級）牛肉實質進口價格的影響，
且當中下牛肉實質進口價格，每公斤上漲1元時，將使國產中下
牛肉實質零售價格，每公斤約上漲1.72元。

（4）國產牛肉產地價格

$$P_{BF,t} = -38.3130 + 0.4365\ P_{BGR,t} + 0.0928\ P_{BLR,t} \qquad (18\text{-}68)$$
$$(-8.31)\ ^{***} \quad (24.64)\ ^{***} \quad (2.75)\ ^{**}$$
$$(1.4573) \qquad (0.1495)$$

　　就產銷兩地價格的傳遞而言，（18-68）式說明，不同等級
國產牛肉零售價格，均對國產牛肉（加權）產地價格，有顯著
性正向影響效果，並且當國產上等牛肉零售價格，每公斤上漲1

元時，將使國產牛肉產地價格，每公斤約上漲0.44元。而當國產中下牛肉零售價格，每公斤上漲1元時，將使國產牛肉產地價格，每公斤上漲0.09元。

由上述肉牛與牛肉次模型之實證估計結果，我們可知，養牛戶肉牛飼養頭數的多寡，主要決定於上一年肉牛飼養頭數，以及上二年產地與飼料價格比，意即受到肉牛生物性的影響，而使養牛白肉牛的飼養調整出現僵固性。在國外進口價格與國內產銷價格的傳遞上，不同等級牛肉進口價格，對國產不同等級牛肉零售價格的影響程度有所差異，其中以中下牛肉進口價格的波動影響幅度較大。另國產不同等級牛肉零售價格，對國產牛肉產地價格的影響亦不同，其中以國產上等牛肉零售價格的波動影響較大。

3. 肉雞與雞肉次模型

（1）白肉雞屠宰隻數

$$H_{CWK,t} = -32762.98 + 0.8831\ H_{CWK,t-1} + 4550.05\ (P_{CWF,t}/P_{CHH,t}) + 907.64\ T_t$$

$$(-8.42)\ *** \quad (23.84)\ *** \qquad (8.69)\ *** \qquad (3.57)\ ***$$

$$(0.7629) \qquad\qquad (0.6795) \qquad\qquad\qquad (18\text{-}69)$$

就白肉雞屠宰隻數而言，（18-69）式指出，上一期白肉雞屠宰隻數、本期白肉雞飼養利潤（白肉雞產地與雞用飼料價格比），以及時間趨勢值，皆對本期白肉雞屠宰隻數，有顯著性的正向影響效果。式中說明，當上一期白肉雞屠宰隻數增加10萬隻時，本期白肉雞屠宰隻數將增加約8萬8千隻，顯示雞農白肉雞的屠宰供給反應，將參考上一期的屠宰隻數做調整。本期白肉雞飼養利潤，亦即白肉雞產地與飼料價格比上漲1單位時，將使白肉雞屠宰隻數約增加455萬隻，因此，雞農飼養白肉雞利潤的高低，對其屠宰隻數的多寡影響很大。另時間趨勢值所代表的技術進步，說明隨著國內白肉雞飼養與屠宰技術之進步，而平均每年約成長91萬的白肉雞屠宰隻數。

（2）有色雞屠宰隻數

$$H^{CCK,t} = 8912.90 + 0.3237\ H_{CCK,t-1} + 1438.49\ (P_{CCF,t}/P_{CHH,t}) + 3367.01\ T_t$$

(2.47) ** 　　(6.58) *** 　　(4.53) *** 　　　　(12.31) ***

　　　　　　　(0.3072) 　　(0.1269) 　　　　　　$(18\text{-}70)$

　　就有色雞屠宰隻數而言，（18-70）式指出，上一期有色雞屠宰隻數、本期有色雞飼養利潤（有色雞產地與雞用飼料價格比），以及時間趨勢值，亦皆對本期有色雞屠宰隻數，有顯著性的正向影響效果。式中說明，當上一期有色雞屠宰隻數增加10萬數時，本期有色雞屠宰隻數將增加約3萬2千隻，顯示雞農有色雞屠宰隻數的多寡，將參考上一期的屠宰隻數做調整。本期有色雞飼養利潤，亦即有色雞產地與飼料價格比上漲1單位時，將使有色雞屠宰隻數約增加144萬隻，因此雞農飼養有色雞利潤的高低，對其屠宰隻數的多寡影響很大。另時間趨勢值所代表的技術進步，說明隨著國內有色雞飼養與屠宰技術之進步，而平均每年約成長337萬的有色雞屠宰隻數。

（3）白肉雞產地價格

$$(P_{CWF,t}/I_{W,t}) = -10.3093 + 0.7055\ (P_{CWR,t}/I_{C,t}) \qquad (18\text{-}71)$$

　　　　　　　　(-5.59) *** 　　(35.34) ***

　　　　　　　　　　　　　(1.1840)

　　在不同品系肉雞產銷價格的傳遞上，（18-71）式說明，白肉雞實質產地價格，受到白肉雞實質零售價格顯著地影響，且當其實質零售價格，每公斤上漲1元時，白肉雞實質產地價格，每公斤將上漲0.71元。

（4）有色雞產地價格

$$(P_{CCF,t}/I_{W,t}) = -23.7409 + 0.7835\ (P_{CCR,t}/I_{C,t}) \qquad (18\text{-}72)$$

　　　　　　　　(-7.96) *** 　　(32.91) ***

　　　　　　　　　　　　　(1.3493)

另由（18-72）式可知，有色雞實質產地價格，受到有色雞實質零售價格顯著地影響，且當其實質零售價格，每公斤上漲1元時，有色雞實質產地價格，每公斤將上漲0.78元。

由上述肉雞與雞肉次模型之實證估計結果，我們可知，在不同品系肉雞的屠宰供給反應上，皆取決於上一期屠宰隻數的多寡，惟在肉雞與飼料價格比，所代表的養雞利潤上，白肉雞影響幅度較有色雞來得大。再者，時間趨勢值所表示的技術進步，其對有色雞屠宰供給的成長幅度反倒較大，此意謂近年來有色雞技術研發所展現的成果。此外，在產銷兩地價格的傳遞上，不同品系雞肉零售市場的價格波動中，有色雞零售價格波動對有色雞產地價格的影響較大。

4. 肉品需求體系

茲將台灣肉品需求體系之模型方程參數值的估計結果，條列如（表18-3）所示。

綜觀模型之實證估計結果，我們可清楚得知，在台灣畜禽產業供需計量模型中，不論就毛豬、肉牛、肉雞次模型，抑或肉品需求體系而言，其模型方程體系參數值的估計，就參數值符號關係而言，皆符合經濟學理的預期與要求。另以 t 分配的雙尾統計檢定而言，在顯著水準5%，甚或1%檢定下，亦幾乎具有顯著性影響效果。式中小括號數值說明該變數之漸近 t 值，其中＊、＊＊、＊＊＊依序表示顯著水準10%、5%、1%下，t 分配的雙尾檢定顯著；而中括號數值說明該變數之彈性值。

二、模型模擬能力評估

模型即使方程式之配適度均佳，但對整個模型進行模擬後，並不能保證所產生的結果與實際情況符合，因此在進行模型之模擬分析前，有必要對該模型之模擬能力加以評估。由於本章節計量模型為聯立非線性之方程體系，因此模擬的方法，

表18-3 台灣畜禽產業供需計量模型實證估計結果（肉品需求體系：AIDS）

Independent Variables	Dependent Variable							
	$W_{PG,t}$	$W_{PB,t}$	$W_{PL,t}$	$W_{BG,t}$	$W_{BL,t}$	$W_{CW,t}$	$W_{CC,t}$	$W_{F,t}$
Constant	0.1820 (1.56)	-0.0738 (-1.45)	-0.0250 (-1.75) *	0.0268 (2.32) **	0.0544 (1.96) *	-0.0263 (-0.57)	0.4382 (11.87) ***	0.4237 (12.57) ***
$\ln(P_{PGR,t}/I_{C,t})$	0.3587 (7.72) ***	-0.1230 (-5.49) ***	0.0129 (2.63) **	-0.0070 (-1.69)	0.0407 (5.72) ***	-0.0501 (-3.98) ***	-0.1294 (-9.25) ***	-0.1028 (-25.29) ***
$\ln(P_{PBR,t}/I_{C,t})$	-0.1230 (-5.49) ***	0.1343 (9.97) ***	-0.0268 (-8.85) ***	0.0123 (4.85) ***	0.0014 (0.38)	-0.0011 (-0.16)	0.0535 (7.45) ***	-0.0506 (-16.94) ***
$\ln(P_{PLR,t}/I_{C,t})$	0.0129 (2.63) **	-0.0268 (-8.85) ***	0.0321 (22.79) ***	0.0084 (8.45) ***	-0.0039 (-4.05) ***	-0.0014 (-0.47)	-0.0085 (-3.50) ***	-0.0128 (-26.55) ***
$\ln(P_{BGR,t}/I_{C,t})$	-0.0070 (-1.69)	0.0123 (4.85) ***	0.0084 (8.45) ***	-0.0103 (-7.79) ***	0.0051 (5.35) ***	0.0056 (2.14) **	-0.0191 (-7.91) ***	0.0050 (15.94) ***
$\ln(P_{BLR,t}/I_{C,t})$	0.0407 (5.72) ***	0.0014 (0.38)	-0.0039 (-4.05) ***	0.0051 (5.35) ***	-0.0147 (-5.29) ***	-0.0207 (-7.57) ***	-0.0192 (-7.03) ***	0.0113 (14.58) ***
$\ln(P_{CWR,t}/I_{C,t})$	-0.0501 (-3.98) ***	-0.0011 (-0.16)	-0.0014 (-0.47)	0.0056 (2.14) **	-0.0207 (-7.57) ***	-0.0235 (-2.89) ***	0.0450 (7.07) ***	0.0462 (11.68) ***
$\ln(P_{CCR,t}/I_{C,t})$	-0.1294 (-9.25) ***	0.0535 (7.45) ***	-0.0085 (-3.50) ***	-0.0191 (-7.91) ***	-0.0192 (-7.03) ***	0.0450 (7.07) ***	0.0491 (6.22) ***	0.0286 (18.81) ***
$\ln(P_{FR,t}/I_{C,t})$	-0.1028 (-15.36) ***	-0.0506 (-17.00) ***	-0.0128 (-26.61) ***	0.0050 (16.11) ***	0.0113 (14.71) ***	0.0462 (11.69) ***	0.0286 (22.25) ***	0.0751 (48.38) ***
$\ln(E_t/I_{M,t})$	-0.0029 (-0.13)	0.0356 (3.84) ***	0.0140 (5.37) ***	0.0012 (0.58)	-0.0101 (-1.84) *	0.0274 (3.06) ***	-0.0477 (-6.96) ***	-0.0175 (-10.25) ***

註：小括號內數值，代表該變數漸近 t 值的大小；*、**、***依序表示顯著水準10%、5%、1%下，t 分配的雙尾檢定顯著者。

資料來源：楊政學（1998）。

採用Newton的方法來進行模擬，過程中**落遲相依變數**（lag dependent variable）的模擬求解，採行**動態模擬**（dynamic simulation）的方式進行。本章節計量經濟模型中57個內生變數，其依模擬結果所計算出來的均方根誤差百分比（RMSPE）、泰爾不等係數（U_1、U_2）、及均方誤差（U_m、U_s、U_c）的數值，則列示於（表18-4）。

（表18-4）綜合報告，台灣畜禽產業供需計量模型模擬能力之評估（validation），其中在RMSPE的衡量上，以上等豬肉出口量（X_{PG}）最大；另外，豬內臟零售價格（P_{PRV}）、每人白肉雞消費支出（E_{CW}）、每人白肉雞消費量（D_{CW}）、以及白肉雞支出比例（W_{CW}）等變數，亦存在超過50%以上之RMSPE值，顯示上述變數之模擬值與實際值間的平均誤差較大。

在Theil不等係數之U_1與U_2衡量上，以豬內臟零售價格與上等牛肉進口量（M_{BG}）之數值偏高，其餘大部分變數之U_2值，多維持於0.1之下，尚在合理可接受之範圍。另在MSE所分解出來的U_m、U_s及U_c衡量上，若以U_c數值的大小而言，豬內臟零售價格顯然評估結果並不佳，同時牛肉零售價格（P_{BR}）與中下牛肉零售價格（P_{BLR}），亦有偏誤之情形存在。

總結上述可知，整體模型體系在做歷史模擬上，產品零售價格的評估結果較不好，惟大部分內生變數之評估結果，尚在可接受的範圍內，因而可嘗試利用目前所建構之模型體系，來做進一步的政策模擬分析。

18.4 市場衝擊影響評估

透過本章節建構之台灣畜禽產業計量經濟模型，我們可進行我國參與WTO後，國內主要畜禽產品市場變動之政策模擬分析。首先，探討國際經貿環境趨勢與政府可能因應措施；其

表18-4 台灣畜禽產業供需計量模型模擬能力之評估

評估係數 / 內生變數	RMSPE	U_1	U_2	U_m	U_s	U_c
Hog and Pork Subsector :						
H_{HS}	0.1441	0.1070	0.0532	0.008	0.160	0.832
H_{HFS}	0.1497	0.1121	0.0557	0.008	0.163	0.829
H_{HB}	0.1937	0.1524	0.0787	0.234	0.012	0.754
H_{HL}	0.2040	0.1555	0.0803	0.216	0.002	0.781
H_{HK}	0.2207	0.1652	0.0854	0.254	0.047	0.699
S_P	0.2207	0.1582	0.0816	0.260	0.043	0.697
X_{PG}	0.8838	0.1702	0.0843	0.000	0.025	0.975
E_{PG}	0.0535	0.0509	0.0253	0.029	0.126	0.845
E_{PB}	0.0614	0.0521	0.0260	0.005	0.002	0.993
E_{PL}	0.0517	0.0513	0.0256	0.000	0.007	0.993
D_{PG}	0.0535	0.0518	0.0258	0.014	0.065	0.921
D_{PB}	0.0614	0.0568	0.0284	0.001	0.000	0.999
D_{PL}	0.0517	0.0539	0.0270	0.002	0.016	0.982
D_{PV}	0.2207	0.1679	0.0867	0.238	0.070	0.692
D_P	0.3752	0.0382	0.0192	0.044	0.051	0.906
P_{PVR}	0.6669	0.7936	0.3031	0.244	0.617	0.138
P_{PW}	0.0375	0.1252	0.0620	0.027	0.001	0.972
P_{PF}	0.1382	0.1311	0.0649	0.026	0.000	0.974
P_{PR}	0.0819	0.0841	0.0411	0.244	0.256	0.500
M_{PG}	--	--	--	--	--	--
M_{PB}	--	--	--	--	--	--
M_{PV}	--	--	--	--	--	--
Cattle and Beef Subsector :						
H_{CAS}	0.2413	0.1880	0.0996	0.149	0.333	0.518
H_{CAK}	0.2413	0.2039	0.1040	0.018	0.034	0.949
S_B	0.2413	0.2056	0.1048	0.017	0.029	0.954
E_{BG}	0.3457	0.2712	0.1352	0.000	0.000	1.000
E_{BL}	0.2421	0.1882	0.0969	0.030	0.149	0.821
D_{BG}	0.4019	0.3341	0.1695	0.002	0.014	0.984
D_{BL}	0.4876	0.3344	0.1696	0.003	0.006	0.991
D_B	0.3802	0.2662	0.1374	0.017	0.087	0.897
P_{BGR}	0.0793	0.0703	0.0350	0.005	0.032	0.963
P_{BLR}	0.1751	0.1652	0.0801	0.051	0.495	0.454
P_{BR}	0.0866	0.0806	0.0396	0.068	0.620	0.313
P_{BF}	0.5086	0.2203	0.1112	0.003	0.138	0.859
M_{BG}	--	0.5118	0.2614	0.000	0.012	0.988
M_{BL}	--	0.3595	0.1879	0.010	0.098	0.892

（續）表18-4　台灣畜禽產業供需計量模型模擬能力之評估

評估係數 內生變數	RMSPE	U_1	U_2	U_m	U_s	U_c
Chicken Meat Subsector :						
H_{CWK}	0.3500	0.1133	0.0562	0.004	0.069	0.927
H_{CCK}	0.0598	0.0464	0.0232	0.002	0.005	0.994
E_{CW}	0.6357	0.1851	0.0952	0.016	0.113	0.871
E_{CC}	0.0646	0.0611	0.0309	0.032	0.230	0.738
D_{CW}	0.6357	0.1909	0.0978	0.004	0.115	0.881
D_{CC}	0.0646	0.0618	0.0311	0.013	0.215	0.772
P_{CWF}	0.0738	0.0723	0.0362	0.000	0.005	0.995
P_{CCF}	0.0991	0.0952	0.0479	0.001	0.362	0.637
M_{CHW}	--	--	--	--	--	--
M_{CHC}	--	--	--	--	--	--
Fish Meat and Others Subsector:						
E_F	0.0591	0.0501	0.0251	0.000	0.013	0.987
D_F	0.0591	0.0535	0.0268	0.001	0.009	0.991
I_M	0.0219	0.0196	0.0098	0.001	0.145	0.854
Meat Demand System : （AIDS）						
W_{PG}	0.0535	0.0533	0.0267	0.000	0.278	0.722
W_{PB}	0.0614	0.0571	0.0285	0.000	0.012	0.988
W_{PL}	0.0517	0.0544	0.0272	0.000	0.033	0.967
W_{BG}	0.3457	0.3294	0.1641	0.000	0.010	0.990
W_{BL}	0.2421	0.2203	0.1107	0.000	0.037	0.963
W_{CW}	0.6357	0.2373	0.1214	0.000	0.147	0.853
W_F	0.0591	0.0527	0.0264	0.000	0.096	0.904
W_{CC}	0.0646	0.0651	0.0326	0.000	0.203	0.797

註：--. 說明該欄位相對之內生變數中，有某幾期之實際觀察值為零或接近零，
　　因而造成評估係數無法計算其大小。
資料來源：楊政學（1998）。

次，說明模型中政策模擬之設定；最後，模擬分析國內主要畜
禽產品市場變動之模擬結果。

一、經貿環境與可能措施

（一）國際經貿環境趨勢

在GATT烏拉圭回合條款中，被認爲對農業有影響的主要相關規範，包括有**市場開放**（market access）、**出口補貼**（export subsidies）、**國內支持措施**（internal support）以及**動植物檢驗及檢疫規範**（sanitary and phytosanitary measures）。其中，出口補貼、國內支持措施以及動植物檢驗及檢疫規範，對台灣畜禽產業較無直接關連，而值得我們注意的議題，乃是市場開放的相關條款。

依規範農產品進口關稅的削減上，其具體作法爲以1986～1988年平均值爲基期，已開發國家在六年改革調整期間平均削減36%，單項產品降幅至少爲15%。農產品非關稅措施上，乃將非關稅措施透過公式，加以轉換爲透明化的一般關稅稅率，再將轉化後的稅率依關稅削減的協議逐年減讓。惟爲防止關稅化後之高關稅稅率，無法達到市場開放的目標，因而要求目前仍禁止某些農產品進口的國家，須有最低進口的承諾，即於協定開始實施第一年（1995年），開放相當於規定基期內，該項產品年平均消費量的3%作爲最低進口量，而此比率在調整期最後一年（2000年），必須提高到消費量5%的進口數量。

（二）政府可能因應措施

我國主要畜禽產業之非關稅措施，在豬腹脅肉上，採核發同意文件始可進口；雞肉與豬內臟上，則以管制進口的方式保護，因此均須面對市場開放的壓力，而農政當局亦考慮採行，豬腹脅肉提高關稅後自由進口，以及雞肉與豬內臟「關稅配額」的方式進口（行政院農委會，1995），在配額內依前述GATT協定的原則開放進口，而在配額外採高關稅的方式，期使國外產

（正式內容）

品無法進口到國內市場。另在牛肉市場開放方面，原先市場已是開放進口之狀況，惟在國際貿易自由化潮流下，仍有面對調降上等（特殊品級）牛肉，以及中下（一般品級）牛肉進口關稅的壓力。

整體而言，在評估台灣參與WTO對國內畜禽產業的衝擊影響時，除考量國際經貿環境的調整趨勢外，尚需考量政府在整體相關畜禽產業，所同時採行之保護措施的削減或取消，以更客觀且周延地評估國內主要畜禽產業所承受的衝擊大小。

二、政策模擬設定

基於本章節目的，在於評估豬腹脅肉與豬內臟開放進口，上等豬肉外銷市場變動，白肉雞肉開放進口，以及上等與中下牛肉進口關稅調降，對國內主要畜禽產業的衝擊影響。因此，本章節擬將原先維持管制進口的國內市場，抑或已經開放之進出口市場的政策與環境，視為模型模擬分析的比較基準。

模型中比較基準之外生變數共計有36個，其中每人可支配所得、人口數、消費者物價指數、以及躉售物價指數等總體變數，取自於中華經濟研究院總體經濟預測。至於，模型體系內其他次模型之外生變數，則依個別變數歷史資料所呈現之長期趨勢，分別以年平均成長率，或移動平均等不同方式來加以推估。模型中比較基準之外生變數於1995～2000年期間，所取得或推估得到的數值大小，則列示於（表18-5）中，以茲參考。

由於我國過去受GATT條款之約束較少，因而在豬腹脅肉、豬內臟、以及白肉雞肉等進口政策的制定上，可能會面臨被要求採用，相較目前規範上更為開放的進口政策。因此，若台灣想成為WTO的會員國，勢必承諾前述GATT協定中，關於市場開放的相關要求，甚或較之更為嚴苛的開放程度。

再者，WTO對會員國市場開放的要求，是全面性的，因而

570

台灣上等豬肉輸入國（日本），以及出口競爭國（美國與丹麥），亦將同時面臨貿易自由化的問題。因此，其勢必會因應自由化要求而調整其進出口政策，而該政策調整的動作，亦將直接影響到我國豬肉輸日數量的多寡，而引發上等豬肉外銷市場的變動，甚或毛豬與畜禽產業亦因而發生結構性調整。

在進口與國內之豬腹脅肉、豬內臟、白肉雞肉、上等與中下牛肉等，產品品質相同的假設下，擬對政府所可能面對的國際經貿環境，以及國內市場開放進口條件，進行政策**模擬**（scenarios）的設定與分析。同時為使政策模擬更適切於實際狀況，因而假設台灣於1997年，始完成WTO會員國的入會程序，且在關稅調整幅度上，均較規範中單項產品最小降幅15%為多，約設定為25%上下；另在進口配額數量上，亦均較規範中最低進口量3～5%，有更大的開放程度，而設定為4～8%。

在國內畜禽產品市場開放方面：

（1）豬腹脅肉採課從價關稅的方式自由進口，1997年稅率為60%，而後逐年調降5%，迄2000年時稅率降為45%，以達到較GATT規範中單項產品最小降幅為多的要求。

（2）豬內臟進口數量，由基期年消費量的4%，逐年調高1.33%，迄2000年時提高為8%的進口量，此較規範中最低進口量3～5%，有更多的開放程度，依此來符合WTO會員國更為嚴格之入會要求。

（3）白肉雞肉進口量自1997年起，由基期年消費量的4%，逐年調高1.33%，迄2000年時提高為8%的進口量，以符合較規範中最低進口量更為嚴苛的要求。

（4）上等牛肉原先1996年稅率為10%，自1997年起稅率降為9.5%，爾後逐年調降0.5%，迄2000年時稅率降為8%；中下牛肉原先1996年稅率為30%，自1997年起稅率降為28%，爾後逐年調降2%，迄2000年時稅率降為22%。

表18-5　1995～2000年期間模型中比較基準外生變數的數值大小[1]

年別 項目	1994[2]	1995	1996	1997	1998	1999	2000
種公豬飼養頭數（千頭）	64	67	71	75	80	84	89
毛豬死亡頭數（千頭）	1,476	1,452	1,438	1,455	1,448	1,447	1,450
毛豬進出口變動頭數（千頭）	-40	-52	-68	-54	-58	-60	-57
種母豬生育率	12.27	12.54	12.45	12.42	12.47	12.45	12.45
上等豬肉進口量（千公噸）	0	0	0	0	0	0	0
豬腹脅肉零售價格（元/公斤）	107.41	109.95	112.55	115.21	117.93	120.72	123.57
下等豬肉零售價格（元/公斤）	51.08	53.12	54.74	56.36	57.78	59.26	61.33
豬內臟進口量（千公噸）	0	0	0	0	0	0	0
日本豬肉總進口量（千公噸）	494	473	475	480	476	477	478
台灣輸日豬肉價格（美元/公斤）	5.906	6.219	6.548	6.895	7.260	7.644	8.049
美國輸日豬肉價格（美元/公斤）	6.068	6.087	6.106	6.125	6.145	6.164	6.183
丹麥輸日豬肉價格（美元/公斤）	5.853	6.161	6.486	6.828	7.188	7.567	7.965
豬用飼料購進價格（元/公斤）	9.02	9.08	9.13	9.19	9.24	9.30	9.36
平均每頭毛豬重（公斤/頭）	105.26	106.25	107.26	108.27	109.29	112.32	111.36
設立核心種豬場虛擬變數	1	1	1	1	1	1	1
日本國內豬肉減產虛擬變數	1	1	1	1	1	1	1
日圓兌換美元匯率	102.18	112.95	108.40	107.84	109.73	108.66	108.74
上等牛肉進口價格（元/公斤）	152.15	142.92	134.24	126.09	118.44	111.25	104.50
中下牛肉進口價格（元/公斤）	83.82	84.27	83.90	84.00	84.06	83.98	84.01
牛用飼料購進價格（元/公斤）	7.24	7.86	8.54	9.27	10.07	10.93	11.87
平均每頭牛屠體重（公斤/頭）	179.99	180.01	180.00	180.00	180.00	180.00	180.00
平均牛隻屠宰率	0.6299	0.5998	0.5913	0.6070	0.5994	0.5992	0.6019
白肉雞出口量（千公噸）	1.16	0.86	0.87	0.96	0.90	0.91	0.92
有色雞出口量（千公噸）	0.00	0.00	0.00	0.00	0.00	0.00	0.00
白肉雞零售價格（元/公斤）	77.06	70.57	72.23	73.29	72.03	72.51	72.61
有色雞零售價格（元/公斤）	103.22	94.57	95.94	97.91	96.14	96.67	96.91
雞用飼料購進價格（元/公斤）	4.48	4.24	4.30	4.34	4.29	4.31	4.32
白肉雞平均隻重（公斤/隻）	1.44	1.44	1.44	1.44	1.44	1.44	1.44
有色雞平均隻重（公斤/隻）	1.92	1.92	1.92	1.92	1.92	1.92	1.92
時間趨勢值	24	25	26	27	28	29	30
魚肉零售價格（元/公斤）	47.77	51.36	55.21	59.36	63.82	68.61	73.76
每人肉品消費總支出（元/人）	9,257	10,340	11,550	12,901	14,411	16,097	17,981
每人可支配所得（千元/人）	216	235	255	276	300	328	355
人口數（千人）	21,126	21,177	21,358	21,538	21,715	21,891	22,065
消費者物價指數（%）	111.94	116.41	119.96	123.50	126.62	129.86	134.40
躉售物價指數（%）	100.89	107.31	108.45	110.75	112.63	114.01	116.29

註：1.表中價格、支出及所得為名目水準。

　　2.表中1994年數值為實際觀察值。

資料來源：楊政學（1998）。

在豬肉外銷市場變動方面：

（1）日本爲因應自由化潮流，而自1997年起，取消台灣輸日豬肉，課徵進口關稅5%之政策措施。

（2）美國與丹麥爲因應自由化腳步，而自1997年起，分別提升輸日豬肉品質，以及調降豬肉出口補貼程度，亦即產生輸日豬肉價格相對提高的效果，且上漲幅度設定爲相對比較基準數值逐年增長5%，迄2000年時增長幅度爲20%。

茲將比較基準與政策模擬相對更改之外生變數的數值，列示於（表18-6）中。

三、市場變動之模擬分析

台灣加入WTO後對國內主要畜禽產業衝擊影響的評估，係以產品市場的供給、需求、進出口與產銷價格的變動趨勢，來做整體性的探討。

（一）市場供給變動

（表18-7）綜合說明國內主要畜禽產品市場供給，於1995～2000年期間，政策模擬相對比較基準變動趨勢之模擬分析。

（1）在毛豬供給變動方面，呈現供給減少的數量與幅度逐年加大之趨勢，迄2000年時其供給結構變動情形中，種豬飼養頭數約減少13萬頭（7.49%），種母豬飼養頭數約減少13萬頭（7.89%），毛豬生產頭數約減少125萬頭（6.32%），毛豬飼養頭數約減少77萬9千頭（6.26%），毛豬屠宰頭數約減少99萬8千頭（5.61%），因而導致豬肉國內供給量，大約減少9萬5千公噸（5.59%）的結構變動。

（2）在肉牛供給變動方面，呈現供給減少的數量與幅度逐年加大之趨勢，迄2000年時其供給結構變動情形中，肉牛飼養頭數約減少93頭（0.22%），肉牛屠宰頭數約

表18-6　1995～2000年期間模型中比較基準與政策模擬外生變數之數值大小[1]

項目 ＼ 年別	1994[2]	1995	1996	1997[5]	1998	1999	2000
豬腹脅肉零售價格（元/公斤）[3]							
比較基準	107.41	109.95	112.55	115.21	117.93	120.72	123.57
政策模擬	107.41	109.95	112.55	60.03	59.62	59.17	59.20
豬內臟進口量（千公噸）							
比較基準	0	0	0	0	0	0	0
政策模擬	0	0	0	4,937	6,583	8,228	9,874
台灣輸日豬肉價格（美元/公斤）							
比較基準	5.906	6.219	6.548	6.895	7.260	7.644	8.049
政策模擬	5.906	6.219	6.548	6.550	6.897	7.262	7.647
美國輸日豬肉價格（美元/公斤）							
比較基準	6.068	6.087	6.106	6.125	6.145	6.164	6.183
政策模擬	6.068	6.087	6.106	6.432	6.759	7.089	7.420
丹麥輸日豬肉價格（美元/公斤）							
比較基準	5.853	6.161	6.486	6.828	7.188	7.567	7.965
政策模擬	5.853	6.161	6.486	7.169	7.907	8.702	9.558
白肉雞肉零售價格（元/公斤）[4]							
比較基準	77.06	70.57	72.23	73.29	72.03	72.51	72.61
政策模擬	77.06	70.57	72.23	71.34	69.43	69.26	68.71
上等牛肉進口價格（元/公斤）							
比較基準	152.15	142.92	134.24	126.09	118.44	111.25	104.50
政策模擬	152.15	142.92	134.24	125.52	117.36	109.73	102.60
中下牛肉進口價格（元/公斤）							
比較基準	83.82	84.27	83.90	84.00	84.06	83.98	84.01
政策模擬	83.82	84.27	83.90	82.70	81.47	80.11	78.84

註：1.表中僅列示出政策模擬分析時，所更改的外生變數之數值大小，其餘未更改變數的設定與
　　　比較基準相同，同時表中所列價格係爲名目水準（nominal）。
　　2.1994年數值爲實際觀察值，同時表列出來以供參考。
　　3.政策模擬之豬腹脅肉零售價格，係以國際價格乘上一加從價關稅（60%～45%）而得，且該
　　　名目價格以國內消費者物價指數來作調整，即維持在1995年的實質國際價格。
　　4.白肉雞肉零售價格的設算，係以AIDS模式所估測之自身價格彈性（-1.4811），來將4～8%的
　　　進口量，折算爲相對的價格跌幅，再乘上1996年的價格水準，且依消費者物價指數逐年調
　　　整，因此自1997年起，每公斤價格下跌數量依序爲1.95元、2.60元、3.26元及3.90元。
　　5.政策模擬相對比較基準之數值大小，自1997年起始有變動，此乃假設台灣於1997年始完成
　　　WTO入會程序，以較符合目前實際之諮商進度。
資料來源：楊政學（1998）。

表18-7 加入WTO對國內主要畜禽產品市場供給變動之模擬分析

項目 ＼ 年別	1994	1995	1996	1997	1998	1999	2000
毛豬供給變動：							
種豬飼養頭數（千頭）							
比較基準	1,334	1,405	1,473	1,541	1,608	1,673	1,736
政策模擬	--	1,405	1,473	1,507	1,540	1,572	1,606
變動數量	--	0	0	-34	-68	-101	-130
變動比率	--	0.00%	0.00%	-2.21%	-4.23%	-6.04%	-7.49%
種母豬飼養頭數（千頭）							
比較基準	1,271	1,338	1,402	1,466	1,528	1,589	1,647
政策模擬	--	1,338	1,402	1,432	1,460	1,488	1,517
變動數量	--	0	0	-34	-68	-101	-130
變動比率	--	0.00%	0.00%	-2.32%	-4.45%	-6.36%	-7.89%
毛豬生產頭數（千頭）							
比較基準	15,597	15,934	16,654	17,411	18,281	19,019	19,770
政策模擬	--	15,934	16,654	17,411	17,857	18,173	18,520
變動數量	--	0	0	0	-424	-846	-1,250
變動比率	--	0.00%	0.00%	0.00%	-2.32%	-4.45%	-6.32%
毛豬飼養頭數（千頭）							
比較基準	10,066	10,053	10,502	10,974	11,516	11,976	12,444
政策模擬	--	10,053	10,502	10,974	11,251	11,449	11,665
變動數量	--	0	0	0	-265	-527	-779
變動比率	--	0.00%	0.00%	0.00%	-2.30%	-4.40%	-6.26%
毛豬屠宰頭數（千頭）							
比較基準	13,860	14,443	14,670	15,431	16,233	17,052	17,795
政策模擬	--	14,443	14,670	15,431	16,073	16,469	16,797
變動數量	--	0	0	0	-160	-583	-998
變動比率	--	0.00%	0.00%	0.00%	-0.99%	-3.42%	-5.61%
豬肉國內供給量（千公噸）							
比較基準	1,252	1,317	1,353	1,433	1,522	1,614	1,700
政策模擬	--	1,317	1,353	1,433	1,507	1,559	1,605
變動數量	--	0	0	0	-15	-55	-95
變動比率	--	0.00%	0.00%	0.00%	-0.99%	-3.41%	-5.59%
肉牛供給變動：							
肉牛飼養頭數（千頭）							
比較基準	45.767	49.738	51.017	49.548	47.406	44.701	41.487
政策模擬	--	49.738	51.017	49.548	47.406	44.667	41.394
變動數量	--	0.000	0.000	0.000	0.000	-0.034	-0.093
變動比率	--	0.00%	0.00%	0.00%	0.00%	-0.08%	-0.22%
肉牛屠宰頭數（千頭）							
比較基準	28.829	29.834	30.164	30.075	28.413	26.785	24.969

（續）表18-7　加入WTO對國內主要畜禽產品市場供給變動之模擬分析

項目 \ 年別	1994	1995	1996	1997	1998	1999	2000
政策模擬	--	29.834	30.164	30.075	28.413	26.765	24.913
變動數量	--	0.000	0.000	0.000	0.000	-0.020	-0.056
變動比率	--	0.00%	0.00%	0.00%	0.00%	-0.07%	-0.22%
牛肉國內供給量（千公噸）							
比較基準	5.189	5.370	5.429	5.413	5.114	4.821	4.494
政策模擬	--	5.370	5,429	5.413	5.114	4.818	4.484
變動數量	--	0.000	0.000	0.000	0.000	-0.003	-0.010
變動比率	--	0.00%	0.00%	0.00%	0.00%	-0.06%	-0.22%
肉雞供給變動：							
白肉雞屠宰隻數（千隻）							
比較基準	133,495	136,370	148,183	159,247	168,885	177,703	185,498
政策模擬	--	136,370	148,183	157,954	166,013	173,042	178,871
變動數量	--	0	0	-1,293	-2,872	-4,661	-6,627
變動比率	--	0.00%	0.00%	-0.81%	-1.70%	-2.62%	-3.57%
有色雞屠宰隻數（千隻）							
比較基準	149,933	156,156	161,129	166,072	170,443	174,889	179,238
政策模擬	--	156,156	161,129	166,072	170,443	174,889	179,238
變動數量	--	0	0	0	0	0	0
變動比率	--	0.00%	0.00%	0.00%	0.00%	0.00%	0.00%

註：1994年數值為實際觀察值；--.表該欄位數值無法計算。
資料來源：楊政學（1998）。

減少56頭（0.22%），因而導致牛肉國內供給量，大約減少1萬公噸（0.22%）的結構變動。

（3）在肉雞供給變動方面，亦呈現供給減少的數量與幅度逐年加大之趨勢，迄2000年時其供給結構變動情形中，白肉雞屠宰隻數約減少66萬3千隻（3.57%），而有色雞屠宰隻數，則無增減變化。

（二）市場需求變動

（表18-8）綜合說明國內主要畜禽產品市場需求，於1995～2000年期間，政策模擬相對比較基準變動趨勢之模擬分析。

（1）在豬肉需求變動方面，呈現需求增加的數量與幅度逐年加大之趨勢，惟其不同部位豬肉產品間，因彼此具

表18-8 加入WTO對國內主要畜禽產品市場需求變動之模擬分析

年別 項目	1994	1995	1996	1997	1998	1999	2000
豬肉需求變動：							
上等豬肉消費量（公斤/人）							
比較基準	21.70	23.28	23.81	25.43	27.51	29.47	31.27
政策模擬	--	23.28	23.81	24.76	26.23	26.95	27.50
變動數量	--	0.00	0.00	-0.67	-1.28	-2.52	-3.77
變動比率	--	0.00%	0.00%	-2.63%	-4.65%	-8.55%	-12.06%
豬腹脅肉消費量（公斤/人）							
比較基準	11.98	16.78	18.88	20.43	22.29	24.19	26.43
政策模擬	--	16.78	18.88	32.87	36.49	40.56	44.84
變動數量	--	0.00	0.00	12.44	14.20	16.37	18.41
變動比率	--	0.00%	0.00%	60.89%	62.71%	67.67%	69.66%
下等豬肉消費量（公斤/人）							
比較基準	6.71	7.42	8.13	9.01	10.06	11.18	12.40
政策模擬	--	7.42	8.13	12.52	14.06	15.71	17.46
變動數量	--	0.00	0.00	3.51	4.00	4.53	5.06
變動比率	--	0.00%	0.00%	38.96%	39.76%	40.52%	40.81%
豬內臟消費量（公斤/人）							
比較基準	7.76	8.14	8.29	8.71	9.18	9.65	10.09
政策模擬	--	8.14	8.29	8.94	9.39	9.70	9.97
變動數量	--	0.00	0.00	0.23	0.21	0.05	-0.12
變動比率	--	0.00%	0.00%	2.64%	2.29%	0.52%	-1.19%
上等豬肉消費支出（元/人）							
比較基準	2,707	2,222	2,220	2,453	2,678	2,942	3,163
政策模擬	--	2,222	2,220	1,583	1,666	1,709	1,747
變動數量	--	0	0	-870	-1,012	-1,233	-1,416
變動比率	--	0.00%	0.00%	-35.47%	-37.79%	-41.91%	-44.77%
豬腹脅肉消費支出（元/人）							
比較基準	1,287	1,845	2,125	2,354	2,629	2,920	3,266
政策模擬	--	1,845	2,125	1,973	2,175	2,400	2,655
變動數量	--	0	0	-381	-454	-520	-611
變動比率	--	0.00%	0.00%	-16.19%	-17.27%	-17.81%	-18.71%
下等豬肉消費支出（元/人）							
比較基準	343	394	445	508	581	662	760
政策模擬	--	394	445	705	812	931	1,071
變動數量	--	0	0	197	231	269	311
變動比率	--	0.00%	0.00%	38.78%	39.76%	40.63%	40.92%
上等豬肉消費支出比例							
比較基準	0.2924	0.2149	0.1922	0.1901	0.1858	0.1828	0.1759

（續）表18-8　加入WTO對國內主要畜禽產品市場需求變動之模擬分析

年別 項目	1994	1995	1996	1997	1998	1999	2000
政策模擬	--	0.2149	0.1922	0.1227	0.1156	0.1062	0.0971
變動數量	--	0.0000	0.0000	-0.0674	-0.0702	-0.0766	-0.0788
變動比率	--	0.00%	0.00%	-35.46%	-37.78%	-41.90%	-44.80%
豬腹脅肉消費支出比例							
比較基準	0.1390	0.1784	0.1840	0.1825	0.1824	0.1814	0.1817
政策模擬	--	0.1784	0.1840	0.1529	0.1509	0.1491	0.1476
變動數量	--	0.0000	0.0000	-0.0296	-0.0315	-0.0323	-0.0341
變動比率	--	0.00%	0.00%	-16.22%	-17.27%	-17.81%	-18.77%
下等豬肉消費支出比例							
比較基準	0.0370	0.0381	0.0385	0.0394	0.0403	0.0412	0.0423
政策模擬	--	0.0381	0.0385	0.0547	0.0564	0.0578	0.0595
變動數量	--	0.0000	0.0000	0.0153	0.0161	0.0166	0.0172
變動比率	--	0.00%	0.00%	38.83%	39.95%	40.29%	40.66%
豬肉國內需求量（千公噸）							
比較基準	1,017	1,178	1,263	1,370	1,499	1,631	1,769
政策模擬	--	1,178	1,263	1,703	1,871	2,034	2,201
變動數量	--	0	0	333	372	403	432
變動比率	--	0.00%	0.00%	24.31%	24.82%	24.71%	24.42%
牛肉需求變動：							
上等牛肉消費量（公斤/人）							
比較基準	0.414	0.532	0.618	0.691	0.811	0.922	1.042
政策模擬	--	0.532	0.618	0.684	0.795	0.894	1.000
變動數量	--	0.000	0.000	-0.007	-0.016	-0.028	-0.042
變動比率	--	-0.06%	0.00%	-1.01%	-1.97%	-3.04%	-4.03%
中下牛肉消費量（公斤/人）							
政策模擬一	2.274	1.411	1.430	1.760	2.193	2.686	3.234
政策模擬七	--	1.411	1.430	1.895	2.523	3.297	4.238
變動數量	--	0.000	0.000	0.135	0.330	0.611	1.004
變動比率	--	0.00%	0.00%	7.67%	15.05%	22.75%	31.05%
上等牛肉消費支出（元/人）							
比較基準	141	144	169	192	228	262	303
政策模擬	--	144	169	190	223	254	290
變動數量	--	0	0	-2	-5	-8	-13
變動比率	--	0.00%	0.00%	-1.04%	-2.19%	-3.05%	-4.29%
中下牛肉消費支出（元/人）							
比較基準	212	132	131	159	195	234	276
政策模擬	--	132	131	166	213	266	324
變動數量	--	0	0	7	18	32	48

（續）表18-8　加入WTO對國內主要畜禽產品市場需求變動之模擬分析

項目 ＼ 年別	1994	1995	1996	1997	1998	1999	2000
變動比率	--	0.00%	0.00%	4.40%	9.23%	13.68%	17.39%
上等牛肉消費支出比例							
比較基準	0.0106	0.0139	0.0146	0.0149	0.0158	0.0163	0.0169
政策模擬	--	0.0139	0.0146	0.0147	0.0155	0.0158	0.0161
變動數量	--	0.0000	0.0000	-0.0002	-0.0003	-0.0005	-0.0008
變動比率	--	0.00%	0.00%	-1.34%	-1.90%	-3.07%	-4.73%
中下牛肉消費支出比例							
比較基準	0.0229	0.0128	0.0113	0.0123	0.0135	0.0146	0.0153
政策模擬	--	0.0128	0.0113	0.0129	0.0148	0.0165	0.0180
變動數量	--	0.0000	0.0000	0.0006	0.0013	0.0019	0.0027
變動比率	--	0.00%	0.00%	4.88%	9.63%	13.01%	17.65%
牛肉國內需求量（千公噸）							
比較基準	56.79	41.16	43.75	52.79	65.23	78.98	94.34
政策模擬	--	41.16	43.75	55.53	72.05	91.75	115.58
變動數量	--	0.00	0.00	2.75	6.82	12.76	21.23
變動比率	--	0.00%	0.00%	5.21%	10.45%	16.16%	22.51%
雞肉需求變動：							
白肉雞肉消費量（公斤/人）							
比較基準	9.10	13.52	15.97	18.39	21.93	25.39	29.70
政策模擬	--	13.52	15.97	24.00	28.98	34.07	40.19
變動數量	--	0.00	0.00	5.61	7.05	8.68	10.49
變動比率	--	0.00%	0.00%	30.51%	32.15%	34.19%	35.32%
有色雞肉消費量（公斤/人）							
比較基準	13.63	18.26	20.56	22.08	24.52	26.69	29.29
政策模擬	--	18.26	20.56	23.06	25.71	28.31	31.19
變動數量	--	0.00	0.00	0.98	1.19	1.62	1.90
變動比率	--	0.00%	0.00%	4.44%	4.85%	6.07%	6.49%
白肉雞肉消費支出（元/人）							
比較基準	701	954	1,153	1,348	1,580	1,841	2,156
政策模擬	--	954	1,153	1,712	2,012	2,360	2,761
變動數量	--	0	0	364	432	519	605
變動比率	--	0.00%	0.00%	27.00%	27.34%	28.19%	28.06%
有色雞肉消費支出（元/人）							
比較基準	1,407	1,727	1,973	2,162	2,358	2,580	2,838
政策模擬	--	1,727	1,973	2,258	2,472	2,736	3,022
變動數量	--	0	0	96	114	156	184
變動比率	--	0.00%	0.00%	4.44%	4.83%	6.05%	6.48%
白肉雞肉消費支出比例							

（續）表18-8　加入WTO對國內主要畜禽產品市場需求變動之模擬分析

年別 項目	1994	1995	1996	1997	1998	1999	2000
比較基準	0.0758	0.0923	0.0998	0.1044	0.1096	0.1144	0.1199
政策模擬	--	0.0923	0.0998	0.1327	0.1396	0.1466	0.1536
變動數量	--	0.0000	0.0000	0.0283	0.0300	0.0322	0.0337
變動比率	--	0.00%	0.00%	27.11%	27.37%	28.15%	28.11%
有色雞肉消費支出比例							
比較基準	0.1520	0.1670	0.1708	0.1676	0.1636	0.1603	0.1579
政策模擬	--	0.1670	0.1708	0.1750	0.1715	0.1700	0.1681
變動數量	--	0.0000	0.0000	0.0074	0.0079	0.0097	0.0102
變動比率	--	0.00%	0.00%	4.42%	4.83%	6.05%	6.46%

註：1994年數值為實際觀察值；--.表該欄位數值無法計算。
資料來源：楊政學（1998）。

有替代或互補，而會有不同增減的結構變動存在，迄2000年時其需求結構變動情形中，上等豬肉消費與豬腹脅肉呈替代性，因而每人消費量約減少3.77公斤（12.06%）；消費支出約減少1,416元（44.77%），支出比例約減少0.0788（44.80%）；豬腹脅肉因開放進口，而使每人消費量約增加18.41公斤（69.66%），消費支出因進口豬腹脅肉價格低廉而減少約611元（18.71%），支出比例亦減少0.0341（18.77%）；下等豬肉因與豬腹脅肉呈互補性，因而每人消費量約增加5.06公斤（40.81%），消費支出約增加311元（40.92%），支出比例約增加0.0172（40.66%）；豬內臟消費則因豬內臟開放進口而增加，惟幅度逐年減少，迄2000年時不增反減少約減少0.12公斤（1.19%）。整體而言，豬肉國內需求量，將因而約增加43萬2千公噸（24.42%）。

（2）在牛肉需求變動方面，呈現需求變動的數量與幅度逐年加大之趨勢，惟其不同等級牛肉產品間，存有不同

增減的結構變動，迄2000年時上等牛肉之每人消費量約減少0.042公斤（4.03%）；消費支出約減少13元（4.29%），支出比例約減少0.0008（4.73%）；中下牛肉之每人消費量反倒增加1.004公斤（31.05%），消費支出約增加48元（17.39%），支出比例約增加0.0027（17.65%）。整體而言，牛肉國內需求量，將因而約增加2萬1千公噸（22.51%）。

(3) 在雞肉需求變動方面，呈現需求增加的數量與幅度逐年加大之趨勢，惟其不同品系雞肉產品間，存有不同成長的結構變動，迄2000年時白肉雞肉之每人消費量約增加10.49公斤（35.32%）；消費支出約增加605元（28.06%），支出比例約增加0.0337（28.11%）；有色雞肉之每人消費量約增加1.90公斤（6.49%）；消費支出約增加184元（6.48%），支出比例約增加0.0102（6.46%）。

(三) 進出口數量變動

（表18-9）綜合說明國內主要畜禽產品進出口數量，於1995～2000年期間，政策模擬相對比較基準變動趨勢之模擬分析。

(1) 在不同部位豬肉進出口變動方面，豬腹脅肉與下等豬肉進口量呈逐年增加的趨勢，迄2000年時豬腹脅肉約進口42萬6千公噸，下等豬肉約進口12萬3千公噸；而上等豬肉出口量變動，由於日本與競爭國本身政策的調整，造成其數量呈現逐年成長的趨勢，迄2000年時約增加3萬公噸（12.08%）。

(2) 在不同等級牛肉進口量變動方面，上等牛肉進口量呈逐年減少的趨勢，迄2000年時約減少進口930公噸（4.33%）；而中下牛肉進口量則呈逐年增加的趨勢，迄2000年時約增加進口2萬2千公噸（32.44%）。

表18-9　加入WTO對國內主要畜禽產品進出口變動之模擬分析

項目 \ 年別	1994	1995	1996	1997	1998	1999	2000
豬肉進出口變動：							
上等豬肉出口量（千公噸）							
比較基準	234.75	236.01	240.46	245.95	245.54	248.62	251.48
政策模擬	--	236.01	240.46	260.53	264.94	273.37	281.85
變動數量	--	0.00	0.00	14.58	19.40	24.75	30.37
變動比率	--	0.00%	0.00%	5.93%	7.90%	9.95%	12.08%
豬腹脅肉進口量（千公噸）							
比較基準	0.00	0.00	0.00	0.00	0.00	0.00	0.00
政策模擬	--	0.00	0.00	267.82	311.28	369.52	425.47
變動數量	--	0.00	0.00	267.82	311.28	369.52	425.47
變動比率	--	--	--	--	--	--	--
下等豬肉進口量（千公噸）							
比較基準	0.00	0.00	0.00	0.00	0.00	0.00	0.00
政策模擬	--	0.00	0.00	75.45	88.60	105.50	122.46
變動數量	--	0.00	0.00	75.45	88.60	105.50	122.46
變動比率	--	--	--	--	--	--	--
牛肉進口變動：							
上等牛肉進口量（千公噸）							
比較基準	7.01	9.48	11.40	13.07	15.91	18.57	21.49
政策模擬	--	9.48	11.40	12.92	15.56	17.96	20.56
變動數量	--	0.00	0.00	-0.15	-0.35	-0.61	-0.93
變動比率	--	0.00%	0.00%	-1.17%	-2.21%	-3.28%	-4.33%
中下牛肉進口量（千公噸）							
比較基準	44.59	26.30	26.93	34.30	44.21	55.59	68.36
政策模擬	--	26.30	26.93	37.20	51.38	68.97	90.53
變動數量	--	0.00	0.00	2.90	7.17	13.38	22.17
變動比率	--	0.00%	0.00%	8.45%	16.22%	24.06%	32.44%
雞肉進口變動：							
白肉雞肉進口量（千公噸）							
比較基準	0.00	0.00	0.00	0.00	0.00	0.00	0.00
政策模擬	--	0.00	0.00	120.96	153.03	190.01	231.47
變動數量	--	0.00	0.00	120.96	153.03	190.01	231.47
變動比率	--	--	--	--	--	--	--
有色雞肉進口量（千公噸）							
比較基準	0.00	0.00	0.00	0.00	0.00	0.00	0.00
政策模擬	--	0.00	0.00	21.04	25.74	35.30	41.87
變動數量	--	0.00	0.00	21.04	25.74	35.30	41.87
變動比率	--	--	--	--	--	--	--

註：1994年數值為實際觀察值；--.表該欄位數值無法計算。

資料來源：楊政學（1998）。

（3）在不同品系雞肉進口量變動方面，白肉雞肉與有色雞肉進口量，均呈逐年增加的趨勢，迄2000年時白肉雞肉約增加進口23萬2千公噸，而有色雞肉約增加進口4萬2千公噸。

（四）產銷價格變動

（表18-10）綜合說明國內主要畜禽產品之產銷價格，於1995～2000年期間，政策模擬相對比較基準變動趨勢之模擬分析。

（1）在毛豬產銷價格變動方面，呈現價格下跌的數量與幅度先加大再回升的趨勢，惟在不同部位豬肉零售價格下，因具替代性或互補性，而有不同的增減變化，迄2000年時上等豬肉零售價格每公斤約下跌37.65元（37.22%），豬內臟零售價格止跌回升，每公斤反倒上漲11.77元（39.38%），而總合豬肉零售價格，則每公斤約下跌32.17元（35.19%）。另毛豬交易價格每百公斤約下跌599元（12.80%），毛豬產地價格每公斤約下跌5.83元（12.89%）。

（2）在肉牛產銷價格變動方面，呈現價格下跌的數量與幅度逐年加大的趨勢，迄2000年時國產牛肉產地價格，每公斤約下跌1.10元（1.14%），而國產牛肉零售價格，則每公斤約下跌6.13元（3.99%）。另在不同等級國產牛肉零售價格變動中，國產上等牛肉零售價格，每公斤約下跌0.64元（0.22%），而國產中下牛肉零售價格，則每公斤約下跌8.88元（10.41%）。

（3）在肉雞產銷價格變動方面，呈現價格下跌的數量與幅度逐年加大的趨勢，迄2000年時白肉雞產地價格，每公斤約下跌2.38元（7.36%），而其零售價格則每公斤約下跌3.90元（5.37%）。

由以上模型之模擬結果，我們可發現毛豬與豬肉市場的變動趨勢上，皆呈現國內毛豬供給減少，國內豬肉需求增加，以及產銷價格下跌的情形。在不同部位豬肉消費結構變動上，豬

表18-10　加入WTO對國內主要畜禽產品市場需求變動之模擬分析

項目 ＼ 年別	1994	1995	1996	1997	1998	1999	2000
毛豬產銷價格變動：							
毛豬產地價格（元/公斤）							
比較基準	52.01	43.61	43.76	44.35	44.61	44.95	45.24
政策模擬	--	43.61	43.76	38.39	38.46	38.88	39.41
變動數量	--	0.00	0.00	-5.96	-6.15	-6.07	-5.83
變動比率	--	0.00%	0.00%	-13.44%	-13.79%	-13.50%	-12.89%
毛豬交易價格（元/百公斤）							
比較基準	5,185	4,511	4,526	4,587	4,615	4,651	4,681
政策模擬	--	4,511	4,526	3,975	3,984	4,027	4,082
變動數量	--	0	0	-612	-631	-624	-599
變動比率	--	0.00%	0.00%	-13.34%	-13.67%	-13.42%	-12.80%
豬肉零售價格（元/公斤）							
比較基準	104.99	88.86	89.88	90.74	90.40	91.60	91.43
政策模擬	--	88.86	89.88	58.99	57.39	58.56	59.26
變動數量	--	0.00	0.00	-31.75	-33.01	-33.04	-32.17
變動比率	--	0.00%	0.00%	-34.99%	-36.52%	-36.07%	-35.19%
上等豬肉零售價格（元/公斤）							
比較基準	124.75	95.45	93.23	96.43	97.35	99.83	101.15
政策模擬	--	95.45	93.23	63.96	63.50	63.41	63.50
變動數量	--	0.00	0.00	-32.47	-33.85	-36.42	-37.65
變動比率	--	0.00%	0.00%	-33.67%	-34.77%	-36.48%	-37.22%
豬內臟零售價格（元/公斤）							
比較基準	68.30	62.36	74.04	61.69	49.79	42.96	29.89
政策模擬	--	62.36	74.04	40.67	29.78	38.52	41.66
變動數量	--	0.00	0.00	-21.02	-20.01	-4.44	11.77
變動比率	--	0.00%	0.00%	-34.07%	-40.19%	-10.34%	39.38%
肉牛產銷價格變動：							
國產肉牛產地價格（元/公斤）							
比較基準	98.84	88.08	89.54	91.15	92.49	93.97	96.56
政策模擬	--	88.08	89.54	90.86	91.92	93.13	95.46
變動數量	--	0.00	0.00	-0.29	-0.57	-0.84	-1.10
變動比率	--	0.00%	0.00%	-0.32%	-0.62%	-0.89%	-1.14%
國產牛肉零售價格（元/公斤）							
比較基準	140.75	152.29	152.10	152.50	152.77	152.98	153.80
政策模擬	--	152.29	152.10	150.96	149.69	148.37	147.67
變動數量	--	0.00	0.00	-1.54	-3.08	-4.61	-6.13
變動比率	--	0.00%	0.00%	-1.01%	-2.02%	-3.01%	-3.99%

（續）表18-10　加入WTO對國內主要畜禽產品市場需求變動之模擬分析

項目 ＼ 年別	1994	1995	1996	1997	1998	1999	2000
國產上等牛肉零售價格（元/公斤）							
比較基準	236.26	269.65	273.46	277.44	280.78	284.51	290.85
政策模擬	--	269.65	273.46	277.24	280.41	283.99	290.21
變動數量	--	0.00	0.00	-0.20	-0.37	-0.52	-0.64
變動比率	--	0.00%	0.00%	-0.07%	-0.13%	-0.18%	-0.22%
國產中牛肉零售價格（元/公斤）							
比較基準	93.00	93.61	91.42	90.03	88.76	87.22	85.28
政策模擬	--	93.61	91.42	87.81	84.32	80.57	76.40
變動數量	--	0.00	0.00	-2.22	-4.44	-6.65	-8.88
變動比率	--	0.00%	0.00%	-2.47%	-5.00%	-7.62%	-10.41%
肉雞產銷價格變動：							
白肉雞產地價格（元/公斤）							
比較基準	36.21	34.84	34.89	34.95	33.59	33.16	32.34
政策模擬	--	34.84	34.89	33.72	31.96	31.15	29.96
變動數量	--	0.00	0.00	-1.23	-1.63	-2.01	-2.38
變動比率	--	0.00%	0.00%	-3.52%	-4.85%	-6.06%	-7.36%
白肉雞肉零售價格（元/公斤）							
比較基準	77.06	70.57	72.23	73.29	72.03	72.51	72.61
政策模擬	--	70.57	72.23	71.34	69.43	69.26	68.71
變動數量	--	0.00	0.00	-1.95	-2.60	-3.25	-3.90
變動比率	--	0.00%	0.00%	-2.66%	-3.61%	-4.48%	-5.37%

註：1.表中價格、支出與所得為名目數值。
　　2.1994年數值為實際觀察值。
　　--.表該欄位數值無法計算。
資料來源：楊政學（1998）。

腹脅肉與豬內臟之消費量，皆因市場開放而增加；上等豬肉因與豬腹脅肉呈替代性，因而導致其消費量減少；反之，下等豬肉因與豬腹脅肉呈互補性，因而產生消費量增加的趨勢。在豬肉外銷市場變動上，由於整體出口條件相對我國輸日豬肉有利，因此導致上等豬肉出口量逐年增加。此外，豬腹脅肉與下等豬肉進口量，亦因國內市場的開放，而呈現逐年增加之趨勢。

　　肉牛與牛肉市場的變動趨勢上，呈現國內肉牛供給減少，國內牛肉需求增加，以及產銷價格下跌的情形。在不同等級牛

肉消費結構變動上，中下牛肉消費量將因市場開放而增加，而
上等牛肉因與豬腹脅肉呈較強的替代性，因而導致其消費量減
少。因此，造成國內上等牛肉與中下牛肉進口量，將會因國內
市場的開放，而分別呈現逐年減少與增加的不同變動趨勢。

肉雞與雞肉市場的變動趨勢上，呈現國內肉雞供給減少，
國內雞肉需求增加，以及產銷價格下跌的情形。在不同品系雞
肉消費結構變動上，白肉雞肉與有色雞肉消費量，均因市場的
開放而增加，尤以白肉雞肉的成長較大。因此，造成白肉雞肉
與有色雞肉進口量，將會因國內市場的開放，而呈現逐年增加
的變動趨勢。

18.5 產業衝擊影響評估

一、產業部門收支變動

（一）生產收入與消費支出變動

（表18-11）綜合報告政策模擬下，國內主要畜禽產業各部
門收支變動的模擬分析。

(1) 在生產者生產收入方面：養豬戶養豬收入減少的金額，
呈現逐年加大的趨勢，迄2000年時約減少159億2千萬元
（17.75%）；養牛戶養牛收入減少的金額，呈現逐年加
大的趨勢，迄2000年時約減少6百萬元（1.36%）；養雞
戶養雞收入減少的金額，亦呈現逐年加大的趨勢，迄
2000年時約減少9億2千萬元（4.24%）。

(2) 在消費者消費支出方面：豬肉產品消費支出，因進口豬
腹脅肉價格低廉，且豬內臟開放進口，因而消費量雖增

加，但支出反而減少，惟支出減少的金額雖逐年加大，但幅度呈逐年回升的趨勢，迄2000年時約減少313億1千萬元（19.36%）；牛肉產品消費支出，因消費量增加而使支出逐年加大，迄2000年時約增加25億6千萬元（17.62%）；雞肉產品消費支出，亦因消費量增加而使支出逐年加大，迄2000年時約增加174億1千萬元（15.80%）。

（二）總合衝擊影響

　　（表18-11）綜合報告政策模擬下，國內主要畜禽產業各部門收支變動的總合衝擊影響。

（1）在生產者生產收入之總合衝擊影響方面：養豬戶養豬收入，四年共計減少513億6千萬元（15.69%）；養牛戶養牛收入，四年共計減少1千5百萬元（0.79%）；養雞戶養雞收入，四年共計減少25億2千萬元（2.92%）。

（2）在消費者消費支出之總合衝擊影響方面：豬肉支出四年共計減少1,135億8千萬元（19.89%）；牛肉支出四年共計增加52億4千萬元（11.75%）；雞肉支出四年共計增加539億5千萬元（14.66%）。

（三）長期變動趨勢

　　（表18-11）綜合報告政策模擬下，國內主要畜禽產業各部門收支變動的長期變動趨勢。

（1）在生產者生產收入之長期變動趨勢方面：養豬戶養豬收入每年成長率，由比較基準的6.56%下降為政策模擬的4.76%；養牛戶養牛收入每年成長率，由比較基準的-4.19%下降為政策模擬的-4.52%；養雞戶養雞收入每年成長率，由比較基準的0.28%下降為政策模擬的-0.63%。

（2）在消費者消費支出之長期變動趨勢方面：豬肉支出每年成長率，由比較基準的9.17%下降為政策模擬的

表18-11　加入WTO對國內主要畜禽產業收支變動之模擬分析

項目 ＼ 年別	1997	1998	1999	2000	合計[1]	成長率[2]
養豬戶養豬收入（百萬元）						
比較基準	74,072	79,133	84,556	89,636		6.56%
政策模擬	64,118	67,552	70,646	73,722		4.76%
變動數量	-9,954	-11,582	-13,911	-15,915	-51,362	
變動比率	-13.44%	-14.64%	-16.45%	-17.75%	-15.69%	
養牛戶養牛收入（百萬元）						
比較基準	493	473	453	434		-4.19%
政策模擬	492	470	449	428		-4.52%
變動數量	-2	-3	-4	-6	-15	
變動比率	-0.32%	-0.62%	-0.96%	-1.36%	-0.79%	
養雞戶養雞收入（百萬元）						
比較基準	21,566	21,347	21,725	21,747		0.28%
政策模擬	21,221	20,819	21,002	20,825		-0.63%
變動數量	-345	-529	-723	-922	-2,518	
變動比率	-1.60%	-2.48%	-3.33%	-4.24%	-2.92%	
消費者豬肉支出（百萬元）						
比較基準	124,314	135,510	149,400	161,740		9.17%
政策模擬	100,460	107,377	119,111	130,431		9.09%
變動數量	-23,854	-28,133	-30,289	-31,308	-113,584	
變動比率	-19.19%	-20.76%	-20.27%	-19.36%	-19.89%	
消費者牛肉支出（百萬元）						
比較基準	8,050	9,965	12,083	14,510		21.70%
政策模擬	8,383	10,785	13,612	17,067		26.74%
變動數量	334	820	1,529	2,557	5,240	
變動比率	4.14%	8.23%	12.66%	17.62%	11.75%	
消費者雞肉支出（百萬元）						
比較基準	75,598	85,514	96,780	110,193		13.38%
政策模擬	85,506	97,370	111,557	127,602		14.28%
變動數量	9,907	11,856	14,776	17,409	53,950	
變動比率	13.11%	13.86%	15.27%	15.80%	14.66%	

註：1.合計欄位代表1997～2000年期間變動數量的加總數值。
　　2.成長率欄位代表1997～2000年之年平均成長率。
資料來源：楊政學（1998）。

9.09%；牛肉支出每年成長率，由比較基準的21.70%上升爲政策模擬的26.74%；雞肉支出每年成長率，由比較基準的13.38%上升爲政策模擬的14.28%。

二、產業部門福利變動

（表18-12）綜合說明，1997～2000年期間，政策模擬下國內主要畜禽產業各主要部門福利變動之總合衝擊程度與長期變動趨勢。

表18-12 加入WTO對國內主要畜禽產業福利變動之模擬分析

年別 項目	1997	1998	1999	2000	合計[1]	成長率[2]
生產者剩餘（百萬元）						
養豬戶	-9,954	-10,856	-11,224	-11,229	-43,262	4.10%
養牛戶	-1.57	-2.91	-4.05	-4.94	-13.47	46.52%
養雞戶	-281	-393	-508	-624	-1,806	30.50%
小計[3]	-10,237	-11,252	-11,736	-11,858	-45,081	5.02%
消費者剩餘（百萬元）						
豬肉	47,784	55,622	60,546	63,857	228,809	9.39%
牛肉	50.59	124.42	223.46	352.17	750.64	90.94%
雞肉	386	619	903	1,278	3,186	49.02%
小計[3]	48,221	56,365	61,672	65,487	232,746	10.74%
政府關稅收入（百萬元）						
豬腹脅肉	161	171	185	191	708	6.01%
牛肉	-0.20	-0.52	-0.96	-1.52	-3.20	96.40%
小計[3]	161	170	184	189	705	5.62%
社會福利水準（百萬元）						
毛豬	38,990	44,937	49,507	52,820	186,255	10.65%
肉牛	49.21	122.11	220.57	349.17	741.12	92.09%
肉雞	105	226	396	654	1,380	83.79%
小計[3]	39,144	45,285	50,124	53,823	188,376	11.20%

註：1.合計欄位代表1997～2000年期間變動數量的加總數值。
　　2.成長率欄位代表1997～2000年之年平均成長率。
　　3.小計欄位代表國內毛豬、肉牛與肉雞變動數量的加總數值。
資料來源：楊政學（1998）。

（一）生產者剩餘

　　國內畜禽產業生產者剩餘之總合衝擊影響與長期變動趨勢，於政府加入WTO後，毛豬產業四年期間，共計約減少432億6千萬元，且年平均減少速率為4.10%；肉牛產業四年期間，共計約減少1千4百萬元，且年平均減少速率為46.52%；肉雞產業四年期間，共計約減少18億1千萬元，且年平均減少速率為30.50%；整體主要畜禽產業四年期間，生產者剩餘共計約減少450億8千萬元，每年約以5.02%的速率減少。

（二）消費者剩餘

　　國內畜禽產業消費者剩餘之總合衝擊影響與長期變動趨勢，於政府加入WTO後，豬肉產品四年期間，共計約增加2,288億1千萬元，且年平均成長速率為9.39%；牛肉產品四年期間，共計約增加7億5千萬元，且年平均成長速率為90.94%；雞肉產品四年期間，共計約增加31億9千萬元，且年平均成長速率為49.02%；整體主要畜禽產品四年期間，消費者剩餘共計約增加2,327億5千萬元，每年約以10.74%的速率成長。

（三）政府關稅收入

　　政府於國內畜禽產業關稅收入之總合衝擊程度與長期變動趨勢，於豬腹脅肉開放進口上，由於係採從價關稅之課徵方式，因而四年期間共計有7億8百萬元的關稅收入，且年平均成長率為6.01%。而不同等級牛肉關稅的調降措施，對政府於牛肉之關稅收入，四年共計減少3百萬元；整體主要畜禽產業四年期間，政府關稅收入共計約增加7億5百萬元，每年約以5.62%的速率成長。

（四）社會福利水準

　　由生產者剩餘、消費者剩餘、以及政府關稅收入的總合與

長期變動趨勢，我們可加以總合來說明社會福利水準，於政府加入WTO後，相對比較基準之總合衝擊影響與長期變動趨勢之情況。在毛豬產業衝擊上，四年期間共計增加有1,862億6千萬元，且年平均成長率為10.65%；在肉牛產業衝擊上，四年期間共計增加有7億4千萬元，且年平均成長率為92.09%；在肉雞產業衝擊上，四年期間共計增加有13億8千萬元，且年平均成長率為83.79%；整體主要畜禽產業於四年期間，社會福利水準共計約增加1,883億8千萬元，每年約以11.20%的速率成長。

由以上論述可發現，政府參與世界貿易組織，即國際經貿環境調整與國內畜禽產品開放進口後，將會衝擊影響到國內生產者的剩餘利得，而使其減少的金額與幅度益形加重。但由於國內消費者，可因而面對國外價位低廉之進口產品，因此消費者剩餘反倒隨之而持續增加。再者，由於政府對豬腹脅肉課徵從價關稅，因而可有一筆額外的關稅收入，同時關稅收入增加的金額與幅度，亦呈現逐步加大的趨勢。由此可知，政府為因應加入WTO所採行的一連串政策或措施，雖會造成國內畜禽產業生產者剩餘的損失，但對消費者與政府而言，則有增加剩餘與稅收的好處，因而使得整體社會的福利水準亦相對增加。

18.6 供需模式實證分析

一、市場衝擊評估結論

透過本章節所構建的台灣畜禽產業供需計量模型，我們可加以實證估計，並進而政策模擬評估，政府參與WTO後國內主要畜禽產業的衝擊影響。藉由計量經濟模型的量化評估，來提供農政當局一個源自於經濟學理，且較具客觀性之邏輯推理的

參考數值，以方便政府相關因應政策與措施的制定與採行。

由模型產品市場變動之模擬結果，我們可發現以下幾點結論：

(1) 在毛豬與豬肉市場的變動趨勢上，皆呈現國內毛豬供給減少，國內豬肉需求增加，以及產銷價格下跌的情形。在不同部位豬肉消費結構變動上，豬腹脅肉與豬內臟之消費量，皆因市場開放而增加；上等豬肉因與豬腹脅肉呈替代性，因而導致其消費量減少；反之，下等豬肉因與豬腹脅肉呈互補性，因而產生消費量增加的趨勢。在豬肉外銷市場變動上，由於整體出口條件相對我國輸日豬肉有利，因此導致上等豬肉出口量逐年增加。此外，豬腹脅肉與下等豬肉進口量，亦因國內市場的開放，而呈現逐年增加之趨勢。

(2) 在肉牛與牛肉市場的變動趨勢上，呈現國內肉牛供給減少，國內牛肉需求增加，以及產銷價格下跌的情形。在不同等級牛肉消費結構變動上，中下牛肉消費量將因市場開放而增加，而上等牛肉因與豬腹脅肉呈較強的替代性，因而導致其消費量減少。因此，造成國內上等牛肉與中下牛肉進口量，將會因國內市場的開放，而分別呈現逐年減少與增加的不同變動趨勢。

(3) 在肉雞與雞肉市場的變動趨勢上，呈現國內肉雞供給減少，國內雞肉需求增加，以及產銷價格下跌的情形。在不同品系雞肉消費結構變動上，白肉雞肉與有色雞肉消費量，均因市場的開放而增加，尤以白肉雞肉的成長較大。因此，造成白肉雞肉與有色雞肉進口量，將會因國內市場的開放，而呈現逐年增加的變動趨勢。

二、產業衝擊評估結論

　　本章節模型評估的期間為GATT規範中的改革調整期間，惟為兼顧目前實際的諮商談判進度，而假設台灣於1997年始真正加入WTO，屆時國內畜禽產品方才開放進口與調降關稅，因此模型評估的期間為1997〜2000年間衝擊影響的加總效果。

　　依模型的政策模擬分析，我們可得出以下量化評估結果：

（1）在生產者生產收入變動方面：養豬戶收入減少513億6千萬元（15.69％）；養牛戶收入減少1千5百萬元（0.79％）；養雞戶減少25億2千萬元（2.92％）。

（2）在消費者消費支出變動方面：豬肉支出減少1,135億8千萬元（19.89％）；牛肉支出增加52億4千萬元（11.75％）；雞肉支出增加539億5千萬元（14.66％）。

（3）在生產者剩餘變動方面：毛豬產業約減少432億6千萬元；肉牛產業約減少1千4百萬元；肉雞產業約減少18億1千萬元；整體主要畜禽產業於四年期間，生產者剩餘共計約減少450億8千萬元，每年約以5.02％的速率減少。

（4）在消費者剩餘變動方面：豬肉產品消費支出約增加2,288億1千萬元；牛肉產品消費支出約增加7億5千萬元；雞肉產品消費支出約增加31億9千萬元；整體主要畜禽產業於四年期間，消費者剩餘共計約增加2,327億5千萬元，每年約以10.74％的速率成長。

（5）在政府關稅收入變動方面：豬腹脅肉共計有7億8百萬元的關稅收入；不同等級牛肉關稅的調降措施，對政府於牛肉之關稅收入，共計減少3百萬元；整體主要畜禽產業於四年期間，政府關稅收入共計約增加7億5百萬元，每年約以5.62％的速率成長。

（6）在社會福利水準變動方面：毛豬產業約增加有1,862億6

千萬元；肉牛產業約增加有7億4千萬元；肉雞產業約增加有13億8千萬元；整體主要畜禽產業於四年期間，社會福利共計約增加1,883億8千萬元，每年約以11.20%的速率成長。

三、實證分析結論

綜觀上述模型評估結果，我們不難發現，當政府參與WTO後，國內畜禽產品開放進口與調降關稅下，養豬戶生產收入的衝擊影響，顯然較養雞戶與養牛戶來得大，惟其在消費者豬肉消費支出上，由於消費者可面對價格較低廉的進口豬腹脅肉，因此消費數量雖增加，但消費支出卻呈現不增反減的現象。

在福利水準的量化評估上，生產者剩餘均因政府參與WTO而出現減少的情形，其中尤以養豬戶衝擊最大；消費者剩餘則均呈現增加的情形，其中亦以豬肉產品消費者受益最多；政府關稅收入變動上，不同等級牛肉關稅的調降，雖會稍許減少政府稅收，惟在豬腹脅肉的稅收上，則有相對較多的關稅收入，因此整體關稅收入仍呈現增加的情形。

由以上生產者與消費者剩餘，以及政府關稅收入的變動幅度，我們可知當台灣參與WTO後，國內主要個別畜禽產業，諸如毛豬、肉牛與肉雞等，以及整體畜禽產業之社會福利水準，均呈現逐年增加的變動趨勢。因此，農政當局除應密切注意國內生產者收入，於政府參與WTO後，貿易自由化政策施行下的損失外，更該善用於豬腹脅肉的關稅收入，亦即**配額租**（quota rent）的獲取，來適切彌補國內生產者的虧損，以重新配置各部門貿易利得之結構比例。

重點摘錄

╋ 生物性經濟模式最早應用在漁業資源管理的探討上，其模式的
構建係以生物學上的Shaff模型，即存量與產量相對時間之關
係為基礎，因而亦稱為Gordon-Shaff模式。Clark進而沿用此理
論，建立數量化的經濟計量分析模式。Neher完整構建理論分
析模式，遂使該理論的發展益形成熟。

╋ 生物性經濟模型與傳統經濟理論不同處，在於一般生產理論的
探討上，族群存量通常不會在當期生產決策的考量中，但對生
物性的生產而言，當期族群存量會影響到下一期產量，且其影
響與時間有關，亦即其具有動態之特性。

╋ 畜禽供給反應的發展，不僅趨向於使用資本財與消費財的概念
做為理論基礎，而且模型的設立也逐漸細分為屠宰供給反應與
飼養頭數供給反應。多項式分配落遲統計方法的運用，更為計
量經濟模型的設立輔助頗多，亦促使實證結果與理論模型的配
合更趨精密，以提升模型的預測能力與模擬功能。

╋ 生物特性的考量，即所謂動態動物經濟模式的應用，更是將畜
禽生產之存量、產量與飼料，以及短、中與長期成長週期之不
同供給反應，透過模式的設定與分析來加以清楚說明。

╋ 由於考量肉品消費需求間彼此具有替代或互補性，因此將國內
畜禽產品的消費需求，建構成一個肉品消費需求AIDS體系，
以反應不同肉品間的相互影響效果。

╋ 在實證估計上，不同估計方法的擇取，常因研究目的取向、實
際觀察資料、以及模型設計偏誤等問題的綜合考量而定。本章
節模型體系建構之目的，並不純粹在解釋經濟變數間的相互關
連，而是希望藉由模型來做政策模擬分析，因此模型模擬預測
能力的強度，亦是關注的重點。

╋ 在模型體系之聯立方程式偏誤不太嚴重下，我們可進而考量跨
方程式間誤差項相關的計量處理問題，以便估得之參數值更具
有效性；同時，由於模型方程體系係以非線性方程式型式表
示，因此本章節採用非線性近似無相關迴歸法，來做模型體系

之實證估計。

╋政府為因應加入WTO所採行的一連串政策或措施，雖會造成國內畜禽產業生產者剩餘的損失，但對消費者與政府而言，則有增加剩餘與稅收的好處，因而使得整體社會的福利水準亦相對增加。

╋當台灣參與WTO後，國內主要個別畜禽產業，以及整體畜禽產業之社會福利水準，均呈現逐年增加的變動趨勢。而貿易自由化政策施行下的損失外，更該善用於豬腹脅肉的關稅收入，亦即配額租的獲取，來適切彌補國內生產者的虧損，以重新配置各部門貿易利得之結構比例。

▶▶ 重要名詞 ──────────────────────────

資本財（capital goods）

消費財（consumption goods）

保留需求（reservation demand）

月頻率（monthly）

組合（portfolio）

代理變數（proxy variable）

多項式分配落遲（Polynomial Distribution Lag）

價格的趨勢推估法（extrapolation of price trends）

存量（stock）

永續產量的極大（Maximum Sustainable Yield）

動態動物經濟（dynamic animal economics）

投資性週期（inventory cycle）

蛛網理論（cobweb theory）

部分調整模式（partial adjustment model）

調適性預期模式（adaptive expection model）

肉品需求體系（meat demand system）

鹿特丹（Rotterdom）

超越對數（Translog）

非線性（nonlinear）

非線性近似無相關迴歸法（Nonlinear Seeming Unrelated Regression）

一般化型式（general form）

實際觀察值（actual value）

歷史模擬值（predicted value）

落遲相依變數（lag dependent variable）

動態模擬（dynamic simulation）

評估（validation）

市場開放（market access）

出口補貼（export subsidies）

國內支持措施（internal support）

動植物檢驗及檢疫規範（sanitary and phytosanitary measures）

模擬（scenarios）

配額租（quota rent）

問題討論

1. 請描述何謂生物性經濟模式？其特點為何？試研析之。

2. 畜禽產品供給反應的發展有何趨勢？試研析之。

3. 建構肉品消費需求體系的原因為何？如此的需求體系在實證分析上有何優點？試研析之。

4. 模型體系建構之目的為何？若同時考量估計與預測的用途，則模型體系在評估上，需要注意哪些要項？試研析之。

5. 政府加入WTO後雖會造成國內畜禽產業生產者剩餘的損失，但對整體社會福利水準亦相對增加。請問政府應採行何種方式，來適切彌補國內生產者的虧損，以重新配置各部門貿易利得之結構比例？試研析之。

參考文獻

一、中文部分

中華經濟研究院（1994）。建立我國台灣地區農業政策評估模型之研究。行政院農委會委託計畫。

毛慶生等（2004）。《基礎經濟學》（第三版）。台北：華泰書局。

王國樑（2004）。《管理經濟學》（第二版）。台北：東華書局。

王睦舜（2000）。《經濟學》。台北：五南書局。

王鳳生（2004）。《經濟學——個體生活世界之讀解》（初版）。台中：滄海書局。

王錦堂（1972）。〈台灣牛肉產銷之研究〉。《台灣土地金融季刊》，9（1），63-81。

王錦堂（1973）。〈台灣仔豬及毛豬生產循環之研究〉。《台灣土地金融季刊》，10（1），11-36。

伍忠賢、王建彬（2001）。《知識管理策略與實務》。台北：聯經出版。

朱宗亮（1985）。台灣毛豬供給與豬肉需求動態模型之分析。國立台灣大學農業經濟研究所碩士論文。

行政院農委會（1987）。台灣農業部門計量模型之研究。行政院農委會企劃處。

行政院農委會（1995）。〈加入關貿總協農業總體因應對策〉。《農政與農情》，35，6-16。

何京勝（1985）。〈台灣豬肉需要函數之非對稱性反應研究〉。《農業經濟半年刊》，38，71-99。

何黎明等譯（2004）。Parkin原著。《經濟學》（上）（初版）。台北：普林斯頓公司。

李皇照（1992）。台灣地區漁畜產品需求體系之研究。行政院農委會委託研究計畫。

李皇照（1993）。台灣地區主要農產品需求體系之研究。行政院農委會委託研究計畫。

李登輝、陳希煌（1964）。〈台灣糧食需要之分析與預測〉。《台灣銀行季刊》，15（4），75-110。

李順成（1989）。雞肉開放進口對台灣養雞事業發展影響之研究。國立台灣大學農業經濟研究所。

李順成（1993）。養殖產品運銷與貿易發展策略之經濟分析。行政院國科會專題研究計畫。

李慶餘、楊垣進、黃炳文（1986）。台灣養牛事業之研究。國立中興大學農業經濟所。

阮全和（1983）。〈未來十年台灣牛肉供需分析〉。《雜糧與畜產》，124，17-23。

林灼榮（1994）。〈結構性變化與經貿政策對台灣毛豬產業之衝擊分析〉。《台灣銀行季刊》，45（1），306-359。

林灼榮、陳正亮（1992）。〈台灣肉類需求結構性變遷之研究〉。《台灣土地金融季刊》，28（3），65-84。

林灼榮、陳益壯、陳智凰（1993）。〈聯合產品需求之理論與實證：豬肉案例分析〉。《農業經濟論文專集32》。台北：中國農村經濟學會。

林灼榮、鄭季博（1987）。〈台灣主要肉類需求體系之研究〉。《農業經濟論文專集22》。台北：中國農村經濟學會。

林灼榮、鄭季博（1992）。〈台灣毛豬產銷結構之分析：對偶理論之應用〉。《台灣銀行季刊》，43（1），196-224。

林昌義（1973）。〈台灣毛豬價格之特性與豬肉外銷〉。《中國農產運銷協會會報》，15，22-25。

林祝音（1985）。資本財理論與台灣毛豬多階段供給反應：多項式分配落遲模型之應用。國立台灣大學農業經濟所碩士論文。

柯勝揮（1988）。〈台灣毛豬供需行為之經濟分析〉。《台灣經濟》，138，25-35。

洪美惠（1993）。〈台灣主要肉品需求之探討：AIDS模型之應用〉。《台灣銀行季刊》，44（3），307-395。

胡宏渝、陳保恒（1977a）。〈台灣肉類消費之分析〉。《雜糧與畜產》，52，15-20、53，12-17。

胡宏渝、陳保恒（1977b）。〈美國與台灣毛豬循環變動之比較研究〉。《雜糧與畜產》，47，19-25、48，14-20、50，11-18。

夏漢容（1963）。〈台灣毛豬之需求分析〉。《農業經濟半年刊》，2，108-153。

高希均、林祖嘉、李誠、周行一（2002）。《經濟學的新世界》（第一版）。台北：天下遠見出版公司。

張之義（1979）。〈台灣主要糧食供需之計量研究〉。《台灣銀行季刊》，30（4），140-173。

張素梅（1984）。〈台灣地區肉類需求的函數型式〉。《經濟論文叢刊》，12，83-94。

莊奕琦（2000）。《個體經濟學》。台北：智勝出版公司。

許文富（1987）。台灣主要農產品需求之研究：畜產品部分。國立台灣大學農業經濟學系。

郭昭琪、李喬光（2001）。〈掀開安泰M化的神秘面紗〉。《商業現代化》，49，26-35。

郭義忠（1991）。貿易自由化對肉雞產業之影響。國立中興大學農業經濟學系。

陳政位、楊政學（1995a）。〈台灣漁業資源過度捕撈與管理的探討〉。《台灣農業》，31（2），1-15。

陳政位、楊政學（1995b）。〈台灣經濟海域漁業之生物經濟模型分析〉。《台灣經濟》，221，83-100。

傅國瑞（1977）。台灣毛豬市場穩定之分析。國立中興大學農業經濟學碩士論文。

彭作奎（1977）。〈台灣牛肉供需分析〉。《雜糧與畜產》，48，5-10。

彭作奎（1981）。〈台灣毛豬價格穩定措施之模擬分析〉。《農業金融論叢》，6，193-202。

曾偉君（1994）。農地轉用對土地價格與總體變數之影響——一般均衡分析法（CGE）之應用。國立台灣大學農業經濟所碩士論文。

黃炳文（1986）。〈台灣牛肉供需之動態經濟分析〉。《農業經濟》，40，47-74。

黃健兒（1995）。貿易自由化下台灣養豬業結構調整之動態經濟分析。國立台灣大學農業經濟研究所博士論文。

黃國雄（1973）。台灣農業部門計量經濟分析：毛豬與甘蔗市場模型。國立台灣大學農業經濟學系。

黃傳欽（1986）。〈台灣毛豬供給預測模式之研究〉。《農業金融論叢》，16，45-98。

黃瑞祺（1975）。台灣豬肉需求之研究。國立中興大學農業經濟所碩士論文。

黃錦儀（1992）。台灣肉品完整需求體系之研究，國立台灣大學農業經濟研究所碩士論文。

黃營杉（1971）。〈台灣毛豬生產循環之經濟分析〉。《台灣銀行季刊》，22（3），237-275。

楊政學（1996a）。〈台灣豬肉消費結構經濟分析〉。《雜糧與畜產》，280，8-13。

楊政學（1996b）。〈台灣毛豬生產結構經濟分析〉。《雜糧與畜產》，278，14-20。

楊政學（1996c）。〈台灣毛豬出口結構經濟分析〉。《雜糧與畜產》，279，8-13。

楊政學（1996d）。〈台灣開放豬腹脅肉與內臟進口以及豬肉外銷市場變動對毛豬產業衝擊的模擬分析〉。《農業金融論叢》，36，483-548。

楊政學（1996e）。〈台灣毛豬產銷價格波動分析〉。《雜糧與畜產》，275，2-8。

楊政學（1996f）。〈台灣加入WTO對毛豬產業衝擊的模擬評估〉。《台灣土地金融季刊》，33（1），143-172。

楊政學（1996g）。貿易自由化對台灣毛豬產業衝擊之動態模擬：肉品需求體系連結畜禽供給部門之應用。國立台灣大學農業經濟學研究所博士論文。

楊政學（1996h）。〈台灣多項農產品需求體系之研究：ACDS模式之應用〉。《明新學報》，17，161-175。

楊政學（1997a）。〈貿易自由化對台灣養豬戶經營之衝擊〉。《台灣土地金融季刊》，34（1），29-72。

楊政學（1997b）。〈台灣主要部位肉與全肉產品需求之研究：AIDS模型與聯合產品之應用〉。《台灣銀行季刊》，48（2），32-55。

楊政學（1997c）。〈可計算一般均衡在農業政策評估上的應用〉。《明新學報》，18，131-143。

楊政學（1998）。〈台灣參與WTO對主要畜禽產業衝擊之研究〉。《台灣銀行季刊》，49（1），240-290。

楊政學（2001）。〈貿易自由化下主要農產品市場行銷策略調整之研究〉。《台灣銀行季刊》，52（3），283-317，

NSC 87-2416-H159-001。

楊政學（2002）。〈知識經濟下企業知識管理實務運作〉。《網路與知識經濟學術研討會論文集》。台北：世新大學。

楊政學（2003a）。〈壽險業創新教育訓練之研究〉。《人文、科技、e世代人力資源發展學術研討會論文集》，頁190-202。高雄：國立高雄應用科技大學。

楊政學（2003b）。〈經貿自由化畜禽產品衝擊評估之核心模式〉。《第二屆世紀產業經營管理國際學術研討會論文集》。高雄：國立高雄應用科技大學。

楊政學（2004a）。《知識管理：理論、實務與個案》（初版）。台北：新文京開發公司。

楊政學（2004b）。〈WTO架構下液態乳衝擊評估與管理方案〉。《商學學報》，12，335-364。

楊政學、王國棟（2004）。〈線上遊戲產業對虛擬社群行銷策略之研究：以鈊象電子公司與全球歡樂公司為例〉。《第六屆中小企業管理研討會論文集》。嘉義：國立中正大學。

楊雲明（1999）。《個體經濟學》（再版）。台北：智勝文化。

鄭季博（1988）。〈台灣肉類需求函數型態之設定及實證分析：可變的一般函數模型、習慣形成及均齊測定〉。《台灣土地金融季刊》，25（1），41-62。

廖香蘭（1987）。台灣家庭牛肉消費與需求之研究。國立中興大學農業經濟所碩士論文。

劉亞秋（2003）。《經濟學原理》（初版）。台北：智勝文化。

劉純之、游慧光、林恭正譯（2002）。Pindyck & Rubinfeld原著，《個體經濟學》（初版）。台北：華泰書局。

鄭蕙燕（1982）。〈台灣毛豬供需之動態經濟分析：乘數分析之應用〉。《農業經濟半年刊》，31，85-124。

謝振環、陳正亮（2003）。《經濟學》（初版）。台北：東華書局。

簡義聰（1981）。〈台灣毛豬供需之經濟分析〉。《台灣銀行季刊》，32（1），215-233。

二、英文部分

Ballard, Chalres L., Don Fullerton, John B. Shoven & John Whalley (1985). *A General Equilibrium Model for Tax Policy Evaluation.* Chicage: University of Chicage Press.

Beghin, John & Larry S. Karp (1992). Tariff Reform in the Presence of Sector-Special Distortion. *Canadian Journal of Economics,* Vol.XXV(2), 294-309.

Box, G. E. P. & D. R. Cox (1964). An Analysis of Transformations. *Journal of the Royal Statistical Society*, Series B, 26, 211-243.

Boyd, Roy & David H. Newman (1991). Tax Reform and Land Using Sectors in the U. S. Economy: A General Equilibrium Analysis. *American Journal Economics,* 73(2), 398-409.

Burniaux, Jean-Marc & Dominique Van der Mensbrugghe (1990). *The RUNS Model, A Rural-Urban-North-South General Equilibrium Model for Agricultural Policy Analysis.* OECD Development Center Technical Paper, OECD Paris.

Buse, Adolf (1994). Evaluating the Linearized Almost Ideal Demand System. *American Journal of Agricultural Economics,* 76(3), 781-793.

Burniaux, Jean-Marc, Dominique Van der Mensbrugghe & Jean Waelbroeck (1993). *Economy Wide Effects of Agricultural Policies in OECD Countries: AGE Approach Using the WALRAS Model.* OECD: Agricultural Trade Liberalization.

Burniaux, Jean-Marc, Dominique Van der Mensbrugghe & Jean Waelbroeck (1993). *The Food Gap of the Developing World: A General Equilibrium Modeling Approach.* OECD: Agricultural Trade Liberalization.

Chern, W. S. & L. McClernan (1984). An Energy Demand and Generalized Fuel Choice Model for the Primary Metals

Industry. *The Energy Journal*.

Christensen, L. R., D. W. Jorgenson & L. J. Lau (1975). Transcendental Logarithmic Utility Functions. *American Economic Review*, 65, 367-383.

Clark, C. W. (1976). Mathematical Bioeconomics: *The Optional Management of Renewable Resources*. New York: John Wiley & Sons.

Deaton, A. S. & J. Muellbauer (1980a). *Economic and Consumer Behavior*. Cambridge, England: Cambridge University Press.

Deaton, A. S. & J. Muellbauer (1980b). An Almost Ideal Demand System. *American Economic Review*, 70, 312-326.

Dervis, Kemal, Jaime de Melo & Sherman Robinson (1982). *General Equilibrium Models for Development Policy*. Cambridge: Cambridge University Press.

de Melo, Jaime & David Tarr (1992). *A General Equilibrium Analysis of U. S. Foresign Trade Policy*. Cambridge, MA: MIT Press.

Dicke, Hugo, Jurgen B. Donges, Egbert Gerken & Grant Kirkpatrick (1988). Effects of Agricultural Trade Liberalization on West Germany's Economy. In a Stoeckel & D. Vincent (Eds.), *Macroconomic Consequence of Farm Support Policies General Equilibrium Analysis*. Cambridge: Cambridge University Press.

Dixon, Peter B., B. R. Parmenter, John Sutton & D. P. Vincent (1982). *ORANI: A Multisectoral Model of the Australian Economy*. North-Holland Publishing Company Amsterdam. New York Oxford.

Elam, Thomas E. (1975). Canadian Supply Functions for Livestock and Meat: Comment. *American Journal of Agricultural Economics*, 57(2), 364-365.

Gordon, H. S. (1954). The Economic Theory of A Common Property Resource: The Fishery. *Journal of Political Economy*, 62(1), 124-142.

Hanson, Kenneth , Sherman Robinson & S. Tokarick (1993). U. S. Adjustment in the 1990s: A CGE Analysis of Alternative Trade Strategies. *International Economic Journal*, 7(2), 27-49.

Hanson, Kenneth, Catherine Halbrendt, Shwu-Eng Webb & Indu Sundaresan (1994). *Chinese Economywide Adjustments Under Agricultural Reform: A Computable General Equilibrium Model*. Unpublished.

Hayenga, Marin L. & Duane Hacklander (1970). Monthly Supply-Demand Relationships for Fed Cattle and Hogs. *American Journal of Agricultural Economics*, 52(4), 535-544.

Heien, Dale M. (1982). The Structure of Food Demand Inter relatedness and Duality. *American Journal of Agricultural Economics*, 64(1), 213-221.

Hertel, Thomas W. & Marinos E. Tsigas (1988). Tax Policy and U. S. Agriculture: A General Equilibrium Analysis. *American Journal of Agricultural Economics*, 70(2), 189-302.

Hertel, Thomas W. (1990a). *Economywide Analysis of U. S. Agriculture: What Have We Learned and How Can We Teach It?* Staff Paper #88-8, Department of Agricultural Eonomics, Purdue University.

Hertel, Thomas W. (1990b). *Applied General Equilibrium Analysis of Agricultural Policies*. Staff Paper #90-9, Department of Agricultural Economics, Purdue University.

Higgs, Peter J. (1988). The Taxation of Australian Agriculture Through Assistance to Australian Manufacturing. In a Stoeckel and D. Vincent (Eds.), *Macroconomic Consequence of Farm Support Policies General Equilibrium Analysis*. Cambridge: Cambridge University Press.

Horvidge, J. M., B. R. Parmenter & K. R. Pearson (1993). ORANI-F: *A General Equilibrium Model of the Australian Economy*. Center of Policy Studies and Impact Project, Monash University, Australia.

Houck, J. P. (1964). Price Elasticities and Joint Products. *Journal Series Paper 2813 of the Pennsylvania Agr.* Expt. Sta. , pp. 652-656.

Houthakker, H. S. & L. Taylor (1970). *Consumer Demand in the United State 1929-1970.* Cambridge, Mass: Harvard University Press, 2nd ed.

Huang, K. S. (1993). *A Complete System of U. S. Demand for Food*, USDA, ERS, Technical Bulletin, No.1821.

Huang, K. S. (1985). *U. S. Demand for Food: A Complete System of Price and Income Effects* , USDA, ERS, Technical Bulletin, No.1714.

Huffaker, Ray G. & James E. Wilen (1991). Animal Stocking Under Condition of Declining Forage Nutrients. *American Journal of Agricultural Economics,* 73(5), 1213-1223.

Jarvis, L. S. (1974). Cattle as Capital Goods and Ranchers as Portfolio Managers : An Application to the Argentine Cattle Sector. *Journal of Political Economy,* 82(2), 489-520.

Johansen, Leif (1960). *A Multi-Sectoral Study of Economic Growth.* Amsterdam: North-Holland Publishing Company.

Jorgenson, Dale W. (1963). Capital Theory and Investment Behavior. *American Economic Review,* 53(2), 247-259.

Keller, Wonter J. (1980). *Tax Incidence: A General Equiliibrium Approach.* Amsterdam: North-Holland Publishing Company.

Kilkenny, Maureen and Sherman Robinson (1989). Modeling the Removal of Production Incentive Distortion in the United States Agricultural Sector. In A. Maunder and A. Valdes (eds.), *Agriculture and Government in an Independent World.* Proceedings of the XX International Conference of Agricultural Economists, Aldersot, English: Dartmouth.

Kilkenny, Maureen & Sherman Robinson (1990). Computable General Equilibrium Analysis of Agriculture Liberalization: Factor Mobility and Macro Closure. *Journal of Policy Modeling,* 12(3), 527-556.

Kilkenny, Maureen (1991). *Computable General Equilibrium Modeling of Agricultural Policies: Documentation of The 30 Sector FPGE GAMS Model of the United States.* USDA: Agriculture and Rural Economy Division, ERS.

Marsh, John M. (1994). Estimating Intertemporal Supply Response in the Fed Beef Market. *American Journal of Agricultural Economics,* 76(3), 444-453.

McDonald, Bradley James (1989). *An Applied General Equilibrium Model of World Agricultural Policy Liberalization.* The University of Wisconsin-Madison, University Microfilms International , Bell & Howell Information Company.

Meilke, K. D. (1977). Another Look at the Hog-Corn Ratio. *American Journal of Agricultural Economics,* 59(1), 216-219.

Myers, L. H. & J. Havlicek, Jr. (1967). Some Theoretical Aspects of Short-Term Hog Supply. *Journal of Farm Economics,* 49(5), 1395-1400.

Neher, P. A. (1990). *Natural Resource Economics: Conservation and Exploitation.* Cambridge University Press.

Nelson, Glenn & Thomas Spreen (1978). Monthly Steer and Heifer Supply. *American Journal of Agricultural Economics,* 60(1), 117-125.

OECD, (1996). *The Knowledge-based Economy.* Organization for Economic Cooperation & Development: OECD, Paris.

Parkin, Michael (2000). Economics (5th ed). Addison-Wesley, Inc.

Peerlings, Jack (1993). *Milk Quotas and Factor Mobility, Simulations with An Applied General Equilibrium Model for Dutch Agribusiness.* Paper Presented in Conference of CGE at Waterloo.

Pindyck, R. S. & D. L. Rubinfeld (2000). *Microeconomics* (5th ed). Prentice Hall, Inc.

Reutlinger, S. (1966). Short Run Beef Supply Response. *Journal of Farm Economics,* 48, 909-919.

Robinson, Sherman, Maureen Kilkenny & Irma Adelman (1989). The Effect of Trade Liberalization in Agriculture on the U. S. Economy: Projections to 1991. In a Stoeckel & D. Vincent (Eds.), *Macroconomic Consequence of Farm*

Support Policies General Equilibrium Analysis. Cambridge: Cambridge University Press.

Robinson, Sherman, Maureen Kilkenny & Kenneth Hanson (1990). *The USDA/ERS Computable General Equilibrium (CGE) Model of the United States.* USDA: Agriculture and Rural Economy Division, ERS

Rodviguez, Gil , H. Don B. H. Gunasekera & Gow-Jiun M. Leu (1992). *A General Equilibrium Analysis of Macroeconomic and Trade Policy Changes in Taiwan.* 36th Annual Conference of the Australian Economics Society-Abare Conference Paper.

Rosen, S. (1987). Dynamic Animal Economics. *American Journal of Agricultural Economics,* 69(3), 547-557.

Rosen, S.,K. M. Murphy & J. A. Scheinkman. (1993). *Cattle Cycles.* NBER Working Paper, No.4403.

Shoven, John B. & John Whalley (1984). Applied General Equilibrium Model of Taxation and International Trade: An Introduction and Survey. *Journal of Economic Literature ,* 22(3), 1007-51.

Shoven, John B. & John Whalley (1992). *Applied General Equilibrium.* Cambridge University Press.

Stoeckel, A. B., D. Vincent & S. Cuthbertson (Eds.) (1989). *Macroeconomic Consequences of Farm Support Policies.* Duke University Press.

Su, Min-Jiun (1990). *The Taiwanese Tariff: A Linear CGE Approach,* The Insitute of Economics Academia Sinia, Nankang Taipei.

Tryfos, P. (1974). Canadian Supply Functions for Livestock and Meat, *American Journal of Agricultural Economics,* 56, 107-113.

Tsai, Reyfong (1994). *Taiwanese Livestock and Feedgrain Markets: Economic Structure, Policy Intervention, and Trade Liberalization,* Ph. D. Dissertation, Texas A & M University.

Vincent, David (1989a). Domestic Effect of Agricultural Protection: Ausian Countries with Special Preference to Korea. In a Stoeckel and D. Vincent (Eds.), *Macroconomic Consequence of Farm Support Policies General Equilibrium Analysis.* Cambridge: Cambridge University Press.

Vincent, David (1989b). Effect of Agricultural Protection in Japan: An Economywide Analysis. In a Stoeckel and D. Vincent (Eds.), *Macroconomic Consequence of Farm Support Policies General Equilibrium Analysis.* Cambridge: Cambridge University Press.

Wahl, Thomas I., Dermot J. Hayes, & S. R. Johnson (1992). Impacts of Liberalizing the Japanese Pork Market. *Journal of Agricultural and Resource Economics,* 17(1), 121-137.

Wahl, T. I., D. J. Hayes, & G. W. Williams (1991). Dynamic Adjustment in the Japanese Livestock Industry Under Beef Import Liberalization. American *Journal of Agricultural Economics,* 73(1), 118-132.

Wohlgenant, M. K. (1989). Demand for Farm Output in A Complete System of Demand Functions. *American Journal of Agricultural Economics,* 71(2), 241-255.

Zarembka, P. (1974). Transformation of Variable in Econometrics, Frontiers of Econometrics, ed. P. Zarembka, pp.81-104, New York: Academic Press.Clark. C. W. (1976). *Mathematical Bioeconomics: The Optional Management of Renewable Resources.* New York: John Wiley & Sons.

中英索引

中英索引

英中索引

國家圖書館出版品預行編目資料

經濟分析：學理與實證 ＝Economic Analysis:
Theories and Practice / 楊政學著. -- 初版.
 -- 臺北市 ：揚智文化, 2005[民 94]
 面；公分. -- （經濟統計叢書；1）
 參考書目：面
 含索引
 ISBN 957-818-740-8(精裝)
 1. 經濟分析

 550.1   94007762

經濟分析：學理與實證　　　　　　　　　　經濟統計叢書 1

著　　　者／楊政學
出 版 者／揚智文化事業股份有限公司
發 行 人／葉忠賢
總 編 輯／林新倫
執行編輯／黃美雯
登 記 證／局版北市業字第 1117 號
地　　　址／台北市新生南路三段 88 號 5 樓之 6
電　　　話／(02)23660309
傳　　　真／(02)23660310
郵政劃撥／19735365　戶名：葉忠賢
法律顧問／北辰著作權事務所　蕭雄淋律師
印　　　刷／上海印刷廠股份有限公司
E - m a i l ／ service@ycrc.com.tw
網　　　址／http://www.ycrc.com.tw
初版一刷／2005 年 5 月
定　　　價／新台幣 600 元
Ｉ Ｓ Ｂ Ｎ／957-818-740-8